U0602771

国家社科基金
后期资助项目

中国商贸流通业
制度变革与持续发展

Institutional Change and Sustainanble Development
of Chinese Commercial and Trade Industry

周殿昆 著

中国财经出版传媒集团
经济科学出版社
Economic Science Press

国家社科基金后期资助项目
出版说明

后期资助项目是国家社科基金设立的一类重要项目，旨在鼓励广大社科研究者潜心治学，支持基础研究多出优秀成果。它是经过严格评审，从接近完成的科研成果中遴选立项的。为扩大后期资助项目的影响，更好地推动学术发展，促进成果转化，全国哲学社会科学规划办公室按照"统一设计、统一标识、统一版式、形成系列"的总体要求，组织出版国家社科基金后期资助项目成果。

全国哲学社会科学规划办公室

前　言

奉献给读者的这本书，是我在30多年流通经济研究和教学基础上，经过深入思考、认真撰写和反复修改形成的学术著作。

1970年，我从北京经济学院物资管理系毕业，被分配到成都储运公司曙光仓库，从事基建材料采购员、仓库保管员和劳资员工作。1980年6月，我参加了中国社科院暨各省社科院联合招收研究人员考试。1981年初，被正式录用到四川省社科院经济研究所工作。当时，四川工业企业扩权改革全国瞩目，因而工业经济研究热，流通经济研究冷，我报考的是工业经济专业，却被分配研究流通经济，到财贸经济研究室工作。研究所领导见我想不通，找我谈话，强调流通经济研究的重要性并且指出，从大学所学专业和工作经历看，新招收的研究人员中，我最适合该项工作。于是，我接受劝告，开始了流通经济研究及教学的工作历程。

1983年，四川省社科院扩充研究所和科研人员，把经济片的4个研究室升格为研究所，我工作的研究室升格为财贸经济研究所。所长郑青老师指导我，一面狠补流通经济学理论知识，一面深入实际部门调查，研究物资和商业部门的体制改革。我们合作在《财贸经济》《经济体制改革》《经济问题探索》等刊物上发表了多篇研究报告和学术论文。1983～1985年，著名经济学家、副院长林凌老师率领四川省社科院工作小组，参加中央在重庆进行的城市综合体制改革试点，我参加了流通体制改革方案的制定。其间，经过反复思考和研究，与吴园宏、何克合作，执笔撰写了《论批发贸易中心》，发表于《经济研究》1984年第7期。1986年10月、1988年10月和1991年6月，四川省社科院与国务院发展中心和中国社科院财贸所联合，先后在成都和绵阳举办了三届主题为"建立社会主义市场体系"的理论讨论会，我都以副秘书长身份，参加了会务组织工作。会后编辑出版了论文集，推进了市场体系理论研究。我也撰写了多篇推进市场体系建设的学术论文，发表在全国重要刊物上。进入四川省社科院工作后，我1983年任助理研究员，1987年晋升副研究员，1992年晋升研究员。

20 世纪 90 年代中期，国有企业改革进入攻坚阶段。1995～1996 年，我被四川省社科院委派到四川省建立现代企业制度领导小组办公室作顾问，指导试点企业制定改革方案。其间，经反复思考和研究，执笔撰写了学术论文《对"国有独资、授权经营"的反思及改进建议》，发表于《经济研究》1996 年第 11 期，1998 年获首届蒋一苇企业改革与发展学术基金优秀论文奖。1997 年 6 月，为从事流通经济学博士研究生教育工作，我调入西南财经大学任流通经济研究所所长。2002 年，创立了流通经济学专业博士和硕士学位授予点，为本科生讲授"现代期货市场学"，为硕士生和博士生讲授"流通理论前沿""商业企业体制改革"和"流通经济学经典文献导读"等课程，指导了几十位硕士研究生（含 MBA）和 21 位博士研究生。他们都顺利毕业，获得了学位证书。

调查研究和教学，是一个被调查者与调查者，老师与学生相互启发和促进的过程。调查者反映的一些普遍现象，令我思考和探究其中隐藏的规律和机理。然而，时代原因使我们这代人知识结构有明显缺陷，现代经济学理论和数理统计分析知识薄弱。1993 年市场化改革后，西方社会科学文献广泛引入国内，高校教学科研向美欧模式靠拢。为了讲好课和指导好学生，我刻苦学习现代经济学、管理学和数理统计分析等知识，并用它们分析解释商贸流通领域中出现的新现象和新问题，充实授课内容。这个时期，我研究了区域市场特性、中国东西部区域市场的供求互补性、大型零售商与供货商之间的渠道冲突、家族信用与乡村企业发育、资源和环境供给紧约束下的国家消费式等问题，撰写了一批学术论文，发表在《财贸经济》《改革》《经济学家》《消费经济》等学术期刊上。其间，我承担并完成了国家社科基金课题"东西部市场关系研究"、"中国商品流通体制全面改革与制度创新研究"，国家自然科学基金（管理科学部）课题"连锁公司统一管理与经营模式的理论与数学模型研究"，以及省市和学校"211工程"等多项课题，撰写并出版了《中国东西部市场关系与协调发展》（西南财经大学出版社 1998 年版）、《连锁公司快速成长奥秘》（中国人民大学出版社 2006 年版）等专著。获得省部级优秀成果奖 10 多项，连续几届被聘任为四川省委省政府科技顾问团和决策咨询委员会委员、学校学术委员会委员，被评为四川省学术带头人，获得国务院特殊津贴。

改革开放以来，中国商贸流通业的改革和发展成效卓著，不仅初步实现了自身现代化，而且加快了商品周转，满足了厂商和居民的生产性和生活性消费需求，支撑并维持了经济社会持久而快速地发展，但是流通经济理论研究却一直受到非难和质疑。所以，撰写一部框架结构相对完整、分析论证深刻、见解独到的学术著作回应非难和质疑，为构建流通经济学理论体系添砖加瓦，是我的夙愿和使命。2009年退休后便着手，历时6年多才形成此书。在此，我要衷心感谢引领我走上学术道路的老师，伴随我持续攀登的同事，为我做辅助工作的学生，为我构造良好研究和写作环境、参加书稿修改事务的家人！毋庸讳言，商贸流通涉及经济社会方方面面，内容宽泛复杂，而本人学识能力有限，书中粗疏错漏之处难免，恳请读者和同行多批评指正。愿本书能为流通经济学理论体系建设添砖加瓦，成为后来者攀登学术高峰的垫脚石。我当继续探索，获取新的研究成果。

周殿昆
2017年岁末于成都百花潭旁博约斋

目　录

第一部分　绪论和商贸流通业制度演进
历程及其经验与教训

第二部分　构造能促使商贸流通业持续发展的
牵引力和经济社会环境

第三部分 变革创新，推动商贸流通业持续发展

第四部分 优化区际贸易与提升商贸流通业国际化水平

第一部分

绪论和商贸流通业制度演进
历程及其经验与教训

　　本部分是全书的导言和总论，由第1~2章构成。第1章绪论，介绍本书的写作背景和动因、理论基础、分析工具、篇章结构和内容梗概，引导全书。新时期，中国商贸流通业是在前30年停滞后，伴随着改革开放的深化和扩大而发展的。制度变革是商贸流通各行业持续发展的前提条件、动力源泉和基础。故而第2章，述评中国商贸流通业制度演进历程，总结其中的经验与教训，以引领后续各章。本章详细述评了新中国成立以来，改革开放前30年和后30年，商贸流通业制度演进历程。在此基础上，一是构建了被动型制度移植和主动型制度移植这一对理论范畴，用以揭示市场化改革以来，中国商贸流通业完成新旧体制转换，初步实现现代化所经由的基本路径。得出重要结论：在改革开放大势驱动下，以主动型方式移植发达国家现代商贸流通制度，并使之本土化，是中国商贸流通业进行制度变革和创新，走向现代化和国际化的捷径，今后应坚定不移地沿着这条道路前进。二是构建了变革这一对理论范畴，用以述评中国商贸流通业60年演进历程，总结其中的经验和教训。

第1章 绪 论

流通经济学能否成为一门独立的经济学科，理论界一直有争议，焦点是它能否建立屹立于学术之林的完整理论体系。为了实现构建完整理论体系这个宏大目标，学界同仁付出了艰辛努力，奉献了许多优秀著述。

论述流通经济问题的著作大体有两种类型。一种是对实际中提炼出来的问题作深入抽象的理论分析，构建理论框架，揭示其中的机理和规律。徐从才等著《流通产业革命和流通现代化》、夏春玉著《流通概论》，就大体上属于此种类型。另一种是直接对流通中重要现象和问题作深入理论分析，揭示其发生发展原因、内在机理和规律，提出解决问题、推进发展的路径和对策。宋则主编的《中国流通创新前沿报告》，荆林波、甄宇鹏主编的《现代流通业：资本与技术融合》，夏春玉等著《中国农村流通体制改革研究》以及本书，都大体上属于此种类型。

经过多年讨论，学界同仁对流通范畴大体形成了如下共识：流通是指实物类和服务类商品由生产领域向消费领域转移活动及过程的总称，有广义和狭义之分。广义流通不仅包括商品流通，而且包括资金和信息流通，即涵盖"商流""物流""资金流"和"信息流"各个方面；狭义流通仅包括完成实物类和服务类商品，由生产领域向消费领域转移的"商流"（所有权转让）和"物流"（货物位移）活动及过程。服务类商品流通，有不同于实物类商品流通的特点和规律性。本书为使论题集中，故而将其舍象，只论述实物类商品——生活资料和生产资料——流通的制度变迁和产业发展问题，所以把书名确定为《中国商贸流通制度变迁与产业发展》。

1.1 写作背景和动因

1.1.1 写作背景

中国流通经济学，亦即流通理论研究的拓荒者，是已故著名经济学家孙冶方先生。他从1958年起，即反复对当时经济学界占统治地位的"自然经济论"和"无流通论"，作尖锐批判。20世纪60年代初，他讲授和写作《社会主义经济论》时，就旗帜鲜明地提出，应把流通从社会再生产中分离出来，作为独立经济过程加以研究，并亲手撰写"流通概论"一章，从政治经济学视角论述社会主义流通的若干问题，开了中国流通问题理论研究的先河。[①] 1983年9月召开的"孙冶方社会主义流通理论讨论会"，使他的理论观点在经济学界普及。

20世纪80年代，伴随着城乡集贸市场恢复，工业消费品和生产资料市场购销兴起，双轨制流通体系形成，流通理论研究掀起热潮。学者们研究了商贸流通体制改革、企业经济效益、批发贸易中心、流通渠道、流通经济规律、区域市场、城市在流通网络中的地位与作用等，对当时的热点问题，发表了大量学术论文，出版了商业经济、贸易经济、物资经济、供销社经济、粮食经济等方面的理论著作，为深化对流通问题的认识，推进商贸流通行业的体制改革，提高企业经济效益，做出了不可磨灭的贡献。

20世纪90年代中期，中国进入了建立社会主义市场经济体制的新时期，随着西方市场经济制度及理论的导入，市场营销、电子商务和物流管理等成为高校教学和科研热点，传统的贸易经济教学和流通理论研究被边缘化，陷入困难境地。此后，学界出现了一股质疑流通经济学能否作为一门独立学科存在的思潮。其代表性观点是：（1）在西方国家中，流通活动是一种微观主体的行为，不需要国家出面组织，是"不成问题的问题"。因此，西方经济学舍象掉流通，只关注生产、消费、市场和国际贸易问题。故而，西方经济学中没有专门研究流通问题的"流通经济学"。（2）传统流通经济学是社会主义计划经济时的特殊产物，有很强

---

① 张卓元：《卓越的理论贡献、深邃的思想启迪——孙冶方社会主义流通理论评介》，载于《财贸经济》，1983年第7期。郑宁：《孙冶方的流通理论与经济体制改革实践》，载于《经济研究》，1983年第11期。

的时代局限性，在市场经济中已失去生命力。（3）中国当前的流通经济学研究，存在理论基础单一、研究方法落后、研究对象摇摆不定、部门色彩浓厚等缺陷，难以形成独立的理论体系。结论是：不要刻意建立独立的流通经济学（学科），而应把它分流到市场营销、物流、电子商务、市场和国际贸易中去，研究其中的流通问题。①

这些质疑，从反向激励和促进流通经济学界同仁深刻检讨和反思既往研究中的缺陷，以新视角和研究方法分析问题，深化认识，推进流通经济学理论体系建设。他们的努力转化成了高质量的学术论文和理论专著。其学术论文刊载于《财贸经济》等一流期刊上，以及宋则、郭冬乐和荆林波主编的《中国流通理论前沿》中。重要专著，以出版先后为顺序有：纪宝成等著《商品流通论——体制与运行》（中国人民大学出版社 2001 年版）、晏维龙著《交换、流通及其制度——流通构造演进》（中国人民大学出版社 2003 年版）、宋则主编《中国流通创新前沿报告》（中国人民大学出版社 2004 年版）、夏春玉著《流通概论》（东北财经大学出版社 2006年版）、祝合良著《商品流通理论与实践》（中国经济出版社 2006 年版）、纪宝成、陈涌军主编《中国统一市场新论》（中国人民大学出版社 2007 年版）、柳思维著《现代市场研究》（中国市场出版社 2007 年版）、荆材波和甄宇鹏主编《现代流通业：资本与技术融合》（经济科学出版社 2007 年版）、徐从才等著《流通革命与流通现代化》（中国人民大学出版社 2009年版）、纪良纲、郭娜等著《商品流通规模与速度预警研究》（中国社会科学出版社 2009 年版）、马龙龙著《流通产业经济理论研究》（中国经济出版社 2010 年版）、洪涛著《流通产业经济学》（经济管理出版社 2011 年版）等。这些论文和专著显示，中国流通问题理论研究水平有显著提高，从而回应了认为"中国流通经济学研究理论基础单一、研究方法落后、研究对象摇摆不定、部门色彩浓厚"的质疑。

一些学者则撰文，回应了所谓"西方经济学舍象掉流通，只关注生产、消费、市场和国际贸易问题"的质疑。吴小丁教授和张舒，从分析美国商品流通研究与市场营销学演进的历史渊源中得出结论：流通作为连接生产与消费的环节，是社会经济生活不可或缺的，任何社会——包括美国在内——商品流通问题都得到了学者们的关注。美国之所以没有商品流通教材或学科，令人误以为美国没有商品流通研究，是因为美国的商品流通

①　马广奇：《中国流通经济学的回顾与反思》，载于《华东经济管理》，2005 年第 3 期，第30~36 页。

包含于市场营销研究之内。在美国，市场营销概念并非仅指微观企业活动，也包括社会宏观层面的流通过程和整个系统。商品流通作为美国市场营销学最初的研究内容，为市场营销学研究奠定了基础并确立了基调。① 马龙龙教授则从国际学术交流的视角指出：就世界范围看，流通理论正引起国外学术界的注意和兴趣。除日本一向重视商品流通领域研究，并将其提到很高学术地位外，美国、加拿大等国家学者了解到中国有一门独立的流通经济理论之后，也表示想致力于这方面研究，有些院校还设立了相关研究方向。② 近年，中国国内陆续翻译出版了美国学者巴克林的《流通渠道结构论》（科学出版社，2012 年出版）、日本学者田村政纪的《流通原理》（机械工业出版社，2007 年出版）、石原武政《商业组织的内部构成》（科学出版社，2012 年出版）等流通经济学专著，证明了所谓"西方没有专门研究商品流通问题著作、教材和学科"的说法是站不住脚的。因此，质疑中国学者建设流通经济学学科的合理性，是荒谬的。

夏春玉教授在其专著总序中，强调了流通在经济和社会发展中的重要作用，认为研究流通问题极为必要。他指出：（1）所谓流通问题就是关于商品或产品的"商流"和"物流"问题。流通不仅是价值实现的前提，也是价值创造的手段。在经济市场化和全球化的背景下，流通对经济与社会发展的作用将更加突出。人们熟知的价值创造"微笑曲线"正是对这一现象的形象描述。（2）流通问题虽然在西方主流经济学中被抽象掉了，但是现实中流通问题是客观存在的，而且相当重要，也相当复杂。因此，无论是主流经济学还是非主流经济学，都应该对流通予以足够重视，因为一个好的理论必须能够完整地解释社会实践。可喜的是，当代经济学体系中的新兴古典经济理论及产业组织理论，已经开始反思对流通问题的忽视。（3）随着市场经济体制确立和西方经济学及管理学理论的广泛导入，中国流通经济学研究正在发生深刻变化。一是很多学者以制度经济学、产业组织理论、交易费用理论等为基础，运用主流经济学分析工具和研究方法探索流通问题，试图建立既符合逻辑又能解释实践问题的流通经济学理论体系。二是另一些学者则用主流管理学理论、分析工具及研究方法，探索商贸流通企业的经营管理问题，试图建立既能与主流管理理论对接，又能解

---

① 吴小丁、张舒：《商品流通研究的市场营销学理论渊源探析》，载于《外国经济与管理》，2011 年第 3 期，第 35～42 页。

② 马龙龙：《中国流通理论研究与学科建设》，载于《商业经济与管理》，2009 年第 4 期，第 5～6 页。

释和指导商贸流通企业经营管理实践的商贸流通业管理科学体系。①

在现实生活中，商贸流通业不仅发挥着不可替代的桥梁和纽带作用，源源不断地把商品和服务，由生产者手中转移到消费者（含企业生产性消费）手中，使之完成马克思说的"惊险跳跃"，实现使用价值和价值，使社会再生产周而复始地顺畅循环。而且，商贸流通业还及时把市场需求信息反馈给生产者，引导他们根据市场需要开发新产品，调整产品结构，减少滞销积压。故而，刘国光教授把商贸流通业定义为国民经济的先导性行业。更为重要的现实意义在于，商贸流通业是创新发展空间广阔、就业容量巨大的劳动密集型行业，对于新常态下解决就业难题，有不可替代的作用。据国家统计局数据中心资料，2010～2014 年，全国总就业人口仅由 76 105.0 万人，增长到 77 253.0 万人，年均增速为 0.4%；而以商贸流通业为主要组成部分的第三产业就业人口，却由 26 332.3 万人，增长到 31 364 万人，年均增速为 4.5%，是前者的 11.25 倍；其中，批发和零售商业就业人口，由 852.2 万人，增到 1 182.0 万人，年均增速为 8.5%，分别是前两者的 21.25 倍和 1.89 倍。可见，商贸流通业确实有非常强创造就业岗位、吸纳人口就业的能力。对于如此举足轻重的产业部门，理论界理所应当总结其实践经验、探究其运行规律、创建理论体系，对其运营发展予以指导。

总而言之，无论从理论上、还是从社会现实上看，创建中国商贸流通理论体系是十分必要的，那些责难商贸流通理论研究的言论则是荒谬而站不住脚的。

1.1.2 写作动因

毋庸讳言，流通经济学要屹立于学术之林，必须建立起科学严谨的理论体系。这需要在经济社会环境趋于成熟和完善的条件下，学界同仁通过不断探索，提炼和概括出流通产业的组织结构、运行机理和经济规律。中国目前尚处于向成熟市场经济过渡阶段，经济社会环境和流通产业自身尚有诸多缺陷。此时形成的理论著作必然有局限性。也许后人看来，这些著作并不严谨，但它们不可或缺，是后续研究者攀登的阶梯，构建流通理论体系大厦的基石。

本书是笔者以马克思流通理论、西方经济学和管理学等理论为分析工具，对中国商贸流通制度变迁，产业发展所需要的消费需求牵引力和经济

———————

① 夏春玉：《中国农村流通体制改革研究》，东北财经大学出版社 2009 年版，第 1～3 页。

社会环境，行业发展现状及如何实现再发展，以及如何培育区域市场、优化区际贸易，发展跨国营销业务、提高商贸流通业国际化水平等问题，作深入思考和潜心研究而形成的学术专著。写作动因，一是为了回应一些学者对流通经济学理论研究的质疑，为后续研究者提供攀登理论高峰的基石，促进中国流通经济学理论体系早日形成。二是为了总结新中国商贸流通业制度变迁的经验和教训，剖析其发展遭受的外部环境约束和自身缺陷困扰，提出改进建议，供政府决策机关和企业参考，推动商贸流通业平稳而快速地发展。

1.2　理论基础和分析工具

商贸流通制度（以下行文中或简称流通制度）是国家经济制度的重要组成部分。新中国成立后，伴随着国家经济制度的逆向和顺向转型，中国商贸流通制度前后经历了由传统市场购销制度转变为计划供应制度，再由计划供应制度转换为现代市场营销制度的历史过程。其中，既有导致萧条后果的失败教训，也有取得繁荣成就的成功经验，值得认真总结和吸取。

中国经济体制转型，是在坚持四项基本原则，不改变社会主义制度的前提下进行的。它既不同于苏联东欧国家，放弃社会主义转而实行资本主义的制度转换，也不同于西方国家在私有制基础上的制度演进，有其特殊性和复杂性。因而，需要综合运用马克思主义理论、制度变迁理论和制度演化博弈理论等，才能作出科学解释，总结出其中的教训和经验。而商贸流通业的体制改革和发展问题，则需要运用现代经济学和管理学的多种理论分析工具，剖析其尚存缺陷，才能找到解决问题的有效途径和措施，推动其平稳而快速地发展。

1.2.1　马克思主义理论

1. 马克思历史唯物主义：启动改革开放和经济体制转型的理论指南

马克思主义理论是中国共产党的行动指南。马克思历史唯物主义认为，生产力和生产关系的矛盾是社会最基本矛盾；生产力是社会发展的最终决定因素，生产关系必须适应生产力发展要求；如果生产关系不适应生产力发展要求，就必须进行变革。实践证明，高度集中计划经济体制和闭关锁国的对外经济政策，不适应中国生产力发展要求，必须实行改革开放，解放并发展生产力，才能使人民得到温饱并富裕起来，否则，社会主义制度的优越性就体现不出来。1978年年底，中国共产党第十一届中央委员会第三次全体会议以此为依据，作出了把党和政府的工作重心转移到经济建设上来，实行改革开放的重大战略决策。它符合马克思历史唯物主义，揭示了生产关系必须适应生产发展要求、不适应就必须变革的论断，因而能使中国经济摆脱高度集中计划经济体制束缚，实现持久而快速地发展。

2. 马克思再生产理论和流通理论：推动商贸流通体制改革和制度创新的理论指南

（1）清除"重生产、轻流通"错误观念的强大思想武器。马克思再生产理论和流通理论，对中国商品流通体制改革和制度创新活动，有直接指导作用。该理论认为，社会再生产是由生产、分配、交换和消费连接而成的周而复始循环运动。商品流通，是商品交换关系及其实现方式的总称，它承担并履行着一部分分配职能和全部交换职能，是连接生产和消费，保障社会再生产顺畅运转的桥梁和纽带。生产是再生产过程的起始环节和商品供给的源头，它在商品供给分布、规模和结构上，对流通起着决定性作用，但流通并非被动地被生产所决定。流通作为再生产过程必不可少的中间环节，对生产有重要的反作用。它不仅可以把消费需求信息及时反馈给生产企业，引导他们按市场需要组织生产，使产品更加对路适销；而且可以通过提高流通效率和促进消费，为生产企业提供便捷的销售渠道和需求旺盛的市场环境，加快再生产循环速度。计划经济时期，中国政府决策机构中弥漫着"重生产、轻流通"的错误观念，只强调生产对流通的决定作用，而无视流通对生产的反作用。商贸流通系统长期被视为听命于计划机关的"后勤供应部门"，其地位和作用被严重削弱。改革开放初期，生产领域的潜能被释放出来，商品供给大幅度增长，旧流通体制不适应市场形势变化，"买难"和"卖难"成为困扰政府的难题。现实促使人们反思。通过重温马克思再生产理论和流通理论，流通对生产的反作用受到重视，从而萌发了"开放集市贸易、搞活流通"的改革思路，拉开了流通体制改革和制度创新历史进程的帷幕。

（2）破解流通难题的钥匙。马克思把产业资本循环分为时间上继起的三个阶段。其中，第一个阶段是 G（货币）—W（商品），即货币 G 通过购买转换为商品 W，此阶段如果受阻会使资本处于贮藏状态，不能转换成生产资料和生活资料商品投入生产；第二个阶段是生产阶段；第三个是 W′—G′，即生产出来的价值量更多的商品 W′，通过售买转换为价值量更多的货币 G′。若不能完成此惊险跳跃，就会造成商品积压，无法进行扩大再生产。马克思还把产业资本循环分为三种职能形态，即货币资本循环形态 $G' \overline{W} \cdots P \cdots \overline{W} \cdots G'$、生产资本循环形态 $P \cdots \overline{W}' - G' - \overline{W} \cdots P$ 和商品资本循环形态 $\overline{W}' - G' - \overline{W} \cdots P \cdots \overline{W}'$。他强调，这三种职能形态及其循环在时间上是继起的，而空间上是并存的。它们互为前提、互为条件。没有并存，就不会有继起；同样，如果继起中断，并存就会瓦解。① 所以，马克思说："产业资本的连续进行的现实循环，不仅是流通过程和生产过程的统一，而且是它所有三个循环的统一。"② 这些论述，是深刻认识流通在社会再生产中的地位和作用，正确理解商品流通与生产制造和资金信贷之间协同配合关系的理论指南。现实生活中时常发生的供给过剩、产品滞销积压，以及供给短缺、价格上涨，乃至通货膨胀和通货紧缩现象，都可以用三种循环形态的时间继起性被打断，空间并存性遭到破坏，作出清晰的解释。

马克思还考察了社会再生产中的实物补偿问题。他把整个社会再生产划分为：生产生产资料产品的第一部类，及其若干副类；生产消费资料产品的第二部类，及其若干副类。并且指出，虽然第一部类中有相当一部产品（中间产品）用于本部类内生产性消费，但并不意味着生产这些产品的部门，可以脱离第二部类消费资料的生产而片面发展。两大部类及其副类之间，在品种、产量乃至质量上，都必须保持一定的比例关系，所产出产品的价值才会全部得到实现，社会再生产才能顺畅进行。③ 然而，现实经济活动纷繁复杂，一些部门受利益诱惑或限制，往往突破比例超常发展或缩减产量，导致两大部类及其副类之间，在品种、产量乃至质量上比例失调，引发"卖难""买难"问题。马克思揭示的按比例发展规律和建立的实物补偿理论，是探求导致中国商品供求结构失衡，引发"卖难""买难"问题深层原因的强有力分析工具。

（3）树立节省流通时间、流通费用理念的理论指南。马克思在其再生产理论体系中，建立了流通时间和流通费用概念。他指出流通时间，是商品及其占有的资金在流通领域中停留的时间。缩短流通时间，可以加快资金周转，提高资金使用效率。他还指出，流通费用，即商品流通过程中发生的各种费用总和，又可以分为纯粹流通费用和生产性流通费用两种类

---

① 徐禾：《政治经济学概论》，人民出版社 1984 年版，第 192～207 页。
② 马克思：《资本论》第二卷，人民出版社 1975 年版，第 119 页。
③ 徐禾：《政治经济学概论》，人民出版社 1984 年版，第 240～259 页。

型。前者是为了实现商品价值而发生的费用，包括商流、信息流和资金流发生的费用。后者则是为了实现商品的使用价值而发生的费用，包括货物包装、运输、储存和保管发生的费用。他强调，应当把流通费用尤其是纯粹流通费用控制在必要范围内，过度包装和广告是浪费，应当竭力避免和禁止。节省流通费用，可以降低成本、提高效率、增加利润。① 这为中国政府制定引导企业降低流通费用的产业政策，施行禁止过度包装和过度广告法规，提供了充足理论依据。

1.2.2 制度变迁理论

前已述及，中国的流通体制改革和制度创新有其鲜明的个性和特点，但舍去表象之后，它在总体和内涵上，仍然遵循着人类经济社会制度演进的共有规律，其发生发展的原因，演进过程中的顺利与曲折，可以用诺思教授等人创立的制度变迁理论（包括制度移植理论）分析和解释。

1. 制度变迁理论的创立与发展

现代制度变迁理论的创始人，是1993年诺贝尔经济学奖得主道格拉斯·C. 诺思（Douglass C. North）教授。他于1981年出版了《经济史中的结构与变迁》，1990年出版了《制度、制度变迁与经济实绩》，完成了制度变迁理论体系的构建。他认为，经济增长的动力来源于有效率的经济组织，而有效率的经济组织只能建立在边界清晰的产权之上；界定产权和实施产权制度具有公共产品性质，非国家和政府莫属；而政府的行为受其意识形态支配，其意识形态先进与否，会对产权界定，进而对经济制度的演进产生促进或阻碍作用。所以，产权理论、国家理论和意识形态理论，是诺思制度变迁理论的三块基石。

T. W. 舒尔茨、V. W. 拉坦和林毅夫等也对发展制度变迁理论做出了贡献。1968年10月，T. W. 舒尔茨在发表于《美国农业经济学杂志》第50期上的论文《制度与人的经济价值的不断提高》中，把制度定义为"一种行为规则，这些规则涉及社会、政治及经济行为"。这一定义被研究者普通接受。V. W. 拉坦和林毅夫，从区分诱致性变迁和强制性变迁的视角，深入讨论了制度变迁问题。V. W. 拉坦在《诱致性制度变迁理论》一文中，着重讨论了社会科学知识进步对制度创新的促进作用。他指出，制度变迁不仅是对更为有效的制度绩效的需求所引致的，而且是社会科学知

---

① 马克思：《资本论》第二卷，人民出版社1975年版，第143～168页。

识供给进步的结果。它降低了制度创新的成本，使制度变迁的供给曲线右移，增加了制度供给。林毅夫在论文《关于制度变迁的理论：诱致性变迁与强制性变迁》中，讨论了诱致性变迁和强制性变迁的特点和作用，并把诱致性变迁划分为正式制度安排和非正式制度安排。而且指出，如果以诱致性制度变迁为制度安排的唯一来源，制度安排的供给就不能达到社会最优。因此，实施必要的强制性制度变迁可以补救制度安排的供给不足。

V. W. 拉坦、林毅夫和杰拉德·罗兰（Gerard Roland）都在各自的论文中谈到，制度可以扩散和转化，可以移植。而且指出，制度移植可以节约制度创新时间及费用。同时强调，制度移植能否成功，取决移植进来的制度，与移入国社会文化和意识形态是否互相适应。杰拉德·罗兰在其论文《理解制度变迁：速变制度与滞变制度》中，把制度划分为速变制度和滞变制度两种类型，认为分析速变制度与滞变制度的相互作用机理，是探寻制度移植成败原因的钥匙。①

他们的研究成果，使诺思创立的制度变迁理论更加丰满和完善。

2. 制度变迁理论的框架结构

诺思等人的共同推进，使得制度变迁理论体系不断丰满和完善，形成了如图 1－1 所示的框架结构，成为从历史长河的宏观层面上，理解人类经济社会制度变迁机理的有效理论工具：

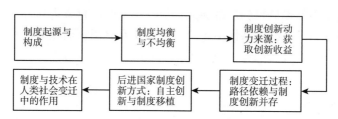

图 1－1　制度变迁理论体系的框架结构

图 1－1 勾画出了制度变迁理论体系的框架结构，其各个环节之间的基本逻辑关系是这样的：首先，从解释制度起源和划分正式制度与非正式制度入手，揭示制度存在均衡和不均衡两种现象；进而，用成本—收益分析方法，论证制度创新的动力机制，来源于制度不均衡产生的获利机会，以及创立新制度获取收益的欲望；随后，通过剖析不同国家和地区之间存

<hr />

① 杰拉德·罗兰：《理解制度变迁：速变制度与滞变制度》，载于《经济学文献译丛》，2007 年第 3 ~ 4 期。

在制度差异化和多样性，以及低效率制度在一定时期内能够存续等现象，创立路径依赖理论，并用它来解释这些现象的成因。但是，路径依赖并非意味着制度代代沿袭一成不变，外力冲击和内部力量对比变化都可能打破制度均衡，导致制度创新发生。因此，人类社会演进过程中，路径依赖的趋向性和制度创新的可能性并存。其次，学者们发现，制度可以扩散和移植。后进国家既可以自主地创立新制度，也可以学习和借鉴，移植先进国家的成熟制度，节约制度创新时间和费用，这是后进国家改革落后制度的捷径。但是，制度移植能否成功，取决于所移入的制度与移入国社会文化和环境能是否匹配耦合，进而取决于移入国是在充分自主条件下，选择适合本国国情的制度进行的主动移植，还是在外国机构尤其是殖民者的强制或干涉下进行的被动移植。现今中国的商贸流通制度移植是前一种类，故而能成功；而非洲一些国家的制度移植则是后一种类型，所以往往失败。最后，是关于制度和技术在人类社会演进中的作用。对这个问题的认识，既有诺思等人主张的制度决定论，也有马克思和凡勃伦等人主张的技术决定论。现今学者们认为，两种主张都有一定的片面性，只能解释人类社会历史长河中某个阶段制度变迁的动力来源，而无法系统、完整地解释人类社会制度变迁全过程的动力来源。因为，当重大技术创新活跃，如制造青铜器和铁器、蒸汽机和电力等重大技术被发明出来，并得到广泛运用的那个时期，技术创新是推动经济增长和社会发展的关键因素；而重大技术创新沉寂时期，制度创新则通过激励人们提高生产经营效率，成为推动经济增长和社会制度变迁的关键因素。所以，从全过程看，既不单独是技术创新，也不单独是制度创新，而是它们的相互影响和共同作用，推动了人类社会制度变迁的历史进程。

1.2.3　制度演化博弈理论

1. 制度演化博弈理论的兴起

制度变迁理论虽然对制度的发育机理以及制度在人类社会变迁中的作用，作出了开创性研究和深刻解释，但一些学者还是认为，该理论存在局限性，需要深化和发展。一是关于制度创新活动参与者完全理性的假设，不符合社会现实。因为在现实社会中，人们的认识受历史惯性影响和既有制度遮蔽，会成为"近视眼"，所以制度创新活动参与者的理性是有限的，不能假设其有完全理性。二是关于制度变迁有明确目标和方向性的假设，也不符合实际情况。因为制度创新处于充满不确定因素的环境中，不可能按预先设定的目的和方向进行，所以不能假设其有明确目标和方向。三是制度变迁理论，只从历史长河的宏观层面上，解释制度创新和演变的动力机制，而没有揭示最初始的制度（原始的惯例或习俗）是如何在微观组织内部产生的，即没有回答制度是如何起源的这个根本性问题。

针对上述局限性，青木昌彦、格雷夫（Avner Greif）、G. 霍奇逊（Hodgson）、安德鲁·肖特和 A. 爱伦·斯密德等学者，以博弈论为工具，分析微观组织中制度演化的机理，构建了制度演化博弈理论。

2. 制度演化博弈理论的创新与深化①

（1）深化和扩展了对制度范畴的认知。一是强调制度的基础是"共有信念"。因为，只有当规则的认知内容和协调内容成为人们的共有信念后，才会被人们遵守，才称其为制度。二是强调制度不仅包含规则，而且包含组织。因为组织是规则的实际载体，规则只有依靠和通过组织才能实行。三是认为制度是关于博弈如何进行的共有信念的自我维持体系。只有那些体现共有信念而被固化的规则和组织，组成一个维持共有信念，保障博弈顺畅进行的系统，才是具有实际功效的制度。制度就是对上述特征的概括表述，所以，青木昌彦把制度定义为：关于博弈如何进行共有信念的一个自我维持系统。

（2）引入学习理论，揭示微观组织中初始制度产生的机理。制度演化博弈论认为，学习对于人的心智模式的改变、偏好的形成和调整，进而对"优势信念"和"共有信念"的产生，亦即初始制度的形成具有不可替代的重要作用。制度是内生的，它是组织内部参与人博弈引致的稳定均衡结果。

诺思等人提出了共享心智模型，用以解释元制度的产生。该模型认为，制度演化博弈参与人有某种认知能力禀赋，他们面临不确定环境时，将通过预期和意识采取行动。环境的变化通过信息反馈影响参与人的认知，参与人通过心智对这些变化进行评价、精炼、接受或拒绝，从而形成新的预期。如此循环，构成参与人认知和环境的互动过程。这既是心智的调整过程，也是学习过程。一种心智模式若在环境反馈中被反复认可，就会趋于稳定，成为"信念"。虽然各参与人的心智模式是异质的，但是，如果他们相互的模仿、学习和交流，则最为成功的心智模式就会成为共享心智模式。在相互认同的过程中，这种共享心智模式可以

---

① 本节参考并引用了卢现祥、朱巧玲主编：《新制度经济学》，北京大学出版社 2007 年版；董志强：《制度及其演化的一般理论》，载于《管理世界》，2008 年第 5 期。

稳定下来，成为共同的行为规范，即制度。一旦有新的认知改变了个体的心智模式，这种创新就会以前述机制反映到组织的共享层面上来，导致制度演变。①

综合前述解释，元制度的发生模型可以概括为：资源供给紧约束引发博弈参与人之间利益冲突，给各自造成利益损失——多次冲突使参与人产生协调相互行为的内在需要——参与人在重复博弈中试错，进行学习，比较和鉴别各次博弈结果——参与人在学习、比较和鉴别基础上作出选择，使博弈结果收敛于某个对各方都有利的惯例，此惯例使各方参与人都能够获得多少不等的"合作剩余"——此惯例被参与人中的临界多数接受，并得到全体参与人遵守，成为共有信念，上升为制度。这个模型概要地描述了元制度的发生过程，填补了制度变迁理论在这个问题上的空白。

（3）论证了制度演化博弈中可能出现的利益调整方式：帕累托改进和卡尔多改进。制度演化博弈论认为，如果博弈参与人中达到临界多数的人或者全体，在潜在制度安排或制度结构中获得的净收益，大于他们在现有制度安排和制度结构中获得的净收益，那么，导致新制度产生的博弈过程就会发生。但是，博弈过程会受到多种因素的影响，可能在不同阶段上呈现出不同的利益调整方式，既可能是帕累托改进，也可能是卡尔多改进。由于帕累托改进能使全体参与人受益，而卡尔多改进只能使一部分参与人受益，因此，对于卡尔多改进型制度变革来说，必须按照补偿原理，对参与人中收益未增加甚至减少的那部分人予以适当的补偿，使他们支持新制度施行，接受制度变革结果。② 这样才能使卡尔多改进型制度演化博弈顺利进行。

（4）深化和发展了路径依赖理论。制度演化博弈论深入研究了路径依赖现象，清晰地揭示了该现象发生的微观机制。格雷夫认为特定制度博弈均衡的达成，在很大程度上要受到参与人预期的影响；而参与人的预期来源于自身的文化信仰；而其文化信仰是在以往的制度博弈中形成的，要受到历史、社会文化和政治因素的影响。这样，作为从多种均衡中选择特定均衡结果的决定性因素的文化信仰，就与既往历史阶段上的制度博弈和均

---

① 引自董志强：《制度及其演化的一般理论》，载于《管理世界》，2008年第5期，第157页。

② 补偿原理，又称卡尔多—希克斯标准。该原理认为，在一些社会变革中，一部分人受益难免使另一部分人受损。这时政府可运用适当的政策，如征收特别税用以向受损者支付补偿金，使受损者得到补偿。如果特别税和补偿金的代数和是正数，社会福利就增长了。参见于建玮主编：《经济发展辞典》，四川辞书出版社1989年版，第543页。

衡之间构成了内在联系，因此而形成了制度演进中的路径依赖现象。① 雷格夫以 11～12 世纪地中海地区不同社会文化族群区域的商业发展状况为案例，证明了这个点论点的正确性。

1.2.4　其他基础理论和分析工具②

本书由商贸流通业制度变迁和产业发展两方面论题构成，因而，除了运用马克思主义理论和新制度经济学理论，分析中国商贸流通业制度变迁历程，总结其经验和教训外，还要运用经济学和管理学的相关理论，分析如何构建适宜商贸流通业发展的经济社会环境，促进商贸流通各行业和区际贸易持续发展，以及如何借助 WTO 提升中国商贸流通业国际化水平等问题。

1. 产权理论

该理论的要点是：产权是指人们对其所交易的标的的所有权，也就是人们在交易中使自己或他人在经济利益上受益或受损的权利。市场交易是配置资源的基础性方式，但要使它顺畅运转，交易者必须对所有交换的标的有明确的、排他性的、可以自由让渡的权利，即所有权。只有合理而清晰地界定产权，市场交易才能降低成本，提高资源配置和经济运行效率。这就需要研究产权制度安排和结构对人们行为的影响，企业采用何种产权制度，建立何种治理结构，能够有效解决经理层和员工的激励约束问题。现行产权制度解决了既有矛盾，但又产生了新的矛盾，需要不断创新和完善，才能够化解矛盾，进一步提高市场交易和资源配置效率。

2. 消费理论

该理论主要研究消费在社会再生产中的地位和作用、消费需求的形成、消费方式与消费结构的演变、消费者行为及其影响因素，不同社会群体的消费特点，以及消费政策和消费者权益保护等。传统消费理论形成于西方国家殖民主义时代，主要关注刺激和扩大消费需求，解决生产过剩问题，而忽视了对过度消费弊端的研究。近年，由于过度消费行为蔓延，导致自然资源枯竭、生态环境恶化趋势加剧，如何引导人们健康而合理地消费成为研究重点。

3. 社会信用理论

近些年，中国社会失信蔓延，国务院以推进社会信用制度建设的方式予

---

① 引自卢现祥、朱巧玲主编：《新制度经济学》，北京大学出版社 2007 年版，第 468 页。

② 本节中各相关理论简述，引用和参考了刘树成主编：《现代经济辞典》有关词条，凤凰出版社和江苏人民出版社 2005 年版。恕不逐一注明。

以治理，引发理论界加强对社会信用问题的研究，初步形成了理论体系。该理论把社会信用定义为：人们按照法律法规和交易合约规定，履行相关义务和责任的行为状况。并且强调，诚实守信、认真履约，是经济社会顺畅运行的基础和保障。重点研究了社会信用体系结构，以及政府信用、企业信用和个人信用在其中的作用；信用信息征信系统的构成和作用，以及政府如何运用法律和行政手段，推进社会信用制度建设等问题。

4. 交易费用理论

该理论把交易费用定义为：人们为完成交易而搜寻信息、谈判、签约、监督契约履行和仲裁纠纷等产生的费用。它是一种非生产性费用，在合理范围内是必要的，超过合理范围则是浪费和损失。因此，应当在保证交易和经济活动能正常运行的前提下，应尽可能使其降低。导致交易费增高的主要原因，是交易者失信和采取机会主义行为，因而提高诚信度和减少机会主义行为发生，是降低交易费用的主要途径。科斯在《企业的性质》一文中，开创性地用交易费用解释企业产生和存在的原因。他指出，企业是为了节省市场交易费而产生的，用企业内行政协调代替市场交易，可以降低交易费用。企业边界在企业内行政协调边际成本，等于市场交易边际成本之处。杨小凯发展了交易费用理论，他把威廉姆森定义的仅包括信息流和商流费用的范畴称为狭义交易费用，而把自己定义的包括信息流、商流和物流费用的范畴称为广义交易费用。而且把交易费用定义为，为完成交易而发生的信息流、商流和物流费用之和，并把它划分为内生和外生两种类型。他指出，内生交易费用是由交易决策产生的费用；外生交易费用是由交易决策之外因素，如运输里程长短、物流及运输效率等决定和产生的费用。他提出，通过提高交易者诚信程度，减少机会主义行为，降低内生交易费用；提高信息传输、物流和运输技术水平及效率，降低外生交易费用。

5. 宏观调控理论

该理论主要研究，在让市场发挥配置资源基础性作用的前提下，政府如何合理运用宏观经济政策工具，以及必要的法律和行政手段，调节国民经济活动，治理市场失效，实现国家宏观经济目标，保障国民经济平稳运行、持续发展。宏观调控体系由调控目标、任务、体制、机制和调控手段等组成。目标是：保持经济平稳增长和较高就业率、价格水平基本稳定和国际收支基本平衡。实现目标的难点是：如何处理好政府与市场关系，掌握好货币政策和财政政策松紧和配合程度，既有效治理市场失效，控制经济波动，又不损害市场机制妨碍竞争。对这个难题的探索，形成了新自由主义、社会市场经济理论、凯恩斯主义和货币主义等不同理论流派。

6. 规模经济理论

规模经济是指企业规模扩大，产量和销量增长，导致其平均总成本下降的现象。规模经济又可分为，企业内部规模经济和企业外部行业规模经济两种类型。企业内部规模经济产生的原因是：生产和销售规模扩大，效率提高，劳动分工和专业化协作优势得到更好发挥，设备得到更充分利用，导致产量或销量的增长速度，高于总成本增长速度，从而使分摊到单位产量或销量上的平均总成本下降。当平均总成本下降到最低水平上且保持不变，而产量或销量持续增长时，企业处于"最佳规模经济"状态，收益持续增长。但若超过临界点，平均总成本上升，企业就处规模不经济状态。企业外部行业规模经济产生的原因是：行业规模扩大，为行业内企业创造了获得技术服务和金融服务的便利条件，导致其平均总成本下降而收益增加。规模经济是企业的生命线，长期时间处于规模不经济状态，企业会破产倒闭。

7. 经济规制理论

该理论认为，市场失效问题必须由政府用法律和行政手段予以矫正和治理，才能保证国民经济有序运行、健康发展。经济规制，是政府为治理市场失效而施行的，干预经济主体活动的法律和政策措施的总称。主要有：（1）以保证分配公平、经济平稳增长的财政、税收和金融等政策。（2）为保障公共服务和物品供给而施行的公共事业投资、公共服务和社会福利政策。（3）处理不正当竞争的法律和政策。如反垄断法、反不正当竞争法等。（4）管制自然垄断的法律和政策。如控制公益事业领域进入、退出、投资及价格的法规和政策。（5）处理负外部性问题的法律和政策。如控制"三废"排放、光和噪声污染、保护生态环境的法律和政策。（6）处理信息不对称问题的法律和政策。如要求企业公开有关信息、保护著作和专利技术知识产权、保护消费者权益的法规和政策。政府既可以运用这些法律和政策，直接介入经济主体决策，对其进行直接规制；也可以通过改善制度规则和市场环境，影响经济主体决策，对其进行间接规制。间接规制更有利于市场顺畅运行和发展，宜多采用。

8. 国际和区际贸易理论

从亚当·斯密创立绝对优势理论至今，形成了解释国际贸易成因的6种主要理论。即斯密的绝对优势论、李嘉图的比较优势论、赫克歇尔—俄林的生产资源配置论、克鲁格曼的规模经济论、弗农的产品周期论和林德的需求偏好论。斯密认为国际贸易基础是一国拥有生产某种产品的绝对资源优势，生产出口该产品就能获利。李嘉图则认为，国际贸易基础是各国劳动生产效率的相对差别。一国生产出口其劳动生产率高的产品，进口其劳动生产率低的产品，可从中获利。赫克歇尔—俄林则认为，国际贸易的基础是各国生产资源配置不同。如果一国生产出口含本国充裕资源的产品，进口含本国稀缺资源的产品，就能获利。克鲁格曼则用"规模经济"，解释了发生在资源禀赋相似国家之间的产业内贸易的成因。弗农则用产品进入衰退期，发达国家丧失技术和资金优势，导致产业向具有劳动成本优势的国家转移，解释了发达国家与发展中国家之间，在一些产品上发生的进出口国身份互换现象。林德则用国家之间因需求偏好差异和收入变动，造成供求错位，解释了一些发展程度相近国家之间发生的产业内贸易现象。① 国际贸易与国内地区间贸易，除在有无关税上有区别外，其成因和机理相同，因此可用来分析中国区际贸易问题。

1.3　本书的篇章结构和内容梗概

1.3.1　篇章结构

积多年研究经验，经深入思考和潜心研究，笔者认为，欲全面深刻地解析中国商贸流通制度变迁及产业发展，必须论述清楚以下四个方面问题：（1）改革开放前30年和后30年，商贸流通制度经历了何种演进历程，有哪些可吸取的经验和教训。（2）商贸流通业欲持续发展，需要何种的消费需求牵引力和经济社会环境。（3）1979～2009年改革开放，商贸流通业在制度变革取得了哪些成效，尚有哪些缺陷和问题，今后如何进一步深化改革实现再发展。（4）中国区域市场具有何种空间结构和特性，区际贸易为何能使双方互利共赢；市场机制如何促使原料和加工产品产能，分别向资源型省区和制造型省区聚集，它们之间供求互补性增强产生了何种成效、存在哪些隐患，应如治理；如何借助 WTO 推力，规范政府行为，提升市场的公平公正性，推动企业发展跨国营销业务，提升中国商贸流通业国际化水平。所以，本书设置如下篇章结构（如图1-2所示）：

---

① 引自海闻：《国际贸易：理论、政策、实践》，上海人民出版社1993年版，第54～55页。

第1部分：绪论和制度演进历程及其经验与教训，由第1~2章构成：介绍本书写作背景及动因、理论基础、本书篇章结构和内容梗概；分析和评述中国商贸流通业制度演进历程，总结经验教训和启示	第2部分：构建能促使商贸流通业持续发展的牵引力和经济社会环境，由第3~6章构成：分析如何构建"健康—集约型"消费需求牵引力；如何构建能使商贸流通业充满活力的现代产权制度基础；如何构建能支撑商贸流通业平稳有序发展的社会信用体系和宏观经济环境	第3部分：变革创新，推动商贸流通业持续发展，由第7~12章构成：分析农村市场及流通体制现状，以及推动其持续发展的路径与措施；分析零售业和批发业现状，以及推动其持续发展的路径与措施；分析电子商务、连锁公司、期货市场和现代物流业兴起和发展取得的成效，以及消除体制机制缺陷，推动其持续发展的路径与措施	第4部分：优化区际贸易和提高商贸流通业国际化水平，由第13~15章构成：分析中国区域市场特点和国际贸易作用；分析产能向优势省区聚集，导致省区间供求互补性增强，产生的成效和隐患及治理，提出节能减排，维持全国经济健康而协调地运转的政策建议；分析如何借助WTO推力，提升中国商贸流通业国际化水平

图1-2　本书的篇章结构

1.3.2　各章内容梗概

如图1-2所示，本书由4个部分15章构成。

第一部分，绪论和商贸流通业制度演进历程及其教训与经验，由第1~2章构成。

第1章：绪论。首先，介绍本书的写作背景和动因，以及本书的理论基础和分析工具：马克思历史唯物主义理论、社会再生产理论和流通理论、制度变迁理论、制度演化博弈理论，以及其他经济学和管理学理论。继而，介绍本书的篇章结构和内容梗概，为读者引路。

第2章：中国商贸流通业制度演进历程及其经验与教训。通过回顾商贸流通业制度演进历程，一是运用马克思关于生产力与生产关系矛盾统一的理论，揭示计划经济体制压制生产力发展，使人们在反思中萌生了改革开放的潜意识。二是运用制度演化博弈理论，分析民众如何从制度变迁失败与成功的亲身体验和比较学习中，逐渐形成了"必须改革开放"的共同信念，为新时期经济体制转型奠定了思想基础。三是运用制度变迁理论，分析中国经济体制改革，何以由产权制度——农村土地家庭联产承包制和企业扩大自主权切入，并取得突破和进展。四是运用马克思流通理论，揭示改革开放后，商贸流通业的地位和作用凸显出来，受到重视，从而开启了由计划供给型旧体制向现代市场营销型新体制转型的进程。五是运用制度移植理论，构建了被动型制度移植和主动型制度移植这一对理论范畴，用以揭示市场化改革以来，中国商贸流通业完成新旧体制转换，初步实现现代化所经由的基本路径。由此得出重要结论：以主动型方式移植发达国家先进的商贸流通制度，并使之本土化，是中国商贸流通业进行制度变革和创新，走向现代化和国际化的捷径，今后应坚定不移地沿着这条道路前进。如此，才能够不断提高商贸流通业的管理水平和运营效率，使之保持良好发展势头。六是构建了高度集中计划经济体制变迁和社会主义市场经济体制变革这一对理论范畴，用以分析中华人民共和国成立以来商贸流通业及国家经济体制 60 年演进历程，总结其中的经验和教训，以借鉴和参考。

第二部分，构造能促使商贸流通业持续发展的牵引力和经济社会环境，由第 3~6 章构成。

第 3 章，构造能牵引商贸流通业可持续发展的消费需求动力。首先，运用马克思再生产理论，论证消费需求是拉动商贸流通业发展的牵引力。其次，论证只有节约资源和保护生态环境的消费模式，才能够拉动商贸流通业可持续发展。传统消费理论形成于西方国家殖民主义时代，主要研究如何刺激消费需求，克服生产供给过剩问题，而忽视了对过度消费导致资源枯竭、生态环境恶化等问题的关注和研究。最后，根据中国资源环境供给紧约束加剧的现实，笔者提出了确立并实行"健康—集约型"国家消费模式，构建能拉动商贸流通业可持续发展的消费需求牵引力的构想。并且针对现实状况，就如何治理国有社会组织违规公务消费，矫正居民消费中的不良倾向，增强农民和城市低收入阶层消费能力，促使城乡居民消费需求沿"健康—集约型"路径持续增长，提出对策建议。

第 4 章，构建能使商贸流通业充满活力的现代产权制度。首先，概述产权制度理论，揭示现代产权制度对商贸流通业发展的支撑和推动作用：一是私人财产权约束，能够催生交易者的诚信理念和职业操守；二是现代产权制度强调规制强权，维持市场权力平衡，因而能使交易公平，降低交易摩擦和渠道冲突发生频率，提高流通效率；三是产权关系深化和细分，能深化社会分工，拓展交易关系和市场范围，使其由实物商品交易领域，向服务、信息、技术、知识产权和期货期权等非实物商品交易领域扩展。四是现代公司制度，能激励约束员工提高工作效率，把商贸流通企业做大做强。其次，对照现代产权制度基本特征，指出中国现行产权制度不足之处，提出深化改革，构建能使商贸流通业充满活力的现代产权制度的对策措施。

第 5 章，构建能严格抑制失信交易行为发生的诚信社会环境。首先，概述社会信用体系的内涵、构成、功能和作用：信用是交易的基础和先决条件，健全的社会信用体系能有效抑制失信行为，减少贸易摩擦，降低交易费用，提高流通效率。其次，分析失信的危害性，中国诚信缺失的成因。最后，论述政府是社会信用体系的建设者和维护者，政府信用是社会信用体系的核心和主导力量。强调政府应当以身作则诚信行政，并且施行全民诚信教育，重建社会道德体系，加快经济社会发展，使民众财富积累持续增长，培育并增强民众克制失信动因的自我约束力；制定和完善信用信息法律，大力推进社会信用制度建设，建立覆盖全国城乡和全体社会成员的信用信息征信系统，构筑能严格抑制失信行为发生的制度防线，提高社会诚信度。

第6章，构建能支撑商贸流通业平稳快速发展的宏观经济环境。首先，简述宏观调控理论，回顾中国改革开放以来发生的2次严重通货膨胀、1次温和通货膨胀、1次通货紧缩和1次固定资产投资过热，及其治理过程，总结教训和经验。据此提出，能支撑商贸流通业平稳而快速发展的宏观经济环境，应当具备商品供求基本平衡和市场秩序良好两个基本特征。其次，强调商品供求平衡的完整含义是，商品供给不仅在总量上，而且在品种结构和产品质量上都满足需求，这样的供给才是有效的。针对目前市场存在假冒伪劣商品，有效供给率低的现实状况，强调应严格治理制假售假，提高有效供给率，把商品供求平衡置于有效供给充足基础之上，并提出具体对策措施。最后，强调市场秩序良好的内涵和标志是"交易公平"，并就政府如何严格规制垄断组织和市场权力强势方，防止其乱用市场权力，提出对策建议。

第三部分，变革创新，推动商贸流通业持续发展，由第7～12章构成。

第7章，农村市场发展与农产品流通渠道优化。首先，论述农村市场的战略地位和发展潜力。其次，分析农村工业品市场发展的成效和缺陷，提出加快发展的路径和措施。最后，分析农产品流通渠道结构和各方利益关系，论证农民合作社发展缓慢，是农产品流通渠道源头货源供给散乱无序的根源。并且运用制度变迁理论，分析农民合作社推广不开的原因。论证人民公社化时期某些农村政策失误伤害农民，使他们内心深处留下"畏惧合作"心理。致使农民对政府发展合作社的号召冷漠。据此，就如何推动农民合作社发展，完善其管理制度；以及建立产品质量安全追溯体系，保证农产品质量安全，疏通流通渠道、加快流通速度、提高运营效率，提出对策建议。

第8章，零售业态演进、批发业解构重组和商业集群发展。首先，在评述西方零售业态演进理论的基础上指出，只有用"新旧业态共生共荣理论"，才能够准确解释中国零售业态的演进历程及现实状况。并且通过分析中国零售业态演进的三大阶段：新中国成立前百货公司时期，中华人民共和国成立后，20 世纪 50～80 年代百货公司时期，90 年代至今新旧业态共生共荣时期，印证该理论的正确性。进而辨析业态分类标准，分析零售业变革的成效和尚存缺陷，提出治理对策。其次，分析经济体制转型中批发业的解构重组，批驳误读这一变革的"批发萎缩论"，得出明确结论：解构重组后的新批发体系，有效履行了化解产销间时空矛盾的社会职能，保障了全国经济社会协调运转和平稳快速发展。所以，变革是成功的，认为解构重组导致批发萎缩的看法是错误的。再次，分析代理制发展缓慢的原因，提出推动批发业深化改革，促进代理制发展的对策建议。最后，分析商业集群发展的动因，提出三阶段良性互动假说，剖析其发展动力来源、外部性和 6 种类型，论证其发育成长的基本路径是：通过商家与顾客、"市场"与"城市"良性互动，最终形成"客""商"共赢、"市""城"融合的著名商业街区和商贸城市，并以义乌国际商贸城发育成长历程予以印证。

第 9 章，电子商务收益增值模型与加快发展路径。中国电子商务是从西方发达国家移植进来的，在互联网上运营的，批发零售、支付结算和货物快递一体化的现代商业模式。首先，概要介绍电子商务的流转程式，论述它的功能与作用。其次，分析电子商务渠道成员各方的利益诉求，分别剖析售卖方（网商）、买方（用户企业和顾客）的收益增值模型和实现机理。最后，分析中国电子商务发展取得的成就、尚存缺陷和问题，提出加快电子商务发展的方略和基本路径。

第 10 章，连锁公司生命力及其发育状况和再发展路径。连锁营销制度是从发达国家移植进来的、批发零售和配送一体化的现代商业模式。首先，概要介绍其基本范畴、类型和特点。其次，论证它的先进性和生命力之所在：以稳固的渠道战略联盟为躯干，以网状组织结构和统一管理为一翼，以规模经济为另一翼，组成的"一体两翼"营销体系。最后，论述中国移植连锁营销制度的必然性，分析连锁公司发育状况、成效和缺陷，提出推动本土连锁公司再发展的路径与措施。

第 11 章，期货市场波折成长及其成效和再发展路径。20 世纪 50 年代初期，中国关闭了商品交易所，致使期货交易中断约 40 年，直到 90 年代初期才从美国把它移植进来，国人对其制度规则不堪了解。故而，首先概要介绍期货交易制度的基本概念、组织结构和制度规则，以及世界期货市场沿革和发展趋势。其次，分析中国移植期货交易制度的必然性，以及期货市场曲折成长取得的成效、尚存缺陷及成因。最后，提出推动期货市场再发展的路径和措施。

第12章，物流业制度变革成效及其再发展障碍与化解之策。改革开放前，中国实行的是服务于计划经济的物货供应体制。改革开放后，导入美国和欧洲现代物流理论，推动了物流体制变革和现代物流业发展。鉴于此，首先概要介绍物流理论，物流业被视为"第三利润源泉"的缘由，以及它在商贸流通中的重要作用。其次，分析中国物流业的变革历程、发展状况、取得成效和尚存缺陷。最后，论述中国物流业再发展目标，分析推行物流标准化、构建物流信息公共服务平台加快第三方物流发展、推动物流公司兼并联合、提高货物运输效率等面临的障碍，并给出化解之策；提出运用物联网技术设备，整体提升物流业管理水平和运营效率的对策建议。

第四部分，优化区际贸易与提升商贸流通业国际化水平，由第13～15章构成。

第13章，区域市场层次结构和特性及区际贸易互利机制。首先，分析中国经济区及区域市场的演进历程和空间结构。论述沿海、沿江、铁路和高速公路沿线城市经济带和经济圈的兴起，将导致经济区及区域市场空间结构调整。其次，分析中国经济区及其区域市场的特性：区内同质性和内聚性，区际差异性和依存性。得出结论：经济区及其区域市场，既相对独立又相互依靠，以区际贸易为纽带，结成全国统一市场和国民经济体系。最后，分析中国三大经济地带间区际贸易中的不等价交换问题及互利共赢机制，得出结论：中西部与东部间原有的价格结构型不等价交换问题，已由市场化改革消解，但生产效率差距型不等价交换问题，将长期存在。在此条件下，中西部省区与东部省区贸易，仍然能产生互利共赢效果，而且中西部省区能从中获得"后发效应"，加快发展，缩小与东部省区的差距。

第14章，三大地带省区间供求互补性增强及其成效和隐患治理。首先，用统计数据证明，市场优胜劣汰机制，促使产能向中西部资源型和东部制造型优势省区聚集。其次，建立相对需求满足度公式，计量分析产能向优势省区聚集而导致的需求满足度变动状况，得出结论：市场化改革进程中，三大地带及其优势省区间供求互补性显著和明显增强。并依据"中心极限定理"，判定其计量样本趋近于正态分布，检验计量模型的准确性。最后，用相对需求满足度数据，揭示5个典型资源型省区与5个典型制造型省区间，供求互补显著程度，分析其产生的成效和潜藏的隐患，提出治理措施。

第 15 章，借助 WTO 提升中国商贸流通业国际化水平。首先，引用有关文献，揭示商贸流通业国际化基本特征：国内商贸流通业充分对外商外资开放，其运营机制和市场规则与国际接轨，本土商贸流通企业踊跃发展跨国营销业务，内外资企业不断融合。其次，在概要介绍 WTO 要求和中国政府承诺的基础上，论述以 WTO 原则规范政府行为，可以使中国市场变得更开放、透明、公开和公平，从而与国际市场接轨；外商强势进入可激活本土商贸企业竞争力；本土企业借助 WTO "最惠国待遇" 便捷之桥，发展跨国营销业务，可提升国际竞争力。如是，中国商贸流通业的国际化水平可明显提高。

1.4　重要学术观点及对策建议

1.4.1　重要学术观点

本书用马克思流通理论、现代经济学和管理学等理论深入分析问题，形成了以下重要学术观点：

第 2 章认为，中国经历了改革开放前 30 年向高度集中计划经济体制变迁，和改革开放后 30 年向社会主义市场经济体制变革这个曲折的历史过程，有有益经验和深刻教训可吸取。市场化改革后，商贸流通企业学习并移植发达国家先进而成熟的连锁营销、电子商务、现代物流和期货市场等制度，使它们与本土文化相结合，成功完成了制度转型，实现了自身现代化。

第 3 章认为，中国人均资源和环境容量占有量很低，只有实行 "健康—集约型" 国家消费模式，节约资源和环境容量耗费，才能够形成拉动商贸流通业，乃至整个经济社会持续发展的消费需求动力。

第 4 章认为，现代产权制度形成的资产所有权与经营权和使用权相分离，是租赁经营、承包经营和特许加盟等新兴商业类型发展的前提条件和基础；其衍生出来的合约新品种，为期货市场发展注入新鲜 "血液"；现代公司制度的法人治理结构和激励约束机制，能使商贸流通企业提高运营效率。所以，商贸流通业只有以现代产权制度基础，才能够充满生机和活力。

第 5 章认为，诚信社会环境能抑制失信行为发生，降低交易费用，提高交易成功率，是商贸流通业实现集约化运营发展的必要前提条件和基础。由于中国社会整体失信是多种因素造成的，必须采取针对性措施综合治理才能明显见效，因而构建了综合治理方案框架结构，强调政府应充分发挥主导作用，大力进行综合治理，才能建立起稳固的诚信社会环境。

第 6 章认为，商贸流通业只有在供求大体平衡的宏观环境中，才能够平稳而快速地发展。而供求平衡的本质，是有效供给充足和交易公平。但是目前，一方面假冒伪劣商品充斥市场，使供求平衡有很大虚假成分；另一方面，垄断组织和市场权力强势方乱用市场权力侵犯弱势方利益，破坏交易公平性。因而，必须严格治理制假售假，严格规制垄断组织和市场权力强势方，才能形成有效供给充足、公平交易的宏观经济环境，支撑商贸流通业平稳而快速地发展。

第 7 章认为，中国农村市场有重要战略地位和巨大发展潜力。农村工业品市场流通渠道建设方向正确、成效显著，但需完善和提高。农产品流通渠道源头货源供给散乱无序的根源，是农民合作社发展缓慢。这是历史和现实双重原因共同作用造成的，需对症下药根除农民心中"畏惧合作"病根，积极而稳妥地推动农民合作社发展，才能够解决货源供给散乱无序问题，为后续环节流通顺畅创造有利条件。

第 8 章认为，一是提出了"新旧业态共生共荣理论"，强调只有用它才能准确地解释中国零售业态演进历程及现实状况。二是通过批驳"批发萎缩论"，得出明确结论：解构重组后的新批发体系，有效履行了化解产销间时空矛盾的社会职能，证明批发体制改革是成功的。三是提出商业集群发展的"三阶段良性互动假说"，揭示其发育成长的基本路径是：通过商家与顾客、"市场"与"城市"良性互动，形成"客""商"共赢、"市""城"融合的商业街区和商贸城市，并以义乌国际商贸城发育成长历程予以印证。

第 9 章认为，电子商务相较于实地场所营销，既有明显优越性也有短处，因而有独特的收益增值模型。电子商务公司应细分市场，根据不同顾客群体尤其是中老年和女性顾客群体的利益诉求和消费需求偏好，创新营销模式，吸引他们上网购物。如是，才能拓展市场、扩大销售规模。

第 10 章认为，连锁公司以与供应商的稳固战略联盟为躯干，网状组织结构和统一管理为一翼，规模经济为另一翼，组成了"一体两翼"先进营销体系，因而具有旺盛生命。20 世纪 90 年代中期，中国商贸企业成功移植西方连锁营销制度，用以改造自身，使本土连锁公司快速成长为零售业和服务业主体，实现了行业现代化。

第11章认为，中国成功移植现代期货交易制度，为厂商提供避险工具，促进了相关行业产品质量提升和产业平稳发展。中国期货市场在波折中成长，成效显著。今后应完善制度、加强监管，控制好新合约品种上市节奏，如是才能持续发展。

第12章认为，中小工商企业和物流企业间的物流服务外包，亦即第三方物流，受到"规模不经济"等因素阻碍，发展缓慢。政府唯有积极推广"传化公路港物流模式"，在大中城市物流园区普遍建立公共信息服务平台，促使中小企业间物流外包服务的供求信息和资源向物流园区汇集，才能够破除"规模不经济"瓶颈，推动物流服务外包，亦即第三方物流快速发展。而且，还要运用物联网技术和设备，改造物流业的管理和运营方式，如是才能够整体提升物流业的管理水平和运营效率。

第13章认为，中国经济区及其区域市场具有区内同质性和区际差异性特征，并且形成了以大城市为枢纽，中小城市为中间连接点，乡村集镇为外围连接点，内密外疏的网状空间结构。市场化改革消除了西部与东部经济区之间的价格依赖型不等价交换，但生产效率型不等价交换将长期存在。即使如此，中西部与东部经济区之间开展区际贸易，仍然是互利共赢的，只是生产效率高的东部经济区盈利率高于生产效率低的中西部经济区而已。而且，中西部经济区可以从中获得"后发效益"，加快发展，缩小与东部经济区的差距。

第14章认为，市场机制促使原料和加工工业产能，分别向中西部资源型和东部制造型优势省区聚集，导致它们之间供求互补性显著或明显增强。这既产生了加快产业发展，促使区际贸易快速增长的正效应，但也形成了巨量货物跨区域超远距离运输，社会物流费用占 GDP 比重居高不下，运输能耗和废气排放量大幅度增加的弊端。必须治理该隐患，中国经济才能够实现集约化增长和持续发展。

第15章认为，按照对 WTO 的承诺，进一步规范政府行为，增加政策法规透明度，严格规制垄断企业，才能够提升中国市场的公平公正性。借助 WTO"最惠国待遇"便捷之桥，推动内资商贸企业大力发展跨国营销业务，才能够提升中国商贸流通业的国际化水平。

1.4.2　有参考价值的对策建议

本书除"导论"外，各章都提出了相应的对策建议，其中重要而有参考价值的是：第2章中，关于不断深化改革、扩大开放，健全法规，提高宏观调控和市场监管能力，使社会主义市场经济体制更完善的对策建议。第3章中，关于开展全民大讨论，达成共识，以国家立法方式，推动"健康—集约型"国家消费模式施行，治理违规公务消费，促使居民消费健康发展的对策建议。第5章中，关于采取综合治理措施，大力推进社会信用制度建设，构建诚信社会环境的对策建议。第6章中，关于严格治理制假售假，严格规制垄断组织和市场权力强势方，构建有效供给充足、交易公平宏观经济环境的对策建议。第7章中，关于消除农民心中的"畏惧合作"病根，合理而稳妥地推动农民合作社发展，根治农产品货源供给散乱无序问题；以及建立产品质量安全追溯体系保证农产品质量安全，疏通流通渠道、加快流通速度、提高流通效率的对策建议。第8～10章中，推动各商贸流通行业再发展的对策建议。第11章中，构建物流信息公共服务平台，加快第三方物流发展；运用物流网技术设备整体提升物流业管理水平和运营效率的对策建议。第14章中，关于运用产业政策扶持中西部资源型省区发展原料初加工产业，使其以"量轻体小"产品取代"量重体大"产品与东部省区贸易，从而降低货物运输能耗和费用，减少废气排放，优化区际贸易的对策建议。这些对策建议，可供政府管理机关参考，提高决策科学性；商贸流通企业采纳施行，则能提高管理水平和运营效率，实现持久而快速地发展。

第2章　中国商贸流通业制度演进
历程及其经验与教训

商贸流通制度是国家经济制度的重要组成部分，伴随着国家经济制度演进，中国商贸流通制度经历了，改革开放前30年由传统市场购销型制度转变为计划供给型制度，改革开放后30年则由计划供给型制度转变为现代市场营销型制度的演进历程。本章用马克思历史唯物主义理论和流通理论、制度变迁理论和制度演化博弈理论，分析其制度演进历程及成因，总结其中的经验和教训，供政府决策机关和企业参考，使今后商贸流通业制度变革和发展少走弯路。

2.1　商贸流通业制度演进历程概述

1978年，中国发生了几件有重大历史意义的标志性事件。一是当年12月18日至22日，中国共产党召开了十一届三中全会，作出把全党工作重点转移到社会主义现代化建设上来，实行改革开放的重大决策。二是当年12月安徽凤阳县小岗村18户农民代表秘密签订契约，决定把集体耕地承包到户，实行家庭联产承包生产责任制。① 三是1978年秋，四川广汉县金鱼公社进行包产到组（生产作业组）的改革试验。同年第四季度，四川省委省在重庆钢铁公司、四川化工厂、成都无缝钢管厂、宁江机床厂、新都县氮肥厂和南充丝绸厂6家企业中，进行扩大企业自主权改革试点。②

---

① 资料来源于刘树成主编：《现代经济辞典》附录《中国改革开放以来经济大事记》，凤凰出版社和江苏人民出版社2005年版。另据有关资料记载，为了抗大旱，争生存，1978年9月5日，安徽省肥西县山南公社黄花生产队，27名中共党员召开支部会议，决定在全村实行"包产到户"，第二年小麦实现了大丰收。

② 林凌主编：《四川经济体制改革》，四川省社会科院出版社1984年版，第1、11页。

制度演化博弈理论认为，制度演化及创新事件的发生，是制度博弈参与者经过不断学习，改善心智结构的结果。1978 年，上述重要历史事件的发生不是偶然的，它是中国政府和民众，在新中国成立后 30 年的社会变革实践中，不断进行比较学习，总结失败教训和成功经验，改善心智结构，深化对社会主义的认识，而引致的必然结果。新中国成立后，先是恢复发展经济，实行第一个五年计划。

　　1952 年底，全国工农业生产达到历史最高水平。1953 ~ 1956 年，全国工业总值平均每年递增 19.6%，农业总产值平均每年递增 4.8%。市场繁荣、物价稳定、人民生活显著改善。① 1956 年，"社会主义改造基本完成后，农业、手工业、工商业的生产经营被统统纳入国家计划的轨道，原来还在一定范围内起作用的市场调节基本退出经济领域，形成以指令计划为主要特征的计划经济的一统天下。"② 这种高度集中的经济体制，排斥市场，压制竞争，造成平均主义"大锅饭"，导致经济效益下降。

　　1958 年，"由于对社会主义建设经验不足，对经济发展规律和中国经济基本情况认识不足，夸大了主观意志和主观努力的作用，没有经过认真调查研究和试点，就在总路线提出后，发动了'大跃进'运动和农村人民公社化运动，使得以高指标、瞎指挥、浮夸风和'共产风'为标志的'左'倾错误严重地泛滥开来。"1959 年 7 月中共中央政治局庐山会议后期"毛泽东同志错误地发动了对彭德怀同志的批判，进而在全党错误地开展了'反右倾'斗争。……这场斗争在政治上使党内从中央到基层的民主生活遭到严重损害，在经济上打断了纠正'左'倾错误的进程，使错误延续了更长时间。主要由于'大跃进'和'反右倾'的错误，加上当时的自然灾害和苏联政府撕毁合同，我国国民经济在 1959 ~ 1961 年发生严重困难，国家和人民遭到重大损失。1960 年冬，党中央和毛泽东同志开始纠正农村工作中的'左'倾错误，并且决定对国民经济实行'调整、巩固、充实、提高'的方针，随即在刘少奇、周恩来、陈云、邓小平等同志的主持下，制定和执行了一系列正确的政策和果断措施。""由于这些经济和政治措施，1962 ~ 1966 年国民经济得到了比

---

　　① 引自《中国共产党中央委员会关于建国以来若干历史问题的决定》，中共中央文献研究室编《三中全会以来重要文献选编》（下），人民出版社 1982 年版，第 748、750 页。
　　② 引自中共中央党史研究室：《中国共产党历史·第二卷（1949—1978）》（上），中共党史出版社 2011 年版，第 368 页。

较顺利的恢复和发展。"①"1966 年 5 月至 1976 年 10 月的'文化大革命',使党、国家和人民遭到中华人民共和国成立以来最严重的挫折和损失。"②"历史已经判明,'文化大革命'是一场由领导者错误发动,被反革命集团利用,给党、国家和各族人民带来严重灾难的内乱。"③新中国成立以来的这些经验和教训,深化了党、政府和民众对我国国情、所处历史发展阶段和客观经济规律的认识,使他们内心深处萌发了改革旧经济体制,解放社会生产力,加快经济社会发展,强国富民的强烈愿望,为 1978 年一系列重要历史事件发生,奠定了意识形态基础。

粉碎"四人帮"后,中国不仅具备了实行改革开放的意识形态基础,而且具备了社会契机和环境条件。其一,"文化大革命"使党、国家和人民遭到中华人民共和国成立以来最严重的挫折和损失,各行各业都积蓄了改革旧体制、解放生产力、振兴经济的强烈愿望。其二,发展生产,将使绝大多数民众受益,近似于帕累托改进,得到几乎全体民众支持,具有强大的动力根源。其三,粉碎"四人帮",否定了错误政治路线。"实践是检验真理唯一标准"的大讨论,恢复了实事求是的思想作风,拓宽了人们制度选择的视野。中共八大以经济建设为中心的治国方略,"一五"时期行之有效的多元化所有制结构,工业企业经济核算和超产奖励制度,以及 1960 年初期短暂实行的成效卓著的"三自一包"新经济政策等,都进入了政府决策者和民众制度选择的视野,成为备选对象。于是,中国改革开放的帷幕徐徐拉开。

经济史学界通常把 1979 年,作为中国进入改革开放新时期的起始年份。以此为界,从 1949 年新中国成立至 2009 年的 60 年,可划分为改革开放前后两个阶段,即前 30 年由传统市场经济转变为计划经济、后 30 年由计划经济转变为现代市场经济的体制转型过程。其间,改革开放前 30 年,以 1956 年对私营工商业进行社会主义改造为标志,又可以大体上划分为,1949～1956 年的新民主主义传统市场经济时期,和 1957～1978 年的社会主义计划经济时期。改革开放后 30 年,以 1993 年 11 月中国共产党十四届三中全会,通过《中共中央关于建立社会主义市场经济体制若干问题的决定》为标志,又可以划分为 1979～1992 年,计划与市场两种体制并存的双轨制时期,和 1993 年至现在,"双轨归一"向现代市场经济体制转型时期。

商贸流通业是国民经济体系中市场交换关系最密集、最复杂和最敏感

---

①②③ 引自《中国共产党中央委员会关于建国以来若干历史问题的决定》,载于中共中央文献研究室编《三中全会以来重要文献选编》(下),人民出版社 1982 年版,第 754～755、757、760 页。

的领域。伴随着国家经济社会体制转型的历史进程，中国商贸流通体制也经历了，改革开放前，由 1949～1956 年的传统市场购销体制向 1957～1978 年的计划供应体制转型时期；改革开放后，1979～1993 年的双轨制时期，和 1994 年至今向现代市场营销体制型转时期。剖析其转型过程，总结其中的教训和经验，可以为今后深化商贸流通制度改革，加快产业发展，提供借鉴和参考（见表 2－1）。

表 2－1　　　　　　　　新中国 60 年商贸流通业制度演进历程

	改革开放前 30 年（1949～1978 年）		改革开放后 30 年（1979～2009 年）	
	1949～1956 年传统市场经济时期	1957～1978 年计划经济时期	1979～1993 年双轨制时期	1994～2009 年向社会主义市场经济转型时期
经济体制和社会环境	建立了新的社会制度，恢复和发展了国民经济，形成了以公有制为主，多种所有制经济并存的传统市场经济体制	1956 年完成了对农业、手工业和私营工商业的社会主义改造，农村实行人民公社化，形成了公有制经济一统天下格局。把绝大多数商品纳入计划控制，建立了高度集中计划经济体制。"文化大革命"使党、国家和人民遭到了中华人民共和国成立以来最严重的挫折和损失	改革开放成为坚定不移的信念，农村实行家庭联产承包责任制，城市扩大企业自主权。计划范围缩小，市场范围扩大，形成了计划分配供应与市场购销双轨并存格局	建立社会主义市场经济体制，成为改革开放的基本任务和目标。商品供给充足，稳固买方市场形成，市场繁荣。加入 WTO 协议，对外商全面开放国内市场，内资企业向国外拓展。实现了向社会主义市场经济体制和现代市场营销体制转型
流通制度变迁方式	前期，在延续和发展传统市场经济的基础上，通过控制货币发行，对粮食统购统销，组建国营商业体系，稳定了市场，控制了重要商品流通，形成了以国营商业为主干的多元化流通体系。后期，对农业、手工业和工商业进行了社会主义改造	农业、手工业和工商业的生产经营被统统纳入计划轨道，原来还在一定范围内起作用的市场调节，基本退出经济领域，形成了农村以供销社、城市以国营商业为单一渠道的流通体制。20 世纪 60 年代初期实行的"三自一包、开放集市贸易"措施，带来了市场短暂繁荣，与计划经济造成的商品匮乏形成强烈反差，使人们在比较学习中，萌生了应当改革开放的潜在意识。粉碎"四人帮"后，此种意识上升为全党和全民共同信念	在不断深化对市场经济认识过程中，推进计划体制改革，发展市场化流通体系。在双轨制格局中，计划控制强度和范围逐步缩小，私营工商业快速发展，市场流通渠道不断扩大。但是，由于对市场经济是否适合我国还存在疑惑和争论，因而在中央没有明确结论之前，还不能移植国外现代市场营销制度，只能在原制度框架内改革	由于确立了建立社会主义市场经济体制的改革目标改革方向，而且加入了 WTO，全方位对外商外资开放，所以，学习并移植西方成熟的现代市场营销制度，成为推动流通制度变革和创新的主要方式

	改革开放前 30 年（1949～1978 年）		改革开放后 30 年（1979～2009 年）	
	1949～1956 年传统市场经济时期	1957～1978 年计划经济时期	1979～1993 年双轨制时期	1994～2009 年向社会主义市场经济转型时期
流通制度基本特征	以国营商业为主干，与集体所有商业、私营商业等多种流通渠道并存	商品匮乏，渠道单一，按行政区划层层分配调拨商品，流通效率低下	以原制度框架内改革为制度创新方式，双轨并存。初期，计划一轨强，市场一轨弱；后期，计划一轨变弱，市场一轨增强，形成了多渠道、少环节流通体制	以外向型制度移植为主要制度创新方式。从国外导入和移植了现代营销理念，以及连锁营销、电子商务、期货交易和现代物流等现代流通制度，提升了商贸流通业现代化水平，初步实现了与国际市场接轨

2.2 改革开放前 30 年商贸流通业制度变迁历程述评

2.2.1 1949～1956 年，新民主主义时期商贸流通制度变迁：延续传统市场购销方式与组建国营商业流通渠道相结合①

这个时期，中国流通制度变迁和产业发展，是在完成政权更替、面对资本主义国家经济封锁、接受苏联援助、应对朝鲜战争和恢复发展国民经济等复杂的国际国内环境中完成的。其间，既因路径依赖作用，延续了传统市场购销方式，保留了市场经济形态。同时，政府为控制经济命脉、稳定物价，组建了国营商业公司和供销合作社，从而形成了以国营商业和供销合作社为主，私营和集体所有制商业为辅的商贸流通渠道结构。

1. 国民经济的恢复发展，为商贸流通业发展和制度变迁，奠定了必要的物质技术条件

新中国成立后，面对复杂的国际国内环境，人民政府着手开展医治战争的创伤，恢复发展国民经济的工作。一是在全国进行土地制度改革，解

---

① 本节史科主要来源于：柳随年、吴敢群主编：《中国社会主义经济简史》，黑龙江人民出版社 1985 年版；商业部商业经济研究所编著：《新中国商业史稿》，中国财经出版社 1984 年版。

放发展农村生产力；二是没收官僚资本企业，组建国有企业，恢复发展城市工商业；三是取缔投机交易，统一全国财经工作，控制国民经济命脉，稳定市场物价。经过 3 年时间，新中国成立前濒临崩溃的国民经济得到了恢复。1952 年，全国工业总产值达 343.3 亿元，比 1949 年增长 144.9%，粮食产量达 3 088 亿斤，棉花产量达 2 607 万担，分别比 1949 年增长 42.8% 和 193.4%，分别超过新中国成立前最高年产量 11.3% 和 53.6%。修复毁弃的铁路和公路，疏浚内河航道，新建成成渝（成都至重庆）、天兰（天水至兰州）、来睦（广西来宾至睦南关）三条铁路和一些公路干线，增添运输机具，使交通运输条件得到改善。随后几年，政府又大幅度增加基本建设投资，使工农业和交通运输业在 1952 年基础上快速发展，为商贸流通业发展构造了必要的物质技术条件。

2. 路径依赖因素，使中华人民共和国建立初期的零售商业和服务业，延续了传统的市场购销方式，保留了市场经济形态

路径依赖理论认为，制度具有惯性，旧制度的一些因素会在新制度中存续并起作用。新中国虽然实现了政权更替，但在经济方面并不能推倒重来，完全割断与传统市场经济的联系。于是，在没收官僚资本，取缔投机交易，组建国有工商业企业，控制国民经济命脉，稳定市场物价的前提下，保护和发展私营工商业，成为政府经济工作的一项重要内容。由于政策措施得当，1952 年与 1949 年比较，私营商业的户数增长了 6.9%，从业人员增长了 2.2%，零售营业额增长了 18.6%。零售商业和服务业延续了传统的市场购销方式，城乡市场初步繁荣。

3. 服从控制经济命脉、稳定物价的政治要求，组建国营商业公司和供销合作社，并使之成为主渠道，是这一时期商贸流通制度变迁的主要方式

为了掌握流通渠道，控制经济命脉，新中国成立后，中央人民政府设立了贸易部。1950 ~ 1951 年，该部相继建立了 15 个国有专业贸易公司。其中，从事国内贸易的有粮食、花纱布、百货、盐业、土产、石油、煤建和工业器材 8 个公司。各公司根据业务需要，在各大区、省、专署、市和县设立了分公司和支公司，形成了从中央到地方垂直控制的国营商业体系。到 1952 年，全国建立了 3.2 万个国营商店，从业人员达 57.7 万人，把 150 种商品纳入了计划管理，由国营商业系统购销。1950 年 7 月，中华全国供销合作社成立。到 1952 年底，全国基层供销社发展到 3.5 万个，从业人员达 100 万人，成为农产品进城（销往城市），工业消费品下乡

（销往农村）的主要渠道。① 1953 年，政府对粮食和食用油料实行统购统销，使国营商业系统和供销合作社的主渠道地位加强。由此，形成了以国营商业和供销合作为主，私营和集体所有制商业为辅的流通渠道结构。

4. 受国际环境影响，中央决策层萌生了"改造私营工商"，快速完成社会主义革命的欲望，埋下了向计划经济转型的意识形态种子

新中国成立后受到资本主义国家封锁，而苏联却从 1953 年开始，向中国提供了 156 项工程援助项目，总额达 14.06 亿新卢布。强烈的对比强化了中国共产党和政府决策层仿效苏联，尽快建立社会主义制度，实行计划经济体制的信念。其间，刘少奇根据中国当时生产力十分落后的实际情况，提出在一个较长时期内巩固和发展传统市场经济体制的建议，但没有被采纳。1956 年对农业、手工业和私营工商业进行了社会主义改造，实行高度集中计划经济体制。

2.2.2 1957～1978 年，计划经济时期商贸流通业制度变迁：完成了对私营工商业的社会主义改造，形成国营商业单渠道流通体制

1956 年，中国完成了对私营工商业的社会主义改造；1958 年，农村实现了人民公社化，急风暴雨式地完成了由新民主主义社会向社会主义社会的转型，建立了计划经济体制。伴随着这个社会变革进程，流通制度也完成了由市场购销型体制，向计划配给型体制的转型，形成了单渠道多环节流通结构。其间，既有 20 世纪 60 年代初实行"三自一包、开放集市贸易"，带来的短暂经济复苏和市场繁荣，这样正面实践和经验，也有"文革"十年使国民经济遭受重大损失的反面实践和教训。它使人们从比较学习中，萌生了应当改革开放潜在意识，为新时期实行改革开放，奠定了意识形态基础。

1. 1957～1958 年，完成了对私营工商业和农业的社会主义改造，建立了以单纯公有制为基础的计划经济体制

1956 年，对私营工商业的社会主义改造，导致城市工商业产权结构，由多种所有制并存，向单一公有制逆转。1956 年与 1952 年相比，工业总产值中，国有制工业比重由 41.5% 上升到 54.5%，集体所有制工业比重由 3.2% 上升到 17.1%，公私合营工业比重由 4% 上升到 27.2%。这三种所有制工业合计占 98.8%，私营个体工业仅占 1.2%。社会商品零售总额

---

① 商业部商业经济研究所：《新中国商业史稿》，中国财政经济出版社 1984 年版，第 5～8 页。

中公有制商业占92.4%。铁路、公路和水运货物周转量，全部被公有制运输企业占有，私有制运输企业已不复存在。① 1958年，全国农村建立了"政社合一"的人民公社，完成了农业生产资料由家庭所有向集体所有转换。这样，仅3年时间就完成了生产资料所有制的社会主义革命，建立了计划经济制度，以及生活资料和生产资料商品由政府统一分配和调拨、国营商业公司供应的商贸流通体制。1957年，纳入中央政府计划统一分配和管理的物资（工业品生产资料，下同）品种，由1952年的227种，增加到532种。粮、棉、油继续由国营粮油公司统购统销。从1958年起，工业消费品全部由国营批发企业统购和调拨供应；从1959年起，对生猪、菜牛、家禽和鲜蛋，实行向农民派购制度；零售环节，粮、油、布和重要工业消费品，由政府粮食局门市网点和国营商店，对城乡居民凭证凭票供应。这种"票证经济"一直延续至20世纪80年代后期，才随着商品供应的充足而逐步消亡。由中央计划管理和分配的物资品种目录，虽然经历了几度上收下放调整，但总趋势是品种数目不断增多。1957年为532种，1966年增加到579种，1978年再增加到691种，商贸流通体制越来越僵化和低效率。②

2. 计划经济造就了单渠道多环节的商贸流通体系，和按行政条块分配调拨商品物资的管理制度

（1）工业品生产资料。1957年，中央政府把532种工业品生产资料纳入统一分配和管理。直达供应物资，由中央各部委系统按条条垂直分配和供应；中转供应物资，由各省市自治区物资厅局系统按块块分配和供应，形成了计划严格控制下的单渠道流通结构。（2）粮食和食用油。由政府粮食局系统单一渠道统购统销。（3）工业品消费品。1957年，中央商业部在产地中心城市，共设立了百货、纺织品、五金、交电、医药、化工、石油和煤炭等10大门类商品的36个一级采购供应站；在销地大城市和中等城市，分别设立了270个二级批发供应站，11 848个三级批发供应站。它们与众多的国营商业和供销社零售商店一起，组成单一流通渠道，严格按照中央、省、市、县行政层次，层层分配调拨和供应商品。1956年与1952年相比，批发销售额中，国营商业比重由60.5%上升到82%，供销社比重由2.7%上升到15.2%，其他公有制商业占2.7%，合计占99.9%，私营商业的比重则由36.3%下降到0.1%。社会商品零售总额

① 柳随年、吴敢群主编：《中国社会主义经济简史》，黑龙江人民出版社1985年版，第147页。

② 周殿昆：《中国东西部市场关系与协调发展》，西南财经大学出版社1997年版，第58页。

中，公有制商业占 92.4%，私营商业仅占 7.6%①。这表明，20 世纪 50 年代末，中国已经建立了对商品物资实行严格计划管理的分配供应制度，形成了以国营商业和物资供应公司为主体，单渠道多环节的商贸流通体制。1975 年，供销社并入国营商业，城市集市关闭，农村集市被严格限制。经营管理体制僵化、效率低下，是这个时期的商贸流通业的基本特征。

3. 20 世纪 60 年代初期，为克服"大跃进"造成的经济困难，中国政府在农村实行了短暂的新经济政策——"三自一包、开放集市贸易"，在恢复农业生产和繁荣市场方面收到奇效。它与计划经济造成的供给短缺形成强烈反差，使人们从比较学习中萌发了应当改革开放的潜在意识，为后来实行改革开放埋下了种子

制度演化博弈论认为，导致制度演化的主要因素，是人们在社会实践中进行比较学习，改善心智结构，建立起来的"优势信念"和"共有信念"。这个理论可以十分贴切地解释，20 世纪 60～70 年代，改革开放信念在中国政府决策层和民众中酝酿形成的过程。前已述及，1956 年以前国民经济恢复发展时期，中国曾经延续和保留了传统市场购销方式，其活跃经济、繁荣市场功效，在政府决策层和民众意识中留下了深刻印记，为 20 世纪 60 年代初期，短暂实行"三自一包、开放集市贸易"新经济政策，埋下了意识形态种子。1961 年，为了摆脱"大饥荒"困境，一些地方政府在农村实行"三自一包"生产责任制，开放集市贸易。他们的尝试，得到主持中央工作的刘少奇和邓小平的肯定和支持，随即在全国推广，使遭受严重破坏的农业生产迅速得到恢复。至 1962 年，仅一年时间，全国农业生产结束了连续 4 年下降的局面，开始回升，主要农产品产量达到或超过了历史上最好年份 1957 年水平，轻重工业比例关系得到调整，财政收支平衡且略有结余，城乡市场初步繁荣，民众生活改善。②

"1962 年，中国共产党八届中央委员会第十次体会议重提阶级斗争，对后来中国政治的走向产生了严重影响。毛泽东把探索社会主义建设道路中出现的分歧，特别是把解决经济困难过程中采取的暂时性措施，认作阶级斗争，定性为两条路线斗争。"③ 使得农村包产到户、开放集市贸易、

———————————

① 柳随年、吴敢群主编：《中国社会主义经济简史》，黑龙江人民出版社 1985 年版，第 147、419、421 页。

② 柳随年、吴敢群主编：《中国社会主义经济简史》，黑龙江人民出版社 1985 年版，第 302～304 页。

③ 引自中共中央党史研究室：《中国共产党历史·第二卷（1949—1978）》（下），中共党史出版社 2011 年版，第 713 页。

工厂实行计件工资、发放少量奖金等困难时期恢复和发展生产的有效措施被勒令停止。但是它们的优越性已在人们心中扎下了根，为粉碎"四人帮"后这些措施重新被采用留下了种子。

2.3 改革开放后30年商贸流通业制度 变革历程述评

2.3.1 1979～1993年，双轨制时期的商贸流通业制度变革：进行内向化自我改进型改革，使计划一轨变弱，市场一轨变强

粉碎"四人帮"后，经过拨乱反正，中国应当实行改革开放的潜在意识，上升为中共全党和全体民众的共有信念。1978年12月，中国共产党第十一届中央委员会第三次全体会议的召开，拉开了改革开放帷幕。随后，一系列改革政策施行，释放了潜在生产力，使工农业产值增长、商品供给丰富、城乡市场发育，形成市场与计划双轨并存的商贸流通体制，支撑着经济社会运行发展。意识形态领域中，对市场经济制度是否适合中国社会主义社会还存在争论，因而还不能直接学习和移植国外先进的市场经济制度，只能眼光向内，对原有经济体制作自我改造。认识上的反复，虽然使商贸流通体制改革出现波曲折，但总趋势是市场一轨逐步增强，计划一轨逐步减弱，为后来双轨归一、形成完全市场化商贸流通体制奠定了基础。

1. 1978年12月，中共十一届三中全会召开，拉开了改革开放帷幕。一系列新政策施行，把改革开放由试点地区推向全国，由生产领域向分配领域和流通领域扩展

1976年粉碎"四人帮"后，开展了关于"实践是检验真理的唯一标准"的大讨论，使人们头脑中潜在的改革开放意识，转化成为全民全党的共同信念，促成了1978年12月中国共产党第十一届中央委员会第三次全体会议顺利召开，并且形成了把党和政府的工作重心转移到现代化建设上来的重要决议，确定了实行改革开放的大政方针。随后，中共中央和国务院采取一系列政策措施，推进农业和工业体制改革。

（1）农业方面。1979年1月，中共中央下发了《关于加快农业发展若干问题的决定》，规定社员自留地、家庭副业和集市贸易是社会主义经济的补充，不得视为"资本主义尾巴"加以取缔，从而支持和肯定了发端

于小岗村的农村家庭联产承包生产责任制。1982 年 1 月，中共中央批转并下发了《全国农村工作会议纪要》，正式肯定农村家庭联产承包是社会主义集体经济性质的生产责任制。随即，家庭联系承包生产责任制在全国农村普遍推行。1983 年，全国农村有 586.3 万个生产队，占全国生产队总数99.5%，实行了此项制度。① 1983 年、1984 年和 1985 年，中共中央又连续发出 3 个 1 号文件，要求巩固和完善该项制度。并且在 1984 年的 1 号文件中规定，把土地承包期限延长到 15 年以上。在 1984 年和 1985 的 1 号文件中，还对改革农产品收购制度和农村商业体制作出了规定。这些改革措施，打破了人民公社"大锅饭"体制，赋予了农民生产经营自主权，使他们释放出巨大的生产力潜能，农业连续几年大幅度增产，农村商品流通日益活跃。

（2）工业方面。1979 年 7 月，国务院下发了《关于扩大国营工业企业经营管理自主权的若干规定》《关于国营企业实行利润留成的规定》，要求各地在国营企业中进行扩大企业自主权改革试点。1980 年 9 月，国务院批转国家经委《关于扩大企业自主权试点工作情况和今后意见的报告》，批准从 1981 年起，在国营企业中推广扩大企业自主权改革。1981 年 10 月，国务院批转国家经委《关于实行工业生产经济责任制若干问题的意见》，要求在工业企业中推行经济责任制。这些改革，打破了平均主义旧体制，通过实行超产自销、利润分成、发放奖金等措施，调动了企业增产积极性，使工业品供给日益丰富充足。

2. 农业和工业产量持续增长，商品供给日益丰富，引发"卖难""买难"问题，形成巨大压力和动力，推动计划体制改革不断深入，导致市场购销日益活跃，形成双轨制商贸流通格局

生产决定消费和流通，而消费和流通又反作用于生产，引导和促进生产发展。这个马克思再生产理论，能够贴切地解释改革开放初期，生产与消费和流通之间的相互制约、相互促进关系。20 世纪 80 年代初，农村家庭联产承包责任制释放出来的生产力潜能，使农业连年增产。1979～1984 年，农业总产值增长 67.5%，年均增长 9%；粮食产量增长 33.6%，年均增长 4.9%，棉花产量增长 180.4%，年均增长 18.8%；食用油油料产量增长 127.1%，年均递增 14.7%；农民人均收入增长 166%，年均递增17.2%。这不仅使农产品供给丰富充足，而且使农民对工业消费品的购买

---

① 柳随年、吴敢群主编：《中国社会主义经济简史》，黑龙江人民出版社 1985 年版，第452 页。

力增强。① 工业企业扩权改革，使得 1979～1983 年工业总产值增长 36.8%。其中，轻工业增长 50.9%，重工业增长 24.1%，轻重工业比例改善，工业消费品供给紧缺状况缓和。② 城市居民家庭因调整工资和发奖金，收入增长，购买力增强。这些因素的交互作用，使不少地方出现"卖难""买难"问题。开放市场，建立多元化商贸流通渠道，成为燃眉之急。

（1）消费品市场发育和双轨制流通格局形成。顺应经济发展需要，中共中央在 1979 年 1 月发出的《关于加快农业发展若干问题的决定》中，肯定了集市贸易是社会主义经济的补充，为各地开放城乡集贸市场提供了政策依据。1982 年 9 月，中共十二大政治报告指出，经济体制改革的根本性问题，是正确贯彻"计划经济为主，市场调节为辅"的原则，从而肯定了发展市场化商贸流通渠道的必要性。当月，国务院批转国家物价局等部门《关于逐步放开小商品价格实行市场调节的报告》，决定对第三类工业品中的 160 种小商品实行市场调节，从此小商品价格逐步放开。1983 年 2 月，国务院发布《城乡集市贸易管理办法》，进一步肯定城乡集市贸易是社会主义统一市场的重要组成部分，在活跃城乡经济方面，有不可替代作用。当年 9 月，国务院批转国家物价局报告，进一步放开 350 种小商品价格，让企业自主定价，由市场衔接产销。1984 年 2 月，国务院颁布《关于农村个体工商业的若干规定》，推动了私营工商业快速发展；同年 10 月，国家物价局发出《关于全部放开小商品价格的通知》。这些政策措施，有力地推动了城乡消费品市场和流通渠道发展。

到 1984 年，重庆市建立了 70 多个商业、物资贸易中心，全市有 10 万个体商业户、10 万运销专业户活跃在城乡市场上，商业、饮食和服务业网点达到 15.14 万个。武汉市建立了 90 家商业贸易中心，193 家贸易货栈，17 个农产品批发市场，10 个小商品市场，开辟了 8 条商业街。全国形成了一批年成交额上亿元的著名批发市场：如成都荷花池市场、广州清平农副产品市场、哈尔滨三棵树综合市场、南京下关果品批发市场和夫子庙小商品市场、武汉汉正街小商品市场等。1984 年 6 月，各省区市根据国务院规定，把一、二级商业批发站下放给所在区域中心城市，推动了批发企业合并和流通渠道结构调整。到 1987 年底，全国工业消费品贸易中心

---

① 国务院农研中心发展研究所：《走向现代化的抉择》，经济科学出版社 1987 年版，第 10～11 页。

② 柳随年、吴敢群主编：《中国社会主义经济简史》，黑龙江人民出版社 1985 年版，第 468 页。

发展到 871 个，其中 66 个实现年成交额共计 121 亿元。[①] 此时，由商业部计划管理的商品品种，已由改革开放前的 130 种减少到 14 种，有 55% 的工业消费品和 213 种农产品实行市场调节价。[②] 到 1991 年，由政府定价商品的比重缩小到 22.2%，市场调节价比重上升到 77.8%。[③] 至此，市场网络已经成为农产品和工业消费品的主要流通渠道。但是，粮食、食用油和棉花还实行统购统销和统购统供，一些供给短缺的重要工业消费品仍实行计划管理，计划流通渠道虽然大幅度缩小，但还存在。总括而言，这个时期，消费品流通体制，经历了市场流通渠道由弱变强，计划流通渠道由强变弱的制度变迁过程，最终形成了市场强计划弱的双轨制结构。

（2）生产资料市场发育和双轨制流通格局形成。工业品生产资料市场（以下简称生产资料市场）的发育，起始于改革开放初期处理清仓积压物资，以及企业扩权后销售超产自销产品。1979 年 7 月，全国第一家生产资料交易市场在上海开业；1980 年 2 月，四川省生产资料交易中心开业，拉开了中国生产资料市场发育，物资流通体制改革的帷幕。其后，中央出台了一系政策措施推进生产资料计划管理体制改革，促进了生产资料市场快速成长。1984 年 10 月，国务院批转国家计委《关于改进计划体制的若干暂行规定》，适当缩小了工业品生产资料指令计划管理范围。1985 年 1 月，国家物价局和物资局联合发出《关于放开工业品生产资料超产自销价格的通知》，由此形成了计划内物资执行国家固定价格，计划外物资执行市场价格的双轨制。从 1980 ~ 1990 年，重要生产资料的指令性分配计划比重：煤炭由 57.9% 下降到 42%，钢材由 74.3% 下降到 42.5%，木材由 80.9% 下降到 23%，水泥由 36.6% 下降到 12%。到 1990 年代初，纳入国家指令性计划分配的物资，由 1978 年的 600 多种缩小到 72 种。1990 年，全国物资部门拥有企业（物资公司）1.8 万个，大中型物资贸易中心 400 多个，营销网点 4.2 万个。[④] 同时，各工业部委系统的生产资料市场流通渠道，也快速发展。但是，总体而言，大部分重要生产资料仍然由国家计划渠道分配供应。所以，这一时期生产资料流通虽然形成了双轨制结构，但其基本特征是：计划一轨为主，市场一轨为辅。

---

① 林凌主编：《中心城市综合体制改革论》，经济科学出版社 1992 年版，第 150 ~ 151 页。
② 周殿昆：《中国东西部市场关系与协调发展》，西南财经大学出版社 1997 年版，第 116 页。
③ 国家物价局课题组：《理顺价格的目标及实施步骤》，中国经济出版社 1994 年版，第 24 页。
④ 林凌主编：《中心城市综合改革论》，经济科学出版社 1992 年版，第 170 页。

3. 关于中国经济性质的争论以及经济波动和社会风波，使经济体制和商贸流通制度变革出现曲折。1992年，邓小平南方谈话结束了争论，随即商贸流通体制改革取得突破性进展

路径依赖理论认为，制度具有惯性。旧制度因素，尤其是它的意识形态，会在一定时期内发挥作用，影响制度变迁进程。双轨制时期，旧意识形态和既得利益集团受到改革开放冲击后，进行了顽强抵抗。20世纪80年代，新旧思想交锋的焦点是，中国应当实行计划经济，还是商品经济。直到1984年10月，中国共产党十二届三中全会通过《中共中央关于经济体制改革的决定》，肯定中国经济是公有制基础上的有计划商品经济。1987年10月，中国共产党第十三次全国代表大会决议，确立了社会主义初级阶段理论，指出有计划商品经济体制，应该是计划与市场内在的统一，其经济运行机制，总体上应该是"国家调节市场，市场引导企业"，争论才趋向缓和。然而生产资料双轨制滋生"官倒"等腐败现象，又使得责难市场化改革的社会思潮抬头，一度使改革开放停滞，商贸流通业改革徘徊不前。

1992年1月至2月，邓小平南方谈话。他指出：社会主义的本质，是解放生产力，发展生产力，消灭剥削，消除两极分化，最终达到共同富裕。计划经济不等于社会主义，资本主义也有计划；市场经济不等于资本主义，社会主义也有市场，计划和市场都是经济手段，计划多一点，还是市场多一点，不是社会主义与资本主义的本质区别。① 这个重要讲话，结束了争论，扫除了思想障碍，使商贸流通体制改革和产业发展取得突破性进展。标志性事件是政府允许移植西方先进的期货交易制度和连锁营销制度，沿海大城市纷纷开设商品交易所和商业连锁公司。1992年1月18日，深圳有色金属商品所交所成立；同年5月28日，上海金属交易所成立；随后，以粮食期货合约为交易标的（即交易所中挂牌交易的期货合约）大连商品交易所成立；1990年成立的郑州粮食批发市场，也在这一年转型为粮食期货商品交易所；同年12月22日，中国第一家期货经纪公司"广东万通期货公司"成立；12月28日，中国首家国际期货公司"中国国际期货公司"成立。② 这标志着，20世纪80年

① 刘树成主编：《现代经济辞典》，凤凰出版社和江苏人民出版社2005年版，附录第1343页。

② 史象春、王广中主编：《期货市场与期货交易》，西南财经大学出版社1994年版，第359～360页。周殿昆：《中国东西部市场关系与协调发展》，西南财经大学出版社1997年版，第122～123页。

代中国经济研究机构试图移植期货交易制度的愿望成为现实。1990 年底，广东东莞糖酒公司创办佳美食品连锁超市。以此为起点，商业连锁公司在全国大城市蓬勃发展。这些事件昭示，中国商贸流通业开启了走向现代化之路。

2.3.2 1994～2009 年，向市场经济转型时期的商贸流通业制度变革：双轨归一，以制度移植为主要方式的外向型改革，推动中国商贸流通业完成新旧体制转换，初步实现现代化

1. 改革开放成效的累积，促成双轨归一，使商贸流通业实现了市场营销化

如果说意识形态上的突破，为中国商贸流通体制转型奠定了思想认识基础，那么，改革开放成效的累积，则为中国商贸流通体制转型构造了必要的物质基础和社会环境。二者缺一不可，只有两个条件都具备，商贸流通业才能够实现市场化。

（1）改革开放成效的累积，导致稳固买方市场形成，为双轨归一提供了必要的物质基础和社会环境。20 世纪 90 年代后期，中国市场形势发生根本性变化——由供给短缺的卖方市场，转变为供给充足的稳固买方市场。1998 年 8 月 6 日，国家商业信息中心发布信息：上半年，601 种商品中，供过于求和供求平衡的商品达到 100%。这是新中国历史上，统计范围内商品供给短缺现象首次消失。2000 年 7 月 31 日，该中心再次发布信息：2000 年上半年，609 种主要商品中，供过于求的商品为 477 种，占排队商品总数的 78.36%；供求平衡的商品为 132 种，占排队商品总数的 21.64%，无供不应求的商品。[①] 此后，中国商品市场形势一直保持此种状态。这表明中国已经完全摆脱了计划经济遗留的供给短缺状态，形成了商品供给充足的稳固买方市场，为深化计划和价格体制改革，实现双轨归一，构造了必要的物质基础和社会环境。

（2）改革开放以来，中国经历了 2 次重度和 1 次中度通货膨胀，1 次通货紧缩和 1 次经济过热。中国政府在应对这些经济波动中，积累了施行宏观调控的经验，改进了调控方式，提高了调控质量和效果。民众则从物价波动中深化了对市场经济的认识，加之居民收入增幅总体上高于物价涨幅，生活水平持续提高，人们对市场物价波动的宽容度和忍耐力逐步增强，由改革开放初期的恐慌、抱怨，转变为坦然接受、从容应对。上述两

---

① 周殿昆：《连锁公司快速成长奥秘》，中国人民大学出版社 2006 年版，第 19～20 页。

方面成效，为政府深化计划和价格体制改革，实现双轨归一，构造了必要的宏观调控能力和社会心理基础。

（3）前述成效累积，使双轨归一水到渠成，商贸流通业实现市场营销化。在稳固买方市场环境中，供求规律使市场价格回落，与政府定价（计划价格）差距缩小。1978 年，农产品集市贸易价格比国营商业牌价高69%，而到1991 年，农产品集市贸易价格，仅比国营商业牌价（政府定价）高5.2%；1980 年，集市粮价比国营商业牌高124%，而到1992 年7 月，集市粮价仅比国家定购价高27%。① 政府因势利导，大力推进计划和价格体制改革。1992 年，重新修订了中央管理价格的产品目录，放开了绝大部分双轨价商品，让市场自由调节；1994 年工业品生产资料价格"双轨制"基本取消，由经营者自主定价；到2007 年底，市场定价（又称市场调节价）商品，在社会消费品零售总额中占95.6%，在农产品收购总额中占97.1%，在生产资料销售总额中占92.4%。② 这表明双轨已大体归一，以市场价为主体的价格体系基本形成。

2. 中共中央确定以建立社会主义市场经济体制为改革目标，以及加入 WTO，为中国本土企业学习和移植西方现代商贸流通制度，打开了便捷之门

1993 年11 月，中国共产党十四届三中全会审议并通过了《中共中央关于建立社会主义市场经济体制若干问题的决定》，向社会主义市场经济体制转型，成为全党和全国民众的"共有信念"。当年12 月，全国经济工作会议讨论并通过了《1994 年经济体制改革的实施要点》，及《关于选择百家企业进行建立现代企业制度试点的意见》，开启了改革国有企业产权制度、发展私营经济、调整所有制结构、建立多种所有制并存产权制度的进程。1997 年9 月，中国共产党第十五次全国代表大会通过的《高举邓小平理论伟大旗帜，把建设有中国特色社会主义事业全面推向二十一世纪》报告，着重阐述了邓小平理论的历史地位和指导意义，论述了党在社会主义初级阶段的基本纲领；提出公有制的实现形式可以而且应当多样化，非公有制经济是中国社会主义市场经济的重要组成部分，中国应当建立以公有制为主体、多种所有制经济并存的多元化产权制度和结构；承认

---

① 国家物价局课题组：《理顺价格的目标及实施步骤》，中国经济出版社1994 年版，第25、44~45 页。

② 另见刘伟、蔡志洲《成本推动型的总量型通胀与经济调整》：经过近30 年改革，中国商品市场化已经基本上形成……95%以上的商品（包括投资品和消费品）都已经实现市场定价。引自刘树成等主编《中国经济增长与经济周期》（2008）：中国经济出版社2008 年版，第269 页。

资本、技术和管理等非劳动力性质的生产要素参与了价值创造，参加收益分配。①《报告》对扫除思想障碍，起到了摧城拔寨作用。至此，中国经济体制终于冲破重重阻碍，旗帜鲜明地向社会主义市场经济体制转型。那些以往被认为只适合资本主义的现代流通制度（如经纪人制度、期货交易制度等），也适合于社会主义市场经济。这些认识上的突破，扫清了阻碍中国本土企业移植发达国家现代流通制度的思想障碍。

2001年12月，经过漫长艰苦谈判，中国加入了WTO，正式成为世界贸易组织成员。这标志着中国的对外开放进入新阶段。根据WTO的章程和中国的承诺，一方面，在国际贸易中，中国享有其他成员国为它提供的最惠国待遇；另一方面，保护期结束后，中国要向其他成员国全面开放国内市场，给予外资外商企业以国民待遇。大量外资商贸流通企业，借此良机进入中国市场，为本土商贸流通企业提供了实地考察和学习西方先进企业制度和经营管理方式的样本；而其进入中国市场所产生的"鲶鱼效应"，激活了本土企业竞争力；同时，WTO最惠国待遇，为中国本土商贸企业发展跨国营销业务，架设了便捷之桥。这些对外开放制度上的突破，打开了中国本土企业移植西方现代流通制度的便捷之门。

3. 主动型制度移植成为中国商贸流通业制度变革和创新的捷径，促成它顺利完成了新旧体制转换和初步实现现代化

制度变迁理论认为，制度移植是后进国家利用"后发效应"节省制度创新成本，实现经济现代化，缩小与先进国家差距的一条捷径。制度移植有两种类型：一种是被动型制度移植。即制度移植国是政治经济上未完全独立的非主权国家，其政府和企业无自主选择所要移植制度的决定权，只能屈从和听命于外国势力的意见，接受并移植他们为其选择的制度。由于所移植的制度，不是移植国政府或企业根据本国国情和经济社会发展需要作出的选择，因而往往难以植根于当地经济文化土壤中，完成本土化改造，最终因长期游离于当地经济社会而夭亡。这种制度移植方式多见于20世纪五六十年代的非洲和南美洲。另一种是主动型制度移植。即移植国是政治经济上完全独立的主权国家，其政府和企业拥有根据本国国情和经济社会发展需要，自主选择和移植国外先进经济制度的决定权。因而其所移植的制度，往往能植根于当地经济文化土壤中，顺利完成本土化改造，融入当地社会，结出丰硕的经济成果。20世纪六七十年代，日本和"亚洲

---

① 文献资料来源于刘树成主编《现代经济辞典》，附录"中国改革开放以来经济大事记"，凤凰出版社和江苏人民出版社2005年版，第1346~1350页。

四小龙"经济起飞,都得益于主动移植欧美发达国家先进经济制度和引进外资。它们是主动型制度移植取得成功的典范,被后进国家学习和仿效。中国是拥有完整主权的国家。20世纪70年代末借鉴日本和"亚洲四小龙"的成功经验,实行改革开放,学习和移植发达国家先进的企业管理制度,大力引进利用外资,从而使得经济社会快速发展,民众摆脱贫困实现了温饱。20世纪90年代确立市场化改革方向后,更是掀起了主动移植发达国家现代商贸流通制度,改造本国商贸流通业旧体制的热潮。由于所移植的现代商贸流通制度符合中国国情,适应经济社会发展需要,因而都顺利地完成了本土化改造。在深化改革扩大开放,尤其是计划、价格和企业体制改革大势驱动下,移植进来的现代商贸流通制度,仅十多年时间就促成中国商贸流通业,顺利完成了由计划供给型旧体制向现代市场营销型新体制脱胎换骨的转换,初步实现现代化。归纳起来,这个时期中国商贸流通业成功移植了以下五种现代制度:

(1)移植市场营销理念和制度。20世纪80年代,发达国家企业的营销理念,已经进化到为顾客创造更多价值的先进层面上,而中国企业还停留在"我生产什么,就销售什么"的落后层面上,但激烈的市场竞争,使企业开始关注顾客需要。理论界觉察到这种动向,开始从国外导入市场营销理念。1982年,罗真崦、黄燕、江一丹合著的《销售学原理与应用》,由中国财政经济出版社出版发行。1990年,中国人民大学邝鸿教授和香港中文大学闵建蜀教授,组织全国高校贸易经济系教师编写的《市场营销大全》,由展望出版社出版发行。这标志着现代市场营销理论开始在中国大陆传播,但直到20世纪90年代中后期,国有企业面向市场自负盈亏,市场营销理念及制度才被企业普遍接受。现在,中国本土企业不仅普遍树立了一切服从顾客需要的营销理念,而且提升到了根据顾客需求变化调整业务流程,为顾客创造更多价值的新层面上。例如,2009年,海尔公司研制出适应农村居民需求偏好,可清洗含泥沙物品的洗衣机,并在农村建立了1万多个售后服务维修点,使当年海尔洗衣机年销售量比上年增长30%,占有国内市场40%份额。在国际市场上,海尔研发出了受日本年轻人喜爱的小体积洗衣机"Iwash",受德国用户欢迎的静音系列洗衣机,扩大了在欧美和日本市场的销量。①

(2)移植连锁营销制度。在欧美发达国家中,连锁营销制度深深植根于各种商业服务业,成为最主要的营销渠道和企业组织形态。20世纪90

---

① 魏永刚等:《拓展国内国际两个市场》,《经济日报》,2010年1月20日,第1~3版。

年代初期，改革开放成效累积，使中国沿海大城市，具备了连锁营销制度发育所需要的经济社会条件。1990 年，广东东莞佳美食品连锁店开业，拉开了中国本土商贸企业移植西方连锁营销制度帷幕。经过 20 年发展，连锁营销制度已经植根于商品零售、餐饮、休闲娱乐、旅游、饭店、理发、洗浴、药品零售和汽车维修等众多行业，成为最主要的营销制度和流通渠道。2010 年，中国商业连锁公司年销售额达 27 385.4 亿元，比 2002 年增长 10.1 倍，占社会消费商品零售额的比重达 17.4%。① 连锁营销制度的成功移植，显著提高了商业服务业的市场集中度和运营效率，在促进商品销售、提高服务质量、方便消费者购物等方面，产生了巨大的经济社会效益。

（3）移植期货交易制度。以 1848 年美国芝加哥商品交易所（CBOT）成立为标志，现代期货交易制度经历了 160 多年的发展，成为与现货交易相配合的成熟交易制度，具有套期保值、规避现货市场价格风险，发现远期价格、引导厂商合理安排生产经营活动，减缓价格波动等功能。20 世纪 80 年代中期，中国经济研究机构就提出移植期货交易制度的建议，但由于当时条件不成熟，直到 20 世纪 90 年代初才付诸实施。20 世纪 90 年代中期，中国掀起了开办期货商品交易所热潮，全国交易所多达 50 多家。由于发展过快，酿成金融风险，迫使政府治理整顿。全国仅保留大连、郑州和上海 3 家交易所，其余都关闭和转业。1998～2002 年，受通货紧缩影响，中国期货市场陷入低潮。2003 年，中国经济进入新一轮快速增长期，期货市场随之复苏并快速发展，交易规则和管理制度趋于严密完善，套期保值作用和价格发现功能增强。2010 年，中国商品期货上市合约品种陆续增加到 23 个，年成交额达 309.67 万亿元，比 2004 年增长了 20.0 倍。② 工业品期货交易，厂商套期保值意识增强，现货市场价格波动风险得到规避；农产品期货交易在提高产品质量、增加农户收入方面，发挥着越来越重要的作用。中国在国际期货价格形成中的影响力增强。上海铜期货价格，已经成为伦敦金属交易所报价系统的重要参考依据。而大豆、玉米和石油期货价格的中心，正逐步向中国转移。

（4）移植电子商务和网上交易制度。20 世纪 80 年代，西方国家电子商务随着互联网普及而兴起。20 世纪 90 年代后期，中国互联网开始普及，

---

① 数据资料来源于：2003 年和 2011 年《中国统计年鉴》，中国统计出版社出版。两年统计口径有一些差别。

② 数据资料来源于：刘溟：《新司法解释为期货市场健康稳定发展保驾护航》，《经济日报》，2011 年 1 月 27 日，第 10 版；中国期货行业协会网站发布的数据。

一些创业者向西方国家网站公司学习，移植电子商务和网上交易制度。初期，由于保障交易和货款支付安全等制度不健全，发展缓慢。随后，国家管理机构，借鉴发达国家经验，从制定法律、建立健全规章制度和完善监控手段等方面，加强制度建设，提高了交易和支付安全性，推动电子商务和网上交易快速发展。据中国电子商务研究中心发布的年度监测报告，2010年，中国网民数量达到4.4亿，约有3.5亿网民访问了电子商务网站；电子商务网站数量达到1.86万家，其中，B2C网站1.18万家；网商数量达到7 700万个，其中，企业网商1 200万个，个人网商6 300万个。该年，电子商务交易额达到45 000亿元。其中，B2B交易额39 869亿元，占88.6%；B2C和C2C交易额5 131亿元，占11.4%。① 上述资料表明，电子商务和网上交易制度，已经扎根于中国企业和民众中，成为重要的交易方式和流通渠道。

（5）移植现代物流制度。20世纪80年代，西方国家集装箱和互联网技术普及，交通运输设施改善，专业化分工协作深化，第三方物流随之兴起，物流运营效率大幅度提高。而中国计划经济时期，照搬苏联物资储运体制，物流设施简陋落后，效率低下。改革开放后，经济持续增长，流通规模不断扩大，推动了物流业发展。20世纪80年代中期，国际物流年会在北京召开，物流理论导入中国。20世纪90年代后期，向市场经济转型，经济快速发展，产生了对物流服务外包的巨大需求。原商业部、物资部及各工业部委的专业储运公司，顺应市场需要，参照发达国家经验，改制为第三方物流公司，推动中国物流业向社会化、现代化方向发展。与此同时，服务于电子商务的快递物流、由供方企业提供的第一方物流、由需方企业提供的第二方物流，以及服务于废旧物资回收和循环利用的逆向物流也快速发展。2010年，中国社会物流总额达125.40万亿元，分别比1991年、2001年增长40.8倍和5.4倍；物流总费用占GDP的比率，由1991年的24%，下降为17.8%②。这表明，经过制度移植和本土化改造，中国物流业服务功能增强，运营效率提高，初步实现了社会化和现代化。

由以上分析可以得出这样一个重要结论：在深化改革扩大开放大势驱动下，以主动型方式移植发达国家现代商贸流通制度，并使之本土化，是

---

① 数据资料来源于：中国电子商务研究中心网站发布的《2010年度中国电子商务市场数据监测报告》。因中国国家统计局至今未在《中国统计年鉴》中公布电子商务交易额，故只好引用此文献数据资料。

② 数据资料来源于：国家发改委、统计局和中国物流与采购联合会共同发布的各年度《全国物流业运行情况通报》，载于中国物流与采购联合会网站。

3. 物流业快速发展，费用下降、效率提高

改革开放以来，物流业通过提供物流服务，协助制造业和商贸业完成生产和营销活动，实现了自身持久快速发展。

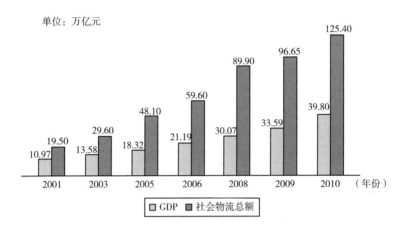

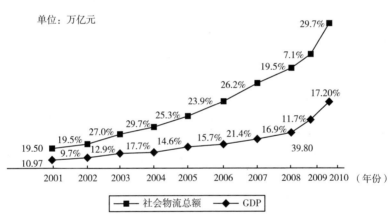

图 2 - 3   2001～2010 年中国社会物流总额与 GDP 增长状况比较

如图 2 - 3 所示，2001～2010 年，中国社会物流总额由 19.50 万亿元，增长到 125.40 万亿元，增长了 5.4 倍，年均增长速度高达 22.9%，比这一时期 GDP 的年均增速高出 7.5 个百分点。而社会物流总费用，仅由 2.03 万亿元，增长到 7.10 万亿元，年均增速为 14.9%，比社会物流总额年均增速低 8.0 个百分点，从而使社会物流总费用占 GDP 的比重，由 21.1%，下降为 17.8%，降低了 3.3 个百分点。社会物流总额的平均费用率，也由 2001 年的 10.4%，下降为 2010 年的 5.7%，降低了 4.7 个

百分点。① 物流业持久快速发展，不仅满足了经济社会发展对物流服务的需要，而且自身也在获得了规模扩大、总费用水平降低的良好效益。

4. 初步形成现代流通制度，为后续发展奠定了先进理论、制度和物质技术基础

（1）破除旧思想，树立新理念，为后续改革和发展奠定了先进理论基础。首先，20世纪80年代初期开展的生产劳动性质大讨论，摒弃了认为只有工农业物质生产部门的劳动才创造价值的旧观念，承认商贸流通业的劳动也创造价值。随后，国家统计局建立"第三产业统计指标体系"，使商贸流通业员工的劳动价值得到了肯定和尊重，提高了他们的社会地位。其次，摒弃了轻视商贸流通业的错误观念，承认它是生产和消费之间的桥梁和纽带，具有不可替代的作用。而且强调，在现代市场经济中，商贸流通业是先导性产业，具有加快商品周转、保障消费实现、引导厂商按市场需要安排生产经营活动的重要作用。这些理念的确立，为今后深化改革、创新制度和加快流通产业发展，奠定了先进的理论基础。

（2）已取得的成就，为商贸流通业后续发展，奠定了先进制度和物质技术基础。一是产权制度和企业体制改革，培育了一批现代公司制企业，发展了众多私营公司，为商贸流通业后续发展，构造了现代产权制度和微观经济基础。二是连锁公司成长壮大提高了商贸流通业集中度；电子商务蓬勃发展，网上营销与实地营销相互补充和促进，为商贸流通业提升现代化水平，奠定了先进营销理念和管理制度基础。三是信息技术推动了公共信息服务平台建设，开启了加快第三方物流发展的有效路径。四是期货合约种类扩充、交易规模扩大、规则完善、功能增强，为今后国民经济平稳而快速地发展提供了有力支撑。总之，前期改革发展所取得的成就，为商贸流通业后续发展，奠定了先进制度和物质技术基础。

2.4.2　尚存缺陷和问题

中国初步建立了社会主义市场经济体制，但法规不健全、市场监管制度建设滞后。受其限制和影响，中国商贸流通业在深层次上，还存在以下缺陷和问题。

---

① 此处和图3-5中2001~2003年数据资料，来源于丁俊发：《入世三年：中国物流业且战且进》，《经济日报》，2004年12月29日，第10版。2004~2010年数据资料来源于：国家发改委、统计局和中国物流与采购联合会，各年发布的《全国物流业运行情况通报》，载于中国物流与采购联合会网站。

1. 社会信用制度建设进展迟缓，"失信"问题未得到根治

近年，虽然依托人民银行系统，建立了金融信息征信系统和信用档案，一定程度上强化了对企业和城市居民信用行为的约束力，但是尚存在两个明显缺陷：一是征信对象的社会覆盖面窄，未涵盖乡村企业和居民；二是征信信息单一，仅局限于金融信用信息，而未涵盖工商行政管理、公安系统掌握的市场交易和社会治安方面的信用信息，由于不能够全面准确地反映征信对象的社会信用状况，所以约束力打了折扣。加上产品质量安全监管不严，导致假冒伪劣商品屡禁不止，产品质量安全事故频繁发生，购买力实现被压制。

2. 产权制度改革停滞，对垄断企业的规制失效

近年一些行业，如钢铁、煤炭，出现了"国进民退"现象，压缩了民营经济的发展空间，强化了国有企业的垄断地位。加上原本未对或者很少对民营经济开放的行业（如银行、电信、铁路、民航和石油），国有垄断企业控制面过大。

3. 政府对社会需求和供给的管理缺乏科学性

中国尚未建立和实行科学合理的国家消费模式，缺乏对消费者行为的合理引导，致使人们盲目仿效西方，尤其是美国消费模式，追求奢侈性和炫耀性消费。一些方地政府实施扩大内需政策出现盲目性，固定资产投资建设优先安排"短平快"项目和形象工程，而把直接关系民生的初等教育、环保、公共健身场所、医疗和社会保障等置后，致使GDP快速增长与生态环境恶化、居民生活环境质量下降并存。一些地方政府盲目追求GDP快速增长，企业追逐热点行业，固定资产投资冲动禁而不止，导致产能过剩顽疾久治不愈，经济社会在通胀和通缩、过热和过冷间摇摆。

4. 矫正渠道权力结构失衡，保护弱势方权益的制度规则不完善

近些年，虽然政府出台了规制渠道成员行为的法规，使强势方滥用渠道权力行为有所收敛，但供应商组织化程度仍然低，连锁营销渠道权力结构失衡状况未根本改变，加上政府对强势方的监管虚化，致使渠道成员间矛盾尖锐，冲突依然频发。农民合作社发展缓慢，个体农户讨价还价能力弱，利益常被侵犯，致使其与采购商之间的渠道关系不稳定。

5. 保障电子商务交易安全性和支付安全性的制度还不完善

为了提高网上交易和支付的安全性，国家出台了相关法规和条例，网站公司采取了必要的防范措施（如淘宝网对网上商场进行信用评级）。但这些制度和措施不够严密和完善，如淘宝网的信用评级制度，就被一些网

商恶意仿冒。担心网上商品信息不真实、支付不安全，仍然是中老年顾客的顾忌，妨碍电子商务向其延伸和发展。

6. 物流信息化程度有待进一步提高

中国制造业和物流业的市场集中度都不高，中小企业占大多数。他们之间的物流外包服务交易，因达不到规模经济要求而成功率低。这是中国第三方物流发展缓慢的症结所在。缺少公共信息平台，物流服务外包"规模不经济"，仍然是第三方物流发展绕不开的障碍。

如何化解对上述缺陷和问题，本书将在后面有关章节中作具体分析和论述，此处不赘。

2.5　中国经济体制变迁与变革的经验和教训

商贸流通制度是以国家经济制度的重要组成部分而完成其制度演进历程。所以，只能从国家总体经济制度变迁与变革的视角，总结经验和教训，以资借鉴和参考。

2.5.1　改革开放前向高度集中计划经济体制变迁的原因及经验与教训

1. 历史根源：战争年代供给制的思维惯性

中共中央党史研究室在分析"反右"斗争中发生严重扩大化错误原因时指出："在党内，包括党的领袖，在短短的七年里完全改变战争年代阶级斗争的思维方式，是相当困难的。"[①] 在经济制度选择方面也是如此，让党的决策者们在短时间内完全摆脱战争年代供给制的思维惯性，也是相当困难的。中华人民共和国成立前漫长的战争年代，在广大人民群众大力支持基础上，中国共产党通过在根据地、解放区政府机关和军队中实行供给制，调动有限的人力、物力和财政资源保障前线的人员、物资和资金供给，夺取了一次又一次重大战役胜利，建立了中华人民共和国。中华人民共和国初期又大体沿用供给制管理和分配资源，取得了巩固政权、恢复发展国民经济的良好效果。这些历史经验，使得"集中财力、物力，才能办成大事"，成为中央决策者们惯常思维方式。它与计划经济体制对资源实行集中管理、统一分配是相通的，而与市场经济体制让价格杠杆配置资源

---

① 引自中共中央党史研究室：《中国共产党历史·第二卷（1949－1978）》（上），中共党史出版社 2011 年版，第 460 页。

却是相左的。这为中共中央决策层选择和实行高度集中计划经济体制提供了思想基础和历史经验依据。

2. 国际环境因素：世界冷战环境的限制和影响

第二次世界大战后，以美国为首的资本主义阵营同以苏联为首的社会主义阵营尖锐对立，世界处于冷战状态。新中国受到资本主义国家的严密封锁，在经济政治和意识形态上与西方国家隔绝。而苏联却与中国签订了友好互助条约，给予中国巨大经济援助。此种国际环境，加上那时中国共产党对社会主义经济认识不足，尤其是受各社会主义国家都普遍接受苏联社会主义经济模式的影响，实行高度集中计划经济体制成为难以避免的选择。

3. 现实原因：集中有限资源保证重点项目建设的需要和对社会主义经济认识不足

中共中央党史研究室在分析我国选择和实行高度集中计划经济制度的原因时指出：“实行高度集中的计划经济，有照搬苏联经济的一面，但很大程度上是根据当时中国的现实需要作出的选择。在资金匮乏、物资紧缺、工业部门的构成相对简单的工业化初创阶段，采用集中统一的计划管理体制，对于合理配置有限资源，保证重点工业项目的实施起了重要作用。非如此，不可能迅速有效地建立起我国工业化的初步基础。社会主义改造基本完成后，农业、手工业、工商业的生产经营被统统纳入国家计划轨道，原来还在一定范围内起作用的市场调节基本退出经济领域，形成以指令性计划为主要特征的计划经济的一统天下。这种中央集权过多的经济管理体制的建立，是同当时的理论认识即‘实行计划经济是社会主义的根本特征’相联系的，也是同苏联社会主义经济模式的影响分不开的。”①

4. “左”倾错误导致计划集中度越来越高，经济管理体制越来越僵化

中国共产党十二届三中全会通过的《中共中央关于经济体制改革的决定》，在分析导致计划集中度越来越高，经济管理体制越来越僵化原因时指出：“随着社会主义改造的基本完成和我国经济发展规模越来越大，原来限制和改造资本主义工商业所采取的一些措施已不再适应新的形势，经济体制方面统得过多过死的弊端逐渐显露出来。1956年，在党的第八次全国代表大会上和大会前后，党中央特别是中央主持经济工作

---

① 引自中共中央党史研究室：《中国共产党历史·第二卷（1949–1978）》（上），中共党史出版社2011年版，第368页。

的同志已经觉察到这个问题，提出了某些改进措施。但是，由于我们党对于如何进行社会主义建设毕竟经验不足，由于长期以来在对社会主义的理解上形成了若干不适符合实际情况的固定观念，特别是1957年以后党在指导思想上的'左'倾错误的影响，把搞活企业和发展社会主义商品经济的种种正确措施当成'资本主义'，结果就使经济体制上过度集中统一的问题不仅长期得不到解决，而且发展得越来越突出。"①

1958年，"由于对社会主义建设经验不足，对经济发展规律和中国经济情况认识不足，更由于毛泽东同志、中央和地方不少同志在胜利面前滋长了骄傲自满情绪，急于求成，夸大了主观意志和主观努力的作用，没有经过认真的调查研究和试点，就在总路线提出后轻率地发动了'大跃进'运动和人民公社化运动，使得以高指标、瞎指挥、浮夸风和'共产风'为主要标志的'左'倾错误严重和泛滥开来。"② 1959年中共中央政治局庐山会议后期和随后开展的"反右倾"斗争，"在政治上使党内从中央到基层的民主生活遭到严重损害，在经济上打断了纠正'左'倾错误的进程，使错误延续了更长时间。"③ "1962年八届十中全会重提阶级斗争，对后来中国政治的走向产生了严重影响。毛泽东把探索社会主义建设道路中出现的分歧，特别是把解决经济困难过程中采取的暂时性措施，认作阶级斗争，定性为两条路线斗争。"④ 使这些增加经济体制灵活性的措施被停止实行。随后发生的"文化大革命"，更把经济上的"左"倾错误推向极端，使得计划的集中度越来越高，经济管理体制越来越僵化。

5. 经验与教训

轻易改变党的八大对社会主要矛盾的科学判断，让"左"倾错误干扰经济工作，是向高度集中计划经济制度变迁应吸取的经验和教训。1956年9月召开的中国共产党第八次全国代表大会，科学地分析了完成社会主义改造后中国的社会矛盾，指出"国内主要矛盾已经不再是工人阶级和资产阶级的矛盾，而是人民对经济文化迅速发展的需要同当前经济文化不能满足人民需要的状况之间的矛盾；全国人民的主要任务是集

---

① 引自中国共产党十二届三中全会通过的《中共中央关于经济体制改革的决定》，载于《1985 中国经济年鉴》，经济管理出版社 1985 年版，第 1～3 页。

②③ 引自《中国共产党中央委员会关于建国以来若干历史问题的决议》，载于中共中央文献研究室编：《三中全会以来重要文献选编》（下），人民出版社 1982 年版，第 754 页。

④ 引自中共中央党史研究室：《中国共产党历史·第二卷（1949－1978）》（下），中共党史出版社 2011 年版，第 713 页。

中力量发展社会生产力，实现国家工业化，逐步满足人民日益增长的物质和文化需要。"① 会后中央领导人对如何搞活经济进行了探索和尝试，但随后国际上发生的"匈牙利事件"和国内发生的"反右派斗争"，使八大作出的科学判断和制定的正确路线未能坚持下去。1962 年，中国共产党八届十中全会上，"毛泽东同志把社会主义社会中一定范围内存在的阶级斗争扩大化和绝对化，发展了他在 1957 年反右派斗争后提出的无产阶级同资产阶级的矛盾仍然是我国社会的主要矛盾的观点。"②这个改变，导致党和政府的工作中心由经济建设转移到阶级斗争上，致使经济领域计划的集中度越来越高，管理体制越来越僵化，经济效益下降。中共中央党史研究室总结这个时期经验教训时指出："在任何时候任何情况下，都不能轻易改变党对社会主要矛盾的科学判断，都必须毫不动摇地坚持以经济建设为中心。这是一个动摇不得的关键所在。如果发生丝毫动摇，党的指导思想、理论基础以及工作方式，都将发生改变，造成严重后果。1957 年以后党的指导思想发生向'左'的方向偏转，就说明了这个问题。这是新中国成立以后党的历史上的沉重教训。"③

2.5.2　改革开放后向社会主义市场经济体制变革的基本经验

回顾改革开放以来中国向社会主义市场经济体制转型历程，其取得成功的基本经验是：拨乱反正，恢复实事求是的工作作风，排除错误思想干扰，不断深化对中国国情、所处历史发展阶段和社会主义经济的认识，为合理地选择经济体制提供科学的理论根据；坚持实行深化改革、扩大开放方针，有序推进计划管理及各配套领域的体制改革；完善各种制度和法规，增强政府调控宏观经济和监管市场的能力；培育发展市场体系，使社会主义市场经济体制不断完善：

1. 拨乱反正，把党和国家的工作中心转移到经济建设上来，开启了改革开放新时代

1978 年 5～7 月开展的"实践是检验真理唯一标准"的大讨论，"为冲破'两个凡是'的严重束缚，重新确立马克思主义思想路线、政治路线和组织路线奠定了理论基础，成为实现党和国家历史性伟大转折

---

① ② 引自《中国共产党中央委员会关于建国以来若干历史问题的决议》，载于中共中央文献研究室编：《三中全会以来重要文献选编》（下），人民出版社 1982 年版，第 751 页，第 755 页。

③ 引自中共中央党史研究室：《中国共产党历史·第二卷（1949－1978）》（上），中共党史出版社 2011 年版，第 462 页。

的思想先导。"① 1978 年 12 月召开的中国共产党十一届三中全会，作出了把党和国家工作中心转移到经济建设上来，实行改革开放的重大决策，开启了改革开放新时代，为中国向社会主义市场经济体制转型奠定了良好开局②。1979 年 1 月，中共中央将《关于加快农业发展若干问题的决定（草案）》发给各地党委试行。草案规定，社员自留地、家庭副业和集市贸易是社会主义经济的必要补充，不得当作"资本主义尾巴"加以取缔。同年 5 月，国家经济委员会等六个部门联合发出通知，确定在北京、上海、天津三个城市选择首都钢铁公司、上海柴油机厂等八家企业进行扩大企业自主权的改革试点。1980 年 9 月，国务院批转国家经济委员会《关于扩大企业自主权试点工作情况和今后意见的报告》，批准从 1981 年起将扩大企业自主权的工作在国营企业中全面推开。1982 年 9 月，国务院批转国家物价局等部门《关于逐步放开小商品价格实行市场调节的报告》，决定对三类工业品中的 160 种小商品实行市场调节。1983 年 9 月，国务院批转国家物价局等部门《关于进一步放开小商品价格的报告》，批准再放开 350 种（类）小商品的价格，对小商品的产销实行市场调节，企业定价。③

2. 确认我国社会主义经济是有计划商品经济，为改革计划经济体制开辟正确道路

1982 年 10 月，中国共产党十二届三中全会通过的《中共中央关于经济体制改革的决定》指出："改革计划体制，首先要突破把计划经济同商品经济对立起来的传统观念，明确认识社会主义计划经济必须自觉依据和运用价值规律，是公有制基础上的有计划商品经济。商品经济的充分发展，是社会经济发展不可逾越的阶段，是实现我国现代化的必要条件。"④这个论断突破了原来认为"实行计划经济是社会主义的根本特征"的窠臼，打开了改革计划经济体制的大门。1984 年 10 月，国务院批转国家计划委员会《关于改进计划体制的若干暂行规定》，提出适当缩小指令性计划的范围，对关系国计民生的重要经济活动实行指令性计划，对大量一般经济活动实行指导性计划，对饮食、服务业等实行市场调节。1985 年 1

①② 引自中共中央党史研究室：《中国共产党历史·第二卷（1949－1978）》（上），中共党史出版社 2011 年版，第 1029、1061 页。

③ 《中国改革开放以来经济大事记》，载于刘树成主编《现代经济辞典》，凤凰出版社和江苏人民出版社 2005 年版，第 1332、1333、1334、1335 页。

④ 引自中国共产党十二届三中全会《中共中央关于经济体制改革的决定》，载于《1985 中国经济年鉴》，经济管理出版社 1985 年版，第 1~5 页。

月，国家物价局和物资局发出《关于放开工业生产资料超产自销产品价格的通知》，由此形成生产资料价格"双轨制"。① 计划和价格管理体制改革由此开始。

3. 确认我国处于社会主义初级阶段，为推进计划经济体制改革，培育发展各类市场提供更充分的理论依据

1987 年 10 月，中国共产党第十三次全国代表大会通过的报告《沿着有中国特色的社会主义道路前进》指出："正确认识我国社会现在所处的历史阶段，是建设有中国特色社会主义的首要问题，是我国制定和执行正确的路线和政策的根本依据。对这个问题，我们党已经有了明确的回答：我国正处在社会主义的初级阶段。""社会主义有计划商品经济的体制，应该是计划与市场内在统一的体制。""新的经济运行机制，总体上来说应当是'国家调节市场，市场引导企业。'"② 这些科学论断，为正确认识我国国情和社会主义经济性质，推进计划经济体制改革，培育和发展市场体系，提供了更充足的理论依据。

4. 突破计划与市场认识上的窠臼，确定我国经济体制改革的目标是建立社会主义市场经济体制，推动经济体制向市场化方向转型

1992 年 1~2 月，邓小平视察武昌、深圳、珠海和上海等地，发表重要讲话。突破了计划和市场认识上的局限。他指出，计划经济不等于社会主义，资本主义也有计划，市场经济不等于资本主义，社会主义也有市场，计划和市场都是经济手段；计划多一点，还是市场多一点，不是社会主义与资本主义的本质区别。这段重要讲话，为确定我国国经济体制改革以建立社会主义市场经济体制为目标，奠定了思想基础。1992 年 10 月，中国共产党第十四次全国代表大会在北京举行，正式确定了中国经济体制改革的目标是建立社会主义市场经济体制。1993 年 11 月初，中共中央、国务院印发《关于当前农业和农村经济发展的若干政策措施》，提出了稳定并完善以家庭联乡承包为主的生产责任制和统分结合的双层经营体制、深化粮食购销体制改革等 12 项政策措施；还作出了原定的耕地承包期到期之后，再延长 30 年不变的规定。1993 年 11 月，中国共产党十四届三中全会通过的《中共中央关于建立社会主义市场经济体制若干问题的决定》指出，建立社会主义市场经济体制就是要使市场在国家宏观调控下，对资

---

① 《中国改革开放以来经济大事记》，载于刘树成主编《现代经济辞典》，凤凰出版社和江苏人民出版社 2005 年版，第 1337 页。

② 引自中国共产党第十三次全国代表大会报告《沿着有中国特色的社会主义道路前进》，载于《1988 中国经济年鉴》，经济管理出版社 1988 年版，第 1~3、1~9 页。

源配置起基础性作用；提出要进一步转换国有企业经营机制，建立适应市场经济要求，即产权清晰、责权明确、政企分开、管理科学的现代企业制度。1993 年 12 月初，全国经济体制改革工作会议在北京举行，会议研究讨论了《1994 年经济体制改革实施要点》和《关于选择百家企业进行建立现代企业制度试点的意见》。1995 年 9 月，中国共产党十四届五中全会讨论并通过了《中共中央关于制定国民经济和社会发展"九五"计划和2010 年远景目标的建议》，提出关键是实行两个具有全局意义的根本转变：一是经济体制从传统的计划经济体制向社会主义市场经济体制转变，二是经济增长方式从粗放型向集约型转变。[1] 在上述会议精神的指引和推动下，经济体制改革不断深入，改革计划管理体制、建立社会主义市场经济体制的进程明显加快。

5. 确立中国共产党在社会主义初级阶段的基本纲领，全面深化改革，促成社会主义市场经济体制建立

1997 年 9 月，中国共产党第十五次全国代表大会通过的《高举邓小平理论伟大旗帜，把建设有中国特色社会主义事业全面推向二十一世纪》的报告着重阐述了邓小平理论的历史地位，论述了党在社会主义初级阶段的基本纲领；指出我国处在社会主义初级阶段，需要有公有制为主体的条件下发展多种所有制经济，"非公有制经济"是我国社会主义经济的重要组成部分，对个体、私营等非公有制经济要继续鼓励、引导，使之健康发展；股份制是现代企业的一种资本组织形式，资本主义可以用，社会主义也可用；允许和鼓励一部分人通过诚实劳动和合法经营先富起来，允许和鼓励资本、技术等生产要素参与收益分配。[2] 2013 年 11 月，中国共产党十八届三中全会通过的《中共中央关于全面深化改革若干重大问题的决定》，在论述"加快完善现代市场体系"时指出："建设统一开放、竞争有序的市场体系，是使市场在资源配置中起决定性作用的基础。必须加快形成企业自主经营、公平竞争、消费者自主选择、自主消费、商品和生产要素自由流动、平等交换的现代市场体系，着力清除市场壁垒、提高资源配置效率和公平性。"并对"建立公平开放透明的市场规则""完善主要由市场决定价格的机制""深化金融体制改革""提高和完善宏观调控能

---

① 《中国改革开放以来经济大事记》，载于刘树成主编：《现代经济辞典》，凤凰出版社和江苏人民出版社 2005 年版，第 1343、1344、1345、1346、1348 页。

② 江泽民在中国共产党第十五次全国代表大会工作的报告《高举邓小平理论伟大旗帜，把建设有中国特色社会主义事业全面推向二十一世纪》，载于《1998 中国经济年鉴》，中国经济年鉴出版社 1998 年版，第 1~22 页。

力"等方面作了具体简述。① 至此，妨碍建立社会主义市场经济体制的思想障碍都已清除，在经济持久快速发展、民众购买力不断增强、商品和服务供给越来越充足和丰富的推动下，市场体系越来越丰满，规则和制度越来越完善，社会主义市场经济体制终于建立起来。

---

① 引自中国共产党十八届三中全会通过的《中共中央关于全面深化改革若干重大问题的决定》，载于《共产党员网》，2013 年 11 月 15 日。

第二部分

构造能促使商贸流通业持续发展的牵引力和经济社会环境

在第 2 章述评了商贸流通业制度演进历程,并总结其教训与经验之后,从第二部分起,本书将论述如何通过深化改革和扩大开放,促进制度变革,推动商贸流通业持续发展,制度变革仍是贯穿以后各章的主线。如同动植物生长离不开自然界生态环境一样,商贸流通业的持续发展,需要以可持续增长的消费需求为牵引力、现代产权制度为支撑、诚信社会环境为基础、稳定的宏观经济环境为依托。所以,第二部分将从这四个方面逐一展开论述,由第 3~6 章构成。

第3章 构造能牵引商贸流通业可持续发展的消费需求动力

马克思在《资本论》中，把社会再生产过程分为生产、分配、交换和消费四个环节。其中，生产环节形成社会产品和服务的有效供给；分配环节在企业工资和政府财政政策作用下，形成社会成员（包括居民个人及家庭、企业和事业组织、政府机关等，下同）收入及有效需求；交换即社会成员之间通过产品（包括生产资料和生活资料）和服务交易，获得各自需要的价值和使用价值，实现产品和服务从生产环节向消费环节的转移，并且通过二次分配转移和调节社会成员收入；消费则是社会成员为满足自身需要，而使用和消耗产品与服务。交换和消费，使产品和服务的价值和使用价值得到实现，社会得以进入下一个再生产过程。如此循环往复，支撑和推动着经济社会运转和发展。在社会再生产链中，消费是交换亦即流通的下一个环节，消费是否旺盛，直接影响流通是否顺畅。中国是人口和经济总量大国，其经济持续发展主要依靠内需拉动。内需不足，经济增长将停滞甚至下滑。1998～2002年治理通货紧缩的经验证明，消费疲弱，内需不足，会导致产品滞销，商贸流通业萧条；而实行积极财政政策，增加投资，刺激消费，扩大内需，则可以促使产品和服务旺销，市场繁荣，商贸流通业兴旺发展。可见，商贸流通业与消费需求之间有紧密的互动关系：商贸流通业供给货源，使消费得以实现；消费创造需求动力，拉动商贸流通业发展。所以，欲使商贸流通业可持续发展，就必须实行"健康—集约型"国家消费模式，构建可持续发展的消费需求牵引力。

中国既是人口大国和经济总量大国，又是人均资源占有量和环境容量显著低于世界平均水平的国家，经济社会发展和消费需求升级，受到"资源环境供给紧约束"严重困扰。因此，选择并实行"健康—集约型"国家消费模式，引导经济社会发展方式转型，化解与资源环境之间日益尖锐的矛盾，是关系中华民族能否实现可持续发展的战略性大问题，必须予以高度关注。故而，本章以"资源环境供给紧约束"条件下，中国如何科学合理地选择国家消费模式，引导民众和社会组织"健康—集约"地消费，进而引导经济社会集约化发展为切入点，论述通过治理违规公务消费，重树节俭风尚；矫正民众消费行为偏差，提高农民和城市低收入阶层收入水平和消费能力等，促使中国国家消费模式向"健康—集约型"转变，从而构造出能牵引商贸流通业持续发展的消费需求动力，推动中国经济实现可持续发展。

3.1 "资源环境供给紧约束"被忽视的历史原因

3.1.1 基本概念界定

资源环境供给紧约束，是指中国人均自然资源占有量和环境容量显著低于世界平均水平，对产品和服务（以下简称产品）的生产与供给，进而对消费需求实现，乃至经济社会发展，形成明显紧缺型限制和约束。它是在可持续发展层次上研究"供给约束"问题，而建立的理论范畴。该理论认为，一个国家和地区在人均资源占有量和环境容量很低的条件下，即使商品和服务供给充裕，但如果它是以高昂的资源和环境成本为代价，亦即以人均资源占有量和环境容量的过度消耗和明显下降为代价，那么该国和该地区的消费实现，乃至经济社会发展，就处于资源环境供给紧约束状态。资源环境供给紧约束，是现今中国乃至世界必须面对的现实问题，是人类社会可持续发展的致命威胁。然而，在传统消费经济理论研究中，却长期被忽视。

本文中的国家消费模式，是一个国家或地区按照可持续发展原则，在充分考虑总供给和总需求具体状况，并兼顾二者要求的前提下，选择的包括公共消费和个人消费在内的总体消费方式，及其实现机制和保障制度的总称。它不是社会成员（包括居民和社会组织，下同）个体消费方式的简单加总，而是一个国家或地区所选择的，适合其国情特点和可持续发展要求的总体消费方式，及其实现机制和保障制度。科学合理的国家消费模式，较之单个社会成员的合理消费方式，能在节省资源耗费和环境容量占用方面，产生更强大作用。

3.1.2 欧美国家忽视"资源环境供给约束"的历史原因

阅读文献资料，可以明显感受到，传统消费理论的形成受到帝国主义殖民体系理论，以及 1929～1933 年世界经济"大萧条"等时代因素和历史事件的限制和影响，明显忽视了对"资源环境供给约束"问题的研究。

1. 殖民主义体系及其理论的限制和影响

欧美国家建立资本主义制度，实现工业化和现代化的历史进程，与海外贸易兴起和殖民主义体系建立紧密关联。20 世纪初，列强瓜分世界完毕，帝国主义殖民体系形成，殖民主义理论确立。第一次世界大战前夕，列强殖民体系控制了世界 2/3 的土地面积和 56% 的人口。[1] 广大殖民地半殖民地，成为宗主国取之不尽的廉价原料供给基地和工业制成品销售市场，遭受双重掠夺。这种举世界 2/3 地区的自然资源和环境容量，供少数宗主国消费的世界经济格局，一直延续到第二次世界大战后殖民体系解体，才逐步瓦解。这个时期的消费理论，受到殖民主义体系及理论的限制和影响，认为世界自然资源储量和环境容量是取之不尽、用之不竭的，从而把"生产供给能无限满足消费需求"，视为研究经济社会发展问题时不容置疑的既定前提条件，很少关注和研究资源环境耗费问题，而把研究重点放在如何刺激消费需求增长，消除供给过剩危机上。

2. 1929～1933 年经济"大萧条"对消费理论形成的局限和影响

马克思指出，周期性地发生供给相对过剩危机，是资本主义社会固有经济现象。自从 1825 年英国发生第一次全面性经济危机以后，大概每隔 10 年，欧美主要资本主义国家，都周期地爆发经济危机。1847～1848 年发生了第一次世界性经济危机。当时，学者们把危机发生的原因，归结为社会消费需求不足，因而把关注点锁定在如何刺激和扩大社会消费需求上。1929～1933 年发生的经济大萧条，加剧了这种倾向。经济大萧条，使欧美资本主义国家商品严重积压滞销，企业大量倒闭，社会非自愿性失业率大幅度上升。凯恩斯（John. M. Keynes）沿袭前人成说，把"大萧条"成因归结为社会消费需求不足，开出的"药方"是：实行扩张性财政政策，增加政府支出，增加基础设施建设项目；降低税收和利息，刺激私人开店办厂；利用投资（包括政府支出）乘数效应，扩大企业开工率，增加对中间产品（生产资料）的消费需求，同时降低非自愿性失业率，增加居民收入，进而增加对最终产品（生活消费品）和服务的消费需求，使国家摆脱供给过剩危机，走向复苏和繁荣。凯恩斯的"药方"被各国政府纷纷采纳。

凯恩斯在其著作中，分析了居民收入与消费支出的关系，构建了消费

---

① 许涤新主编：《政治经济学辞典》（中），人民出版社 1980 年版，第 68 页。

函数, 提出了"绝对收入假说"。该理论的要点有: 人的实际消费支出与实际收入之间存在着稳定的函数关系; 边际消费倾向显示, 收入增加消费也随之增加, 但消费增加额小于收入增加额; 而且边际消费倾向随着收入的增加而递减, 边际消费倾向小于平均消费倾向, 等等。第二次世界大战前后, 凯恩斯理论体系在西方经济学界长期占据着主导地位, 其"绝对收入假说"对消费理论的发展, 产生了深远影响。一方面, 消费经济学家们沿着凯恩斯的方向, 对收入与消费之间关系作了一系列延伸性研究, 产生了杜申贝的相对收入假说、密尔顿·弗里德曼的持久收入假说、莫迪利安尼的生命周期假说、詹姆士·摩根的消费决策影响收入假说等一系列有价值的理论成果。[1] 另一方面, 研究者们把弗洛伊德的"精神分析"理论、马斯洛的需求层次理论等成果, 引入消费理论研究领域, 深入分析消费者心理因素对其消费动机和行为的影响, 构建了消费者行为分析理论体系。以上文献显示, 受20世纪30年代"大萧条"及凯恩斯理论的影响, 传统消费理论研究视野, 主要停留在对收入与消费需求关系, 以及消费行为分析上, 很少对资源储量减少和环境容量下降形成的"供给紧约束"问题, 进行研究。

3. 消费主义兴起对世界的影响

18世纪初, 生产过剩在欧美国家中引发了消费主义思潮。英国经济学家孟德维尔在《蜜蜂的寓言》中, 以蜂群比喻人类社会, 认为当奢侈之风盛行时, 各行各业兴旺, 而当节俭之风盛行时, 各行各业反而萧条, 进而得出结论: 个人劣行能够增进社会公利。随后, 亚当·斯密在《国富论》中, 引申孟德维尔的结论, 提出"个人自利行为最终能增进社会福利"的著名论点, 构建了市场经济的理论基石。不可否认, 在资本主义发展初期, 孟德维尔的《蜜蜂的寓言》, 具有反禁欲主义的进步意义[2]。但是, 当消费主义思潮演变成为流行于西方国家的消费主义文化时, 其暴殄天物、危害生态环境的弊端就日益显露出来, 受到世人谴责。消费主义者追求体面消费, 渴求无节制的物质享受和消遣, 以此为生活目的和人生价值[3]。典型者如美国销售分析家维克特·勒博, 竟然公开宣称: 我们庞大而多产的经济……要求我们把购买和使用货物变成宗教仪式, 从中寻求精神满足。我们需要消费东西, 以前所未有的速度把它们烧掉、穿掉、换掉和扔掉[4]。1899年, 美国制度经济学家凡勃伦在其《有闲阶级论》一书

---

① 文启湘主编:《消费经济学导论》, 陕西人民出版社2000年版, 第259～263页。

② 厉以宁:《经济学的伦理问题》, 上海三联书店1995年版, 第123～124、148页。

③ 汝信主编:《社会科学新辞典》, 重庆出版社1988年版, 第990页。

④ 艾伦·杜宁:《多少算够——消费社会与地球的未来》, 吉林人民出版社1997年版, 第18页。

中，揭露了美国富人阶层对炫耀性消费的热衷。他说，社会上的有闲阶级成员，总想用炫耀性消费显示自己阔气。他们穿着华丽，佩戴名贵首饰，住所装饰富丽堂皇，以此显示自己的身份和地位，以博得世人尊重。① 富人的示范作用，使奢侈性、炫耀性消费思潮在普通民众中滋生蔓延。20世纪90年代，美国进入"新经济"时期，经济泡沫化助推民众铺张消费，住豪宅、穿名牌服装、疯狂购物、旅游和娱乐，在年轻人中蔚然成风。美国的铺张型消费方式，深刻影响了中国富人和年轻人。他们欣然接受美国消费主义文化，刻意模仿其富人的奢侈性、炫耀性消费行为，使侈靡之风在中国民众中蔓延，呈现未富先奢迹象。

3.1.3 中国忽视"资源环境供给约束"的历史和现实原因

中国计划经济时期，商品长期匮乏，经济社会发展受到"供给约束"的严重困扰。改革开放后，1988年中国发生严重通货膨胀，使供给短缺问题受到关注。此时恰逢匈牙利经济学家亚诺什·科尔内的《短缺经济学》在中国出版发行，把对供给短缺问题的研究推向高潮。受其影响，研究者们把目光投向国有企业资金预算软约束造成的投资需求过旺，认为它是造成供给短缺、通货膨胀的罪魁祸首。当时中国资源环境危机尚未凸显，故而其供给约束问题，还不为人们重视。20世纪90年代中期，中国形成了商品供给充裕的稳固买方市场，资源环境供给约束问题更被束之高阁。1998~2002年，亚洲金融危机引发了中国国内通货紧缩，扩大内需成为热点，资源环境供给约束问题仍被忽视。近年，虽然自然资源和生态环境危机凸显，但主流观点认为，它是由"生产—发展"方式粗放造成的，故而仅从转变"生产—发展"方式方面提出治理对策，很少有人从"资源环境供给紧约束"的角度，探求原因，思考对策。

3.2 治理资源环境危机：世界共同的难题和责任

3.2.1 世界资源环境危机凸显且治理受阻

现代人类社会的生产生活方式具有明显高耗费、高排放、高污染特

---

① 厉以宁：《经济学的伦理问题》，上海三联书店1995年版，第123~124、148页。

点。其消耗的巨量原料和能源，70%都是不可再生的矿物性资源。随着世界生产规模扩大和人们生活消费水平提高，自然资源耗费加速，储量枯竭步步逼近。据中国社科院经济所李志宁测算，从20世纪末算起，按静态储量计算，世界39种重要矿产资源中，50年内走向枯竭的有16种，100年内走向枯竭的有21种。其中，石油约40年，天气约64年枯竭。2004年11月，BP公司首席执行官约翰·布朗，在伦敦国际石油会议上发布报告，估计世界石油储量只够用40年，天然气储量大概够用70年，与李志宁的预测结果基本一致①。此外，大量废气、废液、废物的排放，严重污染破坏了地球大气层、水域水体和土壤等人类赖以生存发展的生态环境。1985年，科学家发现，南极上方出现了有美国国土面积大小的臭氧层空洞；1989年，又发现北极上方正在形成另一个臭氧层空洞。这主要是大量氟利昂废气排放造成的。大量硫化物和氮化物废气排放，导致酸雨增加，森林枯死；大量二氧化碳废气排放造成的地球"温室效应"，不断引发剧烈自然灾害。

早在1974年，美国生态学家梅多斯（Meadows, D. L）等，就在《增长极限》报告中，对世界将爆发资源环境危机提出了警告。他们指出，工业化和经济社会发展，将导致世界人口增长，工农业生产规模扩大，资源耗费和环境污染加剧，使人类经济社会发展难以为继。他们的警告，10多年后才引起重视。1987年，世界环境与发展委员会在《我们共同的未来》报告中，提出了"人类可持续发展"概念；1992年，联合国环境与发展世界首脑会议，确立了世界各个国家和地区必须走可持续发展道路的共同准则。但是，保护地球自然资源和生态环境，是世界性的"公共产品"，只有联合国才能够施行。而联合国只是一个协商性机构，不具备强制执行力，难以有效地完成这个任务。于是人们看到，虽然各缔约方签署了旨在有效减少废气排放，控制温室气体效应加剧的《京都议定书》，但出于本国利益考量，占世界温室气体总排放量17%的俄罗斯，迟迟不肯在"议定书"上签字；占世界温室气体总排放量36%的美国，于2001年单方面退出了"京都议定书"组织，使"议定书"的执行大打折扣。随后召开的丹麦哥本哈根会议、墨西哥坎昆会议和南非班德会议，均因发达国家拒绝执行《京都议定书》二期承诺，并要求用"共同责任"原则，代替原来"共同但有区别的责任"原则，而未达成有实质内容和约束力的协议。世界治理温室气体效应的制度安排，明显从《京都议定书》

---

① 张一龙：《节能降耗：我们还有多少时间》，中国电力新闻网，2006年8月10日。

后退。由于发达国家治理力度减弱，"温室气体效应"危害加剧，剧烈灾害频发。

3.2.2 全世界应共担责任有效治理资源环境危机

资源环境危机形成的"供给紧约束"问题和地球"温室气体效应"，是世界各国面临的共同难题，只有化解它们，人类才能够实现可持续发展。当联合国气候组织多次协调无果之际，人类只能求助于自己的良知：人类同住一个地球村，休戚与共，无论富国穷国，只有同心同德共担责任，才能化解资源环境危机和"温空气体效应"，实现可持续发展；若离心离德推卸应承担的责任，则世界资源环境危机永无化解之日，人类发展将不可持续。在人类发展进程中，欧美发达国家占得先机，率先实现了工业化和现代化，在消耗地球资源环境方面欠下了巨额旧账，而现今又欠下新账。他们作为地球村村民和人类大家庭一员，理应承担应负责任，履行减排承诺，减少资源环境耗费，偿还历史欠账和现今新账。而美国作为世界头号资源环境耗费大国，其政府所谓"本国消费方式不能讨论和调整"的言论，表现出蛮不讲理、推卸责任的大国沙文主义态度，有失发达国家风范。美国应当向同为发达国家的北欧学习，像他们那样高度关注世界资源环境危机，勇于承担历史责任，自觉实行"集约"型消费—生产模式，尽力节能降耗减排。倘能如此，乃地球和人类之幸事。新兴发展中国家虽然未欠历史旧账，但也应当承担应负责任，尽力节能降耗减排。因为他们是经济社会快速发展的人口和经济大国，资源耗费和"三废"排放，占世界总量的比重大。所以，这些国家应当妥善处理加快经济社会发展与节能降耗减排之间的矛盾，尽快转变消费—生产模式，切实做到节能降耗减排，为化解世界资源环境危机，治理地球"温室气体效应"，做出应有贡献。其他国家也应当承担起应负责任，尽力节能降耗减排，为化解世界资源环境危机，治理地球"温室气体效应"出一份力。如是，联合国气候组织的协调才能取得突破性进展，世界资源环境危机和地球"温室气体效应"，才有望得到有效治理。

3.3 "健康—集约型"国家消费模式：中国"资源环境供给紧约束"条件下的必然选择

3.3.1 中国遭受"资源环境供给紧约束"困厄且应对有误

1. 中国遭受"资源环境供给紧约束"困厄

由于人口数量庞大，中国是世界上人均自然资源占有量和环境容量水平很低的国家：人均淡水资源占有量仅为世界平均值的1/4，人均耕地占有量不到世界平均值的40%，45种矿产资源的人均占有量不到世界平均值的1/2，石油、天然气人均占有储量仅是世界平均值的7%和4.5%，铁矿石、铜和铝土矿的人均占有储量分别是世界平均值的1/6、1/6和1/9。①同时，中国经济社会发展方式粗放，效率低、消耗高、排放多、污染重。上述两方面原因导致中国资源环境危机凸显，供给紧约束加重：（1）能源和原料高耗费致使资源储量急剧下降，供给能力明显减弱，对外依存度显著上升，安全性降低。2010年，中国能源消费总量达32.49亿吨标准煤，较2005年增长了37.7%；国内生产总值约占世界的8.6%，而能源消耗却占世界的19%，单位GDP能耗是世界平均水平的2倍以上②。高耗费导致大开采，加速了原本贫乏的矿产资源枯竭。据有关部门估算，中国44种重要矿产资源中，有22种将在50年内枯竭，有32种（含前22种）将在100年内枯竭。其中，原油15年，天然气40年。③ 2011年，中国进口原油2.71亿吨、铁矿砂7.44亿吨，对外依存度分别高达55.2%和70.0%④。对外依据存度较前些年显著上升，安全性明显下降。（2）高排放、高污染占用、破坏生态环境，致使环境容量明显下降。据国家环保部发布的信息，2000～2011年，中国废水排放量由415.2亿吨，增长到652.1亿吨，增长了0.57倍，致使长江、黄河等十大水系496个国控监测断面的Ⅳ类以上水质占39.0%，26个国控重点湖泊（水库）Ⅳ类以上水

---

① 马凯：《贯彻落实节约资源基本国策，加快建设节约型社会》，《经济日报》，2005年12月19日，第2版。

② 数据资料来源于鲍晓倩：《"十二五"节能减排：措施从严确保可持续发展》，《经济日报》，2012年8月25日，第1版。

③ 张一龙：《节能降耗我们还有多少时间》，中国电力新闻网，2006年8月10日。

④ 中国国土资源部：《2012年国土资源公报》，国土资源部网站，2013年4月20日。

质占 57.7%, 四大海区 9 个重要海湾中, 胶州湾和辽东湾水质差, 渤海湾、长江口、杭州湾、闽江口和珠江口水质极差。废气排放量由 2000 年的 13.81 亿立方米, 增长到 2010 年的 51.92 亿立方米, 增长了 2.76 倍, 致使 2011 年全国酸雨监测的 468 市 (县) 中, 酸雨频率在 25% 以上市 (县) 达 140 个, 占 29%, 酸雨频率在 75% 以上个市 (县) 达 44 个, 占 9.4%。工业固体废物生产量由 2000 年的 8.2 亿吨, 增长到 2011 年的 32.5 亿吨, 增长了 2.96 倍, 其渗出液和工业废水, 致使 5000 万亩耕地重金属中度和重度污染, 每年需花几百亿元治理。一些城市, 如武汉甚至一度被建筑垃圾包围。① 2010 年, 全国突发环保事件 420 件, 直接经济损失达 2 256.9 亿元; 民众关于环境问题的上访信件, 由 24.77 万封, 增长到 70.11 万封, 增长了 1.83 倍。② 资源环境危机明显加剧, 治理难度增大。

2. 应对方法有误

以上资料显示, 中国的经济增长和社会发展成就, 是以矿产资源高耗费和生态环境恶化为代价取得的, 不可持续。转变发展方式, 治理资源环境危机, 缓解"供给紧约束"压力, 迫在眉睫, 势在必行。但是, 囿于现有理论体系和思维定式, 中国政府采取的应对措施, 是以转变生产方式为着力点, 而罔顾科学合理国家消费模式这个治本之策。消费是社会再生产的最后一个环节, 对生产有引导和制约作用。现行治理方式, 由于缺少科学合理国家消费模式引导, 而发生偏差, 未达到预期效果。一是地方政府盲目追求 GDP 冲动有增无减, 城市发展"摊大饼"现象愈演愈烈。据《南方周末》披露, 近年中科院院士陆大道数次上书国务院, 直陈城市化"大跃进"中的隐患。他指出, 中国直辖市和省会城掀起了一股"大规划"之风。如某市规划方案提出, 要把该市建成超过大巴黎面积 6 倍、大伦敦面积 10 倍的全球第一超大城市。他警告, 如是, 将导致中国本已紧缺的耕地和水资源被过度占用耗费, 危及中华民族可持续发展。③ 二是城市交通基础设施建设及交通拥堵治理, 因顾忌轿车销量和产业发展速度下降, 而未切实施行"公共交通"优先这个治本之道, 致使北上广等大城市汽车尾气排放量大幅度上升, 灰霾天数急剧增加, 交通拥堵日趋严重, 城市生态环境恶化, 居民生活质量显著下降。可见, 选择并施行科学合理的

---

① 中国国土资源部:《54 万亩受污染土地不能再耕种》, 新华网, 2013 年 12 月 13 日。

② 鲍晓倩:《"十二五"节能减排: 措施从严确保可持续发展》,《经济时报》, 2012 年 8 月 25 日, 第 1 版。

③ 张立:《权威专家数次上书国务院直陈城市化"大跃进"隐忧》,《南方周末》, 2006 年 7 月 13 日。

国家消费模式，是关系中华民族能否实现可持续发展的战略性人问题，应予以高度关注。

3.3.2　中国经济社会发展遭遇"两难困境"

国情特点使中国经济发展面临两大约束条件。一是前已述及的"资源环境供给紧约束"，将随人口数量增长、自然资源储量和环境容量下降而显著趋紧，而且是刚性的，不可违逆的。二是为了维护社会安定，防止就业率下滑，而需要维持较高 GDP 增速。中国有 13 亿多人口，每年约新增劳动力 1 400 万人，加上有 1.5 亿农村富余劳动力需要逐步向非农产业转移，有 1 100 万下岗失业人员需要再就业，21 世纪前 20 年中国将承受巨大的就业压力。[①] 奥肯定律揭示，每个国家的 GDP 变动与失业率（或就业率）变动之间，都存在密切的相关性。以美国 1965 年的经济状况为例，该定理可表述为：失业率变动 = -1/2 ×（实际 GDP 变动百分比 -3%）。即当 GDP 增幅大于 3% 时，失业率下降，就业率上升；等于 3% 时，失业率和就业率不变；小于 3% 时，失业率上升，就业率下降，且上升和下降幅度等于实际 GDP 变动率减去 3% 的差的 1/2。[②] 也就是说，一个国家必须把 GDP 增长保持在高于 3% 的水平上，才能使失业率下降，就业率上升。统计资料显示，1990 ~ 2003 年中国 GDP 年均增率 9.3%。这期间，中国共增加从业人员 9 863 万人，每年新增 745 万人。2003 年中国城镇登记失业率为 4.3%；2004 年，中国政府确定的就业再就业工作目标为：新增就业 900 万人，下岗失业人员再就业 500 万人，城镇登记失业率控制在 4.7% 左右。[③] 可见，中国政府认为，把失业率控制在 4% ~ 5% 之间，较为合理。然而，在现有的生产方式和产业结构条件下，要实现这个目标，就必须把年均 GDP 增速保持在 10% 以上高水平上。而前期发展结果显示，以现有发展方式追求如此高的 GDP 增速，必然导致生态环境恶化资源储量下降，供给约束趋紧，因而不可持续。上述两大约束条件，一方面要求适度降低 GDP 增速，以减轻对资源环境的压力，缓解危机；另一方面，为了维护社会安定，防止就业率下滑，而又要求 GDP 保持高增长。两者互相排斥，使中国经济社会发展陷入"两难困境"。

① 中华人民共和国国务院新闻办公室：《中国的就业状况和政策》，《经济日报》，2004 年 4 月 27 日，第 5 ~ 6 版。

② 曼昆：《经济学原理》，上海三联书店、北京大学出版社 1999 年版，第 316 ~ 320 页。

③ 中华人民共和国国务院新闻办公室：《中国的就业状况和政策》，《经济日报》，2004 年 4 月 27 日，第 5 ~ 6 版。

3.3.3 "两难困境"中的必然选择：以"健康—集约型"国家消费模式引领经济社会发展

1. 既往治理实践启示：应从消费环节入手，寻求更有效治理方式

面对"两难困境"，中国政府为了维护社会安定、防止就业率下滑，总是把保持 GDP 高增长，置于经济政策选择首位。在此前提下，试图通过转变生产方式，节能降耗，缓解对资源环境的压力，摆脱"两难困境"。实践证明，此路不通。一方面，由于生产供给处于社会再生产链的前端，只能够适应和促进，而不能够规范和引导消费需求，致使铺张浪费和奢靡消费行为得不到抑制；另一方面，转变生产方式、节能降耗，又因基层政府执行不力和一些企业阳奉阴违而大打折扣，致使资源环境危机和供给紧约束压力有增无减。由此看来，只有改弦更张，从社会再生产链的末端环节——消费需求入手，才能找到更有效的治理方法。

2. 发达国家可参考借鉴的消费模式

发达国家有两种典型的国家消费模式，可供中国参考借鉴。一种是美国以个人分散消费为主体的自由放任型国家消费模式（简称个人放任型国家消费模式，下同）。该模式认为，自由选择消费方式是民众个人的权利，应当得到尊重和保护；政府不仅不能限制消费者的选择自由，而且应当创造条件使个人消费需求尽可得到满足。不可否认，美国也有一些引导消费者选择公共消费方式和集中消费方式的政策，但居次要地位，作用不明显。所以，从总体上看，美国实行的是个人放任型国家消费模式。此种消费模式的主要弊病是：人均资源消耗量高，利用率低。据中国央视国际网资料，目前美国有 2.9 亿人，拥有汽车 2.3 亿辆，其中轿车 1.7 亿辆，每年人均消耗石油 3.17 吨，全国汽油消耗量约占全世界汽油总消耗量的 1/3。美国实行"蔓延型"城市发展模式，在既往 100 多年城市化进程中，美国城镇人口密度从原来平方英里 8 000 人，降低到 20 世纪 80 年代的 1 800 人。此种城市发展模式与自由放任型国家消费模式相结合，导致了资源超高耗费。目前，美国以约占世界 1/20 的人口，消耗着世界 1/4 能源，其人均汽油消耗量，约是同等收入水平欧盟各国的 5 倍。另一种，是北欧国家以公共消费和集中消费为主体的集约型国家消费模式。在城镇建设方面，他们实行与美国相反的"紧凑型"发展模式。以瑞典为例，该国优先发展公共交通，鼓励居民多使用公共和节能交通工具，如乘坐公交车、地铁，乃至骑自行车上下班和出行旅游。该国每千人拥有轿车 450辆，比美国少 136 辆，每辆轿车年消耗汽油 1.3 吨，大大低于美国。北欧

地处高寒地带，各国均集中供暖供热，建筑物在保证良好通风透光性能前提下，均按照保暖节能的要求建造，大大降低了能源消耗。① 这种高效率、低耗费的国家消费模式，值得中国学习借鉴。

3. "健康—集约型"国家消费模式：中国必然而明智的选择

上述比较分析给出的结论是：中国应仿效北欧，选择以公共消费为主体的"健康—集约型"国家消费模式。因为，中国如果实行美国型的高耗费国家消费模式，不仅自身经济社会发展不可持续，而且世界也无法承受。首先，仅以基础性能源石油消费为例，如果中国实行美国模式，并达到其消费水平，那么，若以13.5亿人口计算，将拥有10.71亿辆汽车，汽油消耗量将是现在世界汽油总消耗量的1.54倍，地球将无法承受。其次，2006年6月14日，中国建设部副部长仇保兴在"首届中国城市发展与规划国际年会"上指出：中国1类宜居土地仅是国土面积的19%，而且其中55%还是耕地。另一个事实是，中国人均耕地面积仅1.4亩，为世界平均水平的40%。而1999～2004年间，耕地面积还以年均1 840万亩的速度减少。此外，中国人均淡水资源为2 290立方米，且分布不均，华北地区人口占全国的1/3，而淡水资源仅占6%。可以说，中国是以占全球7%的耕地和（中国人均水资源仅世界平均水平的1/4——笔者注）水资源，来支撑占全球21%人口的城市化。因此，城市规划和建设必须坚持节约土地原则，采用紧凑模式。② 若实行美国蔓延式的城市发展模式，大部分耕地将被城镇建设占用，粮食生产将难以维持。而北欧型的集约型国家消费模式和"紧凑型"城市发展模式，既尊重和保护了消费者的主权，保证了民众的生活质量，又提高了消费效率，降低了资源耗费，减轻了资源环境压力，符合中国国情，值得学习借鉴。

此外，笔者之所以主张中国选择"健康—集约型"的国家消费模式，还有以下两点理由：（1）人们消费的最终目的，是保持身体健康和得到精神愉悦。因而，一切损害身体健康和精神愉悦的消费，都背离了消费目的，是对资源的浪费，理应反对和禁止。（2）评价消费效率高低，亦即满足同等水平消费需求所耗费的资源数量是多还是少，浪费还是节约，应以一个国家或地区的总体消费状况，而不是单个社会成员的消费状况，进行计量、评估和判断。因为某些从单个社会成员角度看是节约的消费行为，

---

① 中国央视国际网："树立节约意识、倡导节约文明"网上座谈会，2005年10月24日；鲍晓倩：《城市"资源节约"究竟从何从手》，《经济日报》，2006年7月27日。

② 冉永平：《建设部副部长仇保兴：我国1类宜居土地不足两成》，中国新闻网，2006年6月15日，根据《人民日报》报道发布。

从国家或地区总体角度看则未必是节约的。据有关资料，公共交通（地铁和公共汽车）每1客运人公里的能源消耗，仅是小轿车的1/10。所以，驾小轿车出行，无论如何节油，每1客运人公里所消耗的汽油量，都不可能低于乘坐公共交通工具出行。所以，从国家或地区总体角度看，公共消费和集中消费是最节约资源、效率最高的消费方式。

概括而言，笔者主张的"健康—集约型"国家消费模式的基本含义是：（1）国家施行健康消费标准，倡导全体社会成员（包括居民和社会组织）树立健康消费理念，选择健康消费方式；以法律手段和经济手段，反对或禁止一切损害身体和精神健康的不良消费方式和行为，如挥霍珍稀资源的奢侈性消费、酗酒滋事、暴饮暴食浪费食物、聚众娱乐噪声扰民等。此即"健康型"的含义。（2）政府优先发展公共服务业，集中生产和供给公共消费品，充分满足民众消费需要。在尊重和保护消费者个人主权的前提下，提倡和鼓励民众多选择公共消费和集中消费方式。如城市优先发展公共交通，水、气、电、热实行集中生产和供给；体育运动场馆和文化娱乐等公共设施，集中提供服务，满足民众的公共消费需求。此即"集约型"的含义。笔者认为，中国只有实行"健康—集约型"国家消费模式，才能既提高民众生活质量，又降低资源耗费，既减轻资源环境压力，又保持经济以较高速度增长，维持社会稳定，从而摆脱"两难困境"。

4. 施行"健康—集约型"国家消费模式的路径与措施

要把"健康—集约"型国家消费模式确立起来并有效实行，国家权力机关和政府应做好以下工作：

（1）严格按照可持续发展的要求，以"绿色GDP"为标尺，合理设定经济增长速度，尽快转变经济发展模式：一是严格遵守可持续发展原则，在人均自然资源耗费量和环境容量许可范围内，设计经济增长速度。二是在生产方式仍粗放时，建议政府适度调低GDP增速，以减轻自然资源消耗和生态环境压力。目标是：使单位GDP自然资源消耗量和环境占用量逐步降低，实现可持续发展。

（2）开展全民大讨论，传播并普及可持续发展和"健康—集约型"消费理念。建议全国人民代表大会，在全民充分讨论，认识趋于一致的基础上，按立法程序，把"健康—集约型"消费确定为国家消费模式；政府据此制定法规和条例，推动其有效施行。

（3）全国人大制定要求城市"紧凑型"发展的法规，责令各城市政府把体育运动场馆和文化娱乐设施的集中建造、供给和使用，水、气、电、热的集中生产和供给，纳入城市总体规划方案，并在建设中落实；对旧建筑进行节能性改造，强制新建筑物按照节能标准建造，提高城市整体节能效果。各城市政府优先发展公共服务业尤其是公共交通行业，为民众提供便捷、高效、价廉的公共服务；用价格和税收等杠杆，诱导民众优先选择公共消费和集中消费方式。目标是：实现公共服务集约化生产供给和使用消费，使降低资源耗费，提高消费效率。

以上，本文论述了中国选择并施行"健康—集约型"国家消费模式必要性和可行性，这是战略性层面问题。下面将论述，治理违规公务消费，矫正居民消费行为偏差，提高农民和城市低收入阶层收入水平和消费能力等现实问题，以期标本兼治，使中国消费模式早日趋于科学合理，形成能够拉动商贸流通业持续发展的强大牵引力。

3.4 治理违规公务消费，重树节俭风尚

3.4.1 违规公务消费泛滥

据媒体和文献资料披露，虽然中央三令五申要求整改，但国有社会组织公务消费中的铺张浪费现象依然严重：

其一，按星级宾馆和高级套房标准，设置豪华办公场所。使用超大而豪华办公室，在政府高官和企事业单位高管中已成常态，而且向中下级蔓延。中科院院士陆大道上书国务院指出，政府迁址都是"豪华级搬家"。

其二，办公资源浪费常态化。办公区开长明灯，空调温度设置超标，公用水跑冒滴漏；公车私用与公车闲置现象并存；垃圾文件成堆，低值易耗品随便丢弃；后勤机构因人设事，人员和资产大量闲置。

其三，公款吃喝，公款旅游，化公为私。职务消费已成为政府高官和企事业单位高管化公为私，获取隐性收入的一项来源。迎来送往，大小节日，成为公款吃喝、公款送礼借口；以接受革命传统教育名义赴风景名胜游览参观，成为公款旅游的最好由头。

其四，以为职工谋福利为幌子，违反国家政策，为员工购买高额保险、缴纳高额住房公积金、发购车补贴等，假公济私、化公为私。

其五，以改革公务车管理制度之名，行贱卖公车之实，发放高额交通费补贴，变相提高中高层人员收入。

3.4.2　根源：经费预算软约束、监督机制缺失

这些铺张浪费现象，是其经费来源和开支预算约束软化使然。20 世纪 90 年代以来，中央虽然大力推进行政体制和国有资产管理体制改革，但因旧体制积习太深，未收到实际成效。国有社会组织经费开支"篱笆"未扎紧，缺口和漏洞很多：

各级人大（人民代表大会的简称，下同）对政府经费开支审查不够不严。虽然每年人代会，都要审议财政部年度预算和执行报告、发改委年度经济社会发展计划报告，但因不够严格，审议多停留于表面，触及不到实质性问题，政府经费开支约束依然软化。

权力会腐蚀人，拥有审计监督权力的审计机关，也会受内外部腐化因素影响，萌生腐败行为。因此，国家反贪、纪检机关应当加强对审计机关的监督，查处其中的违纪违法者，提高廉洁性，增强监管执行力。

3.4.3　治理违规公务消费的对策措施

根据上述分析，应采取以下措施，治理国有社会组织违规公务消费问题：

一是进一步深化行政体制改革，精减政府机关及其公务员、国有事业单位及其员工数量；深化国有企业体制改革，让其最大限度退出竞争性和非公共服务性行业，以期减少监管对象数量，增强审计监管力度，遏制住违规公务消费。

二是把各级审计机关划归人大隶属，使其名正言顺地代表国家权力机关，对政府经费预算及开支行使监督权和处罚权，增强审计监督权威性，提高监督质量和效果。

三是按照廉洁行政、节俭消费标准，制定"公务消费准则"，公之于众，接受民众和媒体监督，使政府机关和国有企事业单位养成廉洁行政、节省开支习惯。2012 年底，中共中央出台了促进党风政风廉洁的"八项规定"，对遏制违规公务消费产生了明显作用，但应修改完善，制定成法规，上升为制度，这样才能取得长治久安效果。

四是制定国家法律，要求政府机关及时公布经费预算和收支信息，违规公务消费的整改情况和处理结果，接受民众和媒体监督。全国人大保护和支持民众、媒体行使监督权，使其与纪检机关结成严密监督网，遏止违规公务消费行为。

3.5 促进城乡居民消费需求沿"健康—集约型"路径持续增长

3.5.1 新时期中国城乡居民消费需求实现了两次升级转型

改革开放新时期，随着经济持久快速发展，居民收入成倍增长，消费支付能力增强，加上商品和服务供给充足、消费观念更新、消费条件和环境改善等因素共同作用，使全国城乡居民消费需求相继现实了两次升级转型：第一次是 20 世纪 80 年代初至 90 年代中，由贫穷向温饱升级转型；第二次是 20 世纪 90 年代中至 20 世纪末，由温饱向初步小康升级转型。目前正由初步小康向全面小康过渡，实现第三次升级转型。

表 3-1 和图 3-1 显示，1990～2010 年期间，改革开放形成四大推力，推动城乡居民消费需求，实现了由温饱型向小康型升级转型。

表 3-1　　　　　　1990～2010 年中国城乡居民消费的发展与变化

	1990 年	2000 年	2010 年
一、收入和消费支付能力：			
1. 居民人均可支配收入（元）			
（1）城镇	1 510	6 280	19 109
（2）农村	686	2 253	5 919
2. 居民人均消费性支出（元）			
（1）城镇	1 279	4 998	13 471
（2）农村	585	1 670	4 382
二、恩格尔系数（%）			
（1）城镇	54.2	39.4	35.7
（2）农村	58.8	49.1	41.1
三、消费条件和环境			
1. 居民人均住宅面积（平方米）			
（1）城镇	——	——	31.6
（2）农村	17.8	24.8	34.1
2. 电话（含移动电话）普及率（部/百人）	1.11	19.10	86.41

	1990 年	2000 年	2010 年
3. 城市公共设施			
（1）用水普及率（%）	48.0	63.9	96.7
（2）燃气普及率（%）	19.1	45.4	92.0
4. 医疗、卫生条件			
（1）每万人拥有医疗床位（张）	23.2	23.8	32.7
（2）每万人拥有执业医师（人）	15.6	16.8	17.9
5. 交通条件			
（1）城市每万人拥有公交车辆（标台）	2.2	5.3	9.7
（2）城镇每百户拥有家用汽车（辆）	—	0.50	13.07
（3）农村每百户拥有摩托车（辆）	0.89	21.94	59.02
四、居民人均全年食物消费（千克/人）			
1. 粮食			
（1）城镇	130.72	82.31	81.53
（2）农村	262.48	250.23	181.44
2. 蔬菜			
（1）城镇	138.70	114.74	116.11
（2）农村	134.00	106.74	92.28
3. 食用油			
（1）城镇（植物油）	6.40	8.16	8.84
（2）农村（含非植物油）	5.17	7.06	6.31
4. 禽类及制品			
（1）城镇（肉禽类）	25.16	25.55	34.72
（2）农村（肉禽及制品）	12.59	18.30	22.15
5. 蛋及制品			
（1）城镇（鲜蛋）	7.25	11.21	10.00
（2）农村（蛋及制品）	2.41	4.77	5.12
6. 水产品			
（1）城镇	7.69	11.74	—
（2）农村	2.13	3.92	5.15
7. 奶及制品			
（1）城镇（鲜奶）	4.63	9.94	13.98
（2）农村（奶及制品）	1.10	1.06	3.55

	1990 年	2000 年	2010 年
8. 瓜果类			
（1）城镇（鲜瓜果）	41.11	57.48	54.33
（2）农村（瓜果及制品）	5.89	18.31	19.64
五、居民家庭耐用消费品拥有量（台/百户）			
1. 洗衣机			
（1）城镇	78.41	90.50	96.92
（2）农村	9.12	28.58	57.32
2. 电冰箱			
（1）城镇	42.33	80.10	96.61
（2）农村	1.22	12.31	45.19
3. 空调器			
（1）城镇	0.34	30.80	112.07
（2）农村	—	1.32	16.00
4. 沐浴器			
（1）城镇	—	49.10	84.82
（2）农村	—	—	—
5. 彩色电视机			
（1）城镇	59.04	116.60	137.43
（2）农村	4.72	48.74	111.79
6. 家用电脑			
（1）城镇	—	9.70	71.16
（2）农村	—	0.47	10.37
六、文化、教育和旅游消费			
1. 居民家庭文教娱乐支出比重（%）			
（1）城镇	11.1	13.4	12.1
（2）农村	5.4	11.2	8.4
2. 人均国内旅游消费（元）			
（1）城镇	—	679	883
（2）农村	—	227	306

注：数据资料来源于《2011 年中国统计年鉴》，"人民生活情况"中的相关条目，中国统计出版社 2011 年版。

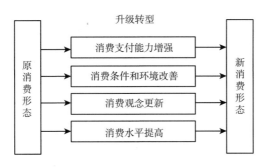

图 3-1　中国城乡居民消费需求升级转型的四大推力

1. 城乡居民消费支付能力增强

表3-1显示，1990~2010年，中国城乡居民人均可支使支配收入，城镇由1 510元增长到19 109元，增长了11.65倍，农村由686元增长到5 919元，增长了7.63倍；居民人均消费性支出，城镇由1 279元增长到13 470元，增长了9.53倍，农村由585元增长到4 382元，增长了6.49倍。人均可支配收入成倍增长，使城乡居民购买力不断增强，源源不断地为消费需求升级转型增添动力。

2. 消费条件和环境显著改善

城镇基础设施建设不断推进，公共服务能力持续增强，使全国城乡尤其是城市消费条件和环境显著改善。表3-1显示，2010年，城乡居民人均住宅面积分别增长到31.6平方米和34.1平方米，电话（含移动电话）普及率提高到86.41%；城市用水普及率提高到96.7%，燃气普及率提高到92.0%，达到了基本普及水平。2010年，城镇每万人拥有公交车辆9.7辆，每百户拥有家用汽车13.07辆；农村每百户拥有摩托车59.02辆，交通条件明显改善。这些成就，不仅改善了城乡居民生活质量，而且为消费需求升级转型奠定了物质基础。

3. 观念更新，促成消费需求升级转型

改革开放以来，伴随着收入增长和西方现代消费理念导入，中国城乡居民的消费观念发生了两次飞跃。第一次是20世纪80~90年代，由保守谨慎向开放自由跃迁。第二次是20世纪90年代至今，由自由宽松向现代时尚跃迁。20世纪80年代，城乡居民家庭收入刚达到温饱水平，人们保守谨慎地进行消费。20世纪90年代，城乡居民家庭收入达到富裕水平，人们持开放自由理念，宽松地进行消费。此次消费观念飞跃，引领城乡居民消费需求，实现了由温饱型向小康型升级转型。进入21世纪，随着城乡居民家庭收入达到和超越小康水平，加上西方现代消费理念导入，人们持现代时尚理念，趋新求变地进行消费。现在，到超市购物、上网购物、信贷消费、时尚消费、体验消费等新消费方式，已被城乡居民普遍接受。年轻人消费观念更新潮时尚，贷款上学、购房、购车，已习以为常。追求名牌服装和新潮商品，节假日结伴驾车游、骑车旅游，进行登山、漂流、潜海、游泳、观鸟等户外活动，体验亲临其境、惊险刺激的心理感受（亦即体验消费），被越来越多消费者尤其青年人喜爱。此次消费观念飞跃，将引领消费城乡居民需求，由初步小康向全面小康升级转型。

4. 城乡居民消费需求实现了向初步小康升级转型

前述因素，推动城乡居民消费需求实现了由贫穷向温饱，继而向初步小康升级转型。表3-1显示，2010年，城镇和农村居民人均住宅面积，分别达31.6平方米和34.1平方米，达到了宽敞水平。城乡居民食物结构变得更富有营养。1990~2010年，城乡居民人均粮食消费量，分别下降了38.0%和31.0%；人均蔬菜消费量，分别下降了16.0%和31.00%。与此相对应，城乡居民的肉蛋奶油、水产品和瓜果人均消费量则显著上升：肉分别上升了38.0%和76.0%，蛋分别上升33.0%和22.0%，奶分别上升了38.0%和112.0%，油上升了202.0%和223.0%，水产品分别上升了53.0%和142.0%，瓜果分别上升了32.0%和233.0%。食物结构明显改善，更有利于身体健康。这个时期的恩格尔系数，城镇居民由54.2%下降为35.7%，农村由58.8%下降为41.1%，消费支出中用于非食物性消费比重增大。效果之一是，城乡居民家庭耐用消费品大体上普及。2010年，城乡居民家庭耐用消费品的普及率是：洗衣机，城镇97%，农村57%；电冰箱，城镇97%，农村45%；空调器，城镇112%，农村16%；沐浴器，城镇85%（农村统计数据缺）；彩色电视机，城镇137%，农村112%；家用电脑，城镇71%，农村10%。耐用消费品普及，提高了居民家庭生活质量。效果之二是，城乡居民用于文化、教育和旅游的消费支出增加。2000~2010年，城乡居民文教娱乐支出比重，分别上升到12.1%和8.4%；人均国内旅游消费支出，城镇居民增长30%，农村居民增长35%。以上资料表明，中国城乡居民消费需求达到了初步小康水平，继而将向全面小康升级转型。

3.5.2 阻碍城乡居民消费需求持续增长的负面因素

中国城乡居民消费正由初步小康向全面小康升级转型，但受到以下负面因素阻碍干扰，进展并不顺利（见图3-2）。

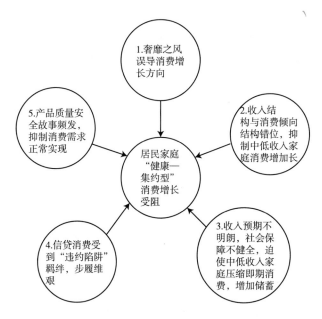

图 3 - 2　困扰中国居民消费持续增长的负面因素

1. 受西方消费主义思潮影响和富人阶层奢靡消费行为误导，民众消费行为越来越偏离"健康—集约型"轨道，不可持续程度加重

改革开放后，西方消费主义思潮及其倡导的奢侈性、炫耀性消费方式，伴随着经济文化交流进入中国，被富人阶层和官员仿效。穿名牌、带名表、住豪宅、开豪车、摆豪宴等奢靡消费行为，在他们中滋生蔓延，误导民众尤其是年轻人，使他们滋长了"崇奢黜俭"意识和消费攀比心理：崇尚驾车出行，耻于坐公交和骑自行车；崇尚住大宅，耻于居小屋；崇尚穿名服，耻于着便装；崇尚赴宴席，耻于用便餐，等等。一些年轻人，甚至不惜"啃老"来满足自己的高消费。这股奢靡之风，推动着中国消费模式向美国靠拢，成为资源环境的不可承受之重，难以为继。

2. 分配不公平，导致城乡居民收入水平与消费倾向严重错位，致使中低收入家庭消费增长缓慢，内需扩而不大

长期分配不公，加剧了城乡居民贫富悬殊。表 3 - 1 显示，1990～2010 年，中国城乡居民人均收入差距，由 2.20 倍扩大到 3.23 倍；人均消费支出差距，由 2.19 倍扩大到 3.07 倍，导致农村居民消费，比城市居民落后 10 年以上。据《中国农民经济状况报告披露》，2011 年中国农村居民基尼系数达 0.3949（国家统计局公布为 0.3897），接近国际公认的 0.40 不合理警戒线，收入最低的 20% 样本农户，与收入最高的 20% 样布农户

的收入差距达 10.19 倍。① 这种收入结构，导致城乡居民收入水平与消费倾向严重错位，低收入家庭消费需求被严重压制。据《经济日报》"十城千户"调查资料披露，城市居民低收入家庭消费倾向高达 99.8%，有积极购买意愿，但苦于支付能力不足；而高收入家庭消费倾向只有 66.4%，其收入增量大部分转化为储蓄和投资，导致即期消费疲弱，致使内需扩而不大。②。

3. 收入预期不明朗，社会保障不健全，迫使中低收入家庭压缩即期消费，增加储蓄，防范风险

中国经济进入了转型和减速阶段，下岗、失业风险增大，务工者收入预期不稳定。加上社会保障体系不完善，农民没有或者仅有很低基本养老保险，85% 以上的城乡居民没有或者仅有很低医疗保险，迫使这些家庭增加储蓄防范风险，抑制了即期消费需求增长。

4. 信贷消费受"违约陷阱"羁绊，步履维艰

20 世纪 90 年代末，为了刺激居民消费，扩大内需，各大银行推出了助学、购房、购车消费信贷，但到了还款期，大多都落入"违约陷阱"，迫使银行抬高贷款门槛，收缩贷款规模。2003 年 8 月，中国人民银行推出"双 20 标准"，规定对违约率和违约人数均达到 20% 的高校，经办银行可以停发贷款。当年，即有 100 多所高校被列入停发贷款"黑名单"。③ 2004 年，中国银监会把车贷首付款比例提高到 30% 以上，还款期限限定在 5 年之内，致使有的银行车贷申请否决率高达 80%。近年，消费信贷违约率虽有所下降，但"违约陷阱"并未消除。据杭州市法院资料，该院 2011 年受理的与消费信贷相关的案件就达 100 多起。④ "违约陷阱"使消费信贷刺激消费、扩大内需功能明显减弱。

5. 产品质量安全事故频发，使民众不敢放心消费，抑制了消费需求正常实现

据有关资料，2000～2010 年，中国发生重大食品药品质量安全事故 50 多起。其中，危害严重、影响重大的近些年有：2008 年 9 月，石家庄

---

① 数据资料来源于：《华中师范大学中国农村研究院发布〈中国农民经济状况报告〉》，《新京报》，2012 年 8 月 22 日。

② 数据资料来源于：《经济日报组织的"十城千户居民消费调查"》，《经济日报》，2006 年 6 月 13～17 日连载。

③ 田宝峰：《信用危机逼近助学贷款调查》，《成都商报》，2004 年 6 月 11 日 B9 版；刘畅：《助学贷款 严惩"不贷"》，《成都晚报》，2004 年 8 月 31 日，第 B17 版。

④ 杨兆清：《风险渐露 银监会为车贷减速》，《经济日报》，2004 年 8 月 6 日；姜范：《车贷是"香饽饽"还是"鸡肋"》，《经济日报》，2004 年 8 月 10 日。

发生三鹿婴幼儿奶粉三聚氰胺污染事件，致使陕甘宁等地 1 000 多名婴幼儿患肾结石症；2010 年，多地发生"地沟油事件"，引起人们畏惧外出用餐；2011 年 3 月，河南发生双汇肉制品"瘦肉精污染事故"，以及药品"毒胶囊事件"，等等①。重大质量安全事故频发，挫伤了民众对产品质量安全的信心，使他们产生畏惧心理，消费积极性下降。消费者拒购事故产品，使事故企业乃至行业陷入困境。

3.5.3　推动城乡居民消费沿"健康—集约型"路径增长的对策建议

根据上述分析，笔者建议：

（1）全国人大常委会和国务院，通过立法程序，把实行"健康—集约型"国家消费模式确定为基本国策，用它规范和引导全体民众和社会组织的消费行为，使之趋向科学合理。为此，一是教育部应从小学到大学都开设国情教育课，从儿童起就对国民进行国情教育，使他们深刻认识中国"资源环境供给紧约束"状况，牢固树立"健康—集约型"消费意识，自觉约束消费行为，养成节俭习惯。二是政府按照"公共消费、集中消费"优先原则，建设和改造城市基础设施，加强公共服务体系建设，保障公共消费品供给充足，从整体上提高全国消费效率。三是科学划分创新性时尚消费与奢靡性消费界限，用法律严格禁止挥霍珍稀天然资源的奢靡消费行为；用价格、税收等经济手段，诱导民众多选择公共消费和集中消费方式，形成讲求节能降耗的优良消费风尚。

（2）加快发展，增加就业岗，调整收入分配政策，提高务工人员工资标准，助推城乡中低收入家庭增加收入，增强消费支付能力；提高社会保障标准，把中低收入家庭从保障负担中解脱出来，使其敢于即期消费。大力推进农村土地，尤其是宅基地确权改革，使农民增加资产性收入；有序推进乡村城镇化建设，鼓励农民进城务工，增加非农收入；鼓励土地经营权流转，提高农业规模化水平和生产效率，使农民增加务农收入，通过这些措施，使城乡居民购买力不断增强，为消费需求升级转型源源不断增添动力。

（3）严厉惩处制假售假行为，保障产品质量安全，使民众能放心大胆地消费，释放被压制的购买力。建立健全社会信用制度，提高社会诚信度，消除"违约陷阱"，推动消费信贷合理而快速地发展，充分发挥其刺

---

① 资料来源于 Sun Dey：《中国重大食品药品安全事件大盘点（2000—2011 年）》，新浪博客，2011 年 3 月 25 日。

激消费功能，推动消费需求增长。

　　总而言之，在"资源坏境供给紧约束"日趋严重的条件下，只有采取以上措施，把"健康—集约型"国家消费模式确立起来并落到实处，才能够引导经济社会发展方式向集约化转型，既减轻资源环境压力，缓解危机，又使经济保持较高增长速度，形成强大消费需求牵引力拉动商贸流通业持续发展。

第4章 构建能使商贸流通业充满活力的现代产权制度

经济发展史证明，每一种经济形态都有一种与之相适应的产权制度，作为产业发展土壤和基础。社会主义计划经济的基础，是公有制产权制度；资本主义市场经济的基础，是以私有制为主体的产权制度；而现今中国社会主义市场经济的基础，则是以公有制为主体、多种所有制并存的产权制度。商贸流通业的各种交易活动，本质上是形形色色商品外壳下的产权让渡，只有以结构完整、功能健全的现代的产权制度为基础，才能够使商贸流通业充满生机活力。本章从概述现代产权制度切入，分析产业制度对商贸流通业发展的支撑和推动作用，进而揭示中国现行产权制度的缺陷，提出深化改革，构建能够使商贸流通业充满生机活力的现代产权制度的路径和措施。

4.1 现代产权制度概述

4.1.1 产权定义

现代产权理论把产权定义为：以资产所有权为基础和核心权能，包括使用权、收益权和处置权在内的各项权能的集合，能够使自己或他人在经济利益上受益或受损的权利。资产所有权（简称所有权），是法律确认的经济主体对自身拥有资产的权利。其核心权能是资产的最终归属权和收益权。资产所有者及其代理人凭据资产所有权，可以依法对资产享有使用、收益和处置各项权能，从事使自己或他人受益或受损的经济活动，由此构成一个完整的产权系统。[1] 其中，资产所有权是产权系统的基础和核心权

---

[1] 参见刘树成主编：《现代经济辞典》，凤凰出版社和江苏人民出版社 2005 年版，第 75、975 页。

能，它关注的重点是资产的最终归属（由谁占有）和收益；而使用权、收益权和处置权，则是在资产所有权基础上派生出来的权能，如何运用它们，取决于资产所有者的意愿。比如，所有者出资创建股份公司，成为股东，获取股权收益，所出资金则形成法人财产，归公司支配使用，由此形成所有权与经营权相分离现代公司制度，解决了有资产者不善经营企业、善经营企业者无资产创办企业的矛盾，提高了资产运营效率，增加了收益。

4.1.2 产权的标的与主体

市场经济的深化和发展，使产权标的（客体）的涵盖面不断扩大，大体上形成了六种类型：（1）财产类标的，如房屋、汽车、各种家具器物等。（2）资源类标的，如矿产、森林、土地等。（3）商品类标的，如各种生活资料、生产资料商品和服务等。（4）企业资产类标的，如商标、股票、债券、资金、经营权、营业设施等。（5）知识技术类标的，如专利技术、专用信息、著作权等。（6）权利类标的，如用水权、排污权、期货期权、土地使用权等。产权标的的主要功能是用来开展生产经营活动，或者交易转让。

产权主体大体上有以下四种类型：（1）个人或家庭。如个体工商业者，作为农业生产组织的农民家庭。（2）企业。包括私人企业、合伙制企业、国有独资企业、股份制企业和集体所有制企业等。（3）社团组织。如各种基金会、学会、协会等。（4）国家权力机关。如各级政府。产权主体的基本特征是具有经济实体性质。一是它们必须拥有一定数量的资产（该资产的法定最终归属权不一定由该实体拥有），作为其开展生产经营活动的依据和手段。二是它们必须有独立的经济利益，并直接参加营利性的经济活动。因此，在上述四类主体中，凡不从事营利性经济活动的（如一些个人、家庭、学会、协会和政府等），都不是实质上的产权主体，尽管它们拥有资产；只有当它们把自己拥有的资产用于营利性经济活动时，才能成为实质上的产权主体。需要特别说明，中国法律规定，各级政府机关是相应层次上国有资产所有者委托的代理人，由他们代表所有者行使国有资产所有权。但是，法律同时规定，政府机关不能从事营利性经济活动。于是便形成了政府机关掌握国有资产最终归属权和收益权，而把管理权和经营权（使用权和一定程度的处置权）授予国有控股公司和独资公司，由他们具体管理和经营的体制。

4.1.3　产权界定与产权类型

1. 产权界定

界定产权是指把产权的一些权能赋予不同的行动团体。界定的方式主要有：法律手段、行政手段、交易和协商四种。法律手段和行政手段主要用于对初始产权的界定。比如，中国法律规定，国有资产归全体公民所有，由政府代行所有者权利；农村土地所有权归乡村农民集体所有，而使用权归农民家庭等，就是用法律手段对国有资产和农村土地产权行使方式作初始界定。又比如，中国政府环保机关正在划分和确定企业的允许排污量，水利管理机关正在划分和确定江河湖泊沿岸城镇乡村的取水量和用水量等，就是用行政手段对排污权和取用水权作初始界定。准确而清晰地界定初始产权，是产权交易和转让的基础和必要前提条件。没有确定主体和清晰边界的产权，是不能参加交易和转让的，否则会造成混乱。在初始产权得到清晰界定的基础上，产权主体可以通过交易或协商方式，授予或转让产权的某些权能。比如，股份制企业的董事会可以按照公司章程，在协商一致基础上，把经营权授予经理层；专利所有者可以有偿地把专利使用权转让给他人；企业可以把节省下来的取水量、排污量有偿转让给别的企业，等等。

2. 产权类型

初始界定形成了4种最基本的初始产权形态：（1）私人产权。产权主体是个人和家庭，他们享有产权全部权能，独自行使经营决策权。（2）企业产权。产权主体是企业创始人或法人，由他们行使经营决策权。如私人企业、合伙企业由创始人行使经营决策权；股份公司则由股东、董事会和经理层分别行使最终所有权、决策权和日常经营权等。（3）社团产权。产权主体是社团组织，产权由全体成员共同拥有，不能在成员之间分割。产权行使方式为：全体成员协商一致作出决策，委托经营管理者执行。（4）国有产权。产权主体是全体公民，由政府代表他们行使所有权。由于法律规定政府机关不得直接从事生产经营活动，因此，政府机关通常都把国有资产委托给资产管理公司或企业具体管理和经营。

对产权的初始界定，并不一定能够形成优化配置，因为有可能发生拥有者不使用，使用者不拥有问题。所以，通过分解为双层产权形态，或者市场交易，让产权自由流动、重新组合，是改善产权配置状况、优化配置的必由之路。经济关系的拓展和深化，导致前述4种初始产权形态，在运营中分解为公司制，以及租赁、承包和特许加盟两类双层产权形态：（1）现代公司制度导致公司法人产权确立，使企业产权分解成为出资者所有权和公司法人产权：出资者成为股东，拥有最终决策权和收益权；公司法人拥有并行使日常经营管理权。这种双层产权体系，成功地解决了有资产者不善经营、善经营者无资产的矛盾，使出资者和职业经理人各归其位、各展所长，形成合力推动企业发展壮大。（2）随着租赁、承包和特许加盟等经营形式出现，一些经营性资产的初始产权也分解成为，所有者掌握资产最终归属权和收益权，而把机具设备、经营设施、企业资产、企业名称等产权标的一定期限内的使用权，有偿让渡给承租人、承包人和加盟者。这种双层产权体系，优化配置，提高了资产运营效率。4 种初始产权形态及其派生出来的两类双层产权形态，共同组成了支撑市场经济运行发展的现代产权体系。可见，双层分解、自主转让、自由流动、优化组合是现代产权制度的基本特征。

4.1.4 现代产权制度的体系结构和基本类型

制度经济学认为，制度优劣决定经济活动效率高低。先进的产权制度，能够把产权运作中的负外部性问题（如搭便车、失信违约等机会主义行为）内在化，强化激励约束机制，抑制道德风险，节约交易费用和监督成本。

1. 现代产权制度的体系结构

产权制度是指对财产所有权作初始界定，并以它为基础对资产进行有效组合和配置的一系列制度安排。在经济社会发展过程中，推动产权制度变革的主要经济社会因素有：财产关系及所有制性质变革、企业组织形态变革、市场经济的发育和成熟程度等。它们的综合作用，使产权制度不断变革，形成了适应市场经济运行发展需要，由财产权制度、资产经营产权制度和企业产权制度三大基本类型，及其 11 个分类型和有关法律规范组成的体系结构，见表 4 - 1。

表 4 - 1　　　　　　产权制度总体结构：类型、特征和作用

类 型		法律规范	特 征	作 用
财产权制度	私人财产权制度	受《物权法》，以及其他关于私人、集体和国有财产权等法律规范	法律确认财产所有者及其权利边界；私人财产和公有财产产权受到法律平等保护	确定标的、所有者和监护人，为商品交易和流通奠定产权制度基础，并且派生出资产经营产权制度和企业产权制度，支撑经济运行和发展
	国有财产权制度			
	集体和社团财产权制度			

类 型		法律规范	特 征	作 用
资产经营权制度	租赁经营产权制度	受租赁经营、承包经营、特许经营等法律规范	资产所有权与使用权、经营权，在契约规定的期限内分离，按契约规定运作	优化资产配置，提高资产运营效率
	承包经营产权制度			
	特许经营产权制度			
企业产权制度	私人企业产权制度	受《企业法》等规范	企业主自主决策并直接管理	监督管理费用低，适合于创办小型商贸流通企业
	合伙制企业产权制度	受《企业法》等规范	合伙人共同行使权，共同经营管理	能增大企业资产投入量，适合于创办中小型商贸流通企业
	股份制企业产权制度	受《公司法》等规范	出资者所有权（股权）与公司法人产权（经营权）分离，按照《公司法》运作	解决了有资产者不善经营，善经营者无资产的矛盾，形成激励相容机制，推动公司做大做强适合于大型商贸流通企业
	国有独资企业产权制度	受《企业法》和国有资产法律规范	全体民众委托政府代行所有者权利，政府再委托公司和企业具体经营管理。国有独资企业，按此双层委托—代理体制运作	有利于政府对特殊行业和企业进行直接管理，保证国家经济安全
	工厂制企业产权制度	受计划经济时期法律和政策规范	企业经营活动听从政府主管机关指挥和安排	已随计划经济解体而消亡

2. 现代产权制度的基本类型

（1）财产权制度：产权体系的基石。财产权制度，是界定财产所有者及其权利边界，确立财产转让规则的制度安排的总称。财产产权制度是人类社会最古老的基础性产权制度，有私人财产权制度、国有财产权制度、集体和社团财产权制度三种类型，是现代产权制度的基石。其中，私人财产权制度，又是其他两种财产权制度的基石。①私人财产权制度。原始公社解体，私人产权制度确立。其最大优点是：财产所有者具体而明确、权利边界清晰，从而产生强烈激励机制，促使所有者追求财产保值增值；同时产生强硬约束机制，迫使财产所有者讲求诚信，尊重他人财产和权利，养成信守承诺习惯。②国有财产权制度。在社会发展进程中，为了维持国家和政府机构运转，为居民提供公共服务，政府建立公共财政，形成了国有财产及其产权制度。国有财产产权，必须在严格监管下运作，否则容易产生腐败和低效率。③集体和社团财产权制度。随着集体和社团组织兴起，集体和社团财产权制度也逐步形成。其有效运作，依赖于组织内部的民主管理和严格的外部监管，否则也容易产生腐败和低效率。这3种财产权制度，构成产权制度体系的基石，派生出资产经营产权制度和企业产权制度，共同支撑着经济社会运行和发展。

改革开放前，我国曾经把社会弊端的根源归结于个人财产所产生的私有观念，对其予以限制甚至取缔。实践证明，缺少了个人财产这块基石，容易形成"大锅饭"和平均主义，导致激励约束机制缺失、劳动生产率下降，而且容易诱发随意侵犯他人财产权利的恶劣风气，使失信行为蔓延。改革开放后中国重建了居民个人财产，并且制定了保护个人财产的法律条文。经过长期积累，中国城乡居民及家庭拥有了银行存款、房产、汽车等个人财产。它们激励着人们更加勤奋地工作，创造更多个人财富和社会财富。

（2）资产经营产权制度：提高资产配置效果和运营效率的利器。资产经营，是指用资产从事营利性经营活动。在现实社会中，存在着一部分人占有资产不善经营或无力经营，另一部分人善经营或有能力经营却无资产可支配的矛盾。为了解决这个矛盾，提高资产配置效果和运营效率，人们在财产所有权基础上，创造出了资产租赁经营、承包经营和特许经营等新的产权运作制度。其共同特点是，在契约规定的期限内，资产所有权与使用权或经营权相分离。如是，一方面，承租人、承包人和特许经营者支付一定费用后，获得了一定期限内使用或经营资产，为自身谋取收益的权利，另一方面，资产所有者——出租人、发包人和特许方，通过让渡一定期限内的资产使用权和经营权获得相应收益。双方各得其所，资产配置得到优化，运营效率提高。此类产权制度的发育，扩展了交易关系和市场范围，推动了商贸流通业发展。

（3）企业产权制度：企业发育成长的摇篮。人类社会演进中，先后产生了5种不同类型的企业产权制度：①私人独资企业产权制度。其基本特征是：企业主是唯一出资人，拥有全部产权权能，直接管理企业。优点是：经营管理一竿子插到底，监督费用低，发生机会主义行为的概率小。缺点是：出资人承担无限责任，其未投入企业的财产容易受到牵连；企业体制闭塞，不能面向社会融资和招聘经营者，难以做大做强。因而，只适宜小型商贸流通企业初创时期。②合伙制企业产权制度。基本特征是：企业由合伙人共同出资创办，共同拥有企业财产并行使经营管理权。优点是：合伙人共同出资，增加了企业资产投入量，并直接经营管理企业，监督费用低，发生机会主义行为的概率小。缺点是：合伙人共同承担无限责任，未投入企业的财产容易受到牵连；企业体制闭塞，不能面向社会融资和聘任职业经理人；而且时间长合伙人之间容易发生矛盾，产生内耗，故而企业难以做强做大。因而，仅适合志同道合者创办中小型商贸流通企业。③股份制企业产权制度。工业化进程中，规模扩张催生了现代公司制企业，形成了由出资者所有权（股权）和公司法人产权（常日经营权）组成的股份公司产权制度。其优点是：有效解决了"有资产者不善经营，善经营者无资产支配"的矛盾；而且企业体制开放，能面向社会募集资金，聘用职业经理人和专业技术人才，优化资源配置，提高运营效率。缺点是：监督费用高，容易产生"内部人控制"问题，使出资人权利受到损害。但总体来看利大于弊。这种企业产权制度适合大中型商贸流通企业。④国有独资企业产权制度。无论是社会主义国家，还是资本主义国家，在公共产品部门和一些特殊行业中，都或多或少设立有国有独资公司。它们实行的是，由双层委托代理关系构成的国有独资企业产权制度。第一层，由全体公民委托政府代行国有资产所有者权利。第二层，再由政府以聘任或任命方式，委托经营管理者团队对国有企业资产行使经营管理权。其功能是：填补"市场失效"空缺，生产供给公共产品，满足居民对公共服务的需要；经营特殊行业及产品，维护国家经济安全。缺陷是：政企难以彻底分离，容易产生"内部人控制"、寻租和政府主管机关被俘获等问题，降低资产运营效率，甚至产生腐败。⑤工厂制企业产权制度。高度集中计划经济体制时期，曾经普遍对企业实行工厂制管理。全国每个行业都是一家大工厂，企业是其下属的车间，一切生产经营活动都必须听从政府主管机关指挥和安排。随着向市场经济体制的转变，工厂制企业产权制度已经被公司制这种现代企业制度取代。商贸流通是竞争性行业，不宜采用国有独资企业产权制度，而适宜根据企业发展阶段要求，采用个人独资、合伙制和股份公司制等企业产权制度。

4.2 现代产权制度对商贸流通业发展的支撑和推动作用

前已述及，商品交易本质上是商品所有权或派生权能的让渡，商贸流通业汇聚和实现商品交易关系，因而，现代产权制度不仅在提供制度支撑层面上，而且在拓展交易关系和市场范围、增强企业活力、助推企业做大做强层面上，支撑和推动着商贸流通业运行和发展。

4.2.1 催生交易者诚信理念和职业操守

哲人云，有恒产者有恒心。指的是财产所有权，能为人们提供生活保障，使他们消除急躁心态，树立平稳生活信心；进而使他们懂得，己所不欲，勿施于人，欲保护自己的财产权利，必须尊重他人的财产权利，以此约束自己，从而养成诚实守信习惯。这个原理在商贸流通领域中的作用体现为：国家用法律确认并保护私人财产权，使之形成对交易者行为的自我约束机制，催生出诚信经营的道德理念和职业操守，辅以社会信用制度的约束和管理，形成支撑商贸流通业有序运行、持续发展的诚信市场环境。

4.2.2 减少交易摩擦，降低渠道冲突发生频率

由于信息不对称，以及交易者在渠道中所处位置不同，掌握的渠道资源有多寡之分，组织化程度有高低差异，使得市场权力不均衡成为常态。比如，大型超市连锁公司与单个供应商之间、零售商与顾客之间、采购贩运商与个体农户之间、垄断组织与用户顾客之间，前者市场权力大，是强势方，后者市场权力小，是弱势方。历史经验和当下社会现实表明，在权力失衡市场环境中，如果政府不运用产权制度规则，亦即相应政策法规，规制强势方行为，那么，经济人自利性会驱使他们滥用市场权力，侵犯弱势方利益，引发交易摩擦和渠道冲突。近年，中国政府加强了《反垄断法》施行力度，使垄断企业的违规行为减少。一段时间，中国超市连锁公司与供应商之间频发渠道冲突。为此，商务部对超市连锁公司返还供应商货款时限，收取促销费、店庆费标准，作出明确规定并施行监管，使超市连锁公司超期占用供应商货款，巧立名目滥收费行为得到遏制。这些事例证明，只要政府认真运用产权制度规则，严格规制垄断组织和市场权力强势方行为，就能促进市场权力平衡，从而减少交易摩擦、降低渠道冲突发

生频率，提高流通效率。

4.2.3　拓展交易关系和市场范围

从流通经济学视角看，经济社会发展成效，本质上是社会分工深化、交易关系和市场范围扩展的结果。而社会分工深化、交易关系和市场范围扩展，是以产权类型创新，所有权分解和派生出新产权权能，形成新交易标的，为必要前提条件和基础而实现的：（1）专利、商标等无形资产产权的创立，导致专利技术和商标使用权转让市场兴起，把市场范围由有形商品交易领域，扩展到无形资产交易领域。（2）房屋、机具、设备、店铺和厂房等资产的使用权权能，从资产所有权中分离出来成为交易标的，导致租赁业兴起，使交易关系和市场范围由所有权让渡层面，向（一定期限内）使用权让渡层面跃迁。（3）生产者和经营者为规避现货市场价格风险，创立期货和期权合约等新产权标的，并进行交易，导致交易关系和市场范围，由现货交易领域拓展至期货期权交易领域，并以其套期保值和价格发现功能，弥补了现货市场缺陷。可见，产权类型创新，确实能拓展延伸交易关系和市场范围，使商贸流通业内涵深化、外延扩展。

4.2.4　助推商贸流通企业做大做强

沃尔玛等跨国零售企业集团的成长发展史显示，现代公司制度和连锁营销制度相结合，是商贸流通企业做大做强的加速器。（1）现代公司的开放型产权制度，为商贸流通企业打开了募集社会资金，扩充资本规模的方便之门，使它们能以控股方式，支配数倍于自身的资本量，为其实现最佳规模经济这个战略目标，奠定资本规模基础。（2）现代公司制企业的经理人聘任制度，使商贸流通企业能够面向社会招募优秀职业经理人团队经营管理公司，而且用年薪和股份期权等薪酬制度激励约束他们，督促他们千方百计把公司做大做强。（3）商贸流通企业若把现代公司制度与连锁营销制度有机结合在一起，充分发挥二者优势，不仅可以凭"六统一管理"优势，快速实现直营店铺数量及规模扩张，而且可以利用品牌感召力，吸纳特许店加盟，以不占用有形资产的方式，实现店铺数量及规模"无资本"扩张。市场化改革以来，苏宁、国美、联华、王府井等一批本土零售企业，沿着上述路径快速发展，成长为年销售额逾千亿元的特大型商贸公司，有力地证明了这一点。可见，现代产权制度，确实是商贸流通企业做大做强的加速器。

4.3　中国现行产权制度的差距与缺陷

4.3.1　现代产权制度的基本特征

构建现代产权制度，是中国建立社会主义市场经济体制的基础。对商贸流通业而言，则是为了提供规则完善、激励相容的产权制度支撑，使它充满生机活力，持久快速地发展。以发达国家为参照，能使商贸流通业充满生机活力的现代产权制度，大体应具备以下特征：

1. 产权归属明确、权利边界清晰

商品交易本质上是其所有权或使用权权能的让渡，而作为交易标的的商品所有权或使用权权能，必须有法律认定的明确所有者，或者他授权的代理人，并且权利边界明确清晰，这样才能够顺利交易，否则容易发生纠纷，导致交易混乱并中断。所以，"产权归属明确、权利边界清晰"是现代产权制度的首要特征。产权归属明确的基本含义是：商品所有权归属于谁，各项权能由谁掌握和使用，均由国家法律和政府法规作出明确清晰的认定。权利边界清晰的基本含义是：商品所有权及其派生权能的权利边界，均由国家法律、政府法规和契约作出明确清晰的划分。如是，商品所有权和使用权权能，才可能自由交易和让渡，自由流动。所以，"产权归属明确、权利边界清晰"是现代产权制度的首要基本特征。

2. 体系结构完整

前已述及，商贸流通业涵盖有形商品交易、无形标的交易、所有权让渡和使用权租赁等多个层面和领域，相应地产权制度结构必须丰满完整，才能够支撑其顺畅运行、快速发展。它有三层含义：一是产权类型完整。不仅包括资产初始所有权、公司法人产权、有形商品和无形商标所有权，而且包括租赁资产的所有权和使用权等类型。二是法律规范完整。对每一种作为交易标的所有权和使用权权能，都有相应的法律法规确认其归属，以使其能够自由交易和让渡。三是交易规则完整。每一种所有权和使用权权能的交易和让渡，都有制度规则可遵循和依从。如是才能使产权交易和让渡活而不乱。所以，"体系结构完整"，是现代产权制度的第二个基本特征。

3. 规制严密、激励相容

就市场层面而言，由于垄断组织和市场权力强势方，在自利动机驱使下，会乱用其市场优势地位，侵犯用户顾客和弱势方的利益，因而政府必须严格规制它们的市场行为，这样才能保证交易相对公平，降低冲突发生频率，减少效率损失。就商贸流通企业层面而言，由于股东与董事会、董事会与经理层之间是委托—代理关系，容易发生"内部人控制"问题，因而需要建立和施行一套激励相容的制度规则，使代理人（董事会和经理层人员），在追求自身利益最大化的同时，能够按照委托人（股东和董事会）的期望和要求履行职能，把企业做大做强。所以，"规制严密、激励相容"，是现代产权制度的第三个基本特征。

4. 自主交易、自由流动

首先，商品生产供给与消费之间存在时空矛盾，只有在"自主交易、自由流动"市场环境中，通过储存、运输、批发和零售等一系列活动，才能够将其化解，使商品顺利地由生产领域转移到消费领域，实现其价值和使用价值，社会再生产才能够顺畅进行。其次，一些经营性资产，如房屋、机具、设备、店铺和厂房等，存在拥有者不使用、使用者不拥有的矛盾，需要按照"自主交易、自由让渡"原则，通过租赁交易和承包才能将其化解，使拥有者和使用者各得其所，提高资产利用效率。所以，"自主交易、自由流动"，是现代产权制度的第四个基本特征。

4.3.2 中国现行产权制度的差距与缺陷

中国刚转型为市场经济体制，经济欠发达，制度规则不完善，限制束缚了产权制度演进。以发达国家为参照，中国产权制度有明显差距与缺陷，在商贸流通领域体现为：

1. 私营企业产权保护问题，未得到足够的重视

2. 产权类型单一，品种少

商品租赁业，经营品种少、规模小；期货业，商品类期货仅有20多个合约品种，金融类期货仅有股票指数合约上市交易，外汇期货合约和利率期货合约还是空白。

3. 规制不严、交易公平度低

虽有《反垄断法》和规制市场权力强势方的管理条例，但存在监管不严现象，导致一些用户、顾客和供应商等弱势方利益，履遭强势方侵犯。

4. 企业体制机制不健全，创新发展动力弱

国有独资和控股商贸公司监事会和独立董事形同虚设，经理人薪酬制度明显激励不相容，"内部人控制"未得到有效治理。高管人员享受高额薪酬，却很少被问职追职，明显激励有余、约束不足。普通员工薪酬偏

低，且缺少人性关怀，明显约束有余而激励不足。这种反差，挫伤了普通员工的职业热情，使公司创新源泉枯竭，发展动力不足。私营中小商贸企业受"家族信用"羁绊，企业体制落后封闭，难于吸纳社会资金和技术人才，把企业做大做强。不少私营企业呈现与"创业者生命周期"同步衰亡迹象。①

4.4 构建现代产权制度的路径与措施

构建能使商贸流通业充满生机活力的现代产权制度，涉及完善法律法规、严格施行司法监督、同等保护私人产权、推动交易标的类产权创新、严格规制垄断组织和市场权力强势方、深化企业体制改革等诸多方面，是一项复杂的社会系统工程，须由国家权力机关和政府实施。基本路径和措施是：

1. 修订产权制度法律基础，使私人产权得到同等保护

改革开放实践证明，个人财产和产权，是多元化产权体系的基石，社会主义市场经济发展的原动力，必须赋予其与公有资产和产权同等的法律地位，予以同等的法律保护。因为：（1）私人资产和产权是公民个人获得尊严和实现自由发展的必要条件，而让个人获得尊严和实现自由发展，是社会主义的本义。因而，社会主义市场经济，不仅不能够排斥，而且应当尊重和保护私人资产和产权。（2）私人资产和产权具有广泛性和原生性，是其他产权形态的母体。国有资产来源于公共财政的投资经营，而民众个人和私人企业纳税是公共财政资金的主要初始来源，因此说国有产权是从私人资产和产权基础上衍生出来的，并不为过。（3）私人产权主体追求利益最大化的动机和行为，是促使资产保值增值的原动力。股份制、资产租赁和承包经营等派生性产权制度，只有建立在以私人产权为主体的基础上，才能产生健全的激励约束机制，迫使经营者提高资产运营效率。（4）个人财产权能够使人们在维护自身财产权利的同时，也尊重他人的财产权利，从而奉公守法，诚实可信。

中国共产党十八届三中全会通过的《中共中央全面深化改革若干重大问题的决定》（以下简称"决定"）指出："公有制经济和非公有制经济都是社会主义市场经济的重要组成部分，都是我国经济社会发展的重要基

---

① 周殿昆：《中国乡村家庭信用复兴与企业发育问题分析》，载于《改革》，2002 年第 6 期。

础。""公有制经济财产权不可侵犯，非公有制经济财产权同样不可侵犯。国家保护各种所有制经济产权和合法利益，保证各种所有制经济依法平等使用生产要素，公开公平公正参与市场竞争、同等受到法律保护，依法监管各种所有制经济。"① 个人财产权是非公有制经济财产权的一种重要类型，因此国家立法机构应当根据《决定》的上述论述，修改完善相关法律条文，为个人财产权提供同等的法律保护。同时，应依据修订后的法律条文，对政府和执法机关工作人员进行一次法律教育，使他们树立同等尊重和保护个人财产权的法制观念，在履行公务时认真贯彻执行。各级人代会应定期进行专项检查，纠正公务员歧视个人财产权的错误言行，查处违纪违法行为，使他们养成良好的职业操守。

2. 吸取美欧金融和债务危机教训，积极而审慎地推动交易标的类产权创新，使产权体系健康而丰满

中国处于经济社会快速发展时期，但市场经济关系不发达，需要通过开发新产权类型，创新交易方式，为经济社会发展构造新的增长点，因此必须积极地推动交易标的类产权及交易方式创新。但是，美欧金融和债务危机警示，交易标的类产权及交易方式创新，必须以促进实体经济繁荣发展为目的，若偏离此目的，就会沦为投机家"吸金"和政府转嫁债务负担的工具，导致经济虚拟化和泡沫化，引发危机，所以创新必须既积极而又审慎。在此前提下，政府应运用产业政策，推动租赁业突破障碍，加快发展；鼓励和支持各交易所，根据实体经济部门、外汇业和证券业发展需要，研制、开发、储备一批期货期权合约，待条件成熟时批准上市交易，为期货市场发展注入新要素，为实体经济部门、外汇业和证券业提供新的避险工具，使它们能平稳地快速发展。

3. 修订完善《反垄断法》《反不正当竞争法》和有关商业法规，严格规制垄断组织和市场权力强势方，构造公平交易市场环境

现今中国市场，显性封锁分割已消除，但隐性封锁分割还存在。如一些地方政府为销售本地产品，支持、助长本地企业排斥压制外地产品，执法机关袒护本地企业，刁难外地企业，等等。国家立法机关应当将其视为行政垄断和不正当竞争行为，列入《反垄断法》和《反不正当竞争法》中明文禁止，严格予以查处。各级人大应加强对政府的监督，一旦发现政府管理机关被"俘获"，放纵垄断组织和市场权力强势方，

---

① 引自中国共产党十八届三中全会通过的《中共中央关于全面深化改革若干重大问题的决定》，载于《共产党员网》，2013 年 11 月 15 日。

侵犯用户顾客和弱势方利益，应立即制止，责令其改正，并给予严厉处罚。应把各项法规条文明细化，并据以施行严格监管，规范约束垄断组织和市场权力强势方市场行为，矫正失衡的市场权力结构，使交易在公平环境中进行。

4. 引导商贸流通公司改善治理结构，抑制内部人控制的负向作用，而充分发挥其正向作用，把企业做大做强

内部人控制，是指公司经理层和董事会掌握了经营管理权和利润分配权，而不按照或不完全按照股东意图和利益行事的现象。商贸流通公司，由于股东、董事会和经理层之间层层委托—代理，致使委托人与代理人信息严重不对称，因而不可避免地存在内部人控制问题。它既可能产生推动公司快速发展，增进股东利益的正向作用，也可能产生损害公司长远发展，侵犯股东利益的负向作用。所以，首先应尽量抑制其负向作用，而发挥其正向作用，关键是公司的薪酬人事制度应激励相容。即董事会和经理层只有在兼顾公司近期效益和长远发展、增进股东利益前提下，才能够获得自身最大利益。为此，商贸公司应适当延长董事会和经理层人员的股份期权兑现期，防止其为追求短期效益而牺牲公司长远发展。其次，应适当增加独立董事名额，并且聘请那些与公司"内部人"无利益瓜葛，"声誉约束"机制强的公众人士担任，使外部董事能制衡内部董事，督促董事会忠诚履责。再次，审计机关应加强对公司财务的审计监督，防止内部人违规操作，侵吞公司资产，侵占股东利益。

5. 引导家族独资商贸企业摆脱"三极矛盾"，向控股公司转型

美国学者克林·盖尔西克等认为，家族企业进入扩张时期后，通常会被来自家族繁衍、企业发展和所有权变动三个发展进程的矛盾所困扰。[①]一方面，企业的创业者及其直系亲属，希望绝对控制企业所有权经营权，而旁系亲属则希望多分享一些权利，二者会产生矛盾；另一方面，进入扩张阶段，企业结构复杂化，专业化分工程度提高，必须实行所有权与经营权分离，聘任职业经理人经营管理企业，这与家族希望完全控制经营权的意愿相矛盾；再则企业规模扩大后，需要开放产权和人事制度，面向社会募集资金和招聘员工，而创业者及其直系亲属则希望靠家族信用、在家族内部解决这些问题，二者会产生矛盾。"三极矛盾"纷争使家族企业无法做大做强。化解的办法是：家族放弃绝对控制权，而掌握相对控制权（控股权），企业由家族独资公司转变为家族控股公司。

---

① ［美］克林·盖尔西克等著，贺敏译：《家族企业的繁衍》，经济日报出版社1998年版。

此项改革，可使企业所有权与经营权分离，形成开放型企业体制，面向社会募集资金、招聘技术人才、聘用职业经理人经营管理企业，充分利用社会资源把企业做大做强。私营商贸企业主应当明白这个道理，适时把家族独资公司转变为家族控股公司，避免企业随"创业者生命周期"同步衰亡。

第5章 构建能严格抑制失信交易 行为发生的诚信社会环境

中国所要建立的社会主义市场经济，是现代契约经济和信用经济。诚信是交易者的通行证，是签订契约、达成交易的基础和必要条件，是社会商品流通的润滑剂。然而，目前社会诚信水平下滑，扰乱了市场秩序，增加了交易费用，降低了流通效率。本章从概述社会信用体系含义、功能及作用切入，分析中国诚信缺失成因及其危害，提出治理诚信缺失，构建能严格抑制失信交易行为发生的诚信社会环境的对策措施。

5.1 社会信用概述

5.1.1 信用概念辨析

1. 狭义信用与广义信用

信用是经济学最基本的范畴之一。托马斯·图克对信用的定义是：简单说就是信任。这种信任不管有没有充分的根据，都会使一个人以货币的形式或商品的形式，把一定量的资本托付给另一个人，并且无论在哪种情况下，都要在规定的到期日予以偿还。① 这个定义被理论界认同。信用有狭义和广义两个范畴。狭义信用，主要是各种资金借贷和商品赊销中恪守承诺的给付行为（如信用贷款、信用担保、商品赊销等）以及各种给付形式（如信用证、抵押、担保等）。广义信用，指人们如实履行承诺之事。笔者认为，经济学中使用的"信用"应当是广义范畴，是指经济活动中，个人和组织信守诺言、履行契约、取信他人的意识和行为。它涵盖了资金信贷和商品赊销等狭义信用范畴。本书使用的是广义范畴信用。

---

① 托马斯·图克：《通货原理研究》，商务印书馆 1986 年版，第 86 页。

2. 信用的本质是对契约能认真履行的确定性预期

信用是个人和家庭财产权确立后，随着人们相互之间的经济交往，尤其是商品交换关系的深化和发展，而产生的一种极为常见的经济范畴和社会现象。信用使契约关系中，一方对另一方的履约行为及后果，有了确定性的预期。即当事人认为契约关系中义务承担者具备履约能力和诚意，能实现预期履约后果。交易双方相互信任，认可交易规则，是产生确定性预期的必要前提条件。

交易者是追求自身利益最大化的经济人，能否达成契约、交易成功，决定因素是利益上的权衡。相互信任，只是必要条件，而非充分条件，但是缺少了它契约的达成和交易成功就会大打折扣。因此，买方签订交易契约之前，不仅要确认卖方具有履约诚意，而且具备履约能力。否则，就不能签约，以免把交易建立在充满风险的"沙滩"上。相应地，卖方想从交易中实现自身收益，不仅要使买方相信自己有履约诚意，而且还有要用该笔交易的营利性和自身的良好资信状况，证明自己具备履约能力，能完满履行契约。总之，信用关系的建立，不仅以交易双方的主观心理信任为基础，而且还要以双方对履约诚意和能力的评判为基础。

3. 品质信任和情境信任

前述分析揭示，交易者之间信用关系的建立依赖于主客观两方面因素。主观方面，是交易者自身是否具备"可信任的品质因素"（如诚实、守信等），以及支持其履行承诺的经济实力——良好的资信状况和经营绩效等；客观方面，是交易者得到市场价值尺度认可的履行承诺能力。因此，成熟的市场经济制度，通过建立和维持公平竞争秩序，形成统一价值尺度，既约束交易者信守承诺，又对他们履行承诺的能力作出公正评价。交易者收集和分析与对手有关的市场信息，就可以准确判断对手的信用状况和履约能力，决定是否与之签订契约建立交易关系。

尼尔斯·G. 努德海文（Neils G. Noorderhaven）在其《交易成本经济学中的机会主义和信任》一文中，提出了人性内核分裂模型（split-core-model），将信任划分为"情境信任"（situation trust）和"品质信任"（character trust）两种类型。并且定义，品质信任，是交易者认为对方具有与生俱来的可信度而产生的信任；情境信任，是只有交易对手无须采取机会主义行为，就能获得自身最大利益时，才能够产生的信任。① 现实生

---

① 约翰·克劳奈维根编：《交易成本经济学及其超越》，上海财经大学出版社 2002 年版，第 142～143 页。

活中，信息不对称和经济人自利性，容易诱发交易者机会主义行为，故而，品质信任和情境信任都是特殊现象。因而欲使它们成为常态现象，亦即交易之间普遍相互信任，建立健全社会信用制度，严格规范约束交易者，使其不发生或少发生机会主义行为，是必要前提条件。这从信任行为的本质上，揭示了建立健全社会信用制度，构建诚信社会环境的必要性。

5.1.2　信用范畴扩展：由个体信用关系到社会信用体系

交易费用理论揭示，由于信息不对称和经济人自利性普遍存在，订立契约时，交易者有刻意隐瞒不利信息，暴露有利信息的动机。因而，首先，签约前交易者面临信息失真风险。防范此种风险的路径是，建立交易者信用信息征集制度，弱化信息不对称程度。但它是一种公共产品，只能由政府或专门机构生产供给。其次，在契约履行过程中，交易者同样面临着对方刻意隐瞒真实信息，找借口违约的风险。交易者最容易想到的防止违约事故发生的办法，是签订完全契约。然而，签约费用与契约完善程度正相关，签订完全契约要支付比签订不完善契约高得多的费用。交易者只好退而求其次，选择不完全契约。如是，唯有以健全的社会信用体系，严格约束契约当事人行为，才能够降低签约费用，提高履约率。上述两层机理，既是推动信用范畴由个体信用关系扩展为社会信用体系的内在动因，也是建立健全社会信用体系必要性的根由。所以，仅仅把信用理解为单次交易中当事人之间的相互信任，是狭隘的；而把社会信用体系，理解为单个信用关系的简单加总，则是肤浅的。社会信用体系，不只是单个信用关系在社会层面上的集合，而是包括规范约束信用关系的法律规范和管理制度，及其施行机构和运作体系在内的复杂系统。其中，由信用法律规范、信用信息征信系统和信用监控系统组成的社会信用制度，是它的灵魂和核心。

5.1.3　社会信用类型和层次结构

我国理论界尚未给社会信用体系一个统一的定义。有学者从系统论角度研究并且指出：系统论认为，体系是由若干相互联系、相互作用的要素组成的有机整体。相应地，社会信用体系应该是由若干相互联系、相互作用的信用要素和子系统组成的有机整体[①]。不同层面上的社会信用要素，组合成不同层面上的社会信用子系统，汇聚成为社会信用总系统，即社会

---

① 蔡则祥：《加快建立我国社会信用体系问题研究》，载于《经济问题》，2004 年第 8 期。

信用体系。

1. 社会信用类型

以信用主体的社会身份为标准，社会信用可划分为政府信用、企业信用（包括非金融类和金融类企业信用）、中介组织信用、个人信用（消费者和顾客信用）四种信用类型。

（1）政府信用，是以政府机关为主体的信用类型。其重要性在于：政府是社会信用制度的建设者和维护者，诚信的践行者和倡导者，社会信用体系的核心和主导力量。

（2）个人信用，是以公民个人为主体的信用类型，涵盖面宽，内容庞杂。既涉及个人之间、个人及与金融类企业之间发生的资金信用，也涉及个人之间、个人与商贸流通及制造企业之间发生的商业信用。

（3）企业信用，可以分为两大类，一类是金融类企业和非金融类企业之间的信用，即金融信用；另一类是非金融企业（如制造业、商贸流通业企业）之间的信用，即非金融信用。金融信用也称银行信用。银行是现代市场经济中的"万能的垄断者"，各种信用关系及信息最终都要汇聚到银行，因而银行信用是社会信用体系的枢纽。非金融信用（又称狭义企业信用），因涵盖各类非金融企业间的信用而范围广大，关系庞杂。企业信用和个人信用，是社会信用体系的基础。

（4）中介组织信用，是以中介组织为轴心结成的信用类型。中介组织介于政府、企业、顾客和用户之间，从事协调、评估、检验和仲裁等活动，为委托人提供会计、信息、法律和咨询等服务，是交易者之间的桥梁和纽带，其诚信度高低和服务质量优劣，影响交易成功率和流通效率。

2. 社会信用体系的层次结构

从功能上看，社会信用体系是由覆盖全部层面的法律规范系统、基础层面上的信用关系子系统、中间层面上的征信服务子系统和上层层面上的政府监控管理子系统，四个层次组成的总系统。

如图5-1所示：（1）法律规范系统覆盖社会信用体系的全部层面，既规范约束各个层面系统中信用主体的行为，又为它们施行信用行为提供法律依据和准则，是整个社会信用体系赖以存在和运转的法律基础。（2）基础层面上的信用关系子系统，由政府信用、企业信用、个人信用和中介组织信用四大类信用关系构成，是各类信用主体之间显性信用关系（记录在契约中）和隐性信用关系（未记录在契约中，但被法律和习俗认可）的集合。它们是征信服务系统的征集对象和服务对象，信用监控管理系统的监管对象。各类信用主体只能在法律规范和监管机构的约束之下，建立信用关系和施行信用行为。（3）中间层面上的信用服务系统，主要由信用信息征信机构和咨询服务公司组成。它们接受政府信用监管机关的监督，依照有关法律规范和政府管理条例开展业务，通过做好信用信息征集、鉴定、整理、记录、分析和保存等基础工作，为个人和经济社会组织提供信用信息查询、信用资质评估、信用资料保存和信用问题咨询等方面服务，增进交易者之间的信息对称，抑制隐瞒真实信息和提供虚假信息行为发生，净化社会信用环境。（4）上层层面上的信用监管系统，由政府社会信用管理机关组成。它们的主要职能是：调查研究社会信用状况，制定、修改、颁布和施行关于社会信用的法律法规和政府管理条例，用以规范约束社会信用主体的信用关系和信用行为，使它们养成信守承诺、认真履约的良好习惯；监控征信机构和信用信息服务公司的业务范围和业务行为，防止它们违规操作、越权和侵权，以期形成全体社会成员都诚实守信的社会信用环境。而政府是否诚信，则由民众、人代会和媒体监督。

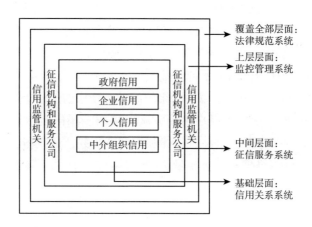

图5-1 社会信用体系的层次结构

5.2 诚信社会环境：商贸流通业实现集约化运营发展的必要条件和基础

中国经济欲缩小与发达国家的差距，必须实现增长方式由粗放型向集约化转变。商贸流通业欲完成这个转变，构建诚信社会环境是必要条件和基础。杨小凯认为，富国与穷国的重要区别之一，是民众是否诚信而有良好的交易习惯。① 因为，交易者之间建立在诚信基础上的相互信任，是交易能够顺利完成的必要条件；诚信社会环境能抑制机会主义动机，降低失信违约行为发生率，节省交易费用；而且诚信社会环境能促进合作协同，是商贸流通制度创新的温床。故而，纵观世界各国，凡社会诚信度高的国家，商贸流通业运营发展必顺畅高效，而社会诚信度低的国家，商贸流通业运营发展必滞涩低效。所以，中国商贸流通业欲实现向集约化运营发展转型，必须解决好构建诚信社会环境这个根本问题。

5.2.1 诚信：交易顺利的基础和润滑剂

商品交易的本质是货物所有权让渡。它既可以以物物交换方式实现，也可以以货币为媒介的交易方式实现；既可以以即期交易方式实现，也可以以赊销、期货等延期交易方式实现。但是，无论何种交易方式，都必须先达成口头或书面契约，然后履行契约，才能完成交易。马克思在《资本论》中深刻揭示了契约与商品交易的关系。他说："商品不能自己到市场去，不能自己去交换。因此，我们必须找寻它的监护人，商品所有者。……为了使这些物品作为商品彼此发生关系，商品监护人必须作为有自己的意志体现在这些物中的人彼此发生关系，因此，一方只有符合另一方的意志，就是说每一方只有通过双方共同一致的意志行为，才能让渡自己的商品占有别人的商品。可见，他们必须彼此承认对方是私有者。这种具有契约形式的（不管这种契约是不是用法律固定下来的）法的关系，是一种反映着经济关系的意志关系。"②

商品交易过程与达成并履行契约的过程互为表里，而要顺利达成并履行契约，完成交易过程，诚信是基础和润滑剂。因为，交易者只有讲求诚信，提供真实可靠的消息，才能建立信任关系；在此基础上，若双方能协商一致，则可以顺利达成契约；进而，若双方当事人能信守承诺，认真履约契约，则交易可顺利完成。反之，则难以达成契约，即使达成契约，也容易发生违约纠纷使契约履行中断，交易无法完成。现代市场经济交易类型繁多、市场范围广大，仅局部改善社会信用状况于事无补，只有建立健全社会信用制度，构建诚信社会环境，提高全体民众的诚信水平，才能够严格抑制违约失信行为发生，保障全社会商品交易活动顺利进行，进而提高商贸流通业运营效率。

---

① 杨小凯：《经济学原理》，中国社会科学出版社 1998 年版，第 142 页。
② 马克思：《资本论》（第 1 卷），人民出版社 1975 年版，第 102 页。

5.2.2　诚信社会环境：抑制失信违约、降低交易费用的不二法门

交易就要发生费用，合理限度内的交易费用，是交易必须支付的成本，而超过合理限度，则是对交易收益的扣除，因而降低交易费用则可增加交易收益。在诚信社会环境中，人们相互信任，披露的商品信息和交易意愿真实可靠，因而能抑制失信、减少交易摩擦，降低交易费用，提高交易效率。

1. 交易费用类型及成因

交易费用有广义与狭义之分。狭义的交易费用，是指任何一个交易过程都必须付出的费用，包括发现交易标的、收集交易对手信息、谈判、签订并履行契约和处理契约纠纷等发生的费用。威廉姆森认为，在狭义交易费用之外，还有由机会主义行为，或非机会主义因素带来的损失，它们与狭义交易费用一起构成广义交易费用。他认为生成交易费用的原因有客观和主观因素：（1）客观因素，主要指市场环境中存在的不确定因素。由于制度环境和技术环境不断变化，所以市场始终是不完善的，存在许多不确定的因素，比如交易对手数量变化等。为消除其中不利因素影响，交易者必须广泛搜寻信息，把防范违约条款尽量写入合同，并且严密监督契约履行过程，这些措施都会增加交易费用。（2）主观因素，指信息不对称和经济人自利性使交易者有机会主义倾向，企图以虚假信息误导对手，从中获利。一是"特征隐瞒"。指信息优势方故意隐瞒对自身不利的信息，给交易对手抉择设置障碍。如前些年彩电行业发生的"背投事件"。生产厂商隐瞒背投彩电技术上的"先天不足"，大力宣传产品具有"特殊性能"，诱导消费者购买，使他们蒙受损失。二是"行动隐瞒"。指签约后，信息优势方隐藏履行能力，不完全按照契约约定履行义务，使交易对手蒙受损失。三是交易行为和产品使用效果具有"不可核实性"，若发生产品质量事故和契约履行纠纷，蒙受损失一方难以取得有效证据辨明是非，获得足额补偿。这些主观因素迫使交易者加大信息搜寻力度，力求把契约签订得更完备，并强化对履约过程的监督，从而导致交易费用增加。

杨小凯在《经济学原理》中，从社会分工协作视角，把交易费用分为外生交易费用与内生交易费用。他把外生交易费用定义为，交易中非因交易决策而发生的费用。即交易者事前能够预见到的，由当时社会分工水平、技术水平、企业组织状态和有关政策法规等交易决策之外因素决定的费用。亦产品运输、储存和交货收货，以及付租金、利息和纳税等发生的费用。内生交易费用，则是交易者为争夺交易收益而产生的费用，即因交易决策而产生的费用。内生交易费用的成因和来源有：交易前界定交易标

的物产权的费用。如申请技术专利权、对商品作鉴定估价、对企业资产进行评估等费用；因信息不对称而增加的信息搜寻费用；签订和履行契约时，交易者采取机会主义对策行为产生的费用；为防范道德风险而增加的监督契约履行和处理契约纠纷费用。

综合以上分析，交易费用类型及成因可用图 5-2 表示。其中，威廉姆森揭示的因主观因素而生成的交易费用，亦即杨小凯揭示的因交易决策而生成的内生交易费用高低，与社会环境和交易者诚信度高低密切负相关。即社会环境和交易者诚信度高，内生交易费用则低，反之则高。

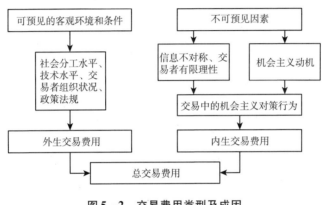

图 5-2 交易费用类型及成因

2. 诚信社会环境能够抑制失信、降低交易费用的内在机理

社会信用体系及其构建的诚信社会环境，能生成以下机制，抑制失信违约动因，减少交易摩擦，从而降低交易费用：（1）公正而高效的征信系统，能使交易者便捷地查询到对手信用信息，弱化信息不对称程度，抑制"特征隐瞒"，从而降低信息搜寻、鉴别费用。而且征信机构长期跟踪记录交易者信用信息，使失信者付出被市场拒之门外的沉重代价，能抑制契约履行中的"道德风险"，从而降低监督契约履行和处理违约纠纷的费用。（2）庞巴维克指出：现在与未来相比，由于未来的需求和供给状况会发生变化，人们普遍有低估未来物品价值，高估现在物品优越性的心理和习惯。[①]诚信社会环境，能弱化这种心理和习惯，使交易者产生契约能得到认真履行的稳定预期，从而抑制失信违约动机，减少交易摩擦，降低交易费用。（3）诚信社会环境虽然杜绝不了违约纠纷，但因构建了公正的仲裁调解平台，能使纠纷及时得到公正处理，产

---

① 温军、安鹏：《博弈论框架下的信用缺失探析》，载于《长安大学学报》，2004 年第 3 期。

生以儆效尤效果，从而降低违约率，节省监督契约履行和处理违约纠纷费用。（4）博弈论的"连锁店悖论"原理揭示，有限次交易中最后一次交易，等同于 次性（交易）博弈，不管交易者守信履约还是违约欺诈，都不会受到奖励和惩罚，因为此后彼此不再发生交易关系，故而结局是失信违约。以此推论，有限次重复交易不可能产生相互信任。而在无限次连续交易中，欲使交易连续进行，交易双方必须克制机会主义动机，守信履约，否则交易会中断。发达国家的经验证明，健全的社会信用体系及其构建的诚信社会环境，能产生类似于"无限次重复博弈"的激励约束机制，抑制失信违约行为发生。因为，交易者若有失信行为被录入征信系统的信用信息档案，就会付出被市场拒之门外的沉重代价，所以不敢妄生违约念头，发生失信行为。若人们都诚信交易，不仅能提高交易成功率，而且会使社会交易费用整体下降。

5.2.3　诚信社会环境：商贸流通业创新发展的温床

制度创新是商贸流通业活力源泉。目前，连锁公司、电子商务、期货交易和第三方物流等新兴商业模式，正推动着中国商贸流通业沿着组织结构网状化、交易场所虚拟化、交易标的符号化和信息交流平台化方向创新和发展，深刻改变着整个商贸流通业的面貌。但是，无论何种形态的制度创新，都必须以诚信社会环境为基础。新制度及其运营方式，只有扎根于诚信社会环境中，才能够健康成长，否则会蜕化变质、分崩离析。

1. 组织结构和营销制度创新的典范，是商业连锁公司的兴起与发展。而相互信任是其维系渠道战略联盟稳定的纽带

连锁公司拥有配送中心和成百上千间直营店铺和特许加盟店铺，一头连接众多供应商，另一头连接广大顾客。它要维持庞大采购配送系统和成百上千间店铺顺畅运转，必须与众多供应商和广大顾客结成稳固的渠道战略联盟。他们之间建立在诚信基础上的相互信任，是维系渠道战略联盟的牢固纽带。若失信则会导致渠道冲突发生，战略联盟瓦解，连锁公司庞大营销系统瘫痪。

2. 虚拟场所交易制度创新的典范，是电子商务。而诚信是其顺畅运营和健康发展的必要前提条件

它能使顾客节省购物路程成本和时间，网商节省场地租金和实物商品展示费用，因而较之于实地场所交易有巨大优越性。但是，顾客在网上店铺看到的是虚拟商品，若商家不信守承诺，不真实准确地展示商品品质性能信息，就难以获得顾客信任下单购买；即使下单，验货时也会因商品网

上信息与实体有差异而撤单退货，使交易不能够完成。可见，电子商务、电视购物等新兴的虚拟场所交易制度，必须在诚信社会环境中才能够顺畅运营。诚信社会环境是它们健康发育、茁壮成长的温床。

3. 发展现代商业、物流业和期货市场，离不开代理人和经纪公司和中介作用，而它必须以诚信社会环境为基础

而代理人、经纪公司和客户之间是委托—代理关系。由于信息不对称和经济人自利性作祟，代理方（代理人和经纪公司）容易产生机会主义行为，侵犯委托方利益。而失信社会环境，会使代理方发生机会主义行为的概率上升，增大委托方利益受损风险。唯有构建诚信社会环境，并且建立健全委托方对代理方的激励约束机制，才能够降低代理方发生机会主义行为的概率，使中介方与客户之间的委托—代理关系稳固，从而推动现代商业、物流业和期货市场快速发展，加快商贸流通业现代化进程。

5.3　诚信缺失类型及其危害和成因

5.3.1　诚信缺失类型及其特点和危害[①]

如表 5-1 所示，目前中国诚信缺失大体可归纳为六种类型，前 4 种的行为主体是企业和个人，后 2 种则是区域性乃至全国性群体现象，虽然失信者是企业和个人，但根源是政府信用监管缺失。

表 5-1　　　　　　　　　　诚信缺失类型及其特点和危害

类　　型	特　　点	危　　害
随意违约、毁约	签约不认真，违约毁约随意，追究责任成本高	契约履行率低，企业之间难以建立长期合作关系，供应和销售渠道不稳固
制假售假猖獗	假冒伪劣商品充斥市场，恶性质量安全事故时有发生	消费者无所适从，有效需求被压制，既浪费资源，又危害大众健康和安全
有意拖欠银行贷款	企业和个人有意拖欠银行贷款，甚至赖账不还	银行呆坏账率居高不下，被迫惜贷，造成消费者个人和中小企业贷款难

① 本小节中的数据资料，除文中另注明出处外，其他均来源于万建民：《我国"信用大厦"可望五年落成》，《经济日报》，2003 年 9 月 22 日，第 2 版。

类　型	特　点	危　害
相互拖欠货款	企业相互拖欠货款，追讨成本高	企业互不信任，信用化程度降低，交易成本上升，效率下降
行业性地区性信用危机	失信行为蔓延到多家企业和行业，造成群体性失信，引发行业性地区性信用危机	地区信誉严重受损，大批企业外迁，产品被市场抵制，经济社会发展受阻
全国性诚信缺失	失信行为蔓延到许多省区，演变成全国性常态现象	全国诚信水平长期在低位徘徊，增高交易成本，降低流通效率

1. 随意违约毁约

2011 年，商务部市场秩序司副司长温再兴披露，目前全国每年订立合同约 40 亿份，而履约率只有 50%。企业因信用缺失导致的直接和间接经济损失高达 6 000 亿元，坏账率高达 1%~2%，且呈逐年增长势头。[①] 失信使企业间难以建立长期合作关系，原材料供应和产品销售渠道不稳固，不仅增加了采购和销售成本，而且降低了生产和流通过程的连续性，导致效率损失。

2. 制假售假猖獗，恶性质量安全事故时有发生

近年来，不仅假冒伪劣商品充斥市场，而且毒食品、假药、伪劣建材和烟花爆竹，致人伤残、死亡的产品质量恶性安全事故时有发生。从生产销售假烟、假酒、假种子、假化肥、劣质钢材，到用地沟油、潲水油加工食用油，用福尔马林液浸泡水产品，生产毒泡菜、假奶粉和含致癌物质的红心鸭蛋；从齐齐哈尔第二制药公司生产假药"亮菌甲素注射液"致患者伤亡，到安徽华源制药厂生产劣质"欣弗克林霉素注射液"致多名患者丧命……制假售假行为屡禁不止，假冒伪劣商品充斥市场，使消费者无所适从，不知道究竟该买什么、用什么、吃什么才安全，变得十分小心谨慎，致使社会购买力被压制，推动经济增长的内需动力不足。据商务部披露，中国每年因制假售假而造成的损失高达 2 000 亿元。

3. 企业和个人有意拖欠银行贷款，使银行不良贷款比率居高不下

据有关文献资料披露，2003 年私家车贷款约有 30% 还贷违约，10% 贷款难以追回。同年，全国助学贷款进入首批还贷高峰，借贷学生平均违约率接近 20%。当年，全国有 100 多所高校，被银行列入发放助学贷款时必须警惕的"黑名单"。企业有意拖欠银行贷款事件时有发生，有的甚至

---

① 商务部：《从三个层次规划未来 5 年商务信用建设》，《经济日报》，2011 年 9 月 5 日，第 6 版。

长期赖账不还。2008 年以来，欧美经济不景气，中国商品出口受阻，经济增速放缓，企业还贷能力下降，企业主卷款外逃、废逃银行债务的事件时有发生，致使银行不良债务率上升。据中国银监会发布的《中国银行业运行报告》（2012 年一、二、三季度），2012 年中国商业银行不良贷款，一季度比上年上升 100 亿元，二季度比一季度增加 232 亿元，三季度比二季度增加 224 亿元，累计达 4 788 亿元，不良贷款率为 0.95%[1]。有专家估计，还会继续上升，达到 2% 左右。

4. 企业相互拖欠货款，三角债前清后欠，居高不下

拖欠货款导致企业互不信任，瓦解了信用基础。据国务院发展研究中心发表的 2002 年中国企业信用调查报告，有 77.9% 的企业担心，采购的原材料和生产设备是假冒伪劣产品；有 62% 的企业认为，在商务活动中要提高警惕，防止上当受骗。前些年，经政府专项治理，企业三角债一度下降。近年因出口受阻，国内市场产品销售不畅，三角债呈现卷土重来之势。据国务院发展研究中心研究报告披露，2012 年 8 月底，非银行上市公司年中报告净利润下降 15.7%，应收账款激增 5 000 亿元，增幅高达32.4%，总额达 1.88 万亿元。煤炭、钢铁和机械行业应收账款增幅分别达48.7%、20.1% 和 17.3%。2012 年 1~5 月，全国规模以上工业企业应收账款高达 7.54 万亿元。企业相互拖欠贷款，增加了资金占用，减慢了资金周转速度，使企业效益进一步下降。[2]

5. 失信行为蔓延引发行业性地区性信用危机，导致企业倒闭外迁，经济社会发展受阻

行业性信用危机的典型事件，是 2008 年爆发的国产婴幼儿奶粉三聚氰胺含量严重超标。违规企业由三鹿集团，波及蒙牛、伊利等多家大型乳品生产企业，引发了国产乳品行业信任危机。据《2011 中国信用大调查》披露，事件虽然已过去 3 年，但 2011 年仍有 48.0% 被调查者不信任中国乳业。[3] 不少家长转向购买外国婴幼儿奶粉，一度造成港澳台市场货源紧缺，而国产婴幼儿奶粉却严重滞销积压，发展停滞。区域性信用危机典型事件，则发生在广东汕头。20 世纪 90 年代末期，广东汕头市因制假售假、逃废债务等行为泛滥，导致全市企业整体失信，信誉严重受损。一时间，

① 数据资料来源于：《中国银行业运作报告》（2012 年第一、二、三季度），中国银行业监督委员会网站，2012 年 12 月。

② 萧林：《企业三角债有卷土重来之势，需警惕沉渣泛起》，证券时报网，2012 年 9 月 7 日。

③ 数据资料来源于欧阳海燕：《2011 中国信用大调查：诚信危机刺痛中国》，载于《小康杂志》，2011 年第 8 期。

汕头产品成了假冒伪劣商品代表，遭到全国市场抵制。此次信用危机让汕头吃够了苦头。从 1999 ~ 2001 年，该市有 1 200 多家企业外迁，GDP 增速从高峰时的 16.04%，下滑至 7.3%，2001 年更下滑至 -2.5%。后米，新一届市政府上台，重塑诚信形象，才使该市恢复元气。① 2010 ~ 2012 年，海南省旅游行业群体性失信，宾馆、旅店纷纷抬价宰客，被游客纷纷投诉，使海南旅游业信誉扫地，游客数量锐减。后经省政府下大力气治理整顿，才逐步恢复元气。可见，失信行为的波及效应和破坏力是何等强大，各地政府切不可掉以轻心。

6. 失信行为扩散全国，导致社会诚信度整体下滑

2011 年 7 月，中国全面小康研究中心联合清华大学媒介调查实验室，调查全国 31 个省市自治区公众，发布了《2011 中国人信用大调查》报告。被调查者中，认为中国整体诚信度比较高者，仅占 6.2%，32.2% 被调查者认为中国人信用很差，95.2% 的被调查者认为政府信用亟须建设。2005 ~ 2011 年，中国信用小康指数位于 60.2 ~ 62.7 分，一直在低位徘徊。② 2013 年 1 月 7 日，中国社科院发布的《中国社会心态报告》蓝皮书指出，对北京、上海和广州三市居民调查显示，社会总体信任度得分为 59.7 分，未达到及格线，与中国信用小康指数（60.2 ~ 62.7 分）很接近。③ 可见，中国社会整体诚信水平低，是不争的事实。据国务院发展研究中心邓郁松披露，发达国家的企业赊销率为 80% ~ 90%，信用消费规模占银行贷款总额的 30%，信用结算占商业贸易额的 90%。而中国与之对应的数据仅分别是 20%、1% 和 20%。诚信缺失严重阻碍了经济信用化程度的提高，而经济信用化程度低，会致使交易费用高，效率低。

5.3.2　诚信缺失原因分析

以发达国家为参照，比较分析中国问题，不难发现导致社会诚信缺失，除信息不对称、经济人自利性等一般原因外，还有中国历史和社会环境造成的特殊原因，它们强化和放大了一般原因的消极作用，导致了失信行为在全社会泛滥。其作用机理如图 5 - 3 所示，基本逻辑关系是：封建文化、自然经济、社会动荡、计划经济和官员贪腐等，历史和现实消极因素的影响，导

①　李洽源、郑波：《重建信用体系，打造信用汕头》，载于《经济日报》，2001 年 11 月 5 日、6 日。

②　数据资料来源于欧阳海燕：《2011 中国信用大调查：诚信危机刺痛中国》，载于《小康杂志》，2011 年第 8 期。

③　张然：《社科院：社会信任度不及格》，载于《东方早报》，2013 年 1 月 8 日。

致公众契约观念和诚信意识淡漠；财产约束、声誉约束和道德约束机制缺失，导致交易者自我信用约束机制缺失；法律约束、征信约束和监管约束机制缺失，导致社会信用约束机制缺失。这三方面缺陷共同作用，放大了信息不对称和经济人自利性的消极作用，使个人、企业和社会组织（包括政府）失信行为滋生蔓延，致使社会诚信缺失。

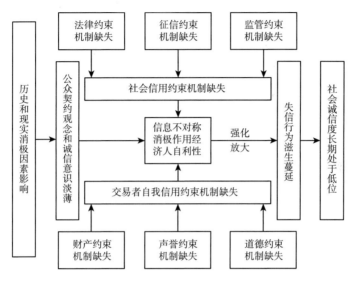

图 5 - 3　中国社会诚信缺失原因解析

1. 历史和现实消极因素影响，导致民众契约观念和诚信意识淡薄，是社会诚信缺失的基础性原因

诺斯教授的"路径依赖"理论认为，一个国家长期形成并习惯的某种特殊发展轨迹，无论其好坏，都对该国的制度变迁有惯性影响，该国经济社会将沿着旧轨道前行一段时间。旧中国经历了长期的封建社会和自然经济形态，三纲五常封建伦理道德熏陶，自给自足的生活状态，使人们形成了根深蒂固的"臣民意识"，仅有下对上单向的守信和服从，而无普遍的社会诚信可言。民国时期社会动荡，民不聊生、巧取豪夺、恃强凌弱之风盛行，瓦解了民众的契约观念和诚信意识。新中国成立至改革开放前，实行中央集权的计划经济体制，从生产要素到消费品都由政府分配调拨，更加强化了人们头脑中的服从意识，而淡化了契约观念和诚信意识。改革开放后，计划经济体制解体，市场经济体制尚不健全，市场监管漏洞较多；而经济人自利性复苏，激发出强烈获利欲望，驱使一些人寻找制度环境中的漏洞和缝隙为自身谋利，从而削弱了人们头脑中的契约观念和诚信意识，动摇了社会诚信的基础。

2. 财产约束、声誉约束和道德约束机制缺失，导致民众信用自我约束力下降，是社会诚信缺失的触发性原因

财产约束，声誉约束和道德约束，是构成社会信用个人自我约束力的三个基本要素。倘若它们缺失，就容易诱发失信行为。张维迎说：无恒产者无恒心，无恒心者爱骗人。这句话深刻地反映了私人财产对个人信用行为，有重要的自我约束作用。然而，目前中国普通民众财富积累单薄，广大农民和城市贫困人口个人资产微少，加之私人财产得不到与公有财产同等的法律保护，尊重他人财产权利的观念尚未在民众中完全树立起来，致使财产约束机制弱化或缺失。同时，在物欲浪潮的冲击下，一座座道德丰碑和声誉殿堂坍塌，高尚道德和良好声誉不再受世人崇尚和敬仰，社会出现了道德危机和声誉危机；而重建市场经济伦理道德规范、重塑尊崇声誉风尚的精神文明建设又进展迟缓，致使声誉约束和道德约束机制缺失。三种约束机制缺失，导致民众意识中自利性因素膨胀，抗拒外界不良因素诱惑的定力下降，一旦受到触动，容易发生失信行为并且滋生蔓延，致使社会诚信缺失。

3. 法律约束、征信约束和监管约束虚化，是社会诚信缺失的助推性原因

法律约束、征信约束和政府监管约束，是构成社会信用公共约束力的三个基本要素。其功能是：法律约束，规范社会成员信用行为；征信约束和政府监管约束，防范社会成员发生失信行为。然而目前：（1）中国制定信用信息法律法规的工作刚刚起步，依法施信、征信和进行监管，还没有成为交易者、征信机构和政府管理机关严格遵守的行为准则，社会信用的法律约束机制还不健全。（2）征信系统建设尚处于起步阶段，全国仅上海、北京、浙江和深圳等少数几个省区市，开展了此项工作；而且征信范围局限于依靠人民银行、工商行政管理局和国家建设部系统，跟踪记录企业和个人的信贷信息、商务信息和住宅购销信息；各部门征信机构互不通气，信用信息资源无法共享；农村征信系统建设还未提到日程上来。这些缺陷，使征信系统的约束力大打折扣。（3）一些信用监管机关，停留在发文件下指示上，致使监管不到位；更有少数地方，为追求当地经济虚假繁荣而放弃监管，放纵厂商制假售假。

上述三个方面社会信用约束机制缺失，助推失信行为蔓延，致使社会诚信度整体下降。

5.4 中国社会信用制度建设的进展、成效和不足

5.4.1 进展和成效

社会诚信缺失致使交易费用上升、流通效率下降，妨碍经济顺畅运行、健康发展。中国政府认识到这一点，从 20 世纪 90 年代后期起，以上海、北京等试点为开端，着手推进全国社会信用制度建设，取得了一定成效。

1. 制定建设计划，颁布管理条例

2002 年 3 月，国务院建立企业和个人征信专题工作小组，负责起草征信法规、编制征信行业技术标准，提出全国企业和个人征信体系建设总体方案。2007 年 3 月，国务院办公厅发布《关于社会信用制度建设的若干意见》，提出了以法制为基础，以信用制度建设为核心，建立全国信贷征信机构和社会征信机构并存、服务各具特色的征信体系，形成体系完整、分工明确、运行高效、监管有力的社会信用体系的目标和任务。并于 2008 年，建立国务院部际联席会议，负责统筹协调社会信用体系建设工作。根据随后几年的建设状况，2011 年 10 月，国务院常务会议部署制订社会信用体系建设规划，提出"十二五"期间全面推进社会信用体系建设的目标。要求以社会成员信用信息记录、整合和应用为重点，建立健全覆盖全国的征信系统，大力推进信用信息在全国范围内的互联互通，抓紧制定《征信管理条例》；加强监管，规范发展信用服务和信用评级机构，完善信用服务市场体系；加强政务证信建设，不断提升政府公信力。2012 年 7 月，国务院调整充实了部际联席会议成员单位，增加了中纪委、高检院、知识产权局和食品药品监管局等成员单位，明确了以提高政务诚信、商务诚信、司法公信度，推进信用资源整合和信用信息交换等为建设重点①。

一些地方政府按照国务院的部署，制定出台了相关管理条例和法规。"十五"期间，上海市制定并颁布实施了《上海市个人信用信息征信管理办法（试行）》《上海市企业信用信息征信管理办法（试行）》《上海市政

---

① 资料来源于：国务院办公厅：《关于社会信用制度建设的若干意见》，中央人民政府网站，2007 年 4 月 2 日；《人民日报》评论员：《全面推进社会信用体系建设》，《人民日报》，2011 年 10 月 20 日；国务院办公厅《国务院同意调整社会信用体系建设部际联席会议职责和成员单位的批复》，中央人民政府网站，2012 年 7 月 25 日。

府信息公开的规定》《企业信用信息数据规范（试行）》和《个人信用信息数据规范（试行）》等管理文件，使信用信息征信系统的运营有规则可遵循。① 2012 年 8 月 29 日，上海市政府发布《上海市社会信用体系建设 2013－2015 年行计划》，明确了随后 3 年的建设目标和任务。北京、深圳、江苏、浙江等省区市，也借鉴上海经验，相继制定并颁布实施了类似管理条例，制定了建设计划。

2. 征信系统和咨询服务体系初步形成

2002 年，中国人民银行征信系统建成并实现全国联网。同一时期，国家工商总局建立了工商企业登记和年检数据库，建设部建立了房地产信用信息库，最高人民法院建立了判决文书基础数据库，劳动和社会保障部、财政部、公安部、国家技术监督检验检疫局和海关总署等，建立了各自主管业务范围内个人和企业信用信息库。2001 年 5 月，上海资信有限公司成立，由同业征信转变为联合征信，并开通个人信用报告查询服务。2002 年 3 月，上海市企业联合征信系统建成并运行。"十五"期间，上海征信数据理事会单位由 15 家增至 45 家。2011 年底，在上海备案的信用服务机构达 72 家②。目前，全国有三类征信机构，一是中央和地方政府设立征信机构，如上海资信有限公司、北京中关村企业信用信息服务中心等；二是民营征信机构，如金诚国际信用管理公司、新华征信公司、华夏国际信用咨询公司等；三是外资、合资征信机构，如邓白氏公司、TRAN-SUNION 公司等。这三类机构依托大城市，组成了征信和信用信息咨询服务体系。

3. 信用信息征信和咨询服务覆盖面扩大，个人和企业信用行为受到有效监管

2007 年底，北京市征信系统录入个人信贷信用信息 1 000 万多条，约占全国的 1/10。③ "十五"期末，上海市个人信用信息入库人数由 100 万人增至 618 万人，年出具的信用报告由 2 万份增至 182 万份，平均查询率由 40% 提高至 87%；信用信息入库企业数达 60 余万家。④ 至 2008 年底，中国人民银行征信系统共收录了 6.4 亿人的个人信用信息和 1 447 万户企业的信用信息，并且开展了信用信息咨询服务，有效监控了个人和企业的信贷信息，抑制了失信行为滋生蔓延。⑤

---

①④ 冯国勤：《加快推进社会信用体系建设》，《解放日报》，2012 年 7 月 19 日。

② 杜丽华：《市政协召开常委专题协商会探讨信用体系建设》，东方网，2012 年 7 月 18 日。

③⑤ 姜煜：《中国人民银行征信系统收录 6.4 亿人信息》，中国新闻网，2009 年 10 月 26 日。

4. 企业和个人查询信用信息，防范信用风险意识增强

据有关资料，2005 年有 500 家金融机构，通过查询中国人民银行系统的企业信用报告，拒绝了隐藏有严重信用风险的信贷申请 1.8 万笔，提高了贷款质量，降低了风险。另据中国人民银行副行长杜金富披露，中国居民个人主动查询自己信用报告的数量，由 2006 年底的 97 人次，迅速上升到 2010 年底的 127.5 万人次①。这表明防范信用风险意识深入人心，征信系统的功能和作用受到民众重视。

5.4.2 不足之处

中国社会信用体系建设取得上述成效的同时，还存以下明显不足之处：

1. 总体建设方案尚未确定，法律依据空缺

首先，从 2002 年就开始编制的，中国企业和个人征信体系建设总体方案，至今还停留征求意见和论证阶段。中国征信系统建设，究竟是采取德国和法国，由政府组建征信系统的"公益型模式"，还是采取美国、英国和加拿大等，由民营机构组建征信系统的"市场型模式"，至今尚不明确。这使得地方政府无所适从，处于等待观望状态，延误了征信系统建设。其次，国家法律层面上的《征信管理条例》还在征求意见过程中，使得征信机构征集和利用信用信息，政府信用机关履行监管职能，缺少法律依据。

2. 征信机构条块分割形不成合力

首先，由于国家总体方案未出台，究竟由谁组建全国统一的征信系统或信用信息数据交换中心，尚不明确，致使各部门征信系统处于群龙无首、条块分割状态。银行、工商行政管理、技术质量监管、公安、环保、税务等，各自都征集了企业和个人某方面的信用信息，但无法交换和汇集起来，予以综合利用，只能各自为政，无法形成合力。其次，由于《征信管理条例》等有关法律法规尚未出台，企业和个人的哪些信用信息属于隐私，不能征集利用；哪些不属于隐私，可以征集利用，还没有明确的法律规定。这使得征信机构开展业务，既缺少必要的法律约束，又得不到充分法律支持，增加了成本，降低了效率。

3. 社会诚信教育滞后，社会信用体系根基不牢固

中国曾经长期以政治标准取代道德和诚信标准，衡量个人品德好坏，致使公众诚信意识整体迷失。重建公众诚信意识，政府及其公务员必须以

---

① 崔玉清：《社会信用体系建设加速》，《经济日报》，2006 年 7 月 19 日，第 16 版；王信川：《加快信用体系建设，合力营造诚信环境》，《经济日报》，2011 年 8 月 5 日，第 10 版。

身作则，树立榜样；而且要从幼儿园、小学、中学到大学，以及就业后的再教育等，一以贯之地对民众进行诚信教育；各种传媒体、书刊都应当提倡、宣扬诚信美德，揭露失信行为的丑恶和危害，不如此不足以重塑公众的诚信意识，提升全社会诚信水平。然而，目前对民众的诚信教育刚刚起步，无论是覆盖面宽度，还是教育的强度和深度都不够，而且官员贪腐之风还不断抵消着诚信教育的正面作用，致使民众整体诚信水平在低位上徘徊，社会信用体系根基脆弱。

5.5 构建诚信社会环境的目标、路径和措施

构建诚信社会环境，涉及开展全民诚信教育、培育和增强民众自我约束力、制定并完善有关法律、提升政府公信力和执行力、建立健覆盖全国城乡的征信系统等各个方面，是一项复杂的系统工程，需要制定方案、确立目标、规划路径、夯实基础、扎实推进，才能够收到成效。

5.5.1 目标和基本路径

1. 目标

中国将要建立的诚信社会环境应具备如下基本特征：民众个人自我约束力健全，法律法规完善，政府公信力高而且执行力强，信用信息征信系统覆盖全国城乡、咨询服务便捷而且监管严密，全体社会成员信守承诺、认真履行契约，社会诚信度高。

2. 基本路径

目前，中国民众自我约束机制缺失，政府公信力和执行力下降，社会信用制度不健全，征信系统覆盖窄，社会诚信度长期在低位上徘徊。基于此种社会现实，笔者认为，只有沿着以下路径扎扎实实地推进社会信用制度建设，才能够达到建立诚信社会环境目标：（1）通过开展全民诚信教育，重建社会道德体系，加强经济社会发展，使民众财富持续增长等综合措施，培育和增强民众克制失信动因的自我约束力，夯实构建诚信社会环境的民众基础。（2）制定并完善信用信息法律，为征信机构的建立和运营，以及政府监管，提供完备的法律依据，夯实构建诚信社会环境的法制基础。（3）建设诚信廉洁高效政府，大力推进社会信用制度建设。（4）合理选择建设模式，建立覆盖全国城乡的征信系统，跟踪记录每个社会成员的信用信息，建立档案并提供查询服务，以此规范约束全体社

会成员，抑制失信行为发生，提升社会诚信度。

5.5.2 具体措施

1. 培育并增强民众自我约束力，构筑克制失信动因的心理防线

民众个人自我约束力，是克制失信动因的内因和心理防线。而要牢固地构筑起这道防线，需采取下达措施，培育和增强民众的道德约束力、声誉约束力和财产约束力：一是全国人大应修改教育法，把施行全民诚信教育的法律规定补充进去，并且督促各级政府认真执行；政府则应组织专家编好教材，督促幼儿园、小学、中学和大学，乃至再教育机构，持续深入地对民众施行诚信教育，使他们牢固树立诚信理念；社会媒体则应大力弘扬"八荣八耻"荣辱观，宣扬诚信美德，谴责失信行为，树立"诚信光荣、失信可耻"的社会风气，培育和增强民众的道德约束力和声誉约束力。二是应加快经济社会发展，使民众的财富积累持续增长；并且严格施行《物权法》，保护私人财产。使民众养成欲维护自身财产权利，必须首先尊重他人财产权利的良好习惯，增强财产权对失信动因的约束力。如是，才能在民众内心构筑起克制失信动因的牢固心理防线，降低失信发生率，提升社会诚信度。

2. 制定并完善信用信息法律，夯实构建诚信社会的法制基础

没有规矩，不成方圆。信用信息的采集和使用，涉及保护民众个人隐私、企业商业秘密和国家机密等敏感问题，必须做到有法可依、有法必依、违法必究。首先，借鉴发达国家经验，全国人大应制定和施行《信用信息保护法》，明确划分需要保护而不能征集使用的个人隐私、企业商业秘密和国家机密，与可以征集使用的信用信息的边界，在严格保护前者的前提下，促进后者的集征使用。其次，应制定《社会信用促进法》明确规定政府机构，尤其是中央银行、工商、税务、法院、技术质量监督、环保等掌握信用信息资源的部门，有依法向向全国信用信息数据交换中心传输信用信息的义务，打破信用信息资源条块分割状态，实现综合利用。最后，应制定和出台《征信业管理条例》，对征信机构施行严格监管，防止它们越界征集和使用信用信息，侵犯被集征者权利。全国人大还应定期检查，督促各级政府、征信公司和有关部门严格执行这些法律和管理条例，为构建诚信社会夯实法制基础。

3. 建设诚信、廉洁、高效政府，大力推进社会信用制度建设

政府是社会信用制度的建设者和维护者，肩负着治理失信、构建诚信社会环境的历史重任。然而，打铁还得自身硬，若政府公信力低，则政令难以

得到公众响应，收不到预期执行效果。《2011 年中国信用大调查》披露，有超九成多（95.2%）受访者认为，政府信用亟须加强建设；55.9% 的受访者认为，造成政府公信力低的主要原因是行政不透明、财务收支和公车数量不公开。① 因此，欲有效推进社会信用体系建设，必须先加强政务诚信建设，提升政府公信力。为此，必须制定和完善约束政府权力的法律制度，使政府官员和公务员养成公正廉洁、诚信行政习惯，提升政府公信力。同时还应加强党纪和行政监督，治理虚与委蛇、弄虚作假、瞒上欺下、不作为乱作为歪风，增强执行能力，提高政务效率。以此为基础，大力推进覆盖全国城乡全体社会成员的征信系统建设，促进社会诚信度不断提升。

4. 建立健全覆盖全国城乡的征信系统，构筑抑制失信行为发生的制度防线

发达国家经验显示，构建覆盖全体社会成员的征信系统，跟踪记录每个社会成员（政府官员、企业家和普通民众）的信用信息，建立档案并提供查询服务，使失信者支付被市场拒之门外的巨大成本，以儆效尤，是抑制失信行为发生的制度防线和不二法门。因此，中国必须选择符合自身国情的建设模式，积极而稳妥地推进覆盖全国城乡全体社会成员的征信系统建设。

世界上可供中国参考借鉴的征信系统建设模式有两种：第一种是市场化民营征信系统模式，其特点是：征信系统由若干家独立于政府之外的民营征信服务机构组成；信用信息来源广、内容丰富，除金融机构信息外，还有来自会计师事务所、财务公司、租赁公司、信用卡发行公司、商业零售公司等的信息；在严密司法监督下，征信机构有偿地为全体社会成员提供信用信息查询服务。美国、英国、加拿大和北欧一些国家采取此种模式。第二种是非市场化公共信用调查机构模式，其特点是：公共信用调查系统，由国家中央银行或者银行监管机构设立并运营管理，主要宗旨是为中央银行行使金融监管职能提供信用信息服务，而不面向其他社会成员，因而实行非市场化运作；信用信息获取方式为依法强制征集，信息来源和范围较窄，主要是企业和个人信贷信息；信用信息实行提供和使用对等原则，即只有信用信息提供者，才有获取和使用信用信息的资格和权利；调查机构提供信用报告，不收费或只收取很少费用。法国和德国等实行此种

---

① 数据资料来源于欧阳海燕：《2011 中国人信用大调查：诚信危机刺痛中国》，载于《小康杂志》，2011 年第 8 期。

模式。①

　　目前，中国征信系统还停滞在各自为政、覆盖面窄，仅征集城市企业和个人信用信息的低级层次上，离目标尚远，亟须选好模式，加紧建设。参考发达国家经验，结合自身国情，笔者认为，中国征信系统建设宜采取监管型市场化模式：即在司法和行政的严密监管下，以全国信用信息数据交换中心为核心、民营征信机构为主体、公共信用调查机构为补充，组成覆盖全国城乡、全体社会成员的征信系统。建设过程可两步走：（1）起步阶段，充分发挥政府的推动作用，以人民银行为主干，组建覆盖个人和企业信贷信息的征信系统，同时推动工商行政管理、质量技术监督、环保、税务和公安等部门，建立信用信息征信系统。运作一段时间积累经验后，组建全国信用信息数据交换中心，汇集各行各业征集的信用信息，供征信机构下载使用。（2）征信系统建成并运行稳定后，政府与其完全脱钩，依法对其施行监管，不干预其具体业务；征信系统则依法征集使用信用信息，有偿为用户提供查询服务。此外，中国地域辽阔，经济地带间发展差距大，征信机构建设可东部先行，取得经验后，向中西部推广，最终形成覆盖全国城乡全体社会成员的社会信用体系。

---

　　① 任兴州：《各国社会信用体系的模式比较》，《经济日报》，2003 年 3 月 27 日，第 2 版。

第6章 构建能支撑商贸流通业平稳 快速发展的宏观经济环境

历史和现实一再证明，供求严重失衡，价格大幅度波动；假冒伪劣商品充斥市场，有效供给不足；强势方滥用市场权力，不公平交易普遍化，会破坏商贸流通业发展的连续性和协调性。反之，供求平衡、有效供给充足、公平交易的宏观经济环境，则有利于流通业平稳而快速地发展。本章以宏观调控理论为分析工具，在总结中国政府治理经济剧烈波动经验教训的基础上，论述政府通过何种路径和采取何种措施，才能够建立起此种宏观经济环境。

6.1 西方宏观调控理论及中国政府的借鉴和运用①

国内外历史经验显示，幅度在 2% 以下的轻度通货膨胀，能够吸收消化经济社会发展造成的生产要素成本和价格上涨，有利于经济社会平稳而快速地发展。这也是中国政府宏观调控追求的目标，但要实现它并非易事。社会经济中，众多微观经济主体的自主经营决策，会使供求和价格偏离均衡状态，甚至会形成通货膨胀或通货紧缩。改革开放以来，中国曾发生过 1 次中度和 2 次重度通货膨胀、1 次通货紧缩和 1 次固定资产投资膨胀，都不同程度地破坏了商贸流通业和国民经济发展的协调性和连续性。随后，都由政府采取宏观调控措施予以治理，才使经济运行回到正常轨道。现在，中国经济社会中的矛盾愈加复杂尖锐，引发剧烈经济波动的可能性增大。改进宏观调控方式，提高调控质量，保持供求基本平衡和价格平稳，仍然是政府的重要职责。

---

① 本节中的西方经济理论概述，摘引自刘树成主编：《现代经济辞典》，凤凰出版社、江苏人民出版社 2005 年版。

近一个世纪，西方国家在应对经济大萧条、通货膨胀和滞胀中，积累了丰富的经验和教训；经济学界在探索危机成因和寻求治理方法中，创立了不同的理论学派。它们是中国政府改进调控方式，提高调控质量的重要参照和理论依据。

6.1.1 凯恩斯理论及中国政府的借鉴和运用

该理论由英国经济学家凯恩斯（Keynes）创立。他认为，资本主义社会中存在非自愿性失业，其产生的原因是有效需求不足，而有效需求不足是由投资量不足引起的。因此，投资市场心理没有发生改变，经济存在周期性波动的条件下，要达到充分就业状态，唯一的办法就是不能把决定投资量的职责全部放在私人身上，而应由政府和私人力量共同承担。这样，既可以医治失业，又可以保持效率和自由。即当经济周期处于衰退阶段时，政府可以实行扩张性财政政策，降低税收，增加预算支出，以刺激投资对中间产品需求和消费对最终产品需求增长，增加就业岗位；当经济周期处于繁荣阶段时，政府可以实行紧缩性财政政策，提高税收，减少预算支出，以抑制投资和消费需求，治理通货膨胀。（杨春学、刘树成，2005，P592~593）第二次世界大战前后，凯恩斯主义被各主要资本主义国家政府，奉为抵抗经济衰退和治理通货膨胀的圭臬，且屡收成效。美国罗斯福新政就是典型。20世纪60年代，凯恩斯主义达到鼎盛时期。

20世纪80年代，主要资本主义国家陷入经济滞胀，凯恩斯主义受到质疑。为了回应新古典宏观经济学派的质疑，美国经济学家斯蒂格利茨（Stiglitz）和曼昆（Mankiw）等人创立了新凯恩斯主义经济学。该理论学派，一方面继承了传统凯恩斯周期理论的基本观点，坚持认为市场本身具有缺陷，主张政府干预。并据此向新古典宏观经济学主张的，市场连续出清假设和反对政府过度干预，提出反质疑。另一方面，又对传统凯恩斯理论缺乏微观经济理论基础的弱点加以弥补，探寻形成市场缺陷的微观机制。他们分别考察了商品市场中的价格黏性、劳动力市场中的工资黏性和信贷市场中的利率黏性。传统凯恩斯理论假定供给不变，着重从需求方面解释经济周期成因，设计宏观经济政策。与之不同，新凯恩斯主义注重从供给方面解释经济周期成因，设计宏观经济政策。1993年，克林顿政府制定经济政策时，采纳了新凯恩斯主义的主张，使美国经济减少了波动，保持了繁荣。（胡怀国、刘树成，2005，P1095~1096）

改革开放以来，尤其是1998~2002年治理通货紧缩，中国政府的宏观经济政策有比较明显的凯恩斯主义痕迹。其间，中国政府实行积极财政政策，通过发行国债募集约 8 000 亿元资金，以增加转移支付和财政支出的方式，实施西部人开发和振兴东北老工业基地等战略措施，加强基础设施建设，增加投资扩大对中间产品的需求；大幅度提高公务员和企业员工工资，取消限制消费的政策和条例，允许银行开展住宅、汽车、教育等消费信贷业务，刺激消费扩大对最终产品的需求；支持农民外出务工，疏通农产品流通渠道，帮助农民增收，改善农村消费环境，鼓励农民增加消费，等等。这些政策措施，收到了预期成效，使中国经济避免衰退，保持了较高增长速度，成功地抵御了亚洲金融危机冲击，维持了社会稳定和繁荣。

6.1.2 货币主义理论及中国政府的借鉴和运用

该理论以美国芝加哥大学教授弗里德曼（Friedman）为创始人，其主要理论观点是：（1）从长期看，货币供应量可以影响价格以及其他用货币表示的名义量（如货币工资、名义国民收入等），但不能影响就业量和实际国民收入等实际量。（2）从短期看，货币供应量可以影响就业量和实际国民收入。（3）私人经济具有自身内在稳定性，政府频繁变动财政与货币政策，会破坏其稳定性。（4）提出了"自然失业率"概念，认为其变动与货币现象无关，而与实际经济条件决定的结构变化相关。进而指出，通货膨胀是一种货币现象，流通中的货币数量是解释通货膨胀的基本元素；西方国家的"滞胀"表明凯恩斯主义已经失效，需以新理论取而代之。货币主义者反对政府对经济生活的过度干预，主张采取稳定的货币政策，按均匀的速率发行货币。货币政策的任务不是调节利率，而是通过均匀的、稳定的货币数量增长，保证货币领域不干扰沿均衡轨道前进的实际经济领域，为经济运行提供一个稳定的金融环境。20 世纪 80 年代，货币主义理论对美国里根政府、英国撒切尔政府的经济政策产生重大影响，促使其推行国有企业民营化改革，放松对经济的管制。（赵志君、杨春学、胡怀国、刘树成，2005，P464 ~ 466）

1998 ~ 2002 年，中国出现严重通货紧缩，政府以积极财政政策和宽松货币政策应对，收到明显成效。2002 年底，通货紧缩结束，政府随即将积极财政政策和宽松货币政策调整为稳健货币政策和财政政策相配合，主要通过控制货币供给量增长，使经济平稳运行。2011 年初，中国出现中度通货膨胀，央行通过提高存款准备金率和存贷款利率，吸收和减少流通中的货币，治理流动资金过剩。11 月，治理措施见效，物价持续回落，央行随即调低存款准备金率，适度放松银根，增加货币供给量。这些治理措施，明显参考了西方国家经验，吸纳了货币主义理论。

6.1.3 德国社会市场经济理论及中国政府的借鉴和运用

该理论创始人为欧根（Eucken），主要代表人物有艾哈德（Erhard）等。该学派认为，以私有制为基础，以自由竞争为原则，辅之以适当的国家干预和调节，使经济具有"社会安全"和"社会保障"功能，才能使生产力发展和技术进步与个人自由完全协调。为了保障社会经济体系运行，国家必须制定相应的法律法规，以限制垄断、保护竞争。但政府干预只应当起"球场裁判员"的作用，其宗旨是保证个人和企业平等自由地竞争，创造一个有利经济平稳发展的社会环境（杨春学，2005）。遵循社会市场经济理论制定经济政策和实施宏观调控，使德国经济素以稳健享誉世界。2009年，虽然受到美国金融危机冲击，缩水4.7%，但2010年即强劲反弹，年增长率达3.6%。2011年，虽然受到欧洲债务危机的拖累，但全年预计仍可实现3%左右增长①。

1993年以来，中国政府致力于建立社会主义市场经济体制。一方面，放松限制促进私营经济发展，对国有企业进行股份公司制改革，使经济增加活力；另一方面，又加强宏观调控，治理市场失灵，减缓经济波动。这种政策取向，明显借鉴了德国社会市场经济理论，及其调控经济的经验。

6.2 中国经济波动与宏观调控的回顾与反思②

6.2.1 五次剧烈经济波动及其调控回顾

20世纪80年代以来，中国经历了2次重度和1次中度通货膨胀，1次通货紧缩和1次固定资产投资膨胀。中国政府从应对这些经济波动中，积累了实施宏观调控的经验，改进了调控方式，提高了调控质量和效果（见图6-1）。

---

① 魏爱苗：《2011：德国经济逆势上扬》，《经济日报》，2011年12月2日，第10版。
② 本节中的数据都来源于：《中国统计年鉴》，中国国家统计局网站，恕以下不逐一注释。

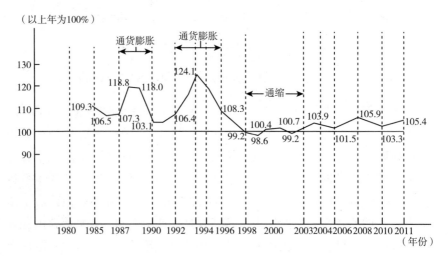

图 6 - 1　1985～2011 年中国居民消费价格波动状况①

1. 1988～1989 年的严重通货膨胀及治理②

20 世纪 80 年代中期，改革激发了企业的投资冲动，但投资体制和银行体制尚未改革，资金预算处于软约束状态，从而诱发投资饥渴症，造成生产资料严重供不应求。同时，财政向银行透支，增加社会福利支出，使居民工资性收入大幅度增长，导致消费需求膨胀，而生产发展和供给增长滞后，使消费品供给严重不足，引发严重通货膨胀。统计年鉴资料显示，中国居民消费价格指数，1988 年和 1989 年环比分别上升 18.8% 和 18.0%，处于重度通货膨胀状态，引起社会动荡，迫使政府采取严厉双紧（收缩银行信贷规模，缩减财政开支）政策，扼制物价上升势头。1 年后居民消费价格指数迅速回落。1990 年和 1991 年，居民消费价格指数环比分别只上升 3.1% 和 3.4%。此次急剧通货膨胀及其急刹车式的治理措施（又称为硬着陆），对中国经济造成了较大伤害，商贸流通业首当其冲。据《中国统计年鉴》资料，以当年价格计算，中国社会消费品零售总额，1989 年 8 101 亿元，环比增长 8.9%，1990 年则为 8 300 亿元，环比仅增

———————————

①　中国居民消费价格指数来源于 1999 年、2015 年《中国统计年鉴》的"各种价格指数"栏目，中国国家统计局网站。

②　通货膨胀，指物价总水平大幅度地持续上升现象。参见刘树成主编，《现代经济辞典》，凤凰出版社和江苏人民出版社 2005 年版，第 991 页。有的学者认为，物价总水平环比以两位数（10% 以上）速率上升，为严重（又称重度、急剧）通货膨胀。1989 年，国家体改委理论宣传司在《治理经济环境整顿经济秩序全面深化改革》一文中指出："严重的通货膨胀诱发了群众对通货膨胀的预期心理，在 1988 年 3 月、5 月和 8 月，曾三次出现过群众排队抢购商品和到银行挤兑存款现象。把严重的通货膨胀遏制住，成了稳定经济和深化改革的一个关键问题。"载于《1989 中国经济年鉴》，经济管理出版社 1989 年版，第 II - 65 页。

长2.5%，下降了6.4个百分点。1990~1992年，中国经济增长停滞，流通业发展缓慢。

2. 1993~1995年的又一次严重通货膨胀及治理①

1990~1992年，中国改革开放受到责难，经济增长停滞。为了打破僵局，1992年春，邓小平发表南方谈话，肯定市场化改革取向是正确的，全国再次掀起改革开放热潮。企业进行股份制改革，一些城市开设证券市场，股票上市交易；上海、深圳等开设商品交易所，期货合约上市交易；政府机关和企事业单位进行住房制度改革，掀起建房热；公职人员辞职下海经商，私营经济快速发展，等等。这不仅激发了企业投资冲动，也激发了地方政府投资冲动。银行迫于政治形势压力，同时为了获取更多存贷利息差，放松银根敞开贷款，又一次酿成严重通货膨胀。具体表现是：据《中国统计年鉴》资料，全国居民消费价格指数，1993年、1994年和1995年环比分别上升14.7%、24.1%和17.1%。中国政府吸取了1988~1989年治理通货膨胀实行急刹车的教训，从整顿金融秩序入手，实行温和紧缩政策，使经济实现"软着陆"。此次严重通货膨胀于1996年得到治理，但留下一些后遗症。如一些企事业单位和下海经商人员，用银行贷款圈占土地搞房地产开发破产，炒股票和期货亏损，形成大量不良贷款和呆坏账，使银行资产质量下降；企业之间相互拖欠货款，形成高达3 000多亿元的"三角债"，等等。受其影响，社会消费品零售额的增长速度（扣除物价上涨因素）由1996年的11.8%，下降为1997年7.4%，商贸流通业发展明显降速。更大危害是，导致市场需求疲软，物价持续下降，形成长达近5年之久的通货紧缩。

3. 1998~2002年的通货紧缩及治理②

1998年，刚刚走出通货膨胀阴影两年，中国经济就陷入了通货紧缩

---

① 1996年，国务院总理李鹏在《关于国民经济和社会发展"九五"计划和2010年远景目标纲要的报告》中指出："在肯定成绩的同时，我们也看到，前进中有不少问题和困难。突出的是，出现了比较严重的通货膨胀，五年零售物价年均上涨11.4%。"国家计划委员会副主任王春正在《国民经济和社会发展评述》中指出，"针对1994年出现的严重通货膨胀，党中央、国务院提出把抑制通货膨胀作为宏观调控的首要任务，坚持适度从紧的财政政策和货币政策。"载于《1996年中国经济年鉴》第4、65页，经济管理出版社1996年版。

② 通货紧缩是指物价水平持续下降的经济现象。参看刘树成主编《现代经济辞典》，凤凰出版社和江苏人民出版社2005年版，第990页。2001年，国务院总理朱镕基在《关于国民经济和社会发展第十个五年计划纲要的报告》中指出："我们成功应对国际突发事件的挑战，有效抵御了亚洲金融危机冲击，既克服了'九五'前期的通货膨胀的影响，又抑制了中后期的通货紧缩趋势，并战胜了严重的水旱灾害。"载于《2001年中国经济年鉴》，经济年鉴出版社2001年版，第4页。

泥潭。据统计年鉴资料，从1998~2002年，中国居民消费价格指数，在持续负增长和近乎零增长的低位上徘徊：环比，1998年为99.2%、1999年为98.6%、2000年为100.4%、2001年为100.7%、2002年为99.2%，形成典型通货紧缩。究其原因，既有1993~1995年重度通货膨胀后遗症的影响，又有经济体制利弊端的影响。一是农民家庭收入增长和消费支出增长减速，农村消费环境和条件落后，使农村市场启而不动；二是城市居民总收入增长减缓，加上分配不合理，预期悲观，使广大中低收入阶层的即期消费受到抑制，城市消费需求增长乏力；三是民间投资沉寂，使生产资料价格回升乏力；四是地方保护主义，使低效率过剩生产能力难以被淘汰。这些因素的综合作用，导致商品严重供过于求，价格持续下跌。

此次通货紧缩刚一露头，中国政府就果断地以积极财政政策和宽松货币政策应对，力求扩大内需，制止物价下跌，把经济稳定在较高增长速度上，控制失业率上升，维持社会稳定：（1）累计发行约8 000亿元国债券，把募集的资金用于西部大开发和振兴东北老工业基地，建设西气东输管道、西电东送电网，以及铁路、公路交通干线等大型基础设施，拉动投资需求；实行优惠政策，降低贷款利率，鼓励私人投资者创办企业，以增加就业机会和对中间产品的需求，制止生产资料价格下跌。（2）大幅度提高公职人员和企事业单位员工工资，增加居民收入；取消一些限制消费的政策规定，允许银行开办住宅、汽车和教育等消费信贷业务，同时降低存款利率，诱导居民增加消费支出；采取措施帮助农民增收，开拓农村市场，制止消费品价格下跌。（3）实行出口退税政策，鼓励企业增加出口，减轻国内市场的供给压力。这些措施收到了预期效果，制止了物价指数和经济增长速度下滑势头，避免了企业亏损面扩大，使GDP增长速率保持在7%以上，控制住了失业率上升，维持了社会稳定。2003年3月，中国居民消费价格指数由负转正、由降转升，长达5年的通货紧缩宣告结束。

毋庸讳言，此次治理通货紧缩也存在不足之处，留下了一些后遗症。其一，国债发行额度过大，耗费了过多的财政政策资源。由于连续大额发行国债，自2002年起，中国的财政赤字跃居3 000亿元以上，赤字率（财政赤字与GDP之比）逼近了国际公认的警戒线——30%，使今后财政政策的可运用空间变得相对狭窄[1]。其二，由于沿用旧的财政支出方式和投资方式，使争项目、要投资、盲目建设、重复建设抬头，寻租、商业贿赂蔓延，银行不良贷款比例大幅度上升。

---

① 张旭东：《我国财政政策由"积极"转向"稳健"》，《经济日报》，2004年12月3日。

4. 2003～2004 年的固定投资膨胀及治理①

通货紧缩阴影消退不久，受国际市场原料和能源价格上涨的影响，中国国内市场价格，从 2003 年底起，每月以 3% 以上的速度持续上涨，2003 年 11 月～2004 年 2 月，钢材价格月环比上涨连续高达 4%～6%。这激发了厂商增加投资冲动，加上地方政府推波助澜，导致 2004 年固定资产投资膨胀。该年，全社会固定资产投资，在 2003 年环比增长 30% 的基础上，又增长 25.8%。钢铁、电解铝行业等投资尤其过热。据国资委研究中心副主任白津夫披露，2004 年头两个月，中国制造业 30 个行业中，有 17 个行业的投资增超过 1 倍，钢铁行业为 172.6%，建材行业为 137.4%。这使得本已严重过剩的产能，更加严重过剩。预计 2005 年，钢铁产能将达到 3.3 亿吨，超过市场需求 0.6 亿吨，将被迫关厂压产。电解铝将达到 1 000 万吨，超过预计需求量 400 万吨，2/5 的产能将被迫关停压缩。②

吸取前几次治理通货膨胀，事后调控效果欠佳的教训，2004 年固定资产投资膨胀刚露头，中国政府立即采取措施进行调控。考虑到此次只是某些行业局部过热，因而不搞全面紧缩，而是区别对待、有紧有松。即把货币政策由前几年的"稳健"，逐步转向"适度从紧"；财政政策由前几年的"积极"，逐步转向"中性"；而且注重处理好部门之间、行业之间和层面之间的相互制约关系，做好"四个既要、又要"：既要严格控制部分行业过度投资盲目发展，又要切实加强和支持经济发展中的薄弱环节；既要坚决控制投资需求膨胀，又要努力扩大消费需求；既要着力解决当前的突出问题，又要着眼长远发展，避免留下隐患和后遗症；既要把该管的管住管好，又要充分发挥市场机制的作用。③ 此次宏观调控注重运用经济手段和法律手段，同时辅以必要行政手段，收到良好效果。经济手段方面，中央银行通过提高贷款利率，调高存款准备金和再贴现率，促使商业银行收缩贷款规模；法律手段方面，通过修改商业用地征用标准，从严控制土地供给，抑制投资需求增长；行政手段方面，通过查处"铁本事件"，停建一批违规项目。经过约 1 年的调控，到 2005 年初，冶金、建材行业的投资过热基本得到遏制，国民经济进入平稳轨道运行。

---

① 2005 年，国务院总理温家宝在《政府工作报告》中指出，"近两年我国经济运行中出现了一些新问题，主要是粮食供求关系紧张，固定资产投资膨胀，信贷发放过快，煤电油运紧张。"载于《2005 中国经济年鉴》，中国经济年鉴出版社 2005 年版，第 3 页。

② 白津夫：《遏制粗放式增长》，《经济参考报》，2004 年 4 月 23 日。

③ 刘树成：《我国五次宏观调控比较分析》，《经济日报》，2004 年 6 月 29 日。

5. 2010～2011年的温和通货膨胀及治理①

2009年，中国为应对美国金融危机造成的困难，实施积极财政政策，增加4万亿国债和银行资金投放，拉动内需。由于增发货币量过多过急，导致2011年出现温和通货膨胀，居民消费价格指数达到6.5%峰值，全年达到5.4%。迫使国务院调整金融和财政政策予以应对。2011年上半年，央行连续调高商业银行的存款准备金率，向金融业发出收紧银根信号；同时连续上调存贷款利息，吸纳流通中货币，降低流动资金过剩强度，抑制物价上涨。这些措施于当年8月份初见成效，物价涨幅开始持续回落。11月，央行调低商业银行存款准备金率，适度放松银根，满足用户贷款需求。由于治理及时得当，不仅见效快，而且未留下明显后遗症。

6.2.2 对经济波动调控治理的反思

1. 基本经验

5次宏观调控有以下经验值得吸取：

（1）建立跟踪观察国民经济主要行业运行状况，尤其是投资规模和物价水平变动状况的预警系统，及时发出预警信号，提醒决策机关作出判断和决策，力争变事后调控为事前或事初（通胀或通缩出现苗头时）调控，避免已经积重难返，再进行事后调控，给经济造成过重伤害。

（2）既要善于运用紧缩的财政政策和货币政策，治理通货膨胀，又要善于运用积极的财政政策和相对宽松的货币政策，治理通货紧缩。经济波动一旦得到治理，要及时让财政政策和货币政策归位于稳健和中性。

（3）要审时度势，对症下药，提高调控政策准确性。要根据各行业各部门的差异和特点，按轻重缓急区别对待，有松有紧，适时适度地实施调控，不搞"急刹车""一刀切"，力求使过冷经济平稳回暖，过热经济"软着陆"，不给经济社会发展造成大的伤害，埋下隐患。

（4）尽量用经济手段和法律手段调控，必要时才辅以一定行政手段。

---

① 有学者认为，物价总水平每年在3%左右，或5%以下缓慢上升，为温和通货膨胀。参看刘树成主编：《现代经济辞典》第991页，凤凰出版社和江苏人民出版社2005年版，第991页。我国居民消费价格指数，亦即物价总水平，2010年、2011年分别达到3.3%和5.4%，按前述标准为温和通货膨胀。2012年，国务院总理温家宝在《政府工作报告》中回顾2011年工作时指出："加强和改善宏观调控，遏制物价过快上涨，实现经济平稳较快发展。我们实施积极的财政政策和稳健的货币政策，坚持正确处理保持经济平稳较快发展、调整经济结构与管理通货膨胀的关系。"载于《2012中国经济年鉴》，中国经济年鉴出版社2012年版，第15页。国务院发展研究中心主任李伟在《2011中国经济年鉴》的《前言》中指出，"2011年，我们在控制通货膨胀方面取得了明显成效，但货币供给总量仍然偏大。"中国经济年鉴出版社2011年版。

所谓经济手段，是指国家根据宏观经济运行情况，遵循市场规律，依据利益原则，调节经济变量，间接影响微观经济主体行为，使之符合宏观经济发展目标要求的经济政策和措施。如调整资金投放额度、利率、存款准备金率、再贴现率、税率、价格的政策规定等。它是政府调控经济的基本手段。所谓法律手段，则是指政府调节和规范经济活动的法律措施。如修改完善已有法律条款，制定施行新法律条文等。运用法律手段作用在于，把政府的宏观调控行为纳入法制轨道，增强调控行为的合法性和权威性。所谓行政手段，是指国家以下达行政命令方式，对经济活动进行直接调节和控制。如 2004 年 4 月 29 日，中国政府下令半年左右暂停审批建设用地，就是运用行政手段遏制当时投资建设过热。之所以强调少用慎用行政手段，是为了避免"急刹车""一刀切"，伤及无辜行业和部门；也是为了防止政府越位越权行政，以公权侵犯私权，损害微观经济主体利益，给经济社会发展留下隐患。①

（5）改进调控方式，提高调控效果。随着经济体制转型，产业结构和产权结构日益多元化，以及加入 WTO 后外资外企大量进入，中国经济的内涵越来越丰富，宏观调控对象越来越复杂。中国政府唯有吸取以往经验，创新理论，改进方法，使调控手段更丰富、措施更灵敏精细和准确，才能提高调控质量，实现预期效果。如设立粮食播种面积、母猪和仔猪存栏数、经理采购指数、投资建设项目开工数、在建项目竣工率等，反映经济波动的先行指标体系，建立灵敏准确的监测预警系统和应对经济波动的快速反应机制；建立国家能源尤其是石油安全储备制度，绿色 GDP 统计考核制度，开征矿产资源税、环境税，并适度提高税率，抑制盲目开发冲动；深化银行体制改革，降低不良贷款比率，化解银行风险，等等，力争变事后调控为事前或事初调控，提高调控质量和效果。

2. 教训与启示

5 次经济波动，都程度不同地破坏了经济社会发展的协调性和连续性，扰乱甚至中断了改革开放进程。商贸流通业因从事商品购销运存业务而首当其冲，受到的干扰和破坏最剧烈。每一次通货膨胀都因价格攀升，导致厂商惜售和顾客用户抢购，加剧货源紧缺程度，甚至造成脱销断档，引起市场混乱。而通货紧缩，则因价格持续下跌，导致厂商抛售和顾客用户惜购，致使产品压积、市场萧条、企业亏损甚至倒闭。这些教训揭示，

---

① 本节中经济手段、法律手段和行政手段的定义，摘引自曹玉书：《把握好宏观调控力度和重点》，《经济日报》，2005 年 1 月 24 日。

只有"供求基本平衡、市场秩序良好"的宏观经济环境，才有利于商贸流通业和国民经济保持协调性和连续性，平稳而快速地发展。然而，如何才能遏制住目前制假售假猖獗，不公平交易普遍化的混乱局面，建立起有利于商贸流通业和国民经济平稳快速发展的宏观经济环境，则有不少问题需要深入探索和研究。

宏观调控理论认为，经济波动亦即供求失衡，是由供给和需求两方原因造成的，因而治理经济波动，构造供求基本平衡、市场秩序良好的宏观经济环境，应当供给管理和需求管理相结合①。但是，引发每一次经济波动的供给因素和需求因素并非半斤八两平分秋色，而是各次迥异有轻有重。于是便产生了以供给管理为主、需求管理为辅，或者以需求管理为主、供给管理为辅的治理方式。既往 5 次经济波动，中国政府和理论界都判定是需求原因造成的，并且采用需求管理措施（通胀时收缩银根、减少投资，压缩需求；通缩时放松银根，增加投资，扩大需求）进行治理，收到成效。于是便形成了单纯依靠需求管理治理经济波动、实施宏观调控的思维定式，从而导致对供给方面的原因——因假冒伪劣商品充斥市场，而造成有效供给不足；因对强势方规制不严，而造成不公平交易普遍化等问题，视而不见，未予治理。致使多年来，中国经济始终处于表面上商品供求总量平衡，而实质上有效供给严重不足状态，宏观经济环境虚假而脆弱：一是假冒伪劣商品充斥市场，挫伤消费者信心，致使扩大内需政策收效甚微；二是频繁爆发产品质量安全事故，引起民众恐慌，拒购事故企业乃至该行业产品，引发生存发展危机；三是一些垄断企业和市场组织结成价格同盟，操纵市场、哄抬价格侵犯消费者利益，扰乱市场秩序；四是一些大型零售商，滥用强势渠道权力侵犯供应商利益，频繁引发渠道冲突，等等。这些事实说明，如果中国的宏观调控目标，仍然停留在目前仅追求供求总量平衡的表面层次上，那么，所建立起来的宏观经济环境，必定是虚假而脆弱的，难以支撑商贸流通业和国民经济平稳而快速地发展。所以，必须赋予宏观调控目标以更深刻的内涵。即应当把供求平衡建立在"产品质量安全可靠、有效供给率高"基础上；把市场秩序良好建立在"强势方受到有效规制，公平交易普遍化"基础上。为此，应当把宏观调控方式由单纯需求管理，转变为供给管理与需求管理相结合，严格治理制假售假，提高商品有效供给率；严格规制强势方，扭转不公平交易普遍化局面。这样建立起来的宏观经济环境才是真实而稳固的，才能够支撑商贸流通业和国民经济平稳而

---

① 参见李晓西：《宏观经济学》，中国人民大学出版社 2005 年版，第 100 页。

快速地发展。

6.3 治理制假售假提高有效供给率

6.3.1 提高有效供给率：政府必须严格治理制假售假的理论根据

20 世纪 90 年代中期以来，中国形成了稳固的供大于求的买方市场，但是，其供给总量中混杂了大量假冒伪劣商品，需求总量中混杂了消费者被迫或主动购假形成的虚假购买力。① 这种供求平衡状况存在严重隐患；表面上市场购销两旺，而实质上消费者的需要并未完全得到满足，身心健康并未得到很好维护，甚至还受到了隐性伤害。一旦发生恶性质量安全事故，消费者不仅会断然拒购事故产品，而且拒购浪潮会随恐慌情绪蔓延到同类其他产品，使整个行业陷入产品滞销积压，生产难以为继的困境。三鹿三聚氰胺婴幼儿毒奶粉事件就是典型例证。

以上分析说明，治理制假售假，提高有效供给率（质量合格产品占供给总量比例）极为必要而紧迫。这需要政府树立"有效供给"理念，并把它贯彻到供给管理中去，改变目前只求供求总量平衡，而置品种结构平衡和产品质量平衡于不顾的调控理念和方式。供求平衡的完整含义是：商品供给不仅在总量上，而且在品种结构上和产品质量上，都满足消费者需求；只有品种结构、产品质量和数量，都完全满足消费需求的商品，才构成有效供给量；反之则构成无效供给量；有效供给量占供给总量的比率越高，供求平衡状态越真实稳固，越有利于商贸流通业和国民经济平稳而快速地发展；反之则相反。而要提高有效供给率，就必须严格治理制假售假，挤掉供给总量中假冒伪劣商品水分。这是中国政府必须严格治理制假售假的理论根据和根本理由。

6.3.2 制假售假的危害性

制假售假的危害。主要表现在：挫伤消费者信心，压制其购买力；挫

---

① 目前中国消费者的购假行为有不知假购假、知假被迫购假和知假主动购假三种类型。不知假购假，是指消费者在不了解商品假冒伪劣质量信息的情况下购买该产品；知假被迫购假，是指消费者明知某种商品是假冒伪劣产品，但正品难觅，或价格过高难以承受，而被迫购买该产品。如消费者明知非有机蔬菜农药残留量超标，而被迫购买。知假主动购假，是指消费者明知某种商品是冒牌产品，但受支付能力限制，为了满足拥有"名牌"商品的虚荣心理，而自愿购买。如一些消费者购买假名牌服装。

伤正品制造厂商研发新产品、提高产品质量积极性；浪费资源形成无效供给，导致产品质量安全事故频发；使失信和腐败风气泛滥等方面。图6-2直观地说明了这一点。

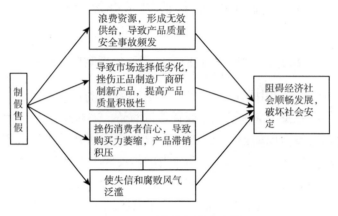

图6-2 制假售假的危害性

1. 浪费资源，形成无效供给，导致产品质量安全事故频发，耗费巨额治理费用

制假售假个人成本很低而社会成本很高，有很强负外部性。一是它耗费社会资源却形成无效供给。其产品不仅不能够满足消费者需要，而且还会对他们身心健康造成有形或无形损害。二是它诱使不法之徒不断加入，使市场陷入"选择低劣化"恶性循环圈，导致产品质量安全事故频发，引发社会危机，迫使政府消耗巨额费用治理。

2. 导致市场选择低劣化，挫伤正品制造厂商研发新产品，提高产品质量的积极性，阻碍社会技术进步

阿克洛夫（Akerlof）在一篇论述次货市场上逆向选择问题的经典论文中指出，由于信息不对称，充斥劣质产品的市场中会产生逆向选择现象，即劣币驱逐良币，劣质产品淘汰优质产品。① 在充斥劣质产品的市场中，消费者愿意支付的价格，低于正常价格水平，使正品厂商的生产成本不能够全部得到报偿，迫使他们向劣质产品厂商看齐或退出市场，从而导致市场选择低劣化。不法厂商生产假冒伪劣产品获得暴利，却使专利技术拥有者和正品制造厂商租金耗散，利润丧失，失去研发新技术、开发新产品的积极性，技术进步和新产品开发将因此而停滞，社会将为之付出沉重代价。

---

① Akerlof G. The Market for Lemons：*Qualitative Uncertainty and the Market Mechanism*，Quarterly Journal of Economics 84：488－500. 1970.

3. 挫伤费者信心，导致购买力萎缩，产品滞销积压缩

假冒伪劣商品充斥，使市场陷入"选择低劣化"恶性循环，导致产品质量一轮又一轮走低，消费者信心一次又一次受挫。"买什么，吃什么安全?"成了困扰他们的大问题。疑虑踌躇消减了他们的购买欲望，抑制了购买力正常实现，致使购买力萎缩，产品严重滞销积压。

4. 使失信和腐败风气泛滥

市场一旦陷入逆向选择怪圈，生存压力会迫使厂商牺牲社会利益，降低产品质量。这种行为蔓延，会导致社会诚信缺失，滋生钱权交易，使腐败行为泛滥。几乎每一起被查处的制假售假案件背后，都有行贿、受贿等腐败行为作祟。制假售假与腐败行为共生"共荣"，败坏了社会风气，涣散人心，使社会道德沉沦。

制假售假阻碍经济社会顺畅发展，破坏社会安定，是经济社会肌体上的毒瘤，政府必须拿起"严格治理"这把手术刀，把它切除。

制假售假导致消费需求萎缩，产品积压上升，其机理可以用收敛型蛛网模型分析和解释。[①] 该模型认为，当需求价格弹性大于供给价格弹性，即价格变动对需求量的影响大于对供给量的影响时，价格和产量（供给量或需求量）会随波动期收缩，最终趋向于均衡点，如图 6-3 所示。

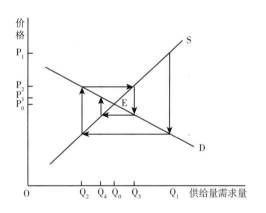

图 6-3　制假售假收敛型蛛网模型

剖析每一次产品质量安全事故，人们不难发现，每当消费者采购信心被质量安全事故挫伤，必定导致事故产品销售额大幅度下降，滞销积压上升。这种现象可以看成是受质量安全事故影响，事故产品需求价格

---

① 刘树成主编：《现代经济辞典》，凤凰出版社和江苏人民出版社 2005 年版，第 1257 页。

弹性大于供给价格弹性的表征。因此，可以用收敛型蛛网模型，对事故产品造成的恶性循环，亦即消费需求一轮又一轮收缩的机理，作如下描述和解释：由于事故产品需求价格弹性大于供给价格弹性，所以模型中需求曲线 D 比供给曲线 S 平缓，均衡点 E 的价格为 P_0，供给量和需求量均为 Q_0。（1）设未发生质量安全事故时，该产品旺销，价格为 P_1，供给量为 Q_1。（2）质量安全事故发生后，该产品的消费者心理价格由 P_1 下降至 P_2，消费需求收缩至 Q_2，形成数量（$Q_1 - Q_2$）的产品积压。（3）此时，生产者虽有所调整，但仍把价格定位于 P_2 上，形成供给量 Q_3。但消费者对该产品的信心未恢复，心理价格继续走低降至 P_3，形成 Q_4 需求量，造成数量（$Q_3 - Q_4$）产品积压，数量比上轮减少。这种收敛型波动，一直要延续到质量安全事故负面影响完全消除，消费者对该产品的信心完全恢复，厂商对价格和产量的调整完全到位，才能够重新达成供求平衡。产品质量安全事故有很强波及效应，不仅会殃及本行业中的无辜厂商，而且会殃及关联行业，破坏一个地区经济社会正常发展。早年的温州劣质鞋和晋江假药事件，近年的三聚氰胺毒奶粉和瘦肉精火腿肠事件，都曾经导致事故行业产品被消费者拒购，引发生存发展危机。最终，还是政府耗费巨额费用治理，重塑产品信誉和消费者信心，才使事故企业和行业起死回生，地区经济社会回归正常发展轨道。

6.3.3　制假售假猖獗原因分析

1. 信息不对称：滋生造假售假行为的土壤

与厂商相比，处于生产经营之外的消费者，掌握的产品信息很少，双方信息严重不对称。这为制假售假者隐瞒真实信息，欺骗消费者，谋取不正当收益，提供了有利条件。加上一些地方政府由追求虚假政绩，包庇纵容制假售假者，致使假冒伪劣商品屡禁不止，产品质量安全事故频繁发生。可见，信息不对称，是制假售假滋生的土壤。

2. 损人利己动机：制假售假的内在动因

亚当·斯密（Adam Smith）在《国民财富的性质和原因的研究》中揭露了人有自利性。他指出厂商所盘算的只是他自己的利益。威廉姆森（Williamson，1985）揭示了，经济人自利性中隐藏着机会主义动机。他认为，只要承认经济人自利性假设，就包含着承认了机会主义行为假设。即只要有可能，经济人总想扩大自己的利益，即使损害其他人利益也无所顾忌。造假售假要承受被查处的风险，但由于政府监管松弛，降低了被查处的概率。于是在暴利诱惑下，一些不法厂商不惜损人利己制假售假。他们得利后，吸引效尤者加入，遂使制假售假行为泛滥。

3. 政府监管松弛：制假售假行为蔓延的催化剂

发达国家经验表明，只有严格监管，才能够抑制厂商的机会主义动机，使制假售假行为销声匿迹。倘若监管虚化，制假售假厂商获得暴利的概率增高，不法之徒就会竞相效尤。治理制假售假，维护产品质量安全，是社会公共职能，只能由政府承担。地方政府和质量管理机关是产品质量安全的直接监管者，责任重大。然而，一些机构和官员，或者因收受贿赂，与制假售者沆瀣一气，沦为其保护伞；或者为追求本地虚假繁荣和政绩，而放纵制假售假行为，导致监管缺失或虚化。这犹如催化剂，助推制假售假行为滋生蔓延，致使产品质量安全事故频发，其机理可以用博弈论作如下分析和解释：

假设对产品质量监管者的再监管机制缺失，在此前提条件下：

（1）制假售假者不进入，收入为0；监管者无查处无受贿，收入为0。

（2）制假售假者进入被查处，收入为 $c(c<0)$；监管者查处制假售假是正常履职，不受奖励，也收不到贿赂，收益为0。

（3）监管者收受制假售假者贿赂，纵容造假者进入市场。制假售假者获得收益 $a(a>0)$，监管者获得收益 $b(b>0)$。

如是，可形成以下支付矩阵（见图6-4）：

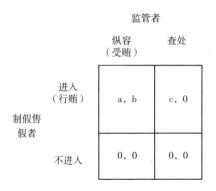

图6-4 造假售假博弈模型

用占优战略均衡方法求上述博弈模型的均衡解：（1）监管者查处是正常履职，不会受到奖励；而由于再监管机制缺失，监管者失职渎职，纵容制假售假者进入，不仅不会受到处罚，而且可以收受制假售假者贿赂，获得收入 $b(b>0)$。所以，对监管者来说，"查处"是劣战略，应当剔除。（2）当制假售假者观察到监管者有纵容自己进入市场的意图时，"进入"并贿赂监管者，可以获得收入 $a(a>0)$，是的最优选择，故"不进入"应剔除。综合（1）和（2）两个方面，"进入行贿、纵容受贿"是支付矩阵唯一的纳什均衡解。[①]

根据泽尔腾"连锁店悖论"原理，一旦监管机构渎职纵容制假售假者进入第 N 个市场，接着会纵容其进入第 N+1，第 N+2，……个市场，致使制假售假在全体市场中泛滥，引发产品质量安全事故[②]。2006 年秋至 2007 年初，查处的国家食品药品监督管理局局长郑筱萸和几位司长受贿渎职案，印证了前述分析的正确性。[③] 是他们受贿后的庇护和纵容，使得那一段时间，制造和出售假药行为从一家制药厂蔓延至一家又一家制药厂。

以上分析证明，只要对质量管理机关的再监管松弛和虚化，渎职者收受制假售假者贿赂被查处的概率低，制假售假就会泛滥，产品质量安全事故就会频发。因此，加强对质量监管机构的再监管，是防止造假行为泛滥的必要前提条件。

6.3.4 治理制假售假的路径和措施

制假售假猖獗，产品质量安全事故频发，是信息不对称和经济人自利性这些客观因素，与诚信教育缺失、社会信用制度不健全、相关法律规范不完善、政府监管职能虚化、消费者拒假维权意识钝化等多种社会环境因素共同作用造成的，必须针对性地采取多种措施综合治理，才能够收到实效。笔者据此提出如图 6-5 所示的综合治理方案。

制假售假行为主体是厂商，故而治理路径应以厂商为着力点，各项治理措施应最终指向和作用于厂商，以期达到提高厂商诚信经营意识，遏制制假售假行为发生的预期效果。其中，开展诚信教育、加强行业自律管理、建立健全社会信用制度和完善法律规范，是基础性措施，旨在构建诚信社会环境，促使厂商提高诚信经营意识；建立政府官员问责和质量监管人员追责制度，对渎职违法人员的严厉惩罚制度，强化政府质量监管职能，是关键性措施，旨在增大厂商制假售假的个人成本和利益损失，阻止其实施制假售假行为；激活消费者拒假维权意识，建立维权援助制度，降低维权成本，增强消费者拒假维权能力，是辅助性措施，旨在把强烈拒假

---

①② 张维迎：《博弈论与信息经济学》，上海三联书店 1996 年版，第 60~73、211 页。

③ 百度百科词条《药监局腐败窝案》：国家药监局 2006 年 12 月 29 日通报郑筱萸卸任一年零六个月被"双规"，其后两位下属被从任职岗位上直接带走，多名官员相继被逮捕。该案的共同点是：涉嫌受贿。据腾讯新闻报道，2007 年 7 月 10 日，经最高人民法院核准，郑筱萸被执行死刑。随后被批捕的医疗器械司司长郝和平、药品注册司司长曹文庄等均相继获刑。

维权信号传递给厂商，抑制其发生造假售假行为。

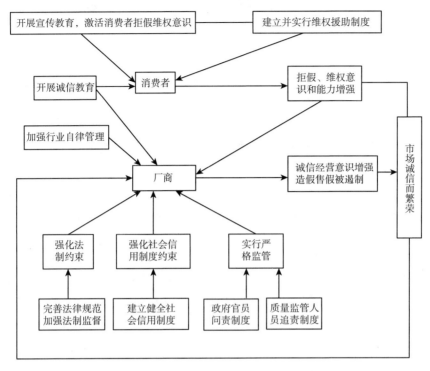

图6-5 制假售假综合治理方案框架结构

1. 开展诚信教育，加强行业自律管理，促使厂商树立诚信经营意识

成都武侯祠一名联的上联云：能攻心则反侧自消古知兵非好战。是说攻心，才能够从根本瓦解敌方。这个道理在治理制假售假中体现为，促使厂商树立诚信经营意识，是攻心之策，根治制假售假的基础性工作。人的行为受其思想意识支配，而人的思想意识来源于所处社会环境和所受教育，厂商亦然。因此，防止制假售假行为发生的根本措施是，在构造诚信社会环境同时，对厂商开展深入持久的诚信教育，并且加强行业自律管理，使厂商牢固树立诚信经营意识。这需由政府和行业协会联手，采取生动而具体的教育方式，持之以恒，才能收到成效。

2. 修改完善质量管理法律规范，实行严厉惩处制度，使厂商畏惧法律威力打消制假售假念头，使制假售假在源头得到遏制

中国现行质量管理法律规范不严密，惩处措施不严厉，使制假售假者存在侥幸得逞心理。加上质量监管处于条块分治状态，存在"盲点""盲区"，使造假售假者有空子可钻。这是非法使用食品及饲料添加剂、蔬果农药残留超标等质量安全问题久治不愈的根源。因此，立法机关应修改完

善质量管理法律规范，建立严厉的惩处制度。这样才能产生震慑力，使厂商因惧怕承担法律责任而打消制假售假念头，使制假售假在源头上得到遏制。

3. 开展宣传教育，唤醒消费者拒假维权意识，建立拒假维权援助制度，增强消费者拒假维权能力，形成强大制约力量，迫促使厂商诚信经营

消费者是厂商的衣食父母，其拒假维权，是制约厂商制假售假行为的重要力量。在消费者普遍拒假维权的市场中，制假售假者难以生存。但是，由于长期处在拒假维权成本很高的环境中，中国消费者拒假维权意识严重钝化，处于休眠状态，需要唤醒和激活。政府一方面应当开展拒假维权教育，唤醒消费者拒假维权意识；另一方面应当支持消费者权益协会，建立并实施拒假维权援助制度，降低消费者拒假维权成本，增强其拒假维权能力。这样才能够形成强大的制衡力量，迫使厂商收敛造假售假行为，养成诚信经营良好习惯。

4. 建立并施行对质量监管机关官员的问责追责制度，对其进行严格再监管，督促其认真履职，遏制制假售假行为发生

前已述及，对质量理机关的再监管机制缺失，致使其失职渎职，包庇纵容制假售假者，是制假售假猖獗的直接原因。治理这个问题的根本路径是：建立并施行举报人奖励制度，鼓励公众据实举报质量管理机关失职、渎职行为；建立并施行对质量管理机关人员尤其是官员的问责追责制度，对其进行严格再监管，防止其失职渎职，包庇纵容制假售假者。这种再监管机制的作用机理，可以用博弈模型解析：

当再监管制度建立并实行时，博弈模型中除原有直接监管者，即监管者1外，增加了再监管者，即监管者2——司法和行政监管机关。并且假设，监管者2的唯一行为选择，是对监管者1进行严格监管，即如果发现监管者1纵容造假者进入，立即给予严厉处罚。这样，质量监管机关受到震慑，会认真履职阻止造假者进入，从而使制假售假行为销声匿迹。因为在图6-6博弈模型中：

（1）在（不进入、纵容）和（不进入、查处）两个组合中，造假者不进入，收入为0；监管者1无受贿，收入也为0。

（2）在（进入、纵容（被查处））组合中，由于监管者2给予监管者1严厉处罚，进而迫使监管1给予造假者严厉处罚，因而造假者和监管者1的收入均为负（d<0，e<0）。

（3）在（进入、查处）组合中，造假者因受查处，收入为负（c<0），监管者1是正常履责，不会受到奖励，故收入为0。

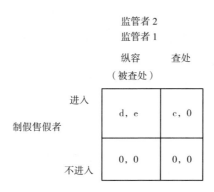

图 6 - 6　实行严格再监管治理制假售假博弈模型

按照重复剔除占优均衡规则，由于监管者 2 存在，监管者 1 若纵容造假者进入就会受到查处。因此，"纵容"是管理者 1 的劣战略，应剔除。这样，在监管者 1 选择查处的条件下，"进入"是造假者的劣战略，应剔除。于是，（不进入，查处）是支付矩阵唯一的纳什均衡。这证明建立并实施再监管制度，防止质量监管机关失职渎职，是遏制造假售假行为泛滥的关键措施。

6.4　严格规制强势方构造公平交易市场环境

6.4.1　交易双方市场权力有强弱之分

商贸流通领域中，交易双方的市场权力并不对等，而有强弱之分。这是由以下原因造成的：

1. 信息不对称

卖方从事生产经营活动，充分掌握其产品的成本和质量信息；而买方处于生产经营之外，仅了解产品外观上的少量信息，这种信息不对称，导致买卖双方讨价还价权力有强弱之分。卖方是强者，他可以隐瞒产品的不利信息而宣扬有利信息，抬高要价，诱使买方成交；而买方是弱者，若不货比三家，则很难识破卖方的伎俩，只能在不公平的条件下成交。

2. 掌握营销渠道资源多寡

市场竞争、优胜劣汰，使中国商贸流通行业市场集中度不断提高，趋近垄断竞争市场结构。2010 年，排名前 5 位的连锁公司年销售额达5 727.74亿元，占有全国连锁公司总销售额的 20.9% 。他们掌握了庞大的营销渠道网络和巨量采购额，是市场中的强者。而他们的交易对手供应商，则处无组织分散化状态，仅掌握自身少量有限货源，是市场中的弱者。笔者曾构建理论模型，从组织化程度高低，掌握专用性资产多寡、替代性强弱、转换成本高低和在渠道中所处位置是否有利等5个方面，分析评价连锁公司与单个供应商的渠道权力状况，得出与前述分析相同的结论：连锁公司渠道权力超强，单个供应商渠道权力过弱。① 推而广之，控制货源渠道的批发商与单个零售商之间，经营大卖场的零售商与单个顾客之间，都程度不同地存在市场权力强弱之分——前者强后者弱。

3. 一些企业拥有垄断和寡头市场地位

垄断是指某些行业市场上只有唯一卖者供给产品的市场结构。寡头则是市场上只有几个卖者提供相同或相似产品的市场结构。这两种市场结构中，垄断和寡头企业控制了产品供给，拥有超强的市场权力，广大顾客和用户则是无力与之抗衡的弱者。由于市场化改革不彻底，中国一些本应向民营资本开放的行业至今还没有开放，造成诸如卷烟、食盐、民航、铁路运输、银行、石油销售等行业被国有垄断和寡头公司控制，加上自来水、天然气和电力供应等行业的自然垄断，致使中国民众不得不与更多（与成熟市场经济国家相比）拥有超强市场权力的卖者交易，自身利益难免不受侵犯。

6.4.2　强势方滥用市场权力行为的根源

前已述及经济人有自利性。而且，威廉姆森指出，经济人自利性中隐藏着机会主义动机，外部条件适合时，可能转化为损人利己行为。交易强势方具有的市场权力优势，会助长和强化其自利性中的机会主义动机，使其产生滥用强势市场权力，侵占弱势方利益的内在冲动。此时，如果政府规制健全，使强势方观察到，实施滥用市场权力行为，会受到严厉查处，得不偿失，那么，他们会克制其损人利己内在冲动，不实施滥用市场权力行为。反之，如果政府规制缺失，使强势方观察到，滥用市场权力不会受到查处，得大于失，那么，他们就放纵其损人利己内在冲动，实施滥用市场权力行为，侵占弱势方利益。21世纪初，中国本土连锁公司发育，导致零售业市场集中度提高，但由于缺乏管理渠道冲突经验，政府未能够及时制定和施行遏制大型零售企业滥用渠道权力的法规，致使连锁公司凭借其超强渠道权力多收费乱收费，侵犯供应商利益事件频发。据供应商反

---

① 周殿昆：《渠道冲突频发原因及治理路径分析》，载于《财贸经济》，2008年第4期。

映，连锁公司除了按契约规定向供应商收取进场费和条码费外，还要收取旧店翻修费、新店开业费、开业周年费、节日庆祝费、新品上架费、产品推销费和合同续签费等名目繁多的契约外费用。1家大型连锁公司据此可敛财数千万元。① 由此导致连锁公司与供应商之间渠道冲突频发。这种乱象一直延续到2005年10月，中国商务部出台《零售商与供应商进货交易管理办法》和《零售商促销行为管理办法》，才得到遏制。可见，政府规制缺失，是交易强势方滥用市场权力的根本诱因，加强规制则可以使其得到遏制。

6.4.3 不公平交易普遍化成因分析

前已述及，由于政府规制缺失，导致交易强势方自利性动机显现为损人利己行为，致使强势方滥用市场权力行为普遍化。而交易弱势方受自身能力和环境条件限制（如维权援助机制缺失、维权成本高），无力与强势方抗衡。只要强势方要价（提高价格或多收费乱收费要求）在其可以承受范围内，弱势方都会屈从，与之达成交易；除非强势方要价超出其承受范围，才拒绝与之交易，于是便导致不公平交易普遍化。其形成机理，可用以罗宾斯泰英创建的无限期轮流出价博弈模型分析和解释。该模型唯一博弈精炼纳什均衡结果是：$X^* = \dfrac{1 - \delta_2}{1 - \delta_1 \delta_1}$（如果$\delta_1 = \delta_2 = \delta$，$X^* = \dfrac{1}{1 + \delta}$）。其中，$\delta_1$、$\delta_2$分别是参与人1和参与人2的贴现因子，也可以理解为他们的讨价还价成本，X^*是参与人贴现因子δ_1和δ_2（耐心程度）的函数。②

1. 无限期轮流讨价还价博弈中有一个"先动优势"

当$\delta_1 = \delta_2 = \delta < 1$时，$X^* = \dfrac{1}{1 + \delta} > 1/2$，即先叫价者的得益比例高于还价者（张维迎，1996，P206）。所以，拥有强市场权力的强势方为了取得"先动优势"，通常都会率先提出"多收费"要求，挑起讨价还价博弈。

2. 博弈中强势方和弱势方按照耐心程度高低分割交易创造的收益

由于强势方得$X_1 = \dfrac{1 - \delta_2}{1 - \delta_1 \delta_2}$，弱势方得$X_2 = \dfrac{\delta_2(1 - \delta_1)}{1 - \delta_1 \delta_2}$，而且$\dfrac{1 - \delta_2}{1 - \delta_1 \delta_2} + \dfrac{\delta_2(1 - \delta_1)}{1 - \delta_1 \delta_2} = 1$，所以，强势方和弱势方得益$X_1$和$X_2$的比例，在$[0, 1]$

---

① 资料来源于杨媛、曾璇、张艳芳：《供应商曝超市"圈钱"内幕》，《羊城晚报》，《文摘周报》，2006年3月3日，第8版转载。

② 无限期轮流出价博弈的纳什均衡结果及其推导过程见张维迎：《博弈论与信息经济学》，上海三联书店，上海人民出版社1996年版，第200～207页。

区间上此消彼长，消长状况由 δ_1 和 δ_2 值的变化决定。给定其他条件（如出价次序），越有耐心的参与者得到的得益比例越大（张维迎，1996，P205~206）。而参与人耐心程度高低（贴现因子值大小），与他们的市场权力强弱正相关。即市场权力强（弱）的交易者，在讨价还价博弈中得益比例高（低）。这个结论可以用以下方法证明，所依据的基本原理是，真分数值大小与其分母减分子之差负相关：

（1）由于 $0 < \delta_1 < 1$，$0 < \delta_2 < 1$，当给定 δ_2 时，强势方收益 $X_1 = \dfrac{1 - \delta_2}{1 - \delta_1 \delta_2}$ 的分母减分子之差是 $\delta_2(1 - \delta_1)$。根据前述基本原理，由于 δ_2 给定，所以 X_1 值小大与 $(1 - \delta_1)$ 负相关，而 $(1 - \delta_1)$ 值大小又与 δ_1 值大小负相关，所以 X_1 值大小，与强势方贴现因子 δ_1 值大小，亦即其耐心程度正相关。由于强势方承受博弈耗费的能力强，因而其耐心程度高，贴现因子 δ_1 值大，所以在讨价还价博弈中得益比例高。

（2）由于 $1 > \delta_2 > 0$，$1 > \delta_1 > 0$，同理，当 δ_1 给定时，弱势方收益 $X_2 = \dfrac{\delta_2(1 - \delta_1)}{1 - \delta_1 \delta_2}$ 的分母减分子之差是 $(1 - \delta_2)$。根据前述基本原理，X_2 值大小与 $(1 - \delta_2)$ 负相关，而 $(1 - \delta_2)$ 值大小与 δ_2 值大小负相关，所以 X_2 值大小与弱势方贴现因子 δ_2 值大小正相关。由于弱势方承受博弈耗费的能力弱，因而其耐心程度低，贴现因子 δ_2 值小，所以在讨价还价博弈中得益比例低。弱势方明白这一点，因而只要强势方的要价在其可承受范围内，都会屈从，与之达成交易；除非强势方要价超出其承受范围，才会拒绝交易，遂使不公平交易普遍化。

6.4.4 加强规制构建公平交易秩序

不公平交易普遍化有强烈危害性。它使弱势方感到压抑和屈辱，不信任强势方，降低交易积极性；它滋生隐性渠道冲突，导致恶性渠道冲突频发，破坏渠道稳定性，扰乱市场秩序，妨碍商贸流通业平稳而快速地发展。加强规制，制止强势方滥用市场权力，构建公平交易秩序，是社会公共职能，只能由政府承担和履行，所以中国政府应当：

（1）继续推进重点行业的市场化改革，削弱垄断和寡头企业的超强市场地位。除少数维系国家经济安全的特殊行业外，其他行业如食盐和卷烟批发，成品油销售、银行、保险、邮电通信、民航和铁路运输等都应当开放，允许民营资本进入，以打破国有垄断和寡头企业一统天下格局，削弱其超强市场地位。即使自然垄断行业，如自来水、天然气供应、电网和铁道路网等，也应当对垄断企业作适当分拆，尽可能引入竞争机制，弱化其垄断地位。

（2）制定法规并加强监管，强制买方充分披露（除商业秘密外）产品质量真实信息，方便买方查询，弱化买卖双方信息不对称程度，降低不公平交易发生率。

（3）修改完善约束强势方市场行为的法规，进行严格监管，制止强势方滥用市场权力。

（4）支持弱势方，如消费者和供应商建立协会，提高组织化程度，增强讨价还价和维权能力。在司法、行政和民间三个层面上，建立支持弱势方维权的援助制度，降低弱势方维权成本，使其敢于维权，形成威慑力，遏制强势方滥用市场权力。

（5）依托行业组织，对强势方企业员工尤其是高管人员，开展"共赢"理念教育，使他们明白：自身企业的命运与弱势方休戚相关；交易收益是双方共同创造的，只有合理分割才能维系双方关系；侵占弱势方利益，最终会殃及自身。从而使企业员工尤其是高管人员树立"共赢"理念，克制滥用市场权力冲动。

只要政府持之以恒地做好上述工作，就一定能够遏制住强势方滥用市场权力冲动，扭转不公平交易普遍化局面，建立起有利于商贸流通业平稳而快速地发展的公平交易市场环境。

第三部分

变革创新，推动商贸流通业持续发展

在第二部分论述了如何构建商贸流通业持续发展所需要的牵引力和经济社会环境之后，第三部分将论述如何通过深化改革和扩大开放，促进制度变革，推动商贸流通各行业实现持续发展。因而制度变革仍是各章的主线。本部分将分别从农村市场发展与农产品流通渠道优化、零售业态演进及批发解构重组和商业集群发展、电子商务增益增值模型与加快发展路径、连锁公司生命力及其发育状况和再发展路径、期货市场曲折成长及其成效与再发展路径、物流业变革成效及其再发展障碍与化解之策等视角，展开论述，由第7~12章构成。

第7章 农村市场发展与农产品
流通渠道优化

本章中的农村是指中国县以下乡村，论述对象是农村市场和农产品流通渠道。中国是典型的城乡二元经济结构国家。虽然改革开放以来，农村经济社会得到了一定程度发展，但是城乡之间的差距并没有缩小，反而在扩大。城市已进入了工业化中后期，农村却还处于工业化初期，甚至传统农业经济状态。2010年，中国城市化率为49.95%，农村居民为67 113万人，占总人口的50.05%。农村居民人均收入5 919元，人均消费4 455元，仅分别是城镇居民的31.0%和28.0%；农村居民的恩格尔系数为41.1%，比城镇居民高5.4个百分点①。收入水平悬殊，加上社会和文化环境方面的差异，使得城乡居民之间在购买力、消费层次和偏好有明显差别。而且，工业消费品和农用生产资料（合称工业品），通常由城市流向农村市场；农产品则由农村流向城市市场，它们有不同的特点和规律。故而，本章首先分析农村市场的战略地位和发展潜力，进而分析农村工业品市场的发育状况和再发展路径，然后分析农产品流通渠道结构、供购双方利益关系、渠道建设成效及其存在的结构性障碍，提出促进农民合作社发育、消除结构性障碍、优化渠道结构、疏通渠道的路径与措施。

7.1 农村市场的战略地位和发展潜力

7.1.1 农村市场的战略地位和重要作用

1. 农村工业品市场在满足农民生活和生产性消费需求，拉动相关工业发展方面，具有不可替代的战略地位和重要作用

二元经济结构，造就了中国工业品由城市流向农村的流通格局。其中，

---

① 资料来源：《2011年中国统计年鉴》，国家统计局网站。

工业消费品满足农村居民吃穿用等生活消费需求，工业品生产资料则满足其生产性消费需求。农村工业品市场及其流通渠道，担负着保证货源供给充足、商品质量合格的重要职能，其运营状况直接影响农业生产效率和农村居民生活质量。改革开放以来，正是由于农村工业品市场不断发展，源源不断地把商品输送到万村千乡，才使得农民的消费需求得到满足，生活不断改善，生产效率不断提高。1980~2010年，中国农村居民人均消费支出和消费总额分别由178元和1 416.3亿元，增长到4 455元和29 898.8亿元，分别增长了24.0倍和20.1倍；农用工业品生产资料，化肥施用量由1 269.4万吨，增长到5 561.7万吨，增长了3.38倍；大中型和小型拖拉机拥有量，分别由74.49万台和187.40万台，增长到392.17万台和1 758.80万台，分别增长了4.26倍和8.39倍；排灌柴油机拥有量由289.90万台，增长到946.25万台，增长了2.26倍。① 农村居民购买力强劲增长，拉动了消费品工业和农用生产资料工业持续发展。随着农村经济社会发展，农村工业品市场的战略地位和重要作用，将进一步增强。

2. 农村市场是农产品流通渠道的源头，在保障城市居民食品和轻工业原料供给、促进农民增收方面，具有不可替代的战略地位和重要作用

2010年，中国农村产出粮食54 647.7万吨，棉花596.1万吨，水果21 401.4万吨，蔬菜约6.5亿吨②。这些农产品，除一部分被农村居民自己消费外，大部分都运往城市，作为轻工业原料或食品供城市居民消费。首先，农产品供给是否充足，城乡渠道是否畅通，直接关系着城镇居民生活消费和轻工业的原料需求，是否能够得到满足，维系着社会稳定。每当发生灾害或城乡流通渠道堵塞，城市食品供给就会短缺、价格上涨，给城市居民生活和轻工业生产造成困难。此时，保障渠道畅通和货源供给充足，成了政府的头等大事。可见，农产品流通渠道地位和作用何等重要。其次，生产和销售农产品是中国农民家庭除务工外的主要收入来源。农产品须经由连接城乡的流通渠道，完成由（乡村）生产地向（城市）消费地的转移，才能最终实现其价值，转化为农民的货币收入。流通渠道越通畅，农产品价值越能够充分实现，农民务农收入增长越快。反之，则滞销积压，农民收入减少。可见，农产品流通渠道，在组织和输送农产品进城，满足城市居民食品消费和轻工业原料需要，促进农民收入增长方面，

---

① 资料来源：《2011年中国统计年鉴》"农业"等相关栏目，国家统计局网站。其中，农村居民消费总额，是农村居民人均消费支出额，与当年农村居民人口总数的乘积。

② 资料来源：《2011年中国统计年鉴》，国家统计局网站；《中国农业统计资料》，农业部网站。

具有不可替代的战略地位和重要作用。今后，随着经济社会发展中，这种战略地位和重要作用还会进一步增强。

7.1.2　农村市场有巨大发展潜力

1. 农村市场蕴藏着巨大的消费需求增长潜力

中国既是人口大国，又是制造业大国，经济社会的持续发展主要靠内需持续增长拉动。一方面，中国农村进入了普通工业消费品（除汽车和商品房外）升级换代时期，6亿多农村人口的巨大消费需求，是保持内需持续增长的重要力量。另一方面，农业生产持续发展，将创造出对农用生产资料的巨大需求，拉动农用工业持续发展。

中国农村市场另一个重要特点是，农民家庭消费倾向高，有效需求增长潜力大。凯恩斯创立了消费倾向范畴，并且证明：当其他条件既定时，收入越高的人群，其平均消费倾向越低；收入越低的人群，其平均消费倾向越高。2010年，中国农村居民的人均纯收入水平为5 919元，仅是城镇人均可支配收入的31.0%。按照凯恩斯定理，中国农村居民的消费倾向，应当明显高于城市居民。而且统计资料显示，农民家庭工业消费品普及率显著或明显低于城镇居民家庭，有巨大增长空间。

表7-1显示，中国城市居民家庭普通耐用消费品的需求大体已经饱和，消费热点已经转向了轿车、住宅和旅游等新兴消费领域，而农村居民家庭，却正处于家用电器、电脑和手机等普通工业消费品的普及阶段。2010年，平均每百户普通耐用消费品拥有量，农民家庭与城市居民家庭之比为：洗衣机59∶100、电冰箱47∶100、彩色电视机81∶100、空调机12∶100、移动电话机72∶100，家用电脑15∶100。其中，洗衣机、电冰箱、空调机和家用电脑的消费增长空间尤其大。据中国商务部对1万户农民抽样调查，有1/5以上的农民想买冰箱、电脑、洗衣机、摩托车、空调机和手机。据测算，农民每增加1元钱的消费支出，由于乘数效应，将使国民经济中新增2元钱消费需求；农村家电普及率每提高1个百分点，就会增加238万台（件）家用电器消费需求。[1]2009年，为应对世界金融危机，中国政府实行优惠政策鼓励"家电下乡"，促进农村家电消费。当年1~10月与上年同比，长虹家电产品销量增长284%，格力空调销量增长40%，海尔洗衣机销量增长34%。[2] 这证明农村确实蕴藏着

---

[1]　杨国民：《做好激活农村市场这篇大文章》，《经济日报》，2006年8月4日。

[2]　王志玲：《加强监管改善服务，为"家电下乡"保驾护航》，《经济日报》，2010年1月20日，第16版。

巨大消费需求潜力，若能运用经济政策将其转化为实际购买力，可以吸收消化消费品工业过剩产能，拉动其持续发展。

表7-1   2010年城乡居民家庭平均每百户耐用消费品拥有量比较

	洗衣机	电冰箱	彩色电视机	空调机	移动电话机	家用电脑
农民家庭	57. 32	45. 19	111. 79	16. 00	136. 54	10. 37
城镇居民家庭	96. 92	96. 61	137. 43	112. 07	188. 86	71. 16
农民家庭与城镇居民家庭拥有量之比	59：100	47：100	81：100	12：100	72：100	15：100

注：数据资料来源于：《2011年中国统计年鉴》"人民生活"栏目，国家统计局网站。

2. 农村的资源环境容量相对宽松，具备支撑消费快速增长的资源环境条件

目前，中国城市居民已经进入了以轿车、宽敞住宅和旅游为主要热点的消费阶段，但因要占用和消耗大量耕地和能源等稀缺资源，加剧环境污染，从而受到资源环境供给紧约束的限制。而农村居民的消费热点是家用电器、电脑和简单住宅装修，不会占用、消耗大量耕地和能源等稀缺资源，对生态环境构成威胁。而且，农村人口密度远低于城市，生态环境的自净化和修复能力远强于城市，具备支撑消费需求持续增长的能力。这是中国农村市场的又一潜力。

3. 中国农业有巨大的供给和需求增长潜力

改革开放以来，中国农业生产取得了长足发展。农产品产量持续增长。与1980年相比，2010年，粮食产量达到54 647.7万吨，增长了0.70倍；棉花产量达到596.1万吨，增长了1.20倍；油料产量达到3 230.1万吨，增长了3.20倍；水果产量达到19 220.2万吨，增长了30.5倍；蔬菜产量达到6.5亿吨。① 但是，中国农业的规模化、集约化和科学化水平仍然较低，还有巨大生产潜力。若通过推动土地使用权流转、发展农民专业合作社、推广农业机械和科学技术等路径，提高农业生产规模化、集约化和科学化水平，把农业潜能转化成为现实生产力，农业产量将持续增长。如是，一方面，可形成巨大供给能力，满足城市居民和轻工业对农产品不断增长的需求；另一方面，可创造出对农用生产资料的巨大需求，拉动为相关工业部门持续发展。

---

① 资料来源：《2011年中国统计年鉴》"农业"栏目，国家统计局网站。

7.2 农村工业品市场发育状况及再发展路径

7.2.1 中国农村工业品市场的渠道结构

如图7-1所示，中国农村工业品市场的渠道结构是：

（1）工业品消费品的货源供给者，是地处城市的制造商和供货商，大部分货物经连锁公司统一采购和配送，通过遍布各村镇的超市和便利店售卖给农户。在一些住户分散、人口较少的村庄，则由小型零售商店和流动商贩采购、售卖给农户，政府应保护其合法经营权。

（2）农用工业品生产资料（主要是各种农机具、化肥、农药和建筑材料）的货源供给者是地处城市的制造商和供应商。其货物或者由制造商和供应商自销渠道和网点直接售卖给农户；或者经由农民合作社、农资公司和放心商店采购并售卖给农户。笔者认为，由农民合作社统一采购和售卖给农户，能获得规模经济效益，降低采购成本，保证产品质量安全，产生制造商、合作组织和农户三方共赢效果。

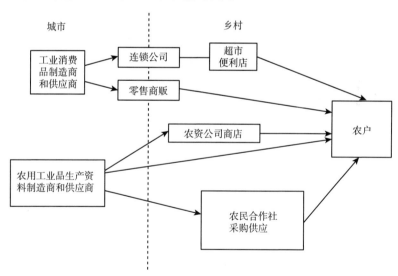

图7-1　中国农村工业品市场的渠道结构

7.2.2 农村工业品市场发育成效

1. "市场工程"建设效果明显

21世纪初，供销合作社在农村的基层社解体后，农村工业消费品市场主要靠夫妻商店、零售小贩和集市贸易支撑，业态十分落后。据专家估计，当时农村约1/3的食品、1/2的服装、70%以上的电视机、洗衣机和电冰箱，要到县城、地级市或省会城市购买；日用小商品虽然能就近购买，但产品质量难以保证。为了改变这种状况，2005年，商务部启动了"万村千乡市场工程"和"双百市场工程"，供销合作总社启动了"新农村现代流通网络工程"，旨在以连锁公司配送中心为龙头，按照超市、便利店模式改造农家店，使农村工业品销售网络，沿着统一采购配送、连锁营销、规范化服务方向发展。

经过几年改造和建设，农村工业品市场面貌明显改观。据商务部副部长姜增伟撰文披露，截至2009年年底，商务部系统已在全国建设和改造了1 000家批发市场和农贸市场，41.6万个农家店，1 467个配送中心，覆盖了全国85%的县、75%的乡镇和50%的行政村。① 连锁超市和便利店下乡进村，使农民得到了实惠。据北京市统计，试点龙头企业（连锁公司）为农村店铺开发和引进商品达8 000多种，使乡镇店铺经营的商品达到5 000种以上，村庄店铺经营的商品达到1 200种左右。农民从乡村超市和便利店购买食品的价格，比夫妻店约低5%～10%。湖南步步高连锁公司超市在湘潭楠竹山镇开业后，带动当地生活用品价格下降10%～15%。据商务部对山东、江苏、浙江、安徽等地调查，原来的夫妻店改造成超市后，销售额增长了2～8倍。②

供销合作社系统的"新农村现代流通网络工程"建设，培育发展了一批农资放心商店，使农民能够买到质量可靠的种子种苗和农药化肥，免受假冒伪劣商品之害。该项工程建设发展各类经营服网点68万个，覆盖全国1/3以上行政村，4 600多家供应商，对58万个网点（占网点总数85%）实行连锁配送，扩大了销售量。2009年，全国供销社系统销售额突破1万亿元大关，达到12 349.82亿元。全年销售化肥10 935.27万吨，同比增长18.25%。③

---

① 姜增伟：《进一步搞活流通扩大消费》，《经济日报》，2010年1月18日，第11版。

② 数据和案例资料来源于：鲍晓晴：《连锁店下农村：三级市场能否孕育零售新军》，《经济日报》，2005年8月1日；杨国民：《开启农村市场的"金钥匙"》，《经济日报》，2006年8月2日，第1～2版。

③ 刘惠兰：《供销合作社：服务"三农"的生力军》，《经济日报》，2010年3月18日，第6版；《2009年供销社销售额逾12000亿元》，《经济日报》，2010年1月19日，第1版。

2. 市场工程建设构造的共赢机制，为农村工业品市场后续发展注入了持久动力

市场工程建设改善了农村批发市场和贸易集市的基础设施，使批发商、零售商和顾客能便捷地采购商品，节省了时间，提高了效率。连锁商店开到乡村，不仅使农民购物便捷，并且堵住了假冒伪劣商品进入农村的口子，提高了消费安全性，维护了农民权益。乡村小型零售商店改造成便利店或超市后，增加了经营品种、销售额和收入；连锁公司则扩大了市场覆盖面和销售额，增加了利润。这种共赢机制，将把各方力量凝聚成合力，推动农村工业品市场持续发展。

7.2.3 农村工业品市场还有明显缺陷

农村工业品市场虽然取得了上述成效，但由于原来基础过于薄弱，加上社会环境条件限制，不可避免还存在以下缺陷：

（1）基础设施依然比较落后，市场网点依然不足。统计资料显示，中国农民人均拥有商业店铺面积不足 0.1 平方米，仅相当于上海、北京等大城市居民人均拥有商铺面积的 1/10。

（2）经营业态和交易方式仍比较陈旧。据中国商务部调查，目前中国农村市场中，通过连锁营销方式完成的交易额，仅占总交易额的 10%，90% 以上的交易额仍然由旧业态完成，1/3 农民认为购买商品还不方便。

（3）产品质量和售后服务水平有待进一步提高。虽然不少厂商的营销理念有很大改进，但是仍有一些厂商沿袭旧理念，把农村视为销售质量低劣商品的场所，并且不提供售后服务。据《广州日报》2009 年 12 月 10 日披露，当年"家电下乡"产品中，次品率高达 12.5%，产品维修率高达 12.6%，超过全国家电产品平均维修率 10 倍。担心质量不可靠和维修难，仍然是家电产品在农村扩大销量的"拦路虎"。

（4）制假售假依然猖獗。据中国商务部问卷调查，高达 74.8% 的农民曾买到假冒伪劣商品，80% 的假药案件发生在农村，48.9% 的农民表示购买商品最看重质量是否可靠安全。治理假冒伪劣商品，仍然是农村工业品市场建设中一道亟待解决的难题。

7.2.4 推动农村工业品市场再发展的路径与措施

实践经验显示，每一种市场发展，都是商品购买力和供给力增长，以及购物环境和消费条件改善等因素，共同推动的结果。因此，政府、银

行、制造业厂商、商业主管部门和商业公司，应联手做好以下工作，才能够推动农村工业品市场再发展：

1. 银行和政府应联手帮助农民增收，为农村工业品市场再发展源源不断地增添需求动力

大多数农户经过多年积累拥有了一定量不动产（如房屋和大型农机具），富裕农户还拥有作坊和商业铺面等。这为中国农商行发展对农户的抵押贷款业务，创造了有利条件。中国农村商业银行，应当学习孟加拉国吉大港大学尤努斯教授创办的格莱珉乡村银行，贷款帮助穷人脱贫的成功经验，结合中国农村特点，创新对农户的抵押贷款制度，以资金这个紧缺生产要素，支持农户开辟生产经营门路，脱贫致富。① 政府惠农政策是帮助农民增收的又一利器。因此，政府应落实新农村建设计划，增加对农村和农业的投入。一方面，通过提高农业规模化、集约化和科学化水平，使农民增加务农收入；另一方面，通过支持农民外出务工，发展乡村非农产业，使农民增加务工收入。上述措施双管齐下，能促进农民购买力持续增长，源源不断地为农村工业品市场再发展注入需求动力。

2. 制造业厂商应根据农民需求偏好改进产品性能设计，输送更多价廉物美商品，为农村工业品市场再发展注入有效供给动力

常言道：没有绝对疲软的市场，只有不对路适销的产品。制造业厂商细分农村市场，根据农户需求偏好改进产品性能设计，生产价廉物美适销产品，是扩大工业品农村销路的不二法门，一些先行企业已经尝到了甜头。例如，海尔公司根据四川农村反馈回来的信息，改进洗衣机排水口设计，生产出一种排泥沙能力强，兼具洗衣物和洗红薯土豆双重功能的新型洗衣机，深受农产喜爱，畅销四川广大丘陵地区。又如，康佳集团公司针对农村电压不稳定的特点，改进产品设计，生产出一种稳压性能强，可在较宽电压范围内正常工作的彩色电视机，深受农村消费者欢迎，销量大幅度增长。广大制造业厂商应向他们学习，为农村市场输

---

① 孟加拉格莱珉（乡村）银行的创办者是孟加拉国吉大港大学的尤努斯教授。该银行的营运模式，是典型的"福利主义小额信贷"，以扶贫和促进社会发展为宗旨，兼顾自身可持续发展。其核心运作模式是建立借款小组制度，实行"2－2－1"借款方式。即每个小组5人，首先有2人能借款，随着这2人开始还款，而且全组5人都按规定要求每周存款，1个月后，小组的另外2人才能借款，而组长是最后借款人。只要有人不按时还款，全小组失去借款资格。这种连带担保责任制，解决了信贷信息不对称和抵押担保财产不足问题，大大提高了还款率。格莱珉银行成立以来，已帮助当地6万多人脱贫，而且还款率达98%以上。参见郑彬：《格莱珉银行：在信贷扶贫中创造财富》，《经济日报》，2010年6月19日，第6版。

送更多价廉物美适销产品，源源不断地为农村工业品市场再发展注入有效供给动力。

3. 商务部和供销合作总社应继续实施农村"市场建设工程"，改善基础设施，延伸营销网点，为农村工业品市场再发展提供流通渠道支持

一是进一步加强农村工业品批发市场基础设施建设，使其增强服务功能和商品扩散能力，方便零售商采购分销；二是加强连锁公司配送中心建设，延伸配送覆盖范围，吸引更多个体店铺加盟连锁公司，改造为超市或便利店，使边远地区农民也享受到购物便捷性，增加购买欲望，扩大商品销路。如是，可为农村工业品市场再发展提供渠道网络支持。

4. 加强小城镇基础设施建设，增强公共服务功能，为农村工业品市场再发展提供消费条件支撑

商品，尤其是家用电器，只有用得安全放心，农民才会踊跃购买。所以，改善广大农村尤其是边远地区消费条件，是扩大家用电器销路，推动农村工业品市场再发展的前提条件。为农民家庭提供日益完善的公共服务，是乡村政府的首要职能，他们应把工作重心转移到加强乡村基础设施建设上来，充分发挥小城镇的聚集效应，解决好农民家庭的供电、供水、电视电信信号传送等公共服务问题，使农民买回家用电器后不仅用得上，而且用得安全放心。而且还要说服家电生产厂商，把售后服务网点延伸到乡镇上来，为农民提供便捷维修服务，使他们能够放心地购买和使用家用电器。如是，才能够形成完善的消费条件，支撑并推动农村工业品市场再发展。

7.3 农产品流通渠道结构和供购双方利益关系

7.3.1 农产品流通渠道的空间结构和理论模型

1. 农产品流通渠道空间结构

中国农产品流通的空间结构，由区域内近距离流通和跨区域远距离流通两种类型渠道组成（见图 7-2）：

（1）区域内近距离流通渠道，是指大中城市周围 1 小时车程范围内的农产品流通网络。城市周边的农民合作社和农户，大多直接把产品运到城

市批发市场、超市和贸易集市售卖；路程较远的农民合作社和农户，则大多把产品售卖给批发贩运商，由他们运往城市，经由批发市场、超市和零售商售卖给消费者。

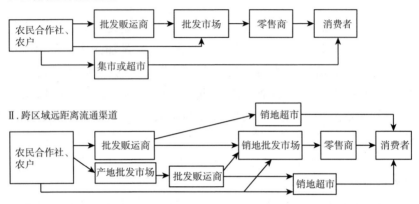

图7－2　中国农产品流通渠道的空间结构

（2）跨区域远距离流通渠道。中国地域辽阔，东西南北中各区域气候、土壤条件差异大，农产品的供给和需求有很大的差异性和互补性，跨区域流通现象很普遍。主要有两种方式：一是在大宗农产品，尤其是鲜活产品主产地设立批发市场（如寿光蔬菜批发市场、大连、烟台的海洋水产和苹果批发市场、成都龙泉驿水蜜桃批发市场等），农民合作社和农户把产品运至市场售卖，经批发贩运商采购后运往销地城市，再由零售商采购、售卖给消费者。二是长途贩运批发商，向产地农民合作社和农户采购后，运往销地城市，再由零销商采购、售卖给消费者。也有少数大型农民合作社，直接跨区域运输销售自己生产的农产品。

2. 农产品流通渠道理论模型

现有文献资料中，农产品流通渠道称谓，都是从采购方视角度命名，比较混乱。如"商贩＋农户""公司＋农户""公司＋基地＋农户""超市＋基地＋农户""公司＋经纪人＋农户"等。首先，"基地"是一种生产经营方式，其产权属性由谁创办经营而定。若是农户或农民合作社办的，应归属于农户或合作社；若是连锁市公司办的，则应归属于连锁公司，不应作为独立组织出现在渠道链条中。其次，"超市"只是连锁公司属下的销售场所，不具备法人身份，不能独立承担民事法律责任，没有资格与农民和合作社签订契约，因而与农户和合作社签订购销契约的当事人，是连锁公司，所以"超市"不应作为独立组织出现在渠道链条中。最后，经纪人是中介组织，他们不是充当采购公司的代理人，就是充当农户或合作社的代理人，并无自己独立的立场，因而不能作为一方独立出现在渠道模型中。更重要的是，渠道称谓很少纳入"农民合作社"，偶尔纳入，也是从采购方视角，把合作社看成居于从属地位的货源供给者，鲜有从农产品供给源头视角，把农户和农民合作社作为渠道起点，顺产品流向构建渠道模型。基于前述原因，本书以货源供给为起始点，顺产品流向，以个体农户和农民合作社分别作为货源售卖方，个体贩运商和采购公司分别作为货源收购方，归纳概括出图7-3所示的中国农产品流通渠道模型。

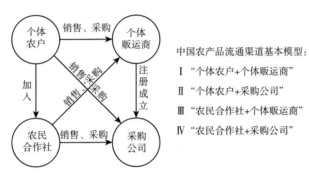

中国农产品流通渠道基本模型：

Ⅰ "个体农户+个体贩运商"

Ⅱ "个体农户+采购公司"

Ⅲ "农民合作社+个体贩运商"

Ⅳ "农民合作社+采购公司"

图7-3　中国农产品流通渠道基本模型

如图7-3所示，笔者以组织化程度为标准，把农产品生产供给者，归纳为个体农户和农民合作社两种类型；把农产品采购运销者，归纳为个体贩运商和采购公司两种类型；进而把农产品流通渠道归纳为："个体农户+个体贩运商""个体农户+采购公司""农民合作社+个体贩运商"和"农民合作社+采购公司"四种基本模型。其中，"农民合作社+采购公司"涵盖"合作社+中央批发市场（公司）""合作社+连锁公司（超市）"等今后亟待加以发展的新兴渠道类型。

7.3.2　供购双方利益关系和讨价还价能力

1. 供购双方利益关系

在上述四种基本渠道模型中，作为货源供给者的个体农户和农民合作社，与作为采购者的个体贩运商和采购公司，基于经济人自利性，都各自追求自身利益最大化，内外部因素作用，使它们之间形成了内生和外生两层利益关系。

（1）内生层根本性利益关系：供购双方讨价还价，谋求自身收入最大化。农产品供购双方之间，存在着由经济人自利性和博弈决定的内生层根本性利益关系。即当利润总额既定时，双方获得的利润量此消彼长，所得多寡，取决于讨价还价博弈确定的价格对哪方有利，进而取决于双方渠道权力强弱。渠道权力和讨价还价能力强的一方，总能够通过博弈使价格对自己有利，分得较高比例的利润份额。而渠道权力和讨价还价能力弱的一方，往往只能屈从于强势方的要求，接受对自己不利的价格，分得较低比例的利润份额。这种利益关系，纯粹是由供购双方经济人自利性和渠道权力强弱决定的，体现了双方关系的本质，因而是内生层根本性的利益关系。

（2）外生层从属性利益关系：供购双方为谋求利润总额最大化而合作。当农产品价格，亦即双方分割总利润的比例既定时，各方分得的利润量多寡，取决于利润总额大小。此时，为使利润总额增大，双方有携手合作、扩大购销量、提高流通效率的意愿，但容易受"搭便车"行为干扰，陷入"囚徒困境"。除非有外部激励和收益补偿因素加入，使双方合作成本得到补偿，收益增加，进而抑制"搭便车"行为发生，否则合作难以成功。这种外生层从属性利益关系的形成机理，可以用以下博弈支付矩阵解释。

如图7-4所示，假设没有外部激励和收益补偿因素加入，即双方选择一般性合作时，博弈支付的纳什均衡点是：采购方得到收益10，供给方得到收益6。而有外部激励和收益补偿因素加入，即双方选择加强性合作时，博弈支付的纳什均衡点是：采购方得到收益12，比原来增加2，供给方得到收益7，比原来增加1。这说明，只有在外部补偿

	供给方	
	一般性合作 （加强性合作）	不合作
一般性合作 （加强性合作）	10，6 （12，7）	8，0 （9，0）
不合作	0，4 （0，5）	0 0 （0，0）

采购方

图7-4　供购双方无和有外部补偿因素时的博弈支付

注：图中无括弧数字，是无外部激励因素加入，双方选择一般性合作时的收入量；括弧内数字，则是有外部激励因素加入，双方选择加强性合作时的收入量。

因素加入的条件下，旨在增加购销利润总额的加强型合作才能够得到实现。

中国目前进行的"农超对接"流通渠道建设试点，就是对上述解释的有力佐证。2009 年，中国商务部在全国 17 个省市区进行"农超对接"试点。加入试点的超市公司和农民合作社及农户都能获得资金支持和奖励等额外收益，同时还能减少中间环节、增加收入。故双方都愿意加强合作，从而试点收到了明显成效。据《经济日报》2010 年 6 月 11 日第 1 版《"农超对接"试点取得阶段性成果》一文报道，截至当月，205 个试点项目共带动社会投资 40 亿元，建设冷链物流系统 145 个、配送中心 91 个，快速质量检测系统 190 个，申请农产品品牌 598 个，认证 987 项，试点超市全年直接采购金额达 211 亿元；而非试点地区由于没有优惠政策激励，"农超对接"合作意愿弱，流通渠道建设滞后。这说明外部激励和收益补偿因素的加入，是农产品供购双方实现加强型合作的必要条件。

2. 供购双方渠道权力状况及讨价还价能力

美国学者安妮·科兰，把渠道权力定义为：渠道成员 A，使渠道成员 B，做他原本不愿意做的事情的能力。并且揭示，可以通过评价渠道成员之间依赖性强弱，判断各成员方渠道权力强弱；而依赖性强弱，又可以用渠道成员对渠道收益贡献的大小，以及其渠道身份替代性强弱等量度。① 但渠道收益贡献率，涉及各成员方的成本利润等商业秘密，测度复杂和困难。笔者结合中国农产品流通渠道供购双方的实际情况，对安妮·科兰的方法加以修改和补充，以组织化程度为基础，结合掌握市场信息状况、控制渠道资源状况、渠道成员身份替代性，以及在渠道中所处的位置 4 项指标，构成评价指标体系，评价个体农户和农民合作社、个体贩运商和购销公司各自依赖性强弱，进而判断其渠道权力，亦即讨价还价能力强弱。由于依赖性强弱与渠道权力强弱负相关，而渠道权力强弱与讨价还价能力正相关，所以依赖性弱的渠道成员，其渠道权力和讨价还价能力强；而依赖性强的渠道成员，其渠道权力和讨价还价能力弱（见表 7 - 2）。

---

① 安妮·科兰等著，蒋青云、孙一民译：《营销渠道》，电子工业出版社 2003 年版。

表7-2   农产品供给方与采购方渠道权力状况比较及评价

		供给方		采购方	
		个体农户	农民合作社	个体贩运商	采购公司
组织化程度	状况	单家独户生产销售农产品	以合作社体制生产销售农产品	以个体经营者身份采购运销农产品	以公司体制采购运销农产品
	特征	处于无组织状态，组织化程度度低	处于有组织状态，组织化程度较高	处于无组织状态，组织化程度低	处于有组织状态，组织化程度高
	依赖性	强	较弱	较弱	弱
掌握市场信息程度	状况	远离销区市场	虽远离销区市场，但有专人做市场调查分析	置身于销区市场中	置身于销区市场中
	特征	掌握市场信息少	掌握市场信息较充分	充分掌握市场信息	充分掌握市场信息
	依赖性	强	较弱	弱	弱
控制渠道资源程度	状况	仅控制自己产出的少量货源供给	能控制本社产出数量较大的货源供给，乃至运销产品	控制较小采购量和运销渠道	控制大采购量和运销渠道
	特征	供给能力弱	供给和运销能力较强	采购和运销能力弱	采购和运销能力强
	依赖性	强	弱	较弱	弱
渠道成员身份替代性	状况	每个农户有（N-1）个替代者（N>20及至30）	一定区域内只有少数替代者少	进入同一个区域采购的替代者少	进入同一个区域采购的替代者少
	特征	替代性强	替代性较弱	替代性较弱	替代性弱
	依赖性	强	较弱	较弱	弱
在渠道中位置	状况	居渠道上游，是卖方	居渠道上游，是卖方	居渠道下游，是买方	居渠道下游，是买方
	特征	处于被动地位	处于被动地位	处于主动地位	处于主动地位
	依赖性	强	强	弱	弱

（1）自20世纪90年代以来，中国农产品流通一直处于稳固的买方市场状态。表7-2中的各项指标状况和特征显示：总体上看，在农产品买方市场形势中，供给方（个体农户和合作社）居渠道上游是卖方，处于被

动地位，仅能够控制自己（个体农户和合作社）产出的货源供给，而且远离销区市场，而对手是控制一定采购量和运销渠道的个体采购商和购销公司，因而有较强依赖性，渠道权力和讨价还价能力弱。而采购方（个体贩运商和购销公司）居渠道下游，是买方，占据主动地位，且置身于销区市场，充分掌握供求信息，控制着一定采购量和运销渠道，而对手是有较强依赖性和替代性的农户和农民合作社，因而其（采购方）的渠道权力和讨价还价能力强。所以，中国农产品流通渠道权力结构的总体格局是：采购方（个体贩运商和购销公司）渠道权力和讨价还价能力强和较强，供给方（个体农户和农民合作社）渠道权力和讨价还价能力弱和较弱。

（2）采购方内部比较而言，个体贩运商财产约束和声誉约束弱，渠道转换成本低，因而对供给方尤其个体农户压价低，与对方的渠道关系脆弱。相对而言，农产品采购公司财产约束和声誉约束强，渠道转换成本高，因而对供给方压价较温和，与对方的渠道关系较稳定。

（3）供给方内部比较而言，个体农户掌握市场信息少，仅能够控制自己产出的数量很少的货源，而且身边有（N−1）个替代者（N 是邻村中生产同类产品的农户数量，通常 N > 20），对采购方有很强的依赖性，渠道权力和讨价还价能力弱，容易被迫接受采购方低的压价要求，丧失应得收入。即只要采购方的压价要求尚能承受，个体农户都会屈从和接受；只有当采购方的压价要求超过其承受力，使其收入 ≤ 0 时，个体农户才会拒绝，中断与对方的购销关系。这种讨价还价博弈，导致农产品渠道价值收益大部分归采购方占有，个体农户只得到很小部分。这是个体农户容易遭受采购商盘剥的根本原因。

相对而言，农民合作社组织化程度高，能够控制本社产出的数量较大的货源供给；虽然远离销区市场，但有专人做市场调查，掌握市场信息比较充分；而且在一定区域内，只有少数几个替代者（生产供给同类农产品的合作社），替代性较弱。这些因素，使合作社对采购方的讨价还价能力则强于个体农户，有较强能力抵制采购方低压价，保护自身收益较少被侵占。

由以上分析可以得出两条有重要政策含义的结论：（1）在与采购方博弈时，合作社较之于个体农户，有更强的讨价还价保护自身收益的能力。因此，政府应运用激励政策，引导个体农户加入合作社，提高组织化程度，增强讨价还价保护自身收益的能力。（2）农产品采购公司较之于个体贩运商，有更高保持渠道关系稳定性意愿。因此，政府应运用激励政策，引导个体采购商兼并联合，组建采购公司，提高组织化程度。

7.4 农产品流通渠道的结构性障碍和化解对策

7.4.1 农产品流通渠道建设成效明显

近年来，中国商务部和供销合作总社，通过实施"双百市场工程"和"农改超工程"，推进农产品批发市场和贸易集市建设，取得显著成效。农产品批发市场和贸易集市的基础设施显著改善，服务功能明显增强。2009年，中国商务部同财政部和农业部，在全国17个省市区进行"农超对接"试点。截至2010年6月，205个试点项目共带动社会投资40亿元，建设冷链物流运输系统145个，配送中心91个，快速质量检测系统190个，申请农产品品牌598个，产品认证987项。2009年，试点超市直接采购金额达211亿元。① 试点超市和农户及基地之间，实现了产销直接衔接，减少了中间环节，缩短了流通时间，提高了产品质量和新鲜程度，降低了采购成本和流通费用，收到了良好社会效果，产生了巨大经济效益。

7.4.2 农产品流通渠道的结构性障碍及成因

1. 结构性障碍：农民合作社发育缓慢

中国农产品流通渠道建设虽然取得了上述成就，但以发达国家为参照，仍显得散乱落后。主要缺陷是，渠道源头货源供给，因农民合作社发育迟缓而散乱无序。要提高农产品流通效率，必须消除这个结构性障碍。近年，商务部通过试点，找到了加强批发市场基础设施建设、发展"农超对接"等，提高农产品流通效率的有效路径，但它们都以农民合作社普遍发展为基础和必要前提条件。因为农民是渠道源头货源供给者，其组织化程度高低，对批发市场和超市的产销衔接效率，进而对整个渠道的有序性和通畅性，有至关重要的影响和作用：批发市场和超市若与数量众多的个体农户衔接，交易成本高、管理难度大、运营效率低；而与农民合作社衔接，则交易成本低、管理难度小、运营效率高。所以，要提高农产品流通效率，就必须促使农民合作社普遍发育。可是现今中国，虽然政府大力倡导，但农民合作社却发育缓慢。截至2010年3月，全国依法在工商行政管理部门登记的农民专

---

① 李予阳：《"农超对接"试点取得阶段性成果》，《经济日报》，2010年6月11日，第1版。

业合作社27.25万个，入社农户2 300多万户，仅占全国农户总数的9.5%。与发达国家70%以上农户加入合作社相比，显然过低。[1] 据中国供销合作总社副主任赵显人披露，目前全国仍有42%农户自己销售产品，45%的农户把产品出售给个体商贩，只有2.7%的农户通过订单销售产品。[2] 这表明，农民合作社发展缓慢，已成为妨碍农品流通渠道优化的瓶颈，亟待破除（见图7-5）。

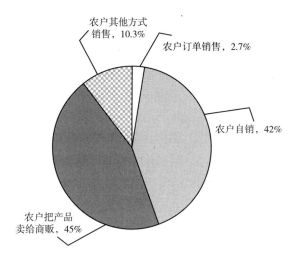

图7-5 农户产品售卖方式及构成

2. 参照系：发达国家农业合作组织发展状况及启示[3]

（1）发达国家农业合作组织发展状况。农业生产依赖土地，而地块之间的耕作条件有明显差异，且地域空间大而分布分散，因而适宜以农户和家庭农场方式个体化经营，而不适宜企业化方式集中统一经营。因为企业化经营，既违背了地块耕作条件差异化特点，又容易产生平均主义"大锅饭"分配方式，使对生产者的激励机制缺失，导致效率低下。正是这个原因，导致苏联和改革开放前中国的准农业企业组织——集体农庄和人民公社最终解体，向个体农户和农场复归。但是，前述分析证明，个体农户和农场在渠道博弈中是弱势方，容易受采购方盘剥。为了克服这个弱点，旨

① 李力：《依法促进农民专业合作社发展——访农业部农村经济体制司司长孙中华》，《经济日报》，2010年7月2日，第5版。

② 数据资料来源于赵显人：《让千家万户农民与千变万化的市场牵手》，《经济日报》，2009年12月16日，第10版。

③ 本节中美日农协会发展历史资料，引自陈丽芬：《美日农产品流通体系发展变迁及其规律分析》，载于《中国市场营销》，2010年第1期；冯昭奎、小山周三：《中日流通业比较》，中国社会科学出版社1997年版。

在提高个体农户和农场组织化程度的农民合作组织，便在西方国家农业现代化进程中应运而生，并从市场竞争中胜出，成为农产品货源的主要供给者。

发达国家农民合作组织的发展，已有两百年以上历史。以美国和日本为例。1810年，美国康涅狄格州的奶牛农场主，为了弥补单个农场竞争力和讨价还价能力弱的缺陷，组建了美国第一个专业性农产品流通合作组织——奶牛（农场主）协会。1902年，美国首次出现了全国性农民协会。1920年，美国政府农场局召集农民协会代表开会，建议他们成立集中度更高的农协会组织，以便增强控制力，保持供给和价格平稳。此后，覆盖面更宽、集中度更高的谷物、棉花、烟草和牲畜饲养等专业农民协会成立。1922年，美国国会通过了"卡帕—奥尔斯坦德法"，把各种农民协会从反托拉斯法中豁免出来，为它们确立了合法地位，并建立了运营规范。第二次世界大战后，美国农民协会走上了规范化、制度化发展道路，形成了以农产品加工销售为主，服务功能齐全、专业性强、覆盖面大等特点和优势，成为农产品货源的主要供给者，有力地促进了农业生产发展，保证了农民收入持续增长。

19世纪后半叶，明治维新时期，在学习欧美民主政治和工业文明进程中，日本农民合作意识觉醒，自发建立的农民合作社遍布全国。1947年，日本颁布了《农业协同组合》法令，规范和促进农民协会发展。日本农协会直接代表农民利益，承担着收集市场信息，指导农户安排生产，代表农户与采购方谈判和签订协议，以及汇集农产品、加工整理、运输销售和结算货款等一系列职能。它们不仅是农产品货源供给源头的蓄水池和流动加速器，而且是政府农业政策的传导者。20世纪80年代以来，日本农协会拓展和创新经营方式和服务职能。一方面，通过开设早市和直销所，发展各种类型的产地直销方式，满足消费者对产品新鲜度的更高要求；另一方面，开拓信用合作、农产品保险等农村金融业务增加收入，用以支撑不以盈利为目的的服务宗旨，保障以低廉价格为农户提供各项服务。

统计资料显示，发达国家大多数乃至几乎所有农户都加入了合作组织。如日本1993年农协社员数达847.9万，其中正社员554.9万，准社员292.9万。市町村一级的基层农协数为6 994个，其中综合农协3 073个，专门农协3 921个；出资农协2 087个，非出资农协1 834个（1991年）。全国有农协联合会645个，其中全国联合会22个，县联合会266个，其他联合会357个。农户组织化率（农户加入农协比例）高达近100%。① 又如2010年底，韩国有农协1 171个（基层组合），代表244.78万个农民组合，几乎覆盖全体农民。② 发达国家几乎全靠农民合作组织，完成农产品由乡村到城市的集货运销过程，进入城市后，才经由批发市场扩散到零售商店，售卖给消费者（当然，也有少量农产品，直接由农民经直销所、贸易集市售卖给消费者）。此外，发达国家农民合作组织，还兼有为农户供应农用生产资料，提供市场信息、指导生产、防治病虫害、开拓国内外市场等服务职能，是受法律规范和保护，由农民以股东或会员身份出资设立，并直接参加管理的非营利性服务组织。

表7-3显示，美国80%的农产品加工，40%的农用化肥和石油供给；法国75%的粮油收购，89%的猪肉生产和60%的葡萄酒酿制，是农民合作社完成的。荷兰市场上83%奶制品、70%花卉园艺产品和75%水果蔬菜，由农民合作组织供给。日本92.7%的农产品销售系统和82.9%的农用生产资料供给系统，由农协会利用。可见，在发达国家中，农民合作社不仅是农产品由乡村向城市流通的蓄水池和加速器，而且是农用生产资料由城市进入乡村、供应农户的便捷通道。

表7-3　　　　　　　　发达国家农民合作组织的功能与作用　　　　　　单位:%

	农民合作组织的功能	农民合作组织提供的商品量占全国总量比重
美国	加工农产品	80
	供应化肥、石油给农民	40
法国	收购粮油	75
	生产猪肉	89
	酿制葡萄酒	60
荷兰	奶制品市场占有率	83
	花卉园艺产品市场占有率	70
	水果蔬菜市场占有率	75
日本	农产品销售系统利用率	92.7
	农业用生产资料供给系统利用率	82.9

资料来源：崔玉清、刘志奇：《发展合作经济，促进农村经济持续繁荣》，《经济日报》，2004年12月27日；冯昭奎、小山周三主编：《中日流通业比较》，中国社会科学出版社1996年7月版，第256～260页。

———————————

① 资料来源：冯昭奎、小山周三主编：《中日流通业比较》，第253～254页。中国社会科学出版社1996年版。据该书介绍，日本加入农协的是农户，而非农户个人；非出资农协只在一定时期内从事特定农产品的集货经营，其运营经费主要来自向社员收取手续费等。
② 杨团：《借鉴东亚农协经验，进行"三农"顶层设计》，《南方周末》，2012年9月20日，第31版。

（2）启示：合作组织是农民最可信赖的靠山。国际国内经验显示，未异化的真正的农民合作社，是农民利益的忠实维护者，能够为农民提供各种优良周到的服务。一是深入调查市场需求变动趋势，为农户提供合理安排生产规模、产出数量及时机的参考建议。二是为农户提供产品销售和物流运输服务。即把产品汇集起来进行分类整理、捆扎打包，运交采购公司，或者直接运到中央批发市场拍卖，以及销地批发市场销售，并在讨价还价博弈中为农户获取更多收益。三是为农户提供种子、化肥、农药等农用生产资料采购供应服务。以集中统一采购的规模经济优势，抵制假冒伪劣产品，降低采购成本和物流运输费用，使农户增加收益。四是为农户提供技术指导服务。开办新技术培训班，进行田间指导，使农民切实掌握培育新品种、使用新技术的要领，科学施用化肥农药，降低污染，提高生产效率。五是统一组织和实施对水利、道路等公共基础设施的修建和维护保养，为农户提供优良而周到的公共服务。六是配合银行和保险公司，为农户提供贷款信用担保、农产品生产销售保险等金融服务，帮助农户克服资金短缺困难。

总而言之，由农民自愿参加，严格按照民主管理制度建立并运营的农民合作社，是农民利益的直接代表者和忠实维护者，具有多种经营服务功能，能够为农民谋取更多利益，具有其他涉农组织（如与农民之间为雇佣关系的农业生产公司，利益上与农民对立的农产品采购公司）不具备的显著优越性，是长期市场竞争筛选出来的最优农业生产组织形式，是农产品流通源头的最佳蓄水池和流动加速器，是农民最可信赖的靠山。①

3. 中国农民合作社发育缓慢原因分析

既然农民合作社是最优农业组织形式，农产品流通源头的蓄水池和流

---

① 夏春玉教授在其新著《中国农村流通体制改革研究》中写道：他们通过对辽宁、黑龙江、河北、山东和内蒙古5省区农民414份有效问卷作计量分析，得出了"被寄予厚望的'公司＋合作组织＋农户'模式与'公司＋农户'模式相比，并不能显著增加农户收入"的结论。但他紧接着指出："出现这种情况的原因，可能是当前的合作组织制度不健全，功能不完善，农户将这种不规范的伪'合作组织'看成了（真正的－引者注）合作组织。"所以，夏春玉教授的研究结论，并不构成对本文研究结论的否定。（参见夏春玉：《中国农村流通体制改革研究》，经济科学出版社2009年版，第90页。）此外，张雪在《发挥龙头作用、保障农民利益》一文中指出，分散的农户与龙头企业（农产品采购公司）不是对策主体，在交易中议价能力弱。目前，龙头企业大多以"订单"与农户确立购销关系，由于合同不完善，加上经济人自利性作祟，导致履约率不高。2010年订单合同违约率达12.05%。他认为，发展壮大农民专业合作社，引导龙头企业与农民合作社对接，推广"龙头企业＋合作社＋农户"模式，才能形成相对稳定的购销关系，提高"订单"履约率。（参见张雪：《发挥龙头作用、保障农民利益》，《经济日报》，2012年12月20日，第13版）这个论述，印证了本文研究结论符合目前中国农业生产和农产品流通实际情况的。

动加速器，顺理成章，推动农民合作社发展，就是中国政府农业政策的不二选择。2007年7月，中国政府颁布了《中华人民共和国农民专业合作社法》，旨在用法律手段，保护和促进农民合作社加快发展。然而，截至2011年3月，全国在工商行政管理部门登记的农民专业合作社仅52.17万个，同期入社农户仅4 100多万户，仅约占全国农户总数的16.4%，比印度入社人口还低12.6个百分点，更比发达国家低很多。① 为何中国政府多年来不遗余力地倡导加快农民合作社发展，却至今收效不大？窃以为是历史遗留的农民"畏惧合作"心理和现实中基层政府公信力下降双重因素叠加使然。

农民了解合作社的优越性，而且按照集体行动理论，依托村庄建立的农民合作社，是成员数量较少的"小集团"，容易互相监督，减少或杜绝"搭便车"行为，使每个成员获得比较高的集体收益，理应对农民有吸引力。但是，在中国农村，这种机制几乎失灵。原因何在？还得从历史和现实两个方面寻找。

（1）历史根源：人民公社时期农村政策失误在农民心中留下的"畏惧合作"心理，是妨碍农民加入合作社的最大心理障碍。发达国家的经验表明，法制化契约型的市民社会环境，是民众合作意识觉醒和成长的社会文化基础。因为，在这样的社会环境中，一方面，民众的独立财产权利，以及他们与合作社之间的契约关系，受到法律严格规范和保护，充分享有入社自愿、退社自由，认真行使监督权和收益权的权利。另一方面，合作社被置于法律约束和社员严格监管之下，经营管理者必须严格遵守合作社章程，认真履行职责，为社员提供周到而廉价的服务，为他们谋取更多利益，否则，他们的决定或职务会被社员用手投票或脚投票（退社）否定或解除。这种社会文化环境，导致发达国家绝大多数农户加入了合作社。

中国传统的儒家文化，原本提倡邻里和谐相处，互助合作。然而，无论是旧中国还是新中国，法制化契约型市民社会始终没有形成。中华人民共和国成立前战乱不断和中华人民共和国成立后受政治运动冲击，加上法律不健全，使得中国缺少孕育契约文化的土壤，合作意识自然难以在民众中普遍萌芽和生长。新中国成立之初，社会趋于安定和谐，农民的合作意识开始觉醒，自发组建了互助组和合作社。但是，20世纪50年代后期，原本以农民为股东的供销合作社，蜕变成了代表政府向农民派购农产品的

① 刘惠兰：《供销社：合作的力量有多大》，《经济日报》，2012年7月17日，第8版。

官商企业。1958年建立的"政社合一"的人民公社，更是背离农民参加合作社的初衷，异化成为并不代表农民利益的基层政权组织，推行错误政策，刮浮夸风和"共产风"，侵犯农民最起码的生活保障条件（少量自留地和个人财产），①使他们人格尊严受到伤害，生存安全受到威胁。"一朝被蛇咬，十年怕井绳"，农民心中从此留下了"畏惧合作"心理，怕加入合作社个人利益受到侵犯。这种心理阴影，成为妨碍农民加入合作的最大障碍。

（2）现实原因：社会诚信缺失和一些乡村干部贪腐，使一段时间基层政府公信力下降，导致农民对加入合作社持徘徊观望态度。信任是人与人合作的基础，缺乏基本信任，何言合作。改革开放前，政治运动影响，合作意识荡然无存。改革开放后，社会信用制度尚未建立，加之司法和行政监督虚化，导致失信行为蔓延。乡村处于中国司法和行政体系末梢，前些年监管松弛，一些基层官员渎职、贪腐，导致政府公信力下降。这些因素触动了农民"畏惧合作"心理，使他们产生了防范意识，降低了加入合作社的认同度。加上农村社会保障程度低，而承包地使用权是农民仅有的生活保障资产，他们担心入社后会失去它，故而徘徊观望。可见，目前农民对加入合作社持徘徊观望态度，是在乡村现实环境中产生的理性自我保护行为。

（3）问卷调查对理论分析的印证。为了印证前述理论分析是否正确，2010年暑假，笔者与张连刚博士共同商定了调查问卷内容，并委托他组织学生们利用假期返乡机会，对农民参加合作社意愿状况和影响因素，做了一次问卷调查。在福建、浙江、河南、江西、陕西和四川6省，各发放问卷80份，共480份，收回有效问卷417份。被调查的417人全是农民，性别比例为男39.8%，女60.2%；年龄结构为25岁以下占15.1%，25～46岁占24.5%，46岁以上占60.4%；文化程度结构为初中及以下占78.4%，高中或中专以上21.6%。其中，320人没有参加合作社，故以此为总数，计算第4问中的比重；97人参加了合作社，故以此为总数，计算第5问和第6问中的比重；187人经历过人民公社时期，故以此为总数，计算第8～14问中的比重。其他各问以417人为总数计算比重。

第7问显示，填写有效问卷的417人中，有187人经历过20世纪60～70年代人民公社时期。在第13问和第14问中，分别有85.0%和88.8%的被调查者，对恢复人民公社持反对态度，表示不愿意回到人民公

---

① 参见：《中国共产党中央委员会关于建国以来若干历史问题的决议》。引自中共中央党史研究室：《中国共产党历史（第二卷，1949－1978）》，第499页，中共党史出版社2011年版。

社时期去。这些调查结果，印证了前述分析中，"人民公社时期政策的一些失误，在农民心中留下了'畏惧合作'心理"的立论，是成立的。

人民公社撤销30年了，农村已初步实现了小康社会，但是，人民公社造成的心理创伤，在农民心中并未淡忘。在第12问中，仍有33.2%的被调查者承认，人民公社时期的感受，会对其考虑是否加入合作社产生影响。虽然，66.8%的被调查者认为，人民公社时期的感受，对自己考虑是否加入合作社没有（直接）影响。但是，当这种埋藏在内心深处的创伤，被现实中乡村干部不廉洁不公正行为触动，会使农民对合作社失去信心（参见第27问）。这些调查结果，印证了前述分析中，关于"人民公社时期留下的'畏惧合作'心理，是农民加入合作社的心理障碍因素"的立论，是成立的。

在第15~17问中，分别有69.8%、56.1%和62.8%的被调查者认为，一些乡村干部不廉洁、不公正和不可信。在第18问中，57.8%被调查者表示，不愿意参加那些不可信的乡村干部领办的合作社。而在第19问中，81.1%的被调者表示，更愿意参加可信任的能人领办的合作社。这些调查结果，印证了前述分析中，关于"一些基层干部贪腐，使乡村政府公信力下降，是农民加入合作社的现实障碍因素"的立论，是成立的。

在第20问中，73.9%被调查者表示，自己的生活来源主要依靠承包地收入。在第21问中，84.4%的被调查者表示，如果外出务工失败，回乡就靠承包地生活。在第24问中，69.5%被调查者表示，承包地是自己的养老依靠。在第25问中，87.5%的被调查者表示，不愿意因政府提供最低生活和医疗保障，而放弃承包地。这说明目前的"低保"，尚未解除农民的后顾之忧，承包地仍是农民赖以维持生计的保障性资产。这些调查结果，印证了前述分析中，关于"农民享受的生活和医疗保障低，未解除其后顾之忧，农民不愿因参加合作社而失去承包地这个生活保障依靠"的立论，是成立的。

上述因素的综合作用，使农民对合作社发展前景丧失信心，加入合作社的意愿不高。在第27问中，56.4%的被调查者表示，对农民合作社发展前景没有信心。加上对合作社不了解，使得76.8%被调查者没有加入合作社（见第3问）。全部问卷调查，印证了前述分析中，关于"中国农民加入合作社意愿低，是历史因素和现实因素叠加造成的"总立论，是成立的。

（问卷调查详情，见本章附录）

7.4.3　消除障碍，优化渠道结构的路径与措施

1. 选择符合中国国情的农民合作社发育路径

中国至今尚未找到推动农民合作社普遍发展的有效路径，理论界正在积极探索。中国社科院杨团研究员，在《南方周末》2012 年 9 月 20 日第 31 版上撰文，介绍韩国、日本和中国台湾地区发展综合农协的经验，认为东亚以小农户为基础建立综合农协公法社团的经验，比欧美以大农户为基础建立专业农协私法社团的经验，更适合中国。笔者赞同他这个观点的基本含义，但反对他认为中国应当仿效韩国，由政府自上而下，建立综合农协公法社团的具体主张。因为，他虽然承认中国与韩国、日本国情有明显差别，但没有深刻揭示其差别，不仅体现在经济发展水平和文化方面，更体现在法律、政治和社会环境方面。晏子曰："橘生淮南则为橘，生于淮北则为枳，叶徒相似，其实味不同。所以然者何，水土异也。"国家之间法律、政治和社会环境方面的差异，使得韩国、日本自上而下建立农协公法社团的成功经验，在现今中国并不一定可行：（1）韩国、日本是私有制国家，土地归农民所有，受法律严格保护，农民权利不容易受到公权侵犯。中国实行土地公有制，农村土地所有权由村级行政组织行使，农民仅有承包地和宅基地使用权。这种法律制度安排，使农民的权利难以得到严格保护，容易受公权侵犯。近年农村频发强拆农民住宅、强征承包地、宅基地恶性事件，就是有力的证明。所以，当农民面对农协公法社团时，其入社自由的权利很难得到尊重和保护，容易被胁迫裹挟入社。（2）人民公社时期农村政策的一些失误，在农民心中留下的"畏惧合作"心理，至今尚未消除。（3）中国乡村党纪和政纪监管不够严格，一些政府机关和公法社团官僚习气浓厚。在此种政治生态环境中，自上而下建立起来的农协公法社团，很容易异化成为"官商机构"，不仅不能够代表农民利益，为他们服务好，反而可能蜕变成绑架政府，盘剥农民的垄断组织。（4）若要自上而下地建立公法社团性质的农业合作组织，不用另起炉灶，我国供销合作社系统就是现成的类似组织，对其进行改造即可，但实践证明难度很大。20 世纪 50 年代，供销合作社成立之初，就是农民为股东的社团组织，其宗旨与韩国、日本综合农协相似，为农民提供产生技术指导、生产资料供应和农产品销售服务。但是，20 世纪 50 ~ 70 年代，供销社蜕变成了向农民派购农产品，利益上与农民对立的官商企业。新时期虽经过多次改革，至今也未真正恢复其成立之初以农民为股东的股份制社团性质。这说明，在现今中国政治社会环境中，若不是在农民自愿入社基础上，以基层

合作社为会员，通过自下而上地层层选举组建联社，则公法社团组织很难成为农民利益的真正代表，全心全意地为他们服好务。

综上所述，根据目前中国国情和政治社会环境，发展农业合作组织，应反韩日之道而行，走自下而上的发展道路。首先，应整治好乡村政治社会环境，使吏治清廉；同时，办好已有合作社，发挥良好示范效应，根除农民心中的"合作恐惧症"病根；其次，在严格遵守入社自由原则前提下，激励农民踊跃入社，推动农民合作社在全国农村普遍发展，并督导其建立健全民主管理制度，防止其异化。再次，在此基础上，以农民合作社为基层会员单位，通过自下而上地逐级选举组建县、市、省和中央合作社联社。最后，撤销全国供销社系统，将其资产和服务职能并入各级联社；把商务部现今承担的建设农村商业网点、组织农村商品流通的职能也并入各级联社；制定和施行《中国农民合作社联社法》，明确规定联社社团性质和服务职能，严格进行监管，防止其异化。

2. 根治"畏惧合作"心理，消除阻碍农民合作社发育的思想障碍

近年中国一些地区出现了农民合作社兴旺发展的好势头，但深入分析不难发现，其所依靠的信用制度基础，大多是基于血缘关系的家族信用，或者基于个人品质和声誉的"能人信用"，而非社会信用。虽然这些地区家族信用和"能人信用"，填补了社会信用空缺，支撑了农民合作社发展，但有明显局限性，难以在全国广大农村推广。因为，家庭信用的基础是血缘关系，"能人信用"的基础是能人的道德操守，所以它们只能在家族血缘关系牢固、能人活跃的地区发挥作用，而无法向其他地区扩散延伸。这就是现今中国农民合作社发展，何以呈现局部地区兴旺，而其他广大地区沉寂缓慢的根本原因。故而：（1）应深化乡村政治体制改革，反腐肃贪，建立廉洁精干的乡村政府，提高其公信力，重塑政府信用。并且，建立乡村企业和农民个人信用信息征信系统，夯实社会信用制度基础，建立健全乡村社会信用制度。（2）严格执行国家有关法律和政策，充分尊重和保护农民承包地使用权和入社自由权，严禁胁迫和裹挟农民入社。并且，要办好既有合作社，以其优良的示范效应，消除农民"畏惧合作"心理，激发其加入合作社的欲望，为农民合作社发展扫除思想障碍，铺平发展道路。

3. 建立健全民主管理制度，保障农民合作社健康成长

农民合作社应当建立健全民主管理制度，使农民真正当家做主。依托村庄组建的农民合作社，虽然是成员数量较少的"小集团"，但是，仍然会受到集体行动问题的困扰，只是程度低于"大集团"而已。所以，只有

建立健全民主管理制度，消除集体行动问题的困扰，才能使农民合作社健康成长。美国著名学者埃莉诺·奥斯特罗姆教授创立的自主组织理论认为，在"小集团"中，人们在频繁的相互接触中增进了解，彼此之间建立了信任，容易为维护共同利益而组织起来，进行自主治理。但是，"小集团"同样需要解决制度供给等问题，即由谁来发起和建立组织；组织成员之间如何相互监督，尤其是如何严格监督权力拥有者和重要资源使用者；如何规制组织成员可能发生的权变策略行为，构建和维护组织内部可信承诺制度和环境等，并就如何解决这些问题，提出了八项具体原则。①

根据目前中国乡村的现实社会环境，参照奥斯特罗姆教授的自主组织理论，笔者认为应从以下路径和措施着手，加强农民合作社民主管理制度建设：（1）充分发挥家族信用和能人信用作用，弥补政府信用缺失，解决创办合作社的制度供给不足问题。即支持和鼓励家族成员和村民中诚信度高、致富能力强、有凝聚力的能人，发起创办合作社，使农民合作社能够顺利起步和发展。（2）严格界定合作社共有资产与私人财产的产权边界，严禁以公权侵犯私权，切实保护农民承包地使用权和私有财产；严格执行《农民专业合作社法》，切实保证农民充分享有入社自愿、退社自由权利。（3）建立民主治理结构和严密的监督管理制度，实行财务公开，加强对掌权者和重要资源使用者的监督，防止他们贪污腐败、失职渎职，导致农民合作社异化变质。（4）建立对话协商制度，使下情能及时上达，成员之间能够经常交流沟通，及时消除隔阂，化解矛盾冲突，增进合作社内部的和谐与团结。

4. 制定并施行《农民合作社联社法》，依法组建各级联社，严格监管，防止其异化变质

为了便于向合作社及农户，传递政府的涉农政策和扶持措施，应在农民合作社普遍发展的基础上，逐级组建县、市、省和中央农民合作社联社（简称"农合联"）。为使农合联建立、运营和监管有法可依，全国人大应制定、颁布和实施《农民合作社联社法》（简称"联社法"）。农合联实行会员制，是私法社团，会员是愿意加入联社的农民合作社和下一级联社；由会员大会直接选举产生本级联社理事会、理事长和副理事长。会员、会员

---

① 参见［美］埃莉诺·奥斯特罗姆著，余逊达、陈旭东译：《公共事物的治理之道——集体行动制度的演进》，上海三联书店2000年版。卢现祥、朱巧玲：《新制度经济学》，北京大学出版社2008年版，第336~339页。

大会和理事会，享有依据《联社法》监督、弹劾、罢免理事长和副理事长的权力。同时，联社接受政府主管机关和公众的外部监督，与内部监督共同构成严密的监管制度，督促联社管理层忠实履行职责，为基层社服好务，防止他们蜕化变质。

以自下而上方式发展中国农民合作社和联社，虽然较韩国、日本以自上而下方式慢些，但它适合中国农村政治社会环境，能够在充分尊重农民入社自由权的前提下，推动农民合作社和联社稳健发展，并防止其异化变质，是一条形慢而实快的发展道路。

7.5 提高农产品质量、疏通渠道、加快流通速度

7.5.1 建立健全农产品质量安全追溯体系，提高产品质量、促进消费、加快流通、拉动生产①

农产品是食品，或者食品和药品的原料，其质量安全关系国民身体健康，因而品质优良是促进消费、加快流通的强力推进器。然而，由于土地和水污染，违规使用农药和添加剂，使一些农产品重金属和农药残留超标，加上运输途中二次污染，导致中国农产品质量缺陷明显，致使民众处于"不知道买什么、吃什么好"的彷徨犹豫状态，阻碍了消费、流通和生产发展。根据发达国家经验，解决这个问题的根本出路，是建立健全农产品质量安全追溯体系，对生产、加工、运输、销售全过程实施严密监控，追究造成产品质量缺陷者的责任，强迫生产、运输和销售者按国家颁布的规则和标准操作，从而保障产品质量合格安全。近年来，中央有关部委着手了此项工作。如2014年底，商务部和财政部共分五批，在全国58个城市开展肉类、蔬菜流通追溯体系试点，2 000多家流通企业纳入其中，下一步将扩展到中药材、酒类、奶制品、水果和水产品等。但是，由于缺少法律支持，并且受到条块分割、政出多门、信息不能共享利用、追溯链不衔接连贯、技术体系不成熟、市场主体参与意愿低等障碍因素困扰，试点追溯体系运转不畅，监控效果不显著。

---

① 本小节参考了曹庆臻：《中国农产品质量安全可追溯全系建设现状及问题研究》，新华网"时政"栏，《中国发展观察》，2015年7月9日。罗斌：《我国农产品质量安全追溯体系建设现状与展望》，载于《农产品质量与安全》，2014年第4期。

试点经验启示我们，欲建立健全农产品质量安全追溯体系，使之顺畅运转并充分发挥监控作用，必须从强化法律支持、改革管理体制、完善编码检测技术，以及给予市场主体适当补贴等多方面开展工作：

（1）全国人大常委会应当制定并颁布实施《农产品质量安全追溯法》，强制监管机构严格认真地履行职能，严密监督生产者、供应商、运输企业和零售商，强制他们不折不扣地履行应承担的责任。

（2）以法律条文和中央政府文件明确规定，农产品质量安全追溯体系建设、管理和运作等职能，由国家食品药品监督管理总局承担并负责，农业部和商务部予以协助。如是，才能够统一政令、整合资源，使可追溯体系衔接贯通、顺畅运转，并且便于全国人常委会和国务院检查监督、问责追责，提高追溯体体系运作效率。相应，国家应为监管机构配备充足的资金、设备和人员，保障其能全面履行职能。

（3）国家食品药品监督管理总局应责成科研机构，导入、吸收和消化发达国家先进技术成果，加快追溯识别技术和检测技术研发和创新，使之尽快完善。

（4）尽快制定并颁布全国统一的农产品质量标准和信息识别标识，依法强制予以实施，为追溯体系运作提供强有力的技术设备和标准规范支持。

（5）追溯体系中公共产品性质的职能，如体系的投资建设和运作管理，应由国家食品药品监督管理总局承担。而私人性质的要素，如使用条码和电子代码标识等费用，则应由生产者和供货商承担，政府可予以适当补贴，以提高其积极性。如是，才能够降低追溯体系的成本负担，提高运作效率。

7.5.2　疏通渠道、加快流通速度、提高流通效率

农产品流通渠道横跨从乡村到城市的广大地域空间，是由货源供给者（农户和合作社）、产地和销地批发市场、贩运商、采购公司、超市和零售商贩等诸多参加者环环相扣组成的通道和网络系统。因而，欲使其通畅高效，仅加快农民合作社发展，解决好货源供给者的组织化问题还不够，还需要解决好产品质量安全、运输道路通畅、批发市场和零售网点服务功能优化等问题。

1. 加强交通运输和物流基础设施建设，构建畅通高效的农产品物流通道

农产品必须经过物流运输，才能由产地市场进入销地市场，完成流通

过程。其时间长短和费用高低，决定着农产品流通效率优劣和销售价格高低。而缩短物流运输时间、降低费用，涉及物流基础设施是否完备先进，道路是否快捷畅通，收费关卡设置是否必要合理，通关手续是否简化方便等。目前，中国农产品物流运输通道的主要缺陷是：高速路覆盖面窄，一些乡村道路还不畅通；收费关卡多，通关手续烦琐；储藏运输和冷链保鲜设备不足。针对这些缺陷，中国政府和物流公司，应当联手推进快捷高效物流运输通道的建设：（1）加快高速道路干线建设，并以它们为主干延伸公路网络，使其覆盖全部乡村，形成通畅快捷的运输道路网。（2）支持高速公路干线公司，收购兼并支线公司，整合资源，撤并收费关卡，简化通关手续。（3）导入 ETC（电子不停车收费系统），实行市县间、省区间不停车收费，提高道路通畅程度和运输效率。（4）国家发展银行用贴息或低息贷款，支持物流公司购置冷链储存运输设备，增强物流服务功能，降低农产品物流运输过程中的损耗。

2. 继续实施市场建设工程，增强批发市场和超市的营销服务功能，建立和实行中央批发市场拍卖制度，发展直卖店铺，减少中间环节，提高农产品流通效率

产地批发市场和销地批发市场，分别是农产品流通渠道源头和终端枢纽性交易场所，具有商品集散中心、信息汇集中心、质量监控中心和价格形成中心等多种重要功能，对农产品流通渠道的运转，有牵一发动全身的至关重要作用。商务部和供销合作总社应当继续实施市场建设工程，不断增强和改善产地与销地批发市场的营销服务功能：（1）增加技术设备投资，加强基础设施建设，配备专业技术人才，提高产地和销地批发市场信息化水平，使它们具备完善的产品质量安全检测手段和事故追溯手段，冷链运输和储藏保鲜功能，信息收集、发布和反馈功能，充分发挥枢纽市场作用，提高农产品流通效率。（2）学习借鉴日本经验，在大城市建立和实行农产品中央批发市场拍卖制度，利用其价格信号，引导生产者和采购商按市场需求变化，安排生产和组织商品货源供应，减少盲目性，降低损失。（3）鼓励农民合作社和农场直接与销地批发市场和超市对接，或者进城办直卖店铺，直接运销鲜活农产品，减少中间环节，缩短流通时间，提高产品的新鲜度，扩大销路。

附　录

农民参加合作社意愿状况和影响因素调查

2010 年暑假，笔者与博士生张连刚共同商定了调查问卷内容，并委托他组织同学们，利用假期返乡机会，对农民参加合作社意愿状况和影响因素，做了一次调查。在福建、浙江、河南、江西、陕西和四川 6 省，各发出问卷 80 份，共发出问卷 480 份，收回有效问卷 417 份。结果如下（除第 4、5、6 问和第 8～14 问外，其他各问有效问卷总人数都是 417 人）：

1. 你听说过农民合作社吗？

　　（1）听说过　　　　　281　　　占 67.4%

　　（2）没有听说过　　　136　　　占 32.6%

2. 你对农民合作社了解吗？

　　（1）了解　　　　　149 人，占 35.7%

　　（2）不了解　　　　268 人，占 64.3%

3. 你参加了农民合作社吗？

　　（1）参加　　　　　97 人，占 23.3%

　　（2）没有参加　　　320 人，占 76.8%

（根据第 3 问结果，第 4 问和第 5、6 问，分别以 320 人和 97 人为总数计算比重。）

4. 你没有参加合作社的原因是？（可多选）

　　（1）不了解　　　　　234 人，占 73.1%

　　（2）对其没有信心　　120 人，占 37.5%

　　（3）对其反感　　　　13 人，占 4.1%

　　（4）对其畏惧　　　　35 人，占 10.9%

　　（5）其他　　　　　　6 人，占 1.7%

5. 你参加合作社的原因是什么？（可多选）

　　（1）政府强制　　　　18 人，占 18.6%

　　（2）看别人参加　　　40 人，占 41.2%

　　（3）希望能挣更多钱　90 人，占 92.8%

　　（4）其他原因　　　　6 人，占 6.2%

6. 你所在的合作社是由能人发起成立的吗?

（1）是　　28 人，占 28.9%

（2）否　　69 人，占 71.1%

7. 你经历过 20 世纪 60 ~ 70 年代人民公社时期吗?

（1）经历过　　　　　187 人，占 44.8%

（2）没有经历过　　　230 人，占 55.2%

（第 7 问显示，有效问卷中有 187 人经历过人民公社时期，故以此为总数，计算第 8 ~ 14 问中的比重）

8. 人民公社时期干部是为农民办事还是管农民?

（1）为农民办事　　　22 人，占 11.8%

（2）管农民　　　　　165 人，占 88.2%

9. 人民公社时期你是否得到干部尊重?

（1）是　　38 人，占 20.3%

（2）否　　149 人，占 79.7%

10. 人民公社时期你家生活与以前相比是变好还是变坏?

（1）变好　　　　　　3 人，占 1.6%

（2）变坏　　　　　　153 人，占 81.8%

（3）没有太大变化　　31 人，占 16.6%

11. 人民公社时期你家是否能吃饱穿暖?

（1）是　　39 人，占 20.9%

（2）否　　148 人，占 79.1%

12. 人民公社时期的感受对你考虑是否参加合作社有没有影响?

（1）有影响　　　　　62 人，占 33.2%

（2）没有影响　　　　125 人，占 66.8%

13. 你对恢复人民公社持什么态度?

（1）赞成　　　　　　10 人，占 5.3%

（2）反对　　　　　　159 人，占 85.0%

（3）无所谓　　　　　18 人，占 9.6%

14. 你愿意回到人民公社时期去吗?

（1）愿意　　　　　　21 人，占 11.2%

（2）不愿意　　　　　166 人，占 88.8%

15. 你身边的乡村干部是否廉洁?

（1）廉洁　　　　　　126 人，占 30.2%

（2）不廉洁　　　　　291 人，占 69.8%

16. 你身边的乡村干部是否公正？

(1) 公正　　　　　　183 人，占 43.9%

(2) 不公正　　　　　234 人，占 56.1%

17. 你身边的乡村干部是否可信？

(1) 可信　　　　　　155 人，占 37.2%

(2) 不可信　　　　　262 人，占 62.8%

18. 如果乡村干部带领大家办合作社，你是否愿意参加？

(1) 愿意　　　　　　126 人，占 30.2%

(2) 不愿意　　　　　241 人，占 57.8%

(3) 无所谓　　　　　50 人，占 12.0%

19. 哪种人办合作社你更愿意参加？（可多选）

(1) 能人　　　　　　27 人，占 6.5%

(2) 可信任的能人　　338 人，占 81.1%

(3) 干部　　　　　　40 人，占 9.6%

(4) 可信任的干部　　193 人，占 46.3%

20. 你的生活是否主要依靠承包地收入？

(1) 很依靠　　　　　308 人，占 73.9%

(2) 一般依靠　　　　57 人，占 13.7%

(3) 不依靠　　　　　52 人，占 12.5%

21. 如果外出务工不如意或者失败，你是否靠承包地生活？

(1) 是　　352 人，占 84.4%

(2) 否　　65 人，占 15.6%

22. 你愿意为加入合作社而失去承包地吗？

(1) 愿意　　　　　　29 人，占 7.0%

(2) 不愿意　　　　　323 人，占 77.5%

(3) 不确定　　　　　65 人，占 15.6%

23. 如果长期在外打工，你如何处理自己的承包地？

(1) 转租给他人耕种　279 人，占 66.9%

(2) 让亲戚代种　　　101 人，占 24.2%

(3) 放弃不管　　　　37 人，占 8.9%

24. 你是否把承包地作为养老依靠？

(1) 是　　　　　　　290 人，占 69.5%

(2) 不是　　　　　　103 人，占 24.7%

(3) 不确定　　　　　24 人，占 5.8%

25. 政府提供最低生活和医疗保障后，你是否愿意放弃承包地？

（1）是　　52人，占12.5%

（2）否　　365人，占87.5%

26. 你不愿意放弃承包地的原因是什么？

（1）失去土地后生活无保障　　248人，59.5%

（2）怕政策发展变化　　　　　169人，40.5%

27. 你对农民合作社发展有信心吗？

（1）有信心　　　148人，35.5%

（2）没有信心　　235人，56.4%

（3）不确定　　　34人，8.2%

背景资料：

1. 你的年龄？

（1）25岁及以下　　　　63人，15.1%

（2）25～46岁　　　　　102人，24.5%

（3）46岁及以上　　　　252人，60.4%

2. 你的性别？

（1）男　　166人，占39.8%

（2）女　　251人，占60.2%

3. 你的文化程度？

（1）小学及以下　　238人，占57.1%

（2）初中　　　　　89人，占21.3%

（3）高中或中专　　65人，占15.6%

（4）大专及以上　　25人，占6%

第8章 零售业态演进、批发业解构
重组和商业集群发展

批发和零售构成联结生产、制造业和消费者的流通渠道，其发育状况对商贸流通业发展起着决定性作用。目前，中国处于产业结构、经济结构剧烈变动的工业化中后期。随着居民收入持续增长、消费需求升级跃迁、制度环境改善，以及加入 WTO 后外商大量进入等因素的促进和推动，中国零售业和批发业实现了由传统形态向现代形态转换，各种形态的商业集群兴起并快速发展。本章以此为背景，分析城市零售业态演进、批发业解构重组和商业集群发展取得的成效和存在的缺陷，并提出推动它们进一步发展的对策建议。农村工业品和农产品流通中的零售和批发问题，第 7 章已论述，故本章不赘。

8.1 零售业态演进及其再发展路径

8.1.1 零售业态演进历程①

业态是零售企业为满足不同类型的消费需求，把相关生产要素组合在一起形成的不同类型的经营形态。在世界商业发展历史进程中，零售业态的演进大体经历了六个阶段。

第一个阶段：前百货商店时期。这个时期的经济社会环境，是以自然经济为主体的农业经济社会，商品经济不发达，商业业态以杂货店、小型专业店（如药店、布疋店、糖果铺等）和集市贸易为主。新中国成立前小城镇上的商业业态大抵如此。

---

① 本小节中的外国零售业态演进的资料来源于邝鸿主编：《市场营销大全》，经济管理出版社 1990 年版，第 17 篇。

第二个阶段：百货公司时期。主要标志是开设营销上万种商品的大型商店。1862年，世界上第一家百货公司——"好市场"在巴黎开设。百货公司以品种齐全、方便选购、节省时间等优点受到顾客青睐，风靡世界，引发了第一次商业革命。新中国成立前，只有少数大城市开设有百货公司，中小城市则是新中国成立后20世纪50年代，才普遍开设百货公司。

第三个阶段：便利店兴起。便利店是开设在居民社区内的小型商店。它经营日用小商品，实行全天24小时营业，十分方便顾客，受到广泛青睐，引发了第二次零售商业革命。便利店兴起和的发展，与居民社区的兴起和发展息息相关。1957年，美国约有便利店2 000家，1977年发展到27 500家，销售额达75亿美元。中国传统的小型零售商店是夫妻店，商品品种少，经营方式落后，不是正规的便利店。进入21世纪以来，随着居民社区兴起和发展，便利店快速发展，成为遍布中国城乡的主要零售业态。

第四个阶段：超级市场兴起。超市是一种面积较大（2 000～5 000平方米）的自选商场，它开设在主要公路干线旁，设有广阔的停车场，商品种类齐全，能够满足有车家庭一次集中购物的要求，受到有车族的青睐，引发第三次商业革命。20世纪30年代，美国兴建高速公路，公路网四通八达，轿车进入老百姓家庭并逐步普及，适应有车家庭星期天一次性采购的大型综合商场——超市应运而生，并蔓延到欧美发达国家，引发第三次零售业革命。中国从20世纪90年代中期开始引入超市业态，现在已遍布全国大中城市，成一种最主要的零售业态。

第五个阶段：多业态并存时期。除了百货商店、便利店和超市外，专卖店、专业店，仓储式商场、折扣店等，适应不同收入人群，不同需求偏好和购买习惯的各种零售业态共生共荣，构成了多样性的城市商业生态系统。不仅发达国家如此，现今中国也呈现出此种景象。

第六个阶段：无店铺销售业态兴起。20世纪80年代，西方国家中互联网普及和物流快递业兴起，使得网上营销和购物（电子商务）快速兴起并发展。它们与原有的电视电话购物、邮购、上门推销等，共同组成无店铺销售业态，引发了又一次零售商业革命。中国无店铺营销业态的兴起和发展，是20世纪90年代后期的事情。2012年秋，网上购物出现"井喷式"发展。

8.1.2 零售业态演进机理分析

1. 西方学者的业态演进理论①

（1）马尔科姆·麦克奈尔（M. P. Mcnair）的"转轮学说"。该理论认为，零售业态的演进大体上要经历三个阶段。一是"导入阶段"。在此阶段中，零售商通过实行低成本、低价格、低利润率策略占领市场，获得丰厚收益，引起创业者关注。二是"成熟阶段"。此阶段中，大量创业者模仿成功零售商的经营方式进入市场，引发激烈的市场竞争，迫使成功零售商演变成为高定位、高毛利的成熟经营者。三是"脆弱阶段"，进入成熟期的零售商，经营方式变得陈旧保守，收益下降，迫使他们开创新业态，寻求新的发展空间，于是业态演进的转轮便转动起来。"转轮学说"以业态生命周期更替的视角，揭示了零售业态变迁的规律。它可以用来解释，便利店和超市这两种新业态，从百货公司这种旧业态中分离出来的原因。

（2）尼尔森（O. Neilsen）的"真空地带理论"。该理论认为，消费者需求和偏好有层次性和多样性，尚未发现和开发的潜在消费需求和偏好，是商业发展的"真空地带"，新业态往往在这里创生并发育成长。

（3）伊兹雷利（D. Lzraeli）的"三园理论"。该理论是对"转轮理论"的修正和补充。它认为，轮转理论只考虑了价格和服务水平低的新业态（便利店，超市）的出现，忽视了价格水平和服务水平高的新业态（精品专卖店等）的出现；而且，也没有考虑旧业态吸收新业态营销理念，改进自身经营方式获得新的活力等因素。该理论设想，在旧业态之外，不仅产生了低服务水平的新业态，同时也产生了高服务水平的新业态；并用三个相交的圆圈分别代表旧业态、高水平新业态、低水平新业态，揭示三者之间的关系。该理论认为，旧业态会学习新业态的成功经验，改进自己的经营管理方式，增强市场竞争力。于是新旧业态之间出现相互渗透融合的趋势（即三圆相交共有部分），经营管理理念上的差异逐渐模糊。此时，又会有新业态出现，引发新一轮的业态融合过程，如此推进，业态便实现了演进。

（4）斯坦利·霍兰德（S. C. Hollander）的"手风琴理论"。该理论是从商店的性质是综合店还是专业店，商品品种幅度是扩大还是缩小，来解

---

① 本小节参考和引用了夏春玉：《流通概论》，东北财经大学出版社 2009 年版，第 122 ~ 124 页。

释业态的演进。即认为零售业态演变路径是"宽—窄—宽……""综合—专业—综合……",就像手风琴演奏一样,在一张一合的往复运动中,衍生出新业态。比如,如果原有的零售业态是综合性商品品种众多的百货公司和杂货店,那么,后来兴起的必然是专业性品种少而精的"精品专卖店",或者专门销售某类商品(如服装、鞋、化妆品)的"专业商店"。之后,百货公司又会吸收"精品店""专业商店"的营销经验,在商场内开设"精品柜台""专品柜台",实现业态上一定程度的融合。

(5)吉斯特(R. E. Gist)"辩证进程理论"。该理论以辩证法中的进化论原理解释业态演进。它认为,百货公司(正命题)虽然品种齐全,方便顾客选购,但价格高、商品周转慢;便利店以低价格,商品周转快为特点,是对百货公司"正命题"的"反命题";超市则综合了两者的优点(商品品种齐全,价格低廉,周转快、方便顾客选购)是对两者"命题"的"综合"。因此,零售业态的演进过程可以用辩证法中的进化论,亦即"正命题—反命题—综合"来进行解释。

(6)戴维森(W. R. Davidson)、贝茨(A. D. Bates)、巴斯(S. J. Bass)的"生命周期理论"。该理论认为,零售业态如产品一样,也有创新、发展、成熟和衰退4阶段生命周期。进入成熟期的零售业态趋于保守陈旧、收益率下降,发展停滞;创新者研究消费者需求变化新趋势,投其所好创立新业态,推动业态变迁。生命周期理论与转轮理论的解释近似。

2. 笔者的"新旧业态共生共荣理论"

以上西方学者的6种理论,均是立足于资本主义市场经济环境,从新、旧业态之间自然演化的角度,揭示零售业态的演进规律,既有科学合理性,但又难免有局限性。由于西方国家的零售业演进,没有经历过中国这样的经济体制转型,因而其理论难以解释中国零售业态演进特点和现实状况。基于此,笔者在学习借鉴西方学者理论的基础上,提出"新旧业态共生共荣理论",以期更准确地解释中国零售业态演进历程及现实状况。笔者认为,新、旧业态之间不是替代关系,而和谐共存、共同满足社会多样消费需求的共生共荣关系。即使欧美发达国家,旧业态也从未完全被新业态取代而退出市场,而是和谐共存、相互补充、共同发展。更何况现今中国,社会消费需求具有明显的多层次性和多样性,新业态和旧业态都分别能够满足不同层次及类型消费人群的需要,因而更有和谐共存、相互补充、协调发展的空间。虽然,随着社会消费需求向高层次跃迁,新业态的生存发展空间会扩大,旧业态的生存发展空间会缩小。但是,只要还有适宜自身生存发展的空间，旧业态就会吸收新业态长处，改进营销方式，顽强地生存发展下去。故而，现今中国城乡市场，邮购、百货商店和食品杂货商店等旧业态形式，与网上商店、大型超市和便利店等新业态形式和谐共存、共生共荣，形成商业生态系统，共同满足着消费者多层次多样性需求，支撑和维系着经济社会运行发展。分析中国零售业态演进历程，可以更充分印证"新旧业态共生共荣理论"的正确性。

如图 8-1 所示，中国零售业态演进大体上经历了三个大的阶段：

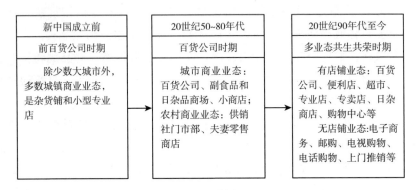

图 8-1　中国零售业态演进历程

（1）新中国成立前的前百货公司时期。当时，除少数大城市有一些现代工商业外，广大中国城乡还处于农业经济社会，居民的收入和购买力水平很低，交通闭塞，只有容纳古老商业业态生存发展的经济社会基础和市场空间。所以，除少数大城市有百货公司外，全国多数城镇的商业业态，是以杂货铺和小型专业店（如中药店、布匹店、糖果店）为主，贸易集市为补充。

（2）新中国成立后，20 世纪 50 ~ 80 年代，百货公司时期。50 年代中期，经济得到恢复和发展，社会安宁、居民收入和购买力水平提高，城镇交通状况改善，有了容纳百货公司生存发展的空间。于是，政府陆续在全国多数城镇开设了百货商场。全国国营百货公司，1950 年仅有 48 家，到1956 年已增加到 2 803 家；乡村集镇开设了供销社营业网点，中国进入了百货公司时期。其后，中国实行计划经济，居民收入和购买力增长缓慢，加上限制商业和市场发展，致使到 80 年代，中国零售商业一直停滞在百货公司业态上，城乡零售商业由百货公司和供销社一统天下，仅有不定期的贸易集市和少量个体零售店铺作为补充。①

---

① 资料来源：邝鸿主编：《市场营销大全》，经济管理出版社 1990 年版，第 411 页。

（3）20世纪90年代至今，多业态共生共荣时期。改革开放以来，中国经济持续增长，2000年实现了初步小康社会，向着建设全面小康社会的更高目标前进。1990～2010年，按当年价格计算，中国人均国内生产总值由1 644元，增长到29 992元，增长了17.2倍；人均社会消费品零售额由731元增长到11 736元，增长了15.1倍；城镇和农村居民的恩格尔系数，分别由54.2%和58.8%下降为35.7%和41.1%；人口城市化率由的26.4%提高到49.95%；公共服务设施改善，电话、电视普及到每个家庭，互联网和移动通信覆盖全国；实现了省省通铁路，县乡通公路，交通运输得到根本改善，物流快递业快速发展。这些成就为中国零售新业态发育成长开辟了广阔空间，提供了物质技术支持。建立社会主义市场经济体制大政方针确立，清除了中国商业企业学习和移植西方现代零售业态的思想障碍。①

以1990年广东东莞佳美食品连锁店成立为标志，中国进入了商业新业态快速成长时期。20年间，实行连锁营销的便利店和超市，从无到有不断发展壮大，成为中国零售商业主流业态；电子商务（网上商店）被越来越多企业和消费者接受，成为市场前景广阔的无店铺主流业态。此外，折扣店、仓储会员店、购物中心、厂家直销中心等有店铺新业态；电视购物、电话购物、自动售货亭等无店铺业态也蓬勃发展，形成了多种业态共生共荣的商业生态系统。

从以上分析中可以看到，无论是20世纪50年代百货商店业态的兴起和发展，还是90年代以来便利店、超市和电子商务（网上商店）等新业态的兴起和发展，都是以经济社会持续发展、居民收入和购买力的持续增长、制度环境不断改善为必要前提条件的。而20世纪60～70年代，中国零售业态长期停滞在百货商店业态上，则是经济政策失误、经济发展停滞、居民收入和购买力增长缓慢、制度环境封闭落后造成的。改革开放后外资企业进入，为本土企业树立了可实地考察学习的样板商店，其"鲶鱼效应"激发了本土企业家的创新意识，促使他们把移植的业态形式与本土商业文化融合，发展成为生命力旺盛的本土化新业态。可见，企业家创新精神，是中国零售新业态发育成长的充分条件。只有上述必要条件和充分条件都具备，零售新业态才能顺利健康地成长。

此外，一国居民人口结构、收入结构、教育文化结构的层次性，决定了他们消费偏好的多样性。因此，虽然新业态发育成长使旧业态受到挤

---

① 资料来源：《2011年中国统计年鉴》相关栏目，中国国家统计局网站。

压，但由于它们符合一部分低收入者和老年人的消费偏好，而并未消亡。而且，旧业态也会吸纳新业态的优点，改进经营服务方式，增强自身活力。故而，即使在美国、欧洲和日本等发达国家中，百货商店、杂货铺、专卖店、专业店等传统业态，仍然与便利店、超市、网上商店、电视购物、电话购物等新业态共生共荣，构成生机勃勃的多业态零售商业生态系统，共同满足民众的多样性消费需求。中国是城乡二元经济结构明显的发展中国家，居民消费结构的层次性、消费偏好的多样性更丰富，多业态零售商业生态系统生存发展的社会空间更广阔。因此，政府应适度保护传统业态，让新旧业态和谐共存协调发展。这就是笔者提出的"零售业态共生共荣理论"的含义。

8.1.3　零售业态分类辨析

1. 零售业态分类

经过改革开放以来的发展，中国零售商业通过引进、移植西方先进业态形式，并加以本土化改造，成功跨越了发达国家零售业态演进历程的后4 个阶段，形成了适应城乡各个层次消费群体不同偏好需要，多业态共存共荣的零售商业生态系统。为了规范和管理零售商业，中国商务部借鉴国外的业态分类办法，以有无店铺，以及店铺选址、商圈、规模、店堂设施、目标顾客、经营方式、商品构成、服务功能等，作为划分业态的基本要素，制定了《零售业态分类》国家标准，并于 2004 年 10 月 1 日开始实行。该标准，首先把中国现有零售业态，划分为有店铺零售业态和无店铺零售业态两大类，其次又把它们具体划分为 17 个小类。

由表 8 - 1 可知，中国有 17 种零售业态，其中有店铺业态 12 种，无店铺业态 5 种；有店铺业态中，传统业态 5 种，新业态 7 种；无店铺业态中传统业态 1 种，新业态 4 种。总体而言，新业态的发展势头较传统业态强劲，其中便利店、超市、大型超市和网上商店最强劲。

表 8 - 1　　　　　　　　　　中国零售业态分类

	有店铺业态	无店铺业态
传统业态	百货商店 食品杂货店 专业店 专卖店 家居建材店	邮购

	有店铺业态	无店铺业态
新业态	便利店 超市 大型超市 折扣店 仓储会员店 购物中心 厂家直销中心	网上商店 自动售货亭 电视购物 电话购物

资料来源：本表资料来源于《经济日报》，2004 年 8 月 26 日。

2. 业态分类辨析

（1）单体型业态与复合业态。在商务部确定的 12 种有店铺业态中，购物中心是在一个庞大的商厦内，由超市、专业店、专卖店和家居建材商店等多种零售业态，以及餐饮娱乐等多种服务业业态，聚合而成的多业态聚合体。其商业房地产由业主公司投资建设的，建成后招募商家入驻经营，并为它们提供物业管理和后勤保障服务，使商厦保持整体上有序运行，满足顾客一揽子购物和餐饮娱乐等多方面消费需要。它明显具有两层经营业态：一是单个入驻商家层面的多元单体业态；二是全体入驻商家聚合成的整体多元聚合业态。故而，购物中心是典型的复合型业态聚合体。

推而广之，一些大型超市、专业或综合型商城和商场（如鞋城、服装城、大型综合商场等）与购物中心类似，其商业房地产也是由业主公司投资建设和整体经营管理，招募商家入驻经营，形成多业态综合服务功能。因此，它们也是复合型业态聚合体，只是它们的经济规模不如购物中心大，单体业态的种类不如购物中心多，综合服务功能不如购物中心齐全而已。

因此，有店铺业态可以分为：单体型业态和复合型业态两大类。属于前者的是：百货商店、食品杂货店、专业店、专卖店、便利店等；属于后者的是：购物中心、大型超市，以及大型零售商城和商场。

（2）狭义复合型业态与广义复合型业态。有人提出，如果把购物中心认定为复合型业态聚合体，那么与之相似的各种综合或者专业的商业一条街（如北京中关村电子商品一条街、王府井、西单商业街、上海南京路商业街、成都太升路手机（销售）一条街、磨子桥电子商品一条街等），是否也可以认定为复合型业态聚合体呢？它们与商业企业集群是否相同？若不同，区别在哪里？笔者认为，区别点在于，聚合体的商业房地产是归一个业主公司所有，还是分属于多个业主所有。如前所述，购物中心、大型超市的商业房产，都是由一个业主公司投资建设并统一经营管理的，产权归该业主公司所有，商家只是租赁店铺入驻经营，不拥有店铺（房产）的房产权。而商业一条街上的店铺房产权则分属于若干个业主，他们或者自己开店经营，或者把店铺租赁给他人开店经营。二者商业房产权上的差异派生出经营管理方式上的明显差别。

商业房地产商投资建设购物中心和大型超市的目的是，借助入驻商家的经营，获取商业房地产租金和物业服务管理费两方面收入。为此，他们要规划商厦的业态结构，按此招募入驻商家，并为他们提供物业管理和后勤保障服务，维持商厦整体有序运行。而商业一条街的管理委员会，并不拥有"商业一条街"上商业房地产的所有权，故而无权作业态结构方面的规划和直接干预商家对业态的选择。即使认为街区上某些业态应当调整，也只能进行劝导，而不能强制商家调整。他们的主要职能是，管好"商业一条街"的基础设施，提供治安和后勤保障方面的服务。因此，如果把商业房地产产权是否归属于一个业主公司所有，作为划分复合型业态聚合体的标准，那么，除了个别特例外，几乎所有商业一条街都只能被认定为商业企业集群，而非复合型业态聚合体。笔者把以此种标准划分，定义为狭义复合型业态范畴。反之，如果仅以该聚合体内是否有多元单体业态和多元聚合业态两个层次为划分标准，那么，购物中心、大型超市和各种零售商业一条街，都可以被认定为复合型业态聚合体。笔者把以此种标准划分，定义为广义复合型业态范畴，它涵盖了各种商业集群形态。

（3）区分狭义与广义复合型业态的税收政策含义。区分狭义和广义复合型商业业态聚合体，能够为政府合理设计对它们的税收征管政策提供科学依据。对狭义复合型业态聚合体而言，它既有一个明确的商业房地产所有者——业主公司，整体经营商业房地产，又有众多入驻商家，因此，税务机关既应当向前者（业主公司）征收商业房地产租赁经营税，又应当分别向后者（各商家）征收商业营业税，做到既不重复征税，也不漏税。对广义复合型业态中的"商业一条街"而言，由于其商业房地产分属多个业主所有，因此，税务机关只能既分别向各个房产主征收商业房地产租赁收入税，又分别向各店铺经营者征收商业营业税，做到既不重复征税，也不漏税。

顺便提及，批发市场的商业房地产，通常也由一个业主公司投资建设并经营管理，招募批发商入驻经营，并为它们提供市场管理和后勤保障方面的服务，形成综合型批发功能，满足零售商的多样性采购需要。因而，它们具备并符合狭义复合型业态划分标准的要求。政府对它们也应当如前所述，分别向业主公司征收商业房地产租赁经营税，向各批发商征收批发营业税，做到既不重复征税，也不漏税。

8.1.4　零售业变革成效及其缺陷与治理对策

1. 成效

改革开放以来，中国零售业发生了两个显著变化：一是通过改革国有商业企业体制和引进外资企业，形成了多种所有制企业并存的零售商业体系；二是导入和移植发达国家的先进营销制度和新业态，形成了多业态共生共荣的商业生态系统，如表8-2所示。

表8-2　　　　　　　　　　2010年限额以上零售企业结构

	企业		从业人员		销售量	
	数量（个）	比重（%）	人数（万人）	比重（%）	销售额（亿元）	比重（%）
全国零售企业合计	52 306	100	501.29	100	57 514.6	100
1. 内资零售企业：	50 820	97.2	440.89	88.0	49 984.0	86.9
（1）国有企业	3 345	6.4	36.30	7.2	4 820.6	8.4
（2）集体企业	2 820	5.4	16.61	3.3	1 133.9	2.0
（3）有限责任公司	13 011	24.9	156.27	31.2	17 514.0	30.5
（4）股份有限公司	1 948	3.7	56.93	11.4	8 771.5	15.3
（5）私营企业	28 201	53.9	64.24	32.8	16 870.5	29.3
（6）其他企业	1 495	2.9	10.54	2.1	873.5	1.5
2. 港澳台资企业	650	1.2	23.91	4.8	2 986.7	5.2
3. 外资企业	836	1.6	36.49	7.3	4 543.8	7.9

资料来源：本表资料来源于《2011年中国统计年鉴》中的"批发和零售业"栏目，中国国家统计局网站。表中国有企业包括国有独资公司和国有联营企业；外资企业含中外合资合作企业。

（1）2010年中国限额以上零售企业，由内资、港澳台资和外资三类企业组成。这三类企业的企业数量、从业人员数量和销售额占全国总量的比重：内资企业分别为97.2%、88.0%和86.9%，港澳台资企业分别为1.2%、4.8%和5.2%，外资企业分别为1.6%、7.3%和7.9%。内资企业是主体，但港澳台资和外资企业的平均员工人数、销售额和人均销售额，分别为368人、4.60亿元、129.9万元和436人、5.44亿元、124.5万元；而内资企业仅分别为87人、0.98亿元、113.4万元。这三项反映企业规模和经营效率的指标，港澳台资企业和外资企业都明显优于内资企业。

（2）内资企业中，企业数量、从业人员数量和销售额占全国总量的比重：私营企业分别为53.9%、32.8%和29.3%，有限责任公司分别为24.9%、31.2%和30.5%，股份有限公司分别为3.7%、11.4%和15.3%，国有企业分别为 6.4%、7.2% 和 8.4%，集体企业分别为 5.4%、3.3% 和 2.0%。私营企业、有限责任公司和股份有限公司是内资零售业主体。五种内资零售企业，按平均员工人数量和销售额排位依次是：一为股份有限公司 309 人和 4.50 亿元；二为国有企业 106 人和 1.44 亿元；三为有限责任公司 129 人和 1.35 亿元；四为私营企业 58 人和 0.60 亿元；五为集体企业 59 人和 0.40 亿元。内资零售企业的这种所有制结构和企业规模，是由路径依赖因素和市场竞争因素，双重作用形成的。

（3）外资和港澳台资零售企业进入，推动和加快了新业态发展。限额以上零售企业中，外资和港澳台资零售企业，内资零售企业中的股份有限公司、有限责任公司和大型国有企业，大多采用了超市、大型超市、仓储会员店、购物中心和便利店等新业态；而私营和集体企业则大多停留于百货店、杂货店等传统业态。

上述资料表明，改革开放使中国零售业形成了以私营企业、有限责任公司和股份有限公司为主体的多元化所有制结构，不同所有制性质的零售企业找到了适合自己生存发展的市场空间，形成了多业态共生共荣的零售商业生态系统，满足了不同层次消费者的多样性需求，支撑了经济社会持续发展。

2. 缺陷及治理和发展对策

中国零售业变革在取得上述成效的同时，也暴露出一些明显缺陷，需要采取相应措施进行治理，才能够持续发展：

（1）购物中心等大商场建设过热，导致资产闲置，引发恶性竞争，需要各城市政府制定商业网点发展规划，深化投融资体制改革进行综合治理，才能收到实效。抑或是没有制定规划，抑或是规划不合理，抑或是有规划但执行不到位，都会导致城市零售商业网点布局混乱。典型的例证是，20 世纪 90 年代的"大商场热"刚刚偃旗息鼓，21 世纪初期，各大城市又一哄而上争建购物中心。Shopping Mall（简称 Mall），中文译为"摩尔"，是由商业房地产及物业管理开发商投资建设，并统一管理的特大型商业设施。它拥有各种类型商店，餐饮娱乐场所、商业街和宽阔的停车场，能满足消费者购物、娱乐和休闲等各方面的需要，又称为购物中心。购物中心是经济高度发达的产物。据有关文献介绍，市区购物中心生存发展的条件是，人均国民收入 2 000 美元，家庭轿车的普及率为 30% 左右；郊区大型购物中心的生存发展的条件是，人均国民收入 8 000 美元，家庭轿车普及率为 50% 左右。2003 年，中国人均国民收入刚达到 1 000 美元左右，仅有上海、北京、广州等少数大城市初步具备购物中心生存发展的经济社会条件，但不少大城市却暴发了竞相建设购物中心的热潮。据有关文献披露，武汉已建成、在建和规划的购物中心多达26座。北京已建成和在建的购物中心有10多座，仅京西商圈在建购物中心的总面积就达150万平方米，相当于3个王府井商业街的建筑面积。上海2005年，已建成的购物中心13座，面积47万平方米；在建15座，建筑面积160万平方米；规划19座，建筑面积240万平方米，总计建筑面积约500万平方米。据粗略统计，21世纪初期，全国已建成购物中心54座，建筑面积700万平方米，在建200多座，建筑面积超3000万平方米。各城市竞相攀比，购物中心建筑面积越建越大。温州、青岛号称要建世界最大购物中心，建筑面积超过100万平方米。2004年10月，北京金源购物中心开业，以38亿元巨额投资，68万平方米建筑面积拔得全国头筹，引起轰动。但是，不到半年时间，就陷入了"门前冷落鞍马稀"的尴尬境地。上海、北京、广州等城市也陆续发生了购物中心"猝死""难产"事件。

中国何以屡屡发生一哄而上，争建大商场和购物中心的投资热？究其原因，一是地方官员把建大商场和购物中心视为形象工程给予优惠和扶持，激励了投资者建设欲望；二是投资者为了抢占先机，获取政府优惠，占据城市稀缺地产资源，获取土地溢价收益；三是银行贷款约束软。总而言之，大商场热和购物中心热，是城市政府对商业网点发展缺乏规划和控制，以及投资、土地管理、银行信款等缺陷综合作用造成的，应采取针对性措施综合治理，才能收到实效。

（2）内外资大卖场开设过于密集，挤压中小零售商生存空间，破坏商业系统生态平衡。城市政府应制定相应法规，对其适度控制，为中小零售商保留生存发展空间。2004年，WTO过渡期结束，国内市场对外资外商全面开放，外资零售企业进入中国，开设大卖场速度加快。据商务部统计，该年底，外资商业企业达304家，开设分店3900多个，营业面积达828万平方米。北京、上海、广州等城市，营业面积超过8000平方米的大卖场中，外资企业店铺数已占三成以上，北京达到37%、上海高于40%。经几年摸索后，跨国零售集团调整市场开拓策略：一是积极向内地二、三线中等城扩张，开设新店。例如2009年，沃尔玛在中国新开55家店（总店数达178家），绝大多数布点在内地的二、三线中等城市，如云南曲靖、贵州六盘水、山西阳泉、湖北宜昌、荆州和襄樊、山东淄博、四川德阳、江苏盐城、湖南常熟和娄底等。二是通过并购内资零售企业，加快开店速度。例如2010年，家乐福通过并购保定龙仓连锁公司，在河北新开10多家店。三是独资建设购物中心和大卖场，进军商业房地产业。例如英国乐购（Tesco）公司，不仅向二、三线城市扩张，而且宣布将投资50亿元，涉足中国商业房地产。① 外资零售集团强劲的开拓策略，使零售市场争夺战愈演愈烈。为了与之抗衡，内资大型零售企业也加快了开设大卖场的速度。

开设大卖场会打破原有商圈商业生态平衡，挤占中小零售商的生存空间。前些年，中国大中城市，或者未制定科学的商业网点规划，或者虽然制定了，但出于扩大招商引资需要，并未严格执行；加之立法机构尚未制定和实行类似日本"大店法"的法规，就开设大卖场召开商圈内中小零售商听证会，致使在一些商圈外资和内资大卖场开设过密。这个问题已经引起中国商务部和大城市政府关注，正加紧制定商业网点规划，建立和实行开设大卖场听证会制度，但中等城市却还沉浸在招商热潮中，重复着前些年大城市走过的老路。因而，需要中央和省市区政府予以警示和指导，使它们掌握好招商引资建设大卖场的分寸，避免重蹈过度开放零售市场覆辙，阻碍本土零售企业发展。

（3）零售业的整体服务水平有待提高。近些年，在外资零售企业的示范作用和市场竞争的推动下，中国本土零售业的服务水平较过去有明显提高，但与发达国家零售业还有较大差距。一是假冒伪劣商品屡禁不绝，使消费者无所适从。二是零售企业间的竞争停留在价格和产品质量层次上，提高服务质量和改善顾客关系，则未受到足够重视。三是零售企业对顾客需求内涵的认识肤浅，不善于引入新的服务要素，拓展和丰富营销服务的内涵，提高服务品质。内资零售企业应当以此为营销服务创新重点。例如，便利店和超市，应当改变目前商品陈列拥挤、过道狭窄、空气流通不畅缺陷，为顾客提供舒适温馨的购物环境，使他们购物时感到愉悦。又如，导入体验营销、个性化营销等先进理念，推出新的营销服务项目，使顾客高品位需求得到满足。

8.1.5　零售业的创新发展空间

今后一个时期，中国经济仍将快速增长，零售市场将持续繁荣，新兴业态将向中小城市和乡村扩展，业态融合将创生新业态形式，零售商业生态系统将更加丰满和生气蓬勃。

1. 超市、电子商务向中小城市扩展和普及

随着城市化水平提高，乡村居民收入增长，中小城市和城镇生活基础

---

① 资料来源于刘若愚：《外资零售商中国阵地战升级》，《价值中国》，2009 年 6 月 24 日；熊海鸥：《沃尔玛进军宜昌，开店纵深三线城市》，《北京商报》，2009 年 7 月 10 日；佚名：《家乐福、沃尔玛等外资零售巨头加紧在华扩张》，"证券之星"网站，2010 年 11 月 20 日。

设施的改善，便利店和超市将向中小城市和城镇扩散普及。随着互联网进一步普及、人口受教育程度提高、居民收入增长、网上支付安全程度提高，网上购物也将向中小城市和乡村居民普及。便利店、超市、电子商务（网上购物）等新业态，将迎来又一个发展高峰。

2. 既有业态互相渗透融合创生新业态

业态创新的一个重要趋势，是传统业态和新业态吸收对方长处，在渗透融合中创造出新业态。随着消费者追求时尚化和个性化的倾向增强，大而全的普通超市已显疲态。京沪等地商家敏锐地觉察到这种倾向，在超市中引入精品专卖店、专业店等业态形式，设立专营高档特色商品和名牌商品的销售区，获得了营销佳绩。例如 2010 年 9 月，王府井百货的全新子品牌店"hQ 尚客"在北京开业。该店突破原来经营大众百货的传统定位，以 18 ~ 35 岁时尚消费者为目标市场顾客，引入 300 多个知名品牌时尚商品，打造精品时尚综合商店，收到良好的促销效果[1]。又如 2006 年，武汉中百仓储超市公司，在广州、上海开设办事处，启动海外采购，在其属下的多家百货公司商场开设进口食品专卖区，满足喜好进口食品顾客需要。该公司在位于武汉航空路的"中百生活剧场"超市内，开设 800 平方米专卖区，营销自境外 30 多个国家和地区的 4 000 多种商品（如法国奶酪、德国啤酒、意大利面条等），销售额持续增长。[2] 正如该公司总经理程军所言：当前已出现了"百货超市化、超市百货化"趋势。一些小城镇上的超市，适应当地顾客需要，引入百货业态，把商品井然有序地陈列在货架上，由顾客自行选购。这些新老业态融合的创新措施，印证了伊兹雷利（D. Lzraeli）的"三园理论"，新业态将在既有业态渗透融合中创生。

3. 导入体验消费理念创新营销方式

尤其值得关注的是，随着体验消费理念渗透，零售业态将发生变化，孕育出新的营销方式。美国学者约瑟夫·派恩（B. Josepn. Pine Ⅱ）和詹姆斯·吉尔摩（Jamesh. Gilmore）把体验定义为：个人的生理和心理感受，在情绪、体力、智力，甚至精神上达到某一特定水平（层次）时，意识中产生的预期感觉。体验消费的兴起，给商业服务业企业带来了商机。一些勇于创新者将导入体验消费理念，调整、改进营销方式和服务内容，以满足顾客的体验消费需要。以农事活动、工业观光，武术、烹饪、舞

---

① 鲍晓倩：《零售业迈入"多元零售"新阶段》，《经济日报》，2010 年 11 月 29 日，第 6 版。

② 案例和资料来源于郑明桥：《武汉中百创新业态赢得市场》，《经济日报》，2007 年 2 月 8 日，第 7 版。

蹈、唱歌、绘画和书法教习，健身、生存和挫折训练等为体验内容的旅游服务业态，将不断涌现、蓬勃发展，零售商业将在更深程度上被改造，以体验营销为内容的新业态将应运而生，快速发展。

4. 导入 O2O 营销模式，向网上顾客开拓营销空间

O2O（online to offline）营销模式又称离线商务模式，是指以线上营销和线上购买，带动线下销售和消费。该模式通过在网上展示商品和服务信息，实行价格优惠、预订购买等方式，把线下实体店商品和服务信息推送给网上客户，把他们转换为实体店的顾客和消费者，从而扩大销售量。这种营销模式，尤其适合那些商品和服务无法打包快递，必须到店消费的零售行业，如美容美发、健身保健、娱乐、医疗、餐饮（不含外卖送餐）和技能培训等。有关资料显示，即使美国这样电子商务非常发达的国家，线上交易和消费的比例也仅占 8%，92% 为线下交易和消费，而中国的这一比例分别为 3% 和 97%。因而导入 O2O 营销模式，把线上顾客吸引到线下实体店消费大有可为。中国已进入小康社会，居民收入持续增长，恩格尔系数则持续下降，这为服务业的发展创造了极为有利的条件。但是，商家们应当知晓，导入 O2O 营销模式必须具备这样一些必要条件：一是商家必须在当地城市拥有数量足够多、能提供货真价实商品和服务的实体店铺，如是才能够产生规模经济效益。店铺数量不足的商家，可以采取自愿连锁或联合经营方式，达到这个要求。二是商家网上展示的服务商品，必须丰富多样、货真价实，而且网上支付安全，便于顾客选择、购买和快捷支付。三是实体店提供的服务必须与网上商店展示的一致，品质优良。四是商家要使线上售价与实体店售价相协调，防止顾此失彼。如是，方能使导入的 O2O 营销模式成功，产生良好效益。

8.2　批发业解构重组与创新发展对策

8.2.1　经济体制转型中批发业解构重组[①]

改革开放后，由计划经济向市场经济转型过程中，中国批发业经历了

---

① 注：此节中批发商业的范围，是除粮食和其他农产品之外生活资料和生产资料的批发商业活动。因粮食流通性质特殊且内容复杂，非一章一节能论述清楚，故本书存而不论。其他农产品流通，第 7 章已专门论述，故本章不赘。

解构到重组的变革过程（见表8-3）。

表8-3　　　　　　　　　　中国商业批发体制的解构与重组

	解构前	解构	重组
生活消费品批发	形态：商品按国有商业系统一、二、三级批发站单一渠道层层分配调拨。 特点：渠道单一、僵化、效率低下	形态：解构中形成了计划分配调拨和市场自由购销双轨批发体制 特点：市场一轨引入竞争机制，效率提高，但引发"官倒"等弊端	形态：重组后形成了由5种主要渠道组成的市场化批发体系：（1）大型交易市场批发渠道。（2）连锁公司批发一体化渠道。（3）B2C、C2B电子商务批零结合渠道。（4）制造业厂商批零一体化自销渠道。（5）代理商渠道 特点：多渠道、少环节、效率高
生产资料批发	形态：严格按指令性计划分配指标，大额指标厂对厂直达供应，小额零散指标各级物资公司中转供应 特点：条块分割，货到地头死，效率低下	形态：解构中形成了计划内按指标分配供应，计划外市场自由购销的双轨批发体制 特点：调动了制造企业超产自销积极性，但引发了"官倒"等腐败现象	形态：重组后形成了由4种主要渠道组成的市场化批发体系：（1）B2B电子商务网上购销渠道。（2）大型交易市场渠道。（3）制造业厂商自销渠道。（4）代理商渠道 特点：市场化、多渠道、少环节、效率高

1. 解构前：实行计划配给型批发体系

改革开放前，中国长期实行计划经济体制，生活消费品和生产资料流通，都各自形成了严格按计划指令调拨供应商品的单一计划型批发体制。生活消费品方面，国家按计划经行政区划层次，把商品供应指标分配到居民个人和家庭。并在工业消费品主产区大城市上海、天津和广州，设立一级采购批发供应站；在商品进入销区的交通要道节点城市（如四川的广元和万县），设立二级批发供应站，其他中小城市设立向零售商店供货的三级批发供应站。商品严格遵照指令性计划，按"一—二—三—零"顺序层层调拨，最终由零售商店凭证凭票供应居民。生产资料（简称物资）由国家计委和物资部编制计划，把计划分配指标按行政条块下达给各中央部委和省、市、自治区，再由它们分解下达到下属企业和事业单位。国家每年召开一、二次全国订货会，由各省、市、自治区物资厅局和大型用户企业，按指令性计划指标，与供给方企业签订供货合同。指标数量达到级别的大型用户企业，由供给方企业实行"厂对厂"直达供应。达不到级别的企事业单位，由各部委和省、市、自治区物资公司中转供应。这种受到国家计划和行政条块严格控制的批发供应体制，条块分割、呆板僵化、效率低下，诱发各单位争指标、抢货源，造成商品和物资积压浪费，加剧供给短缺程度。

2. 解构中：形成了计划与市场并行的双轨批发体系

改革开放初期，农村家庭联产承包责任制和城市工业企业扩大自主经营权，调动了生产者积极性，使产量大幅度增长，商品和物资供给逐渐充裕。一些商品和物资出现"买难""卖难"现象，促使政府开放城乡集市和生产资料市场，让农户和企业销售允许自销的产品。其后，随着商品和物资供给日益充裕，指令性分配计划缩小，允许退出指令性计划控制的商品和物资，随行就市自由购销。为了促进商品和物资自由流通，各省区政府把二级批发站的管理权下放给所在城市，允许各级物资公司经营市场购销业务。由此，形成了计划分配供应与市场自由购销并存的双轨批发体制。这种批发体制，既保留一部分计划供应渠道，又开辟了市场购销渠道，引入竞争，增加了活力，但也引发了"官倒"等弊端。总体上看，利大于弊，支撑和促进了商贸流通业和经济社会的繁荣和发展。

3. 重组后：形成了多渠道并存的批发体系

20世纪90年代初，随着计划和价格体制改革推进，纳入指令计划管理的商品和物资的种类和数量进一步减少。1993年，中国进入了市场化改革阶段，商品和物资流通体制发生了质变：一是计划和价格体制改革到位，绝大部分商品和物资都退出了计划管理，实行市场自由购销。二是商业和物资体制改革到位，国营批发商业和物资供应系统解体，一、二、三级批发站和物资公司纷纷转制为股份制商贸公司。三是转制后，商业、物资企业和制造业企业，纷纷移植发达国家先进的业态和营销制度，创立现代流通渠道，完成了旧体制解构后的整合和重组。重组后的商贸流通领域，形成了以现代营销渠道为主体的市场型多元化批发体系。

（1）生活消费品批发：多种所有制企业和多元渠道并存。

如表8-4所示：①解构重组后的生活消费品批发体系，由内资、港澳台资和外资三类企业构成。2010年，这三类企业的企业数、从业人员数和销售额，占全国总量的比重，内资企业分别为95.3%、89.7%和88.6%，港澳台资企业分别为1.6%、3.8%和2.5%，外资企业分别为3.1%、6.5%和8.9%。内资企业明显占主体地位。但是，港澳台资和外资企业的平均员工人数、平均销售额和人均销售额，分别为140人、5.77亿元和412.3万元，126人、10.74亿元和852.6万元；而内资企业仅为56人、3.42亿元和611.3万元。外资和港澳台资企业的规模明显大于内资企业。人均销售额，则是外资企业高于内资企业，内资企业高于港澳台资企业。②内资批发企业中，企业数、从业人员数和销售额，占全国总量的比重：私营企业分别为59.2%、30.5%和25.1%；有限责任公司分别为22.6%、22.4%和24.4%；股份有限公司分别为2.7%、10.3%和12.5%；国有企业分别为7.4%、22.3%和24.6%，集体企业分别为1.9%、2.4%和1.1%。私营企业、有限责任公司和国有企业是内资批发业的主体。企业平均员工人数和销售额排位依次是：股份有限公司227人和17.22亿元，国有企业179人和12.28亿元，有限责任公司58人和3.97亿元，集体企业74人和2.17亿元，私营企业30人和1.56亿元。内资批发企业的这种结构，是由路径依赖和市场竞争因素双重作用形成的。上述资料表明，重组后形成了内外资多种所有制企业和多元渠道并存的批发结构（见表8-5）。

表8-4 　　　　　　　　　　2010年限额以上批发企业结构

	企业		从业人员		销售量	
	数量（个）	比重（%）	人数（万人）	比重（%）	销售额（亿元）	比重（%）
全国批发业合计	59 464	100	350.94	100	219 121.1	100
1. 内资批发企业：	56 684	95.3	314.62	89.7	194 037.9	88.7
（1）国有企业	4 385	7.4	78.29	22.3	53 831.6	24.6
（2）集体企业	1 121	1.9	8.28	2.4	2 436.0	1.1
（3）有限责任公司	13 457	22.6	78.60	22.4	53 381.0	24.4
（4）股份有限公司	1 588	2.7	35.99	10.3	27 337.5	12.5
（5）私营企业	35 222	59.2	107.09	30.5	54 903.9	25.1
（6）其他企业	911	1.5	6.38	1.8	2 147.9	1.0
2. 港澳台资批发企业	962	1.6	13.47	3.8	5 552.7	2.5
3. 外资批发企业	1 818	3.1	22.85	6.5	19 530.5	8.9

　　资料来源：《2011年中国统计年鉴》"批发与零售业"栏目，中国国家统计局网站。国有企业包括国有独资公司和国有联营企业；外资企业含中外合资合作企业。

表 8 – 5　　　　　　　　2010 年生活消费品批发渠道构成及成交额

	特　点	成交额	占全国社会消费品零售总额比重（%）
亿元以上批发市场	综合市场 1 001 个，专业市场 2 845 个。批零兼营批发为主，总成交额中批发占 76.8%	总成交额 44 362.6 亿元，其中批发 34 085.6 亿元	总成交额占 28.3；批发额占 21.7
连锁公司渠道	批发和零售一体化	27 385.4 亿元	17.4
电子商务渠道	批发和零售兼营	5 131 亿元	3.3
制造业厂商自营销售渠道	批发和零售一体化	—	—
代理商销售渠道	批发和零售一体化	—	—

资料来源：《2011 年中国统计年鉴》相关栏目，中国国家统计局网站。未查找到制造业厂商自营销售渠道和代理商销售渠道的成交额数据。电子商务（网上零售）数据来源于：中国电子商务研究中心发布的《2010 年度中国电子商务市场数据监测报告》，该中心网站。

　　解构重组后，生活消费品流通形成了 5 种类型批发渠道：①大型交易市场批发渠道。在各种大型交易市场中，批发商开店经营批发业务，零售商贩进场采购商品然后分销给顾客，形成批零衔接的流通渠道。2010 年，中国成交额亿元以上的生活消费品综合市场为 1 001 个、专业市场为 2 845 个，共成交商品 44 362.6 亿元，其中批发 34 085.6 亿元，占 76.8%；零售 10 277.0 亿元，占 23.2%。市场总成交额和批发成交额，分别占全国社会消费品零售总额的 28.3% 和 21.7%，是第一大批发渠道①。②连锁公司批零一体化渠道。商业连锁公司集批发和零售功能于一体，由总部统一采购和配送商品，经由成百上千家店铺向顾客零售。2010 年，中国商业连锁公司年销售总额达 27 385.4 亿元，占当年社会消费品零售总额的 17.4%，是第二大批发渠道②。③兼具批发和零售双重功能的电子商务渠道。2010 年，中国电子商务 B2C 和 C2C 交易额达 5 131.0 亿元，比上年增长 98.4%，占社会消费品零售总额的 3.3%，是高速成长的批零一体化渠道③。④家电、服装和体育用品等制造业厂商的"自销中心 + 专卖店网点"批零一体化销售渠道。⑤代理商批零一体化营销渠道。上述 5 种类型

---

　　①　资料来源：《2011 年中国统计年鉴》"亿元以上市场基本情况"栏目，国家统计局网站。
　　②　资料来源：《2011 年中国统计年鉴》"连锁零售企业基本情况"栏目，国家统计局网站。
　　③　资料来源：中国电子商务研究中心发布的《2010 年度中国电子商务市场数据监测报告》，该中心网站。

批发渠道共同承担和完成了生活消费品流通的批发职能。

（2）生产资料批发：4 种类型渠道并存（见表 8 - 6）。

表 8 - 6　　　　　2010 年解构重组后生产资料批发渠道状况

	特　点	成交额
B2B 电子商务渠道	以工业企业之间交易为主	总成交额 3.8 万亿元
亿元以上生产资料交易市场批发渠道	生产资料综合市场 62 个，专业市场 754 个	总成交额 25 622.9 亿元 其中：批发成交额 24 726.2 亿元，占 96.5%
制造业厂商自营销售渠道	以批发为主	—
代理商销售渠道	以批发为主	—

资料来源：中国电子商务研究中心发布的《2010 年度中国电子商务市场监测报告》，该中心网站；《2011 年中国统计年鉴》"亿元以上商品交易市场情况"栏目，国家统计局网站。但未查找到，制造业厂商自营销售渠道和代理商销售渠道的成交额数据。

生产资料旧批发体制解构重组后，形成了 4 种类型批发渠道：①B2B 电子商务网上购销批发渠道。2010 年，中国 B2B 电子商务年交易额达 3.8 万亿元，是生产资料流通的第一大批发渠道[①]。②亿元以上生产资料市场批发渠道。2010 年，中国成交额亿元以上生产资料综合市场为 62 个、专业市场为 754 个，总成交额 25 622.9 亿元，其中批发成交额 24 762.2 亿元，占 96.5%，是生产资料流通的第二大批发渠道[②]。③制造业厂商自营销售渠道。④代理商销售渠道。上述 4 种类型批发渠道共同承担和完成了生产资料流通的批发功能。

总体上看，解构重组后，生活消费品和生产资料流通形成了多元化批发体系，优化了流通领域资源配置，发挥了批发功能，化解了产销间时空矛盾，保障了居民生活消费和产业部门生产消费需要，使全国经济社会实现了平稳而且持久快速地发展。

8.2.2　对批发业解构重组的误读及正确认识

1. 误读：源于从批发业外在形式变化看问题

在多个学术会议上，笔者听到一些权威人士对批发业解构重组误读的言论。他们认为，改革开放以来流通领域中，最看不清楚讲不明白变革方

---

① 资料来源：中国电子商务研究中心发布的《2010 年度中国电子商务市场监测报告》，该中心网站。

② 资料来源：《2011 年中国统计年鉴》"亿元以上商品交易市场基本情况"栏目，国家统计局网站。

向和效果的，是批发业。为什么会产生这种看法？笔者认为，是用旧观念，从外在形式变化上看问题使然。他们认为，只有独立批发商才履行批发职能，而解构重组后，独立批发商数量明显减少，于是就认为批发业萎缩了、混乱了。他们没有看到代之而起的电子商务、连锁公司和制造业厂商直销系统，都是批零结合或批零一体化流通渠道。统计部门为了简便，往往把它们（如连锁公司和电子商务）归入零售商业范畴，而忽视了其中起关键性作用的是批发功能。一些人因此而形成了对批发业解构重组的误读。笔者认为，评价批发业解构重组成败得失，不应以批发业外在形式变化为标准，而应以批发功能是否得到发挥、产销时空矛盾是否得到化解为标准，才能得出正确的结论。

2. 正确认识和评价批发业的解构重组

（1）理论分析：批发业的职能是化解产销间时空矛盾。在人类社会发展进程中，一个国家或地区内部，由于区域间自然资源和社会资源禀赋存在差异，生产要素向具有资源禀赋优势和比较利益优势的区域集中，形成地区间不同类型的产业布局分工，使生产供给和消费需求之间在时间和空间上产生矛盾。如一些产品（如食盐、布疋、地道中药材和土特产）在一地生产，而供全国各地消费；另一些产品（如粮食和食用油料）季节性生产，而供人们全年消费。为了使产销之间实现均衡衔接，社会需要有专门的商业组织，承担和履行批量采购、储存、运输和分销等职能，以克服产地与销地之间的时空矛盾，于是批发业应运而生。近现代历史进程中，工业化和城市化推动着区域间产业分工深化和发展，产地与销地之间的时空矛盾不断扩大和加剧。比如，中国形成了"东工西农""东轻西重"和"北重南轻"的产业空间布局，导致东、中、西三大经济地带及其经济区之间，能源、农产品和工业消费品的生产供给和消费需求显著错位，时空矛盾极其尖锐复杂，需要具有强大批发功能的商业体系协调和调节，才能够消除时空矛盾，实现带际间和区际间供求平衡，保障全国经济顺畅运行和发展。可见，消除产销之间的时空矛盾，不仅是批发商业产生的初始原因，而且是实现全国经济社会协调发展，赋予商业的基本职能。

历史发展过程中，批发商在最大化自身利益动机驱使下，不断地创新制度，以期用更便捷高效的方式完成批发职能。于是，古代社会中，专门从事长途贩运的商人，以及为他们提供货物储存运输服务的马帮和货栈，从原始商业中分离出来，形成初始形态的批发业（含物流运输）。随后，专门从事分销服务的独立批发商和代理商也从商业中分离出来，组成分工协作关系明确、效率更高的批发商业体系。现代社会中，批发制度创新的步伐加快。随着互联网信息技术的普及，一些大型制造业企业创设电子商务网站，以"B2B"方式网上批发销售产品；一些商业企业转型为商业连锁公司，建立配送中心和零售店铺网络，实行统一采购、统一配送、批发和零售一体化经营；一些制造业厂商自建渠道，实行批零一体化营销，等等。这些新型商业形式，与大型交易市场、代理商销售渠道一起组成多元化批发体系，以更便捷高效方式承担和履行批发职能，有效化解了产销之间的时空矛盾。

（2）实践检验：解构重组后的批发体系，有效化解了产销间时空矛盾，证明变革是成功的。前述理论分析表明，经济社会发展赋予批发业的基本职能，是化解产销间时空矛盾。批发变革的目的，是使批发业以更便捷高效的方式履行这个基本职能。因此，评价批发业解构重组成功与否，不应当从外在形式变化上看问题，而应当以批发业是否充分履行了基本职能，使产销间时空矛盾得到有效化解，为衡量标准，这样才不会发生误读。1992～2010 年，中国经济完成了向市场经济体制转型，批发业也完成了由双轨批发体系向市场型多元化批发体系转型。这个时期，中国经济持续快速发展，产业部门的生产资料消费和居民的生活资料消费持续快速增长。社会消费品零售总额由 10 993.7 亿元，增长到 156 998.4 亿元，增长了 13.3 倍，全社会生产资料销售额由 1991 年的 1.0 万亿元，增长到 2010 年的 40.3 万亿元，增长了 39.3 倍[①]。而且，由于产能向资源优势省区聚集，产销之间供求互补性增强，时空矛盾更加尖锐复杂。解构重组后的多元化批发体系，充分履行了基本职能，成功化解了产销之间日益尖锐复杂的时空矛盾，不仅没有发生重大"卖难""买难"问题，而且使规模以上（1992 年是独立核算）工业企业的流动资产周转速度，由 1992 年的 1.67 次/年，提高到 2010 年的 2.50 次/年，产品销售率由 1992 年的 95.67%，提高到 2010 年的 98.02%[②]。这些事实证明，传统批发业的解构重组，虽然使批发业的外在形式发生了改变（传统批发渠道萎缩，独立批发商数量减少），但所形成的市场型多元化批发体系，却使批发功能得到更充分发挥，产销间日益复杂尖锐的时空矛盾得到有效化解，支撑全国经济社会实现了平稳、快速而持久地发展。所以，应当肯定，批发业的解构重组是适应经济社会发展需要的、成功的，认为其萎缩、混乱是错误的。

---

① 资料来源于 1993 年、2011 年《中国统计年鉴》国家统计局网站；商务部发布的有关年份的中国消费品市场、生产资料市场年度报告，商务部网站。

② 资料来源于 1993 年、2011 年《中国统计年鉴》，"独立核算""规模以上工业企业效率"栏目，国家统计局网站。

8.2.3　代理制困境及成因

现代市场经济中，代理商分销系统，是制造业产品最重要的批零一体化流通渠道。基于此，中国政府曾于20世纪90年代中期倡导发展代理制，但是，十多年来却一直推而不开，发展缓慢。为了探明原因，本书将其单列出来分析。

1. 代理制概述

代理制发端于19世纪初美国棉花贸易，至今已有近200年的发展历史，是成熟的批零一体化流通渠道。按职能划分代理商有以下5种类型：

（1）销售代理商。常见于大宗生产资料和生活消费品销售领域，是制造业厂商（委托人）的全权销售代理人，即总代理商（又称独家代理商），负责在指定的区域内，组织实施并完成所代理商品的全部营销业务，如广告宣传、参加展销会、开展促销活动、市场调查、访问顾客、向委托人反馈市场信息等。通常委托人与销售代理商，是一对一的关系。即一旦双方的销售代理关系成立，委托人就不能在同一个区域内再与别的代理商就同一种商品，建立销售代理关系，也不能在此区域自营销售；同样，销售代理商也不能在此区域内，就同一种商品与别的委托人再建立销售代理关系。

（2）制造商代表。代理商按照契约规定，代委托人在一定区域内销售产品，按销售额提取佣金。1个（制造商的）代理商，可同时代理多个委托人（制造商）的产品销售，但这些产品必须是非竞争性，而有关联性或互补性的。如奶粉与其他食品或饮料，运动服装与体育器具等。因为有关联性或互补性的产品在一起销售，能相互带动和促进。

（3）经纪人和经纪公司。为促成委托人交易成功，提供牵线搭桥、传递信息、安排谈判地点等中介服务，收取佣金。

（4）寄卖行（寄售商）。代委托人销售寄卖的商品。通常设有店铺和仓库。商品售出后，扣除佣金和有关费用，把货款按时返还委托人。

（5）拍卖商和拍卖行。除拍卖古玩、字画外，主要指那些在农产品中央批发市场上或其他交易场所中，代委托人对蔬菜、水果、水产、牲畜乃至烟草，进行拍卖的商人或公司。

2. 代理制的动力机制

制造业厂商和代理商，之所以能够签订委托—代理合同，结成渠道联盟，是因为各自都能够满足对方的渠道价值诉求，共同构建具有独特优越性的营销渠道，创造出更多渠道价值，分享到更多渠道收益。对于制造业厂商来说，代理商有成熟的营销网络和丰富的营销经验，熟悉当地的社会文化环境，有广泛的公共关系资源，能够有效化解制造业厂商产品进入该地区市场遇到的市场壁垒和社会文化壁垒，迅速打开和占领该地区市场。因此，制造业厂商选择代理商，不仅可以节省构建营销渠道的投资，缩短开拓新区域市场、扩大产品销路的时间，而且可以把自己从繁杂的营销事务中解脱出来，专心致力于制造业务的经营管理，提高生产效率。这些优越性可以转化为代理制中制造业厂商的实际收益。但是，制造业厂商不仅要为签订代理契约、监督契约履行支付交易费用，而且还要让代理商分享一定比例的渠道收益（销售收入提成），它们构成制造业厂商成本。只有收益大于成本时，制造业厂商才会选择代理制。

对代理商而言，如果能够与高知名度的制造业厂商合作，不仅能够借助其产品强大的市场竞争力，迅速打开市场，扩大销量，使自己分享到更多渠道收益，而且能够提升自身知名度，这是代理商的收益。同理，代理商也要为签订代理契约和监督契约履行支付交易费，为拓宽产品销路和扩大销量支付促销成本。只有总收益大于总成本时，代理商才会选择代理制。

代理制中，制造业厂商和代理商获得的收入量多寡，首先，取决于代理制渠道创造的总收入量大小，其次，才取决于代理契约确定的收入分成比例高低。因此，当分成比例已定时，双方获得的收入量多寡，取决于代理制营销渠道创造的总收入量大小，而这与制造业厂商产品数量规模大小、市场竞争力强弱，以及代理商营销网络规模大小，促销能力强弱等因素正相关。一方面，拥有知名品牌和大规模产量的制造业厂商，与拥有丰富营销经验和成熟营销网络的代理商之间，更容易建立稳固的代理制渠道战略联盟。另一方面，在总收入量既定的条件下，合理确定销售收入分成比例，使制造厂商和代理商各自得到应得的收入份额，有利于巩固代理制渠道战略联盟。在合理的限度内，把分成比例适度向使代理商倾斜，能够激励其增加促销投入，扩大产品销量，实现双方共赢。综上所述，参加代理制合作的双方，应兼顾对方利益诉求，把收入分成比例确定在最合理比率上，为巩固渠道战略联盟，提高营销效率，奠定稳固的基础。

3. 代理制困境成因：委托人与代理商之间缺乏信任

中国制造业厂商（委托人）与代理商之间不仅跨行业，而且还有跨区域的空间间隔，监督难度大，容易发生违约行为。而且代理商开展促销活动的成效，短期内难以用量化指标考核其尽职程度，只能靠诚信和职业道德保证。所以，诚信社会环境是代理制兴旺发展基础和必要条件，然而，目前中国社会诚信度低。一方面，在失信社会环境中，代理商会利用信息不对称优势隐瞒真实信息。这不仅会使制造业厂商（委托人）因鉴别信息真伪而增加谈判、签约费用，甚至会因信息失真而导致决策失误，故而不少制造业厂商对代理商敬而远之。另一方面，在失信社会环境中，制造业厂商也容易发生侵犯代理商利益的违约行为。最常见的就是销售代理中的串货现象。中国制造业大型厂商，几乎都有直属或者分设的销售公司。它们依仗其特殊身份，经常变着法子进入其销售代理商负责的区域，销售同一种产品，引发串货纠纷。而制造业厂商往往会袒护下属销售公司，使销售代理商利益受损。串货行为泛滥，导致销售代理这一主流代理制形式瓦解，影响和危及其他代理制形式正常发展。上述两方面原因，使委托人（制造业厂商）与代理商之间丧失信任，致使代理制陷入困境，发展缓慢。

8.2.4 推进批发业创新发展的对策建议

批发业创新发展，涉及经济社会发展和政府管理体制改革，需要政府改革自身体制、制定规划、运用产业政策引导和推动，才能收到成效。

（1）工业消费品，进一步发展批零一体化连锁营销渠道，引导连锁公司向小城市和乡村扩展网点；鼓励兼并联合，提高市场集中度，使百强连锁公司变得更强更大，形成覆盖全国城乡的高效营销网络。

（2）农产品（如水果、蔬菜、土特产品和中药材等）和日用小商品。在产地中心城市建设一批基础设施完备先进、服务功能强的大型批发市场，同时推动兼并联合，培育一批大型批发商和物流公司，形成连接产销地和城乡间，通畅高效的流通网络。

（3）汽车等机电产品，倡导代理制，培育和发展大代理商。

（4）大宗生产资料商品，引导和支持大型制造业企业深化销售体制改革，发展 B2B 电子商务，以及产销一体化的自营销售渠道。加强信息系统和基础设施建设，构建公共信息服务平台，提高大型生产资料市场信息化水平，增强服务功能，使客户能快捷地找到交易对手，达成交易，提高交易成功率。

8.3　商业集群的兴起与发展

商业集群是众多商业服务业企业，为满足顾客和分销商降低搜寻费用、节省采购成本的要求，聚集于一个地域空间上，形成的复合型商业形态。它是经济社会发展到一定高度的产物。西方国家实现工业化城市化后，商业集群开始发育，涌现了一批国际知名的商业街区。如巴黎香榭丽舍大街、伦敦牛津街、纽约曼哈顿第 5 大道、东京新宿大街、柏林库达姆大街、莫斯科阿尔巴特大街等。同时，还涌现出了一批集购物休闲服务功能于一体的郊区购物中心，以及综合性和专业性的批发市场。中国改革开放后，随着经济社会发展，不仅大城市著名商业街，如北京王府井、上海南京路、成都春熙路等焕发青春、更加繁荣，而且一些工业消费品主产地城市，也涌现出了一批全国知名商业街、批发市场和贸易城。如，义乌国际贸易商城，绍兴柯桥轻纺城、诸暨大唐镇袜子市场、广东东莞电器市场，河北清河羊绒市场，武汉汉正街小商品市场、成都五块石、荷花池批发市场，等等。这些著名商业街和批发市场的兴起和发展，在方便顾客购买和分销商采购、加快商品集数、增强城市聚集力和辐射力、带动区域经济社会发展等方面，发挥了巨大作用。

8.3.1　分析商业集群发育的理论工具①

商业集群是产业集群中的一个门类，西方学者分析产业集群的理论和方法，可以用来分析商业集群。

1. 产业区位理论

西方学者对产业集群的研究，最早可追溯到德国经济学家屠能（Thunen，Johann Heinrich von）创立的农业区位理论。1826 年，屠能发表了名著《孤立国对于农业及国民经济之关系》。该书综合考察和分析市场距离远近、运输费用高低和农产品易于保管运输程度等因素，对农业生产组织布局的影响，构建了中心城市周围农业圈的合理分布模型（"屠能圈"），开产业区位理论研究先河。其后，1909 年，另一位德国经济学家韦伯（Weber）出版了《论工业区位》，创立了工业区位理论。他沿用龙赫德区位三角形方法，研究影响工业分布最主要的区位因素——运输成本和工资成本。认为工业区位的理想位置，或者是原料采购、产品销售运输成本最低的地方，或者是工资成本最低的地方。运输成本和工资成本有替代关系。总之，区位选择的基本原则是，能够使企业获得最低总成本，增加收益。他认为，导致工业企业向同一个区域集中的原因是：集聚企业间的专业化

① 本小节参考引用的资料来自：刘树成主编：《现代经济辞典》，凤凰出版社和江苏人民出版社 2005 年版，第 820～821、1251 页；于建玮主编：《经济发展辞典》，四川辞书出版社 1989 年版，第 449～456 页；张广霞等：《商业生态系统理论：一个文献综述》，载于《绿色科技》，2013 年第 9 期。

分工协作，能使企业降低成本，增加收益。由于屠能和韦伯的区位研究以成本—效益分析为主线，故称为区位理论中的成本学派。

20 世纪 30 ~ 40 年代，区位理论又有了较大发展。德国地理学家克利斯泰勒（Christaller）把区位理论的视野，扩展到了对市场和城市中企业集聚现象的研究，建立了"中心地点论"。他认为，交通网的出现，导致处于交通线交汇点上的城市形成，覆盖着大小不等的区域。社会分工和市场经济的发展，导致商业和服务业企业向各区域交通网络中心点上的城市聚集，使其成为向周围地区输送商品和服务的市场枢纽。同时期的一位德国经济学家廖什（Losch），把利润原则和企业产品销售范围应用于区位研究。他认为，在产品价格和成本既定的前提下，企业利润总量大小，取决于产品销售量；而产品销售量又取决于消费者需求强度和市场半径两个因素。近代西欧工业区位，正是按照产品需求量（亦即销售量）大小而逐步形成的。其后，美国学者胡佛（Hoover）和艾萨德（Isard）在总结前人研究成果的基础上，提出了进行多种成本综合分析的区位研究方法。他们认为，企业选址的根本原则是：成本最低和利润最大。

20 世纪 20 年代，美国经济学家弗兰克·费特尔，从生产成本和运输成本综合的角度研究区位问题，创立了商业区位理论（又称贸易区边界理论），开商业区位研究之先河。他认为，贸易区边界是凹向贸易区中心点的弧线，它与中心点间半径的长短，与中心点商品的生产成本（亦即价格）或运输成本的高低负相关。贸易区中心点商品的生产成本或运输成本越低，其边界的半径就越长，贸易区的范围就越大；反之，则其边界的半径就越短，贸易区的范围就越小。费特尔区位理论启示我们，可以从区域中心市场商品和服务价格的高低，消费者采购成本（包括路程成本和选购成本）高低，分析商圈半径长短和商圈范围大小。

20 世纪 70 ~ 90 年代，迪克西特（Dixit）、斯蒂格利茨（Stiglitz）、克鲁格曼（Krugman）等创立空间经济学，进一步发展了区位理论。该学说认为，厂商为了满足最终产品顾客或中间产品用户的多样性需求，集聚于同一区位上，进行产品差异化竞争，形成垄断竞争市场结构和多样性产品供给结构，使厂商们实现规模收益递增，处于共生共荣的相对稳定状态。该理论启迪笔者，可以从多样性需求和供给，在同一区位上的聚集，可以互相适应和促进，产生聚集效益视角，探寻中国商业集群兴起发展的原因。

2. 外部经济理论

英国经济学家马歇尔（Marshall）是外部经济理论的创始人，他用这个理论分析产业集聚现象，认为外部经济是导致产业集聚的原因。他指出，产业集聚中的外部经济（即正外部性）有三种类型：一是规模扩大、产量增加，以及分工协作和资源共享，导致集聚区内企业平均总成本下降，利润上升，产生规模经济效应。二是产业集聚引起劳动力集聚，导致供给增加，价格下降；而务工者流动，企业员工间相互交流和学习，导致劳动力总体素质上升，劳动力性价比提高，形成劳动力供给的正外部效应。三是企业之间的信息共享、知识技术外溢和相互学习借鉴，导致集聚区内企业总体生产技术和经营管理水平上升。他把前两种效应称为经济性外部性（又称货币性外部性）效应，后一种效应称为技术性外部效应。这些正外部性，使得集聚区内的企业能够降低生产经营成本，增加收益，从而吸引新企业进入集聚区，形成产业集群。外部经济理论启迪笔者，可以从企业聚集的正外部性视角，探寻中国商业集群产生和发展的内在动因。

3. 商业生态系统理论

商业生态系统范畴理论的创立，源于对企业间过度竞争的反思。该理论的代表人物詹姆斯·穆尔（James F. Moore）1993 年在《哈佛商业评论》上首次提出商业生态系统概念，创立了商业生态系统理论。该理论认为，商业生态系统是由个体（消费者）、组织（商业服务业企业）和子系统（渠道战略联盟）组成的相互依存的共生体系。马可·兰斯提（Marco Iansiti）和蕾·莱维恩（Ray Levien）（2004）认为，商业生态系统中的每一个个体和组织，都与整个系统共命运。系统中的商业服务业企业担当着三种角色：一是主宰企业角色。它们力图凭借占据系统的关键位置，最大限度地攫取利润。二是骨干企业角色。它们占据系统的重要位置，为系统成员提供共享资源和服务。三是缝隙企业。它们专注于细分市场，以差异化竞争求得一席生存之地，填补了生态系统的缝隙。商业生态系统中的"物种"包括：顾客、供应商、互补产品制造商、分销商、物流后勤服务公司、金融结算机构、监管机构，等等。它们组成一个相互依存、相互补充、紧密联系、共生共荣的生态系统。未来的竞争不再是单个公司之间的对决，而是商业生态系统之间的对抗。因此，商业公司制定发展战略时，不能仅着眼于自身，还应当着眼于整个商业生态系统的运行和发展，明确本公司在其中的位置、扮演的角色、与其他企业的互动关系，据此确定战略基点，以期保持有利的生存发展环境（Marco Iansiti, 2004）。商业生态系统理论启迪笔者，可以从参加者相互依存、共生共荣的视角，探寻商业集群兴旺发展的原因。

8.3.2 中国商集群发育机理分析：三阶段良性互动假说

借鉴西方学者的上述理论成果，结合对中国商业集群发育状况考察，笔者提出"三个阶段良性互动假说"，用以分析商业集群发育机理。其基本含义是：商业集群的发生和发展，是顾客（包括消费者和分销商，下同）多样性采购需求，与商业服务业企业多样性供给，相互积极响应，并经历三阶段良性互动的结果。第一阶段，商家和顾客初步互动集聚，形成集群雏形；第二阶段，更多商家和顾客互动集聚，形成小型商业集群；第三阶段，更多商家和顾客源源不断加入，导致商业集群成长壮大，形成大型商业集群。

如图8-2所示。第一阶段：经济社会发展到一定高度，民众形成了多样性消费需求，分销商形成了一定采购力量，他们希望降低搜寻费用、节约采购成本，而且能一次性采购到品种齐全的商品；商业服务业企业和制造商店铺顺应其需要，向城市或郊区的交通枢纽地带集聚，形成多样性差异化服务供给；它们所产生的聚集效应，吸引更多顾客、分销商和商业服务业企业进入，形成商业集群雏形。

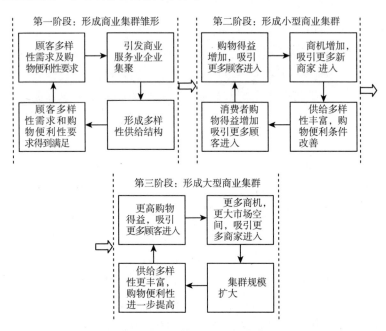

图8-2 商业集群发育的三阶段良性互动模型

第二阶段：商业集群雏形形成后，使进入集聚区内购物和采购的顾客和分销商得益增加，吸引更多顾客和分销商进入，带来商机；新的商机吸引更多商业服务业企业和制造商店铺进入，使集聚区内的供给多样性更丰富、采购更便利，顾客和分销商得益进一步增长，吸引更多新商业服务业企业和制造商店铺入驻，形成小型商业集群。

第三阶段：更高的购物得益，吸引更多顾客和分销商进入，带来更多商机；更多商机，吸引更多的商业服务业企业和制造商店铺入驻，使集群规模扩大……如此循环往复，最终形成大型商业集群。

三阶段良性互动发展是在优胜劣汰中完成的：（1）一些处于第二互动阶段上的商业集群，由于区位偏僻、交通不便、销量增长缓慢，而发育停滞；另一些，却因区位优越、交通方便、销量快速增长，吸引更多商业服务业企业和制造商店铺进入，使得供给多样性丰富、购物便利性上升，吸引更多顾客和分销商进入，发展成小型商业集群。不少农贸市场和社区购物中心，就是这样发育起来的。（2）一些处于第三互动阶段上的小型商业集群，受商圈条件限制而发育停滞；另一些却因区位和商圈条件优越，人气旺盛，吸引更多商业服务业企业、制造商店铺、顾客和分销商进入，经几轮互动，发展成为大型商业集群。义乌小商品国际商贸城、绍兴柯桥轻纺城、诸暨大唐镇袜子市场、武汉汉正街小商品市场、河北清河羊绒市场、白沟箱包市场、成都五块石与荷花池批发市场和羊市街西延线餐馆一条街等，一批全国著名的大型市场和商业集群街区，就是沿着这样一条轨迹发展起来的。

也许有人会说，并非全然如此，有些大型商业集群街区和市场，或者是由著名老商业街创新发展而成（如北京王府井、上海南京路、成都春熙路商业街等），或者是由商业地产商投资建设而成的，并没有经历三阶段良性互动过程。但若舍去具体形式，从本质上看，它们要发育成为生命力旺盛的大型商业集群，仍然离不开商业服务业企业与顾客之间不间断的良性互动过程。现实生活中，一些知名商业街和市场，或因商圈环境条件改变，或因商业服务业企业创新停滞，不能够持续地吸引更多顾客和商家进入，良性互动过程中断，最终沉寂衰败；一些大型购物中心开业之初虽名噪一时，但终因缺少顾客踊跃参加，未形成良性互动而门庭冷落鞍马稀。可见，三阶段良性互动假说，是对大型商业集群发育机理的正确概括。

8.3.3 商业集群发展的动力源泉和外部性问题

1. 动力源泉：多方共赢机制

商业集群能够快速扩张和发展，其动力源泉来自于顾客、分销商、商业服务业企业和制造商店铺、城市和社区多方共赢的利益机制。首先，商业集群使顾客和分销商的多样性需求和采购便利性要求得到满足，得益增加。此是获利的第一方。其次，集群内的商业服务业企业和制造商店铺，不仅获得商业利润，而且还从集群正外部性中，获得降低成本、提高营销效率的好处，增加收益。此是获利的第二方。再次，商业集群提供了就业机会，繁荣了市场，带动了关联产业的发展，提升了房地产价值，提高了城市和社区的知名度，增强了它们的集聚力和辐射力，使其有形和无形资产增值。此为获利的第三方。最后，商业集群带动了城市及区域的经济社会发展，涵养了税源，增加了税收，增加了政府财力，提升了政府政绩。此为获利的第四方。此种多方共赢的利益机制，使各方都有持久的动力参加良性互动，推动商业集群持续发展。印证这种动力机制强大威力的经典例证，是浙江义乌小商品市场快速成长为全国小商品集散贸易中心，继而发展成为国际商贸城的辉煌历程。

2. 外部性问题：抑负扬正

商业集群既有很强的正外部性，也有不可忽视的负外部。如它能够创造就业岗位，涵养税源和增加税收，带动城市和周边区域经济社会发展，增强城市的集聚力和辐射力，提升城市的知名度和经济实力等。但是，如果盲目扩张、管理失效，也会产生负外部性，给城市和周边区域经济社会发展造成不良影响。如放任假冒伪劣商品充斥市场，损害消费者；市场脏乱差，破坏社区环境和社会治安等等。只有加强管理，抑制负外部性，弘扬正外部性，才能够保证商业集群健康而持续地发展。

8.3.4　中国商业集群类型及发育路径

经过改革开放以来多年发育，中国商业集群大体形成了表 8 - 7 中类型。

如表 8 - 7 所示，目前中国大体上形成了 6 种类型商业集群，其发育成长的基本路径是：通过商家与顾客、"市场"与"城市"良性互动发育成长，最终形成"顾客""商家"共赢、"市场""城市"融合的著名商业街区、市场或商贸城市。中国许多新兴商业街区、市场和商贸城市都是沿这条路径发展起来的，如武汉汉正街市场、河北白沟箱包市场和绍兴柯桥轻纺城等。其中义乌国际贸易商城的成长发展最典型，可以充分印证"市场""城市"互动发展路径的正确性。改革开放前，义乌原是商贸业不发达的小县城，但义乌人有挑货郎担经商的习惯，有很强商业意识。改革开放初期，他们从街边市场起步，依托周边地区发达的家庭手工业，发展小商品市场，经历了由县域市场发展为区域市场，再发展成为全国枢纽市场，最终发展成为拥有多个商业集群、内外贸兼营的国际商贸城。经过三期市场工程建设，2010 年，义乌形成了 4 个商区，共有建筑面积 400 多万平方米，商位 6.2 万多个，从业人员 20 多万人，汇集全国 34 个行业 16 个大类、4 202 个种类，170 多万种商品，成为誉满全球的小商品国际商贸城。近年，义乌把贸易范围由本土商品扩展到进口商品，开设了营业面积约 5 000 平方米的进口商品馆，汇聚了日本、韩国和西班牙等 47 个国家的 10 大类 2 300 种商品。2010 年，外商入境达 39.1 万人次，外国企业常驻代表机构 3 008 家，市场外向度达 65% 以上，商品辐射到世界上 215 个国家和地区，是典型的国际商贸城市①。从 2006 年 10 月 22 日起，中国商务部和义乌市政府，正式向全世界发布"义乌：中国小商品指数"。现在，该指数已成为判断世界小商品市场走势的重要参考依据。

表 8－7　　　　　　　　　　商业集群类型及功能与作用

类型	知名集群	功能与作用
贸易中心集群	义乌小商品国际商贸城、绍兴柯桥轻纺商城等	促进国内外贸易，带动全国相关产业，以及周边地区和城市经济社会发展
综合批发市场集群	武汉汉正街市场、成都五块石、荷花池市场等	提供多种产品综合批发服务，带动相关产业、周边地区零售业和城市经济社会发展
专业批发市场集群	河北：清河羊绒市场、辛集皮革市场、白沟箱包市场、安国中药材市场；浙江：宁波服装市场、海宁皮革市场、诸暨袜子市场、乐清低压电器市场；安徽：亳州中药材市场等	提供专业产品多样性批发服务，集散商品，带动本行业及相关产业与地方经济社会发展
零售商业街集群	北京：王府井、西单商业街，上海：南京东路、淮海中路商业街，天津劝业场商业街，南京新街口商业街，武汉江汉路商业街，成都春熙路商业街等	提供多样性零售服务，满足消费者多样性购物需求；集散商品，带动相关产业和周围社区发展，提升城市商业品位
购物中心（Mall）集群	北京金源购物中心、上海虹桥购物乐园（Mall）、武汉销品茂（Mall）、成都环球中心商城（Mall）等	提供多样性零售和休闲娱乐服务，满足顾客一揽子购物和休闲娱乐需求，带动相关产业和城市经济社会发展
特色商业街集群	北京琉璃厂古玩街、上海豫园（城隍庙）商业街、天津天后宫民俗商业街、南京夫子庙观光旅游街、成都羊西线餐馆一条街等	销售古玩字画、民俗商品、提供餐饮服务，吸引游客观光，提高城市知名度，推动旅游业和社区经济社会发展

① 资料来源于梁晓亮：《浙江义乌：着力解决大市场中的知识产权监管难题》，《经济日报》，2011 年 3 月 23 日，第 14 版。

2010 年，市场总成交额达 621.2 亿元。义乌商贸城的兴起，带动了周边地区经济社会快速发展，推动了城市规模扩张和城市品位提升。义乌周边集聚了 1 万多家劳动密集型制造企业，形成了 8 大支柱产业，每年销售的数百亿元商品，有 40% 是本地生产。从 1998~2008 年，义乌市 GDP 由 100.75 亿元增长到 493.33 亿元，增长了 3.9 倍；第二、三产业分别由 50.80 亿元和 43.40 亿元，增长到 223.46 亿元和 254.59 亿元，分别增长了 3.4 倍和 4.9 倍。2008 年，第一、二、三产业的比重分别为 3.1%、45.3% 和 51.6%，其第三产业比重高于国内不少大城市。城区面积由 15 平方公里，扩大到 78 平方公里；人口城市化率由 14.3% 提高到 30.7%。义乌由一个无名小城，发展成了全国和国际知名的中等城市。[①] 2011 年，义乌被国务院批准为国际贸易综合改革试点城市。试点方案实施，将进一步增强和完善义乌的贸易服务功能。

毋庸讳言，中国商业集群还有不少缺陷，需要在发展中改进和完善。商业集群是由零售、批发和物流企业等组成的聚合体，欲推动其持续发展，必须制定切合自身特点的发展规划，适时适度地引导企业进入、退出，更新服务项目，创新运营体制；并且统筹协调好各类企业关系，使它们协同配合，形成富有弹性的多样性服务供给体系，对顾客和分销商保持强大吸引力，与之良性互动，才能够形成持续而强大的动力，推动集群蓬勃向前发展。至于促进集群内零售、批发和物流企业发展的对策措施，本书有关章节有专门论述，故而不赘。

---

① 资料来源于义乌市统计局网站：《2009 年义乌市统计年鉴》；义乌国际商贸城网站：《义乌国际商贸城简介》，2010 年 11 月。

第 9 章　电子商务收益增值模型与
　　　　加快发展路径

20 世纪 90 年代中期，西方国家互联网（Internet）进入企业和百姓家庭，成为大众化的信息传播工具。随之，亚马逊（Amazon. com）网上书店、戴尔（Dell，计算机制造与销售）公司、Bay 公司（C to C 拍卖网站）等一批营业性网站成立，并由 1995 年的 200 个急增到 42. 4 万个。1998 年 3 月 6 日，中国第一笔网上交易完成，拉开了电子商务导入并发展的帷幕。到 2010 年，中国电子商务网站达 1. 86 万家，个人网商达 6 300 万个，约 3. 5 亿网民访问了电子商务网站，电子商务总交易额达到 4. 5 万亿元，其中 B2B 交易额 3. 9 万亿元；B2C 和 C2C 网上购物交易额达 5 131 亿元。[①] 电子商务快速发展，使中国商贸流通格局发生着了大变化。

9.1　电子商务概述

9.1.1　定义及内涵[②]

电子商务（electronic commerce）是在 Internet 开放的网络环境下，基于浏览器/服务器应用方式，实现消费者网上购物、商户之间网上交易和在线电子支付的一种新型商业运营模式。

Internet 上的电子商务可分 3 个方面：信息服务、交易和支付。主要内容包括：电子商情广告、网上交易、电子交易凭证交换、电子支付与结算，以及网上售后服务等。主要交易类型有企业之间交易 B2B，企业

---

　　① 陈静：《电子商务：科学发展天地宽》，《经济日报》，2011 年 1 月 6 日，第 13 版；中国电子商务研究中心：《2010 年度中国电子商务市场数据监测报告》，该中心网站发布。
　　② 引自互动百科网："百科词条"栏目"电子商务概述"，2011 年 4 月 10 日。

（business）与个人（customer）交易 B2C，个人与个人之间交易 C2C 三种。参与电子商务的实体有：买方顾客和用户（个人消费者或企业）、卖方企业和个人网商、提供网站平台及其服务和管理的网站公司、提供货物快递服务的物流公司、提供网上支付服务的银行（包括发卡行、收单行）以及认证中心。

9.1.2　电子商务流转程式[①]

1. 网上直接交易流转程式

网上直接交易，是指顾客与网商在网上直接买卖商品和服务。这种交易程式的最大特点是不通过中间环节，买卖双方直接交易，速度快费用低。其交易流程如图 9 – 1 所示。

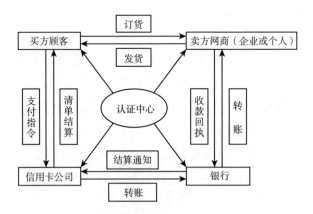

图 9 – 1　网上直接交易流转程式

顾客与网商直接交易过程分为六步：

（1）顾客进入网商的网页，查看商品信息。

（2）顾客在购物对话框上填写购物信息：姓名、地址、所选购商品名称、规格、数量和价格。

（3）顾客选择支付方式，如信用卡、电子货币、电子支票、借记卡等，并指令开户行付款。

（4）网商通过认证中心确认顾客足额付款后，通知配送中心送货上门。

（5）顾客验收货物后，在收货单上签字确认。

---

① 本小节图和主要内容引自张进主编：《电子商务概论》，北京大学出版社 2002 年版，第 17～18 页。本书作了修改和补充。

（6）开户银行把支付凭据送达双方客户，交易结束。

这种交易程式省掉了实地交易场所和中间商，节约交易费用，使交易更便捷。不足之处：一是购买者只能根据网上广告展示的商品图像，判断商品的型号、性能、样式和质量，没有直接接触实物，容易发生决策失误。一些不法网商正是利用这一点，用虚假广告欺骗顾客。二是买者用信用卡或电子货币付款，将自己的密码输入计算机，使犯罪分子有窃取其密码盗取其钱财的可乘之机。所以，提高网上商品信息的真实性、货款支付的安全性，是此种交易方式顺畅运转的关键。基于此，货到后现金付款的网上交易程式便应运而生。即网商获得顾客填写的现金支付购货单后，通知配送中心送货上门；顾客收货后用现金支付货款，并在收货单上签字，交易即完成。这种交易程式，受购物谨慎且不熟悉网上支付的中老年顾客偏爱。

2. 网站公司中介交易流转程式

这种交易程式是以电子商务公司网站为中介，在它的虚拟网络市场中进行的。在整个过程中，网站公司以互联网为基础，将卖方网商、买方顾客和用户、物流配送公司和银行紧密地联系起来，为买卖双方提供市场信息、商品交易、仓储配送和货款结算等全方位服务。其交易流程如图9-2所示。

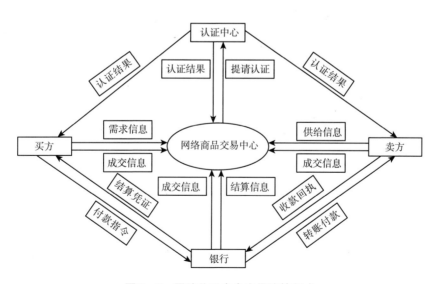

图9-2　网站公司中介交易流转程式

交易程式为四步：

（1）网站公司收集、整理供方和需方提供的信息，在其网站上发布。

（2）买卖双方查看信息，选择自己的交易对象。网站公司从中撮合，促成买卖双方签订合同。

（3）买方在网站公司指定的银行办理转账付款手续。

（4）网站公司督促卖方把货物送交买方。

（5）网站公司督促银行把买方的货款转付给卖方。

这种交易程式的优点是：网站公司具有第三方身份（对于买方来说它是卖方，对卖方来说它是买方），对双方契约的履行负责。它以自身可靠的信用吸引买卖双方参加交易，以严密的管理制度防范风险，保证交易顺利进行。首先，它要检验买卖双方的资质和信用是否得到认证中心确认，以杜绝失信者进入；其次，它要对网上销售的商品作严格的质量监管，杜绝"假冒伪劣"商品进入；最后，它通过自己的开户银行监督买方按合同付款，并监督卖方按合同交货。因而这种交易方式虽然会增加一定费用，但可以提高交易和货款结算的安全性，降低交易风险，减少交易纠纷。

9.1.3　电子商务的功能与作用①

笔者曾经提出一个理论假设：任何一项成功而有生命力的交易制度创新，必定较之于它所对应的旧交易制度，能够节省更多交易费用或生产费用和管理费用，使交易双方都增加收益；否则，该制度就没有生命力，不能够存在和发展。并且，通过分析从物物交换到以货币为媒介的商品交换、从远期合同交易到期货合约交易、从单店营销到连锁营销、从实地购物到网上购物等交易制度创新，带来的各方面费用节约，验证该假设的正确性，而且试图找出能证伪该假设的例证而不可得，故而证明该假设成立。② 下面即用该假设分析电子商务交易较之于实地场所交易，有哪些独特的功能与作用。

1. 电子商务能使交易者节省更多交易费用

电子商务，打破了交易者之间的时空阻隔，极大地提高了交易的及时性和便捷性，根除了实地场所交易"推销员满天飞、采购员遍地跑"的弊端，节省人员、时间和费用开支，大幅度降低了销售和采购成本。据美国通用电器公司披露，该公司采购部门以往完成一个人工采购程序约需7天

---

① 本小节中的例证和数据资料，来源于商务部：《中国电子商务报告（2006－2007）》，中国商务部网站，第29～30、36～38页；张进主编：《电子商务概论》，北京大学出版社2002年版，第19～23页。恕不在下文中一一注明。

② 周殿昆：《连锁公司快速成长奥秘》，中国人民大学出版社2006年版，第4～7页。

时间。1996 年启动在线采购系统 TPN，实施网上采购后，全球供应商两小时内就可以收到该公司的询价单；该公司收到供应商报价的当天，就可以完成对它们的评标工作，并最终确定中标人。所以该公司宣称，实行电子商务采购，节省了 30% 的人工采购成本，原材料平均采购成本下降了20%。中国的 B2B 电子商务也显示了同样作用。一项研究成果显示，网上促销成本仅是传统媒体广告成本的 1/10。据商务部资料，中石油集团的"能源 1 号网"汇聚了 3167 家供应商，59 大类物资品种。2006 年该集团网上采购达 220 多亿元，所采购的 160 台消防车，价格平均下降 10% 以上，一部分进口设备部件的采购价格下降 40% 以上。同年，通化钢铁集团把全部采购销售业务移到电子商务平台上，全年网上销售 120 多亿元、采购 60 多亿元，并对各分厂库存物资实行统一管理，使资金占用下降 0.7亿元。

在 B2C 和 C2C 在电子商务中，网商只需在网络上展示商品图像，而无须如实地场所交易那样把商品实物运送到交易场所作展示，因而可以节省运输、场地租赁和售货员工资等费用，其成本明显比经营实地店铺的商家低。比如 2009 年，网上电器商——京东商城的费用率是 6% 左右，比主要以实地场所售货的国美、苏宁两大公司，低 4 个多百分点，商品售价相应也低一截。① 对买方客户来说，网上购物，不仅可以节省往返商场的交通费用和时间，而且价格低。

2. 电子商务网络平台，为区际国际贸易搭建起便捷高效的桥梁和通道，使其交易效率大幅度提高

互联网使全世界成为信息畅通的"地球村"。构筑在互联网上的电子商务平台，跨越万水千山，把分散在地球各个角落的商务信息汇集在一起，使客商们能便捷地搜寻到交易对手、洽谈业务、快速成交。这种功能和作用，在外贸依存度高的产业部门和外贸口岸城市尤其突出。2006 年，中国中小企业利用 B2B 商务平台，完成国际贸易 3 328 亿元，占其国际贸易总额的 69.2%。深圳是中国著名的外贸口岸城市，2006年全市有 75 万商人开展网上贸易，大石久恒公司 30% 的客户是网上结交的。绍兴是中国著名的纺织品外贸加工出口城市，其柯桥中国轻纺城建立的"全球纺织网"，拥有会员 25 万个，客户遍布全球 100 多个国家和地区，通过网上网下交易优势互补，提高了区际国际贸易效率。

① 谢鹏：《网络杀手挑战传统电器大连锁》，《南方周末》，2009 年 9 月 17 日，第 20 版。

此外，一些制造业企业则利用电子商务跨越时空的桥梁纽带作用，整合国际国内研发力量，组建网络型研发团队，联合攻关，加快新技术新产品研发。据日本汽车开发商的经验，利用互联网组建网络型研发团队研发汽车新品种，可使开发一个新车型（从概念到形成规模经济产量）的时间，由原来的 3 年缩短至 13 个月。1994 年，美国克莱斯勒、福特、通用和约翰逊公司 4 家汽车制造厂商，与 12 家汽车零配件供应商联手实施"制造装配线启动项目"（manufacluriag assembly pilot，MAP），建立相互间的网络联系，使得装配线的物流供应效率提高了 6%，差错率降低了 72%。

3. 电子商务模式应用于商务行政管理及其配套支撑系统，净化了商务环境，优化了网上交易业务流程，提高了管理和服务效率

首先，电子商务模式应用于外贸商务行政管理，对企业注册登记、进出口配额申报审批、税收征缴和通关手续办理等，实行网上申报和管理，既简化了办事程序，提高了管理效率，又净化了商务环境，使交易者得到更多实惠。这种功效在外贸口岸管理中体现得最充分。据商务部资料，中国海关电子口岸通关管理系统，把 32 个项目、36 万多家企业纳入网上管理范围，对 3 186 家加工贸易企业施行电子账册式管理。2007 年，各外贸口岸完成网上支付金额 1 100 亿元，网上征收税款 2 821.81 亿元。其次，货款结算和货物配送是商务贸易的两大配套支撑系统，电子商务模式应用于其中，提升了货款结算的便捷性安全性，货物配送的快捷性。阿里巴巴等网站公司推出并改进"支付宝""财付通""易宝支付"等网上支付系统，为顾客提供支付担保服务，提高了网上支付安全性。同时，一批网站公司构建物流信息平台，用信息共享机制整合物流快递企业资源，形成了快捷高效的货物配送支撑系统。两大配套支撑系统的形成，理顺了网上交易、网上支付、货物配送三者间关系，优化了网上交易业务流程，提高了交易效率。

综上，电子商务较之于实地场所交易，具有诸多优点和独特功能，能使交易双方节省费用增加收益，前景十分广阔。但是，在零售领域中，电子商务不可能完全取代实地场所交易。因为，到商场购物是一种休闲方式，可以满足人们，尤其是女性对人际交流的需要，而电子商务则不具备此种功能。所以，即使将来电子商务十分发达，各种业态的零售商场仍将发展，不会消亡。

9.2 电子商务收益增值模型及其实现机理

电子商务是网站公司、网商、顾客和用户企业等结成的网上商务渠道的集成。笔者曾经在《连锁公司快速成长奥秘》一书中，提出流通渠道共赢价值链理论，认为每一条流通渠道在营销商品和服务产出的过程中，渠道成员之间组成了相互衔接，共同创造价值和实现价值的购销流程体系，即流通渠道价值链。既然渠道成员共同参加了渠道价值创造和实现，那么他们就应当按贡献大小获得相应渠道收益。只有当渠道收益在渠道成员之间合理分配，形成共赢利益格局，渠道成员各方才能形成合力，推动渠道快速而持久发展。[①] 这个理论可以用来分析电子商务渠道成员的利益诉求、收益增值模型及实现机理。

9.2.1 电子商务渠道成员的利益诉求

电子商务渠道的主要成员有：为买卖双方提供网上交易平台的网站公司，作为卖方的企业和个人网商，作为买方的企业用户和个人顾客，以及提供网上结算服务的银行，货物配送服务的物流公司。

如表 9-1 所示，虽然电子商务渠道成员，由于身份差别而导致利益诉求有差别（如网站公司和网商获取的是以利润为主的收益，而企业用户和顾客则获取的是以效用为主的收益），但是，都只有依赖渠道顺畅运行、顾客访问量增长、进而成交量和渠道总收益增长，才能实现各自的利益诉求。欲使渠道总收益增长，就必须合理分配渠道总收益，使各成员方得到与自身贡献大体相称的收益，实现利益诉求。这样，才能够形成合力，维持渠道顺畅运转，使渠道规模扩大，总收益增长，进而各成员方的收益增长，从而产生更强大合力，使电子商务进入良性循环持续发展。反之，渠道成员关系破裂，渠道会萎缩甚至瓦解。

---

① 周殿昆：《连锁公司快速成长奥秘》，中国人民大学出版社 2006 年版，第 10 章；《商业连锁公司快速成长机理分析》，载于《财贸经济》，2004 年第 3 期。

表 9 – 1　　　　　　　　电子商务渠道成员的利益诉求和实现机理

渠道成员		利益诉求	实现机理
网站公司		吸引更多的国内外网商入驻网站，扩大网站规模，增加访问量和成交量，从中获取利润收益	其利益诉求实现程度与成交量，进而与网站的诚信度，结算安全性、配送便捷性正相关
卖方	企业网商	与国内外更多客户建立直接交易关系，获得订单，扩大销量。节省场地租赁和实物商品展示等费用，降低营销成本，增加利润和品牌价值收益	其利益诉求实现程度，与自身诚信度、商品竞争力和销量，以及网站顾客访问量、诚信度、结算安全性，配送便捷性正相关
	个人网商	快捷地与更多顾客建立交易关系，扩大商品销量，节约场地租赁和实物商品展示等费用，降低销售成本、增加利润和商誉价值收益	其利益诉求实现程度，与自身诚信度、商品竞争力、基础服务质量和销量，以及网站顾客访量正相关
买方	企业用户	突破时空限制，快捷地从网上采购到价廉适用商品，节省交易费用，降低采购成本，增加效用收益	其利益诉求实现程度，与自身效用偏好同网商效用供给的一致程度，以及网站网商服务质量优劣正相关
	个人顾客	快捷安全地从网上购买到物美价廉的商品，节约亲赴商场购买商品的时间和路程成本，增加效用收益	其利益诉求实现程度，与自身效用偏好同网商效用供给的一致程度，以及网站网商服务质量优劣正相关
辅助服务方	结算银行	配合网站公司，为更多网上交易客户，提供安全结算货款和快捷信贷服务，从中增加收益	其利益诉求实现程度，与其为客户提供结算和信贷服务的安全性、便捷性，以及客户数量规模大小正相关
	物流配送公司	配合网站公司，为更多网上交易客户，提供快捷货物配送服务，从中增加收益	其利益诉求实现程度，与自身配送服务的便捷性和收费高低，以及客户数量规模大小正相关

9.2.2　电子商务收益增值模型和实现机理

　　电子商务收益增值，是指电子商务卖方和买方，从网上虚拟场所交易中获得的，高于网下实地场所交易的收益。电子商务中卖方的利益诉求大体相同，都是希望以更低的成本，销售更多商品，获得更多利润和品牌、商誉价值收益。买方中企业用户的利益诉求也大体相同，都是希望以更低成本，采购到所需商品，获得更多效用收益。而买方中个人顾客的情况就比较复杂，收入、年龄、性别、生活习惯、文化素养和受教育程度等方面差异，使他们分化成了效用偏好和利益诉求有明显差别的不同类型顾客群体。下面分别对渠道成员各方的收益增值模型和实现机理作具体分析。

1. 网商网上售货的收益增值模型和实现机理

（1）收益增值模型。设网商就同一种商品做网上虚拟场所售货（以下简称网上售货）和实地场所售货（以下简称实地售货），商品价格都为P，售货量都为Q，网上售货的平均成本为AC_1，实地售货的平均成本为AC_2，收益增值为$\Delta\pi$，则有：

$$\Delta\pi = (P - AC_1)Q - (P - AC_2)Q$$
$$= (AC_2 - AC_1)Q$$

令 $\Delta\pi > 0$ 则有 $AC_2 > AC_1$

即网商获得 $\Delta\pi > 0$ 正收益增值的必要前提条件是：网上售货的平均成本 AC_1，必须小于实地售货成本 AC_2。

设网商做网上售货和实地场所售货的总成本分别为 TC_1 和 TC_2，平均成本分别为 AC_1 和 AC_2，固定成本分别为 FC_1 和 FC_2，可变成本分别为 VC_1 和 VC_2。

因为，$AC_1 = \dfrac{TC_1}{Q}$，$AC_2 = \dfrac{TC_2}{Q}$，且 $TC_1 = FC_1 + VC_1$，$TC_2 = FC_2 + VC_2$，所以，欲使 $AC_1 < AC_2$，必须使 $\dfrac{TC_1}{Q} < \dfrac{TC_2}{Q}$，亦即必须使 $TC_1 < TC_2$，$(FC_1 + VC_1) < (FC_2 + VC_2)$，进而必须使 $FC_1 < FC_2$ 和 $VC_1 < VC_2$。

这就是说，网商网上售货要获得 $\Delta\pi > 0$ 的收益增值，必须使网上售货的固定成本 FC_1 和可变成本 VC_1，都小于实地售货的固定成本 FC_2 和可变成本 VC_2。理论分析证明，这个约束件条件能够得到满足：

①就固定成本而言，创建网上虚拟售货场所，无须如建设或租用实地售货场所那样投入大量资金，形成高额固定成本。因此，正常情况下，网上售货的固定成本，肯定比实地售货的固定成本小。

②就可变成本而言，网上售货虽然也要产生诸如维持虚拟商场营业，保障交易和支付安全，以及配送货物等方面的费用。但是，相对于实地售货，它节省了运输、陈列和展示实体商品，维持实体商店营业，支付售货员工资等方面的费用。由于这些费用在售货可变成本中所占比重大，而且被节省了，所以网上售货的可变成本比实地售货小。

由于网上售货的固定成本 FC_1 和可变成本 VC_1，都比实地售货的固定成本 FC_2 和可变成本 VC_2 小，因此，网上售货总成本 TC_1，也就比实地售货总成本 TC_2 小，进而在售货量相等时，$AC_1 < AC_2$。由于必要前提条件成

立，所以收益增值模型成立。

（2）收益增值的约束条件和实现机理。网上售货总成本 TC_1，小于实地售货总成本 TC_2，仅为网商实现收益增值提供了必要条件。故而还必须扩大网上商品销量 Q，使之进入规模经济尤其是最佳规模经济区间（平均成本最低且保持不变），即使 $Q_1 \geqslant Q_2$（Q_1 和 Q_2 分别是电商网上售货量和实地售货量），构成必要充分条件，才能使网上售货总收入 $\pi_1 = (P - AC_1)Q_1$，大于实地售货总收入 $\pi_2 = (P - AC_2)Q_2$，从而使 $\Delta\pi = \pi_1 - \pi_2 > 0$，最终实现收益增值。然而扩大网上商品销量，不仅受到网商自身营销能力强弱和努力程度高低等主观因素的制约和影响，而且还受到竞争对手策略和顾客响应程度高低等非主观因素的影响和制约。只有当网商的营销策略和主观努力，消除和化解了非主观因素的妨碍，把销量扩大到规模经济尤其是最佳规模经济区间时，网上售货的收益增值，才能够尽可能多地得到实现。

2. 用户企业网上采购的收益增值模型和实现机理

用户企业网上采购的收益增值机理，与网商网上售货的收益增值机理基本相同，只需把网商收益增值模型中的销售量，定义为采购量即可，故不赘述，而仅就其中的核心问题——网上采购平均总成本低于实地采购平均总成本，作扼要分析。众所周知，网上采购较之于实地采购，可以节省搜寻信息、派采购员赴实地谈判签约等费用。由于它们在总采购成本中所占比例不小，所以正常情况下，网上采购的平均总成本肯定比实地采购低。所以，当采购量和商品价格相等时，网上采购能够比实地采购获得更多的收益增值，而且采购量越大，所获得收益增值量越大。

3. 顾客网上购物的收益增值模型和实现机理

（1）顾客效用收益增值模型。商品交易中，商家获得利润，顾客获得效用。顾客之所以放弃实地购物方式而选择网上购物方式，是因为网上购物能使他们获得高于实地购物的效用收益增值：$\Delta TU = TU_1 - TU_2$。其中，TU_1 为网上购物效用收益，TU_2 为实地购物效用收益。顾客网上购物的效用收益 TU_1，一部分来自商品价格和质量方面的物质效用收益 WU；另一部分来自交易安全快捷和节省路程时间方面的精神效用收益 JU_1。但是，顾客网上购物也会因为不能实地观察、触摸商品和进行人际交流，而产生精神效用损失 SU_1。所以，顾客网上购物的总效用收益 $TU_1 = WU_1 + JU_1 - SU_1$。同理，顾客实地购物的效用收益 TU_2，包括来自商品价格和质量方面的物质效用收益 WU_2；以及因能够实现观察、触摸商品和进行人际交流而产生的精神效用收益 JU_2，同时会因为耗费时间和路程而产生精神效用

损失 SU_2。所以，顾客实地购物的总效用收益 $TU_2 = WU_2 + JU_2 - SU_2$。因此，若要顾客放弃实地购物方式而选择网上购物方式，必须使效用收益增值 $\Delta TU = TU_1 - TU_2 > 0$，即 $TU_1 > TU_2$，亦即 $(WU_1 + JU_1 - SU_1) > (WU_2 + JU_2 - SU_2)$。这就是顾客网上购物收益增值模型，其含义是：只有当网上购物的总效用收益，大于实地购物的总效用收益时，顾客才会放弃实地购物方式，而选择网上购物方式。

（2）顾客实现效用收益增值的机理。网上购物效用，是指网商营造的购物环境和实行的营销策略，使顾客效用需求和偏好在购物中得到满足的程度。故而效用收益，是顾客以自己的效用需求和偏好为标准，从收益和损失角度，对网上购物效用作出的主观评价和价值判断。因此，顾客网上购物效用收益的最终形成，要受到顾客和网商主客观双重因素的制约和影响，是双方共同作用的结果。

消费经济理论认为，收入、年龄、性别、生活习惯、文化素养和受教育程度等，是影响消费者欲望和行为的重要因素。[①] 这些因素的差异，使消费者分化成效用偏好有明显差异的不同类型群体。比如，从收入水平看，高收入顾客对商品价格高低不敏感，但对商品质量安全和购物便捷性敏感。因而，商品质量安全和购物便捷性效用收益高低，成为影响他们取舍网上购物方式的关键因素。而低收入顾客，则对商品价格高低敏感，而对商品质量安全和购物便捷性相对不敏感，因而，商品价格效用收益高低，成为影响他们取舍网上购物方式的关键因素。又如，从年龄构成看，青年顾客对购物便捷性和商品质量安全敏感，而对商品价格高低相对不敏感。因而，购物便捷性和商品质量安全效用收益高低，成为影响他们取舍网上购物方式的关键因素。而中老年顾客对商品价格高低敏感，对购物便捷性和商品质量安全则相对不敏感。因而，商品价格效用收益高低，成为影响他们取舍网上购物方式的关键因素。再如，从性别方面看，女性顾客偏好人际交流，对网上购物无法进行人际交流造成的效用损失很看重，成为影响她们取舍网上购物方式的关键因素。而男性顾客则无此种偏好。可见，收入、年龄、性别、生活习惯、文化素养和受教育程度等方面的差别，确实使网上购物顾客，分化成了效用偏好和收益评价标准有明显差异的群体。

如前所述，网上购物较之于实地购物，在价商品价格低和节省时间

---

① [美] 迈克尔·R. 所罗门著，张硕阳等译：《消费者行为》，经济科学出版社 2003 年版，第 8~11 页。

方面能增加收益增值，而在无法进行人际交流方面却会降低收益增值。因此，在消费者分化成效用收益诉求有明显差异不同类型群体的条件下，能否吸引更多消费者加入到网上购物队伍中来，并且成为忠实顾客，取决于网商能否准确地选择目标市场，并且根据目标顾客的效用偏好和收益诉求，合理设计营销策略，使顾客的总效用收益增值 $\Delta TU > 0$。比如，以女性消费者为目标顾客的网商，应当尽量增加网上的购物趣味性，减少因无法进行人际交流而产生的精神效用损失，以吸引更多女性消费者加入到网上购物者队伍中来。又如，以中老年消费者为目标顾客的网商，不仅应当将商品价格定得低一些，而且还应当提高货物配送效率，把偏高的送货收费标准降下来，使中老年消费者增加价格效用收益，吸引他们加入到网上购物者队伍中来，成为忠实顾客。总之，只有当网商营造的购物环境和实施的营销策略，使顾客网上购物的总效用收益增值 $\Delta TU > 0$ 时，才能够吸引更多消费者加入到网上购物队伍中来，扩大销量规模，网商也才能够获得更多销售收益增值。

9.3 中国电子商务发展状况：成就与缺陷

9.3.1 发展历程及成就

中国业内人士，通常以企业网站"版本"演进为标准，划分电子商务发展历程。20 世纪 90 年代后期，中国居民人均收入水平达到并超过 800 美元，进入小康社会。商品供给充裕，居民消费支付能力增强，为电子商务发展奠定了物质财富基础。互联网普及，网民数量持续增长，则为电子商务发展提供了技术条件支持。工作繁忙，生活节奏加快，凸显出节省购物时间和路程的效用价值，增强了人们上网购物的动力。抢占网上商机，拓宽营销渠道的动机，驱使着越来越多的企业和个人在网上建站开店。这些经济社会因素的共同作用，促成了中国电子商务兴起。1998 年 3 月 6 日，中国第一笔网上交易完成，开启了电子商务蓬勃发展的大门。第一次变迁的标志是，使用黄页式"1.0 版本"企业网站，即在一个大网页上列出许多网商的企业名称和联系电话。21 世纪初，由于网上交易制度不完善，交易安全无保障，加上受亚洲金融危机和国内通货紧缩影响，中国电子商务经历了起步时的一阵喧嚣后，归于平静甚至沉寂。随之"1.0 版本"的黄页网站被弃用，代之以有独立网站和域名的"2.0 版本"企业网站。以此为标志，中国电子商务开始第二次变迁。"2.0 版本"的企业网站，虽然较之于"1.0 版本"有许多优点，但仍然有明显缺陷。如网站域名难记，用户上网搜索可能误入钓鱼网站"陷阱"等。更重要的是，这些网站和域名的身份真实性，未经第三方权威机构认证，难以获得网民普遍信任，交易成功率不高。鉴于此，借鉴国外经验，2009 年中国用"3.0 版本"企业网站，取代"2.0 版本"企业网站，开始第三次变迁。"3.0 版本"的企业网站域名，不仅符合中国网民习惯，而且安装有经第三方权威机构认证的"可信网站"标识，网民点击网站页面底部的"可信网站"标识，即可确认企业网站的真实身份，从而提高了用户对网站的信任度，扩大了交易量。① 伴随着企业网站版本的三次变迁，在经济社会快速发展，网民数量快速增长的推动下，中国电子商务于 21 世纪初进入了高速成长阶段，取得了显著成效。

1. 交易规模不断扩大，交易额、网民、网站公司和网商数量持续增长

图 9 - 3 显示，据权威统计机构数据，2004～2010 年，中国电子商务总交易额由 9 293 亿元，增长到 45 000 亿元，增长了 3.9 倍。其中，B2B 交易额由 9 242 亿元，增长到 3.99 万亿元，增长了 3.3 倍，占总交易额的比重由 99.5% 下降至 88.6%；B2C 和 C2C 交易额由 51 亿元，增长到 5 131 亿元，增长了 99.6 倍，占总交易额比重由 0.5% 上升至 11.4%。网民、网站公司和网商数量，伴随着交易规模的扩大，持续增长。据市场调查机构 CNZZ 公布的数据显示，2010 年，中国网民数量达到 4.4 亿，约有 3.5 亿网民访问电子商务网站；电子商务网站数量达到 1.86 万家，比上年增长 16.13%。其中，B2C 网站由年初 1.01 万家，增长到 1.18 万家，增长 20.45%。网商数量达到 7 700 万个，其中企业网商 1 200 万个、个人网商 6 300 万个②。2010 年，一批知名商贸企业和制造业企业，以自建交易平台、并购、合资等方式进入电子商务领域，提升了网站和网商群体的总体品质。例如，国美收购巴库网，苏宁建立"苏宁易购网"交易平台，京东商城电子商务业务范围由 3C 向百货、图书等网络零售领域扩展，淘宝网正式启用"淘宝商城"独立域名，富士康创建飞虎乐购电子商务平台主营 3C 产品，等等。③这些知名企业网站和旗舰店的开设，提升了电子商务

---

① 企业网站版本变迁资料，引自赵槿：《电子商务：从"可用"走向"可信"》，《经济日报》，2011 年 1 月 13 日，第 15 版。

②③ 陈静：《电子商务：科学发展天地宽》，《经济日报》，2011 年 1 月 6 日，第 13 版。

服务水平。上述成就，为电子商务的后续发展奠定了厚实基础。

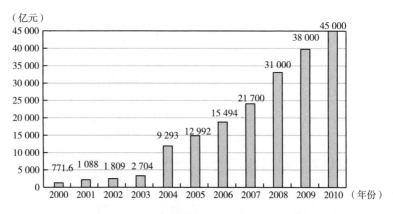

图9-3　中国电子商务交易额增长状况①

2. 制度建设初见成效

制度经济学认为，先进而完善的制度，是规范交易者行为，构建诚信市场环境，提高交易效率的先决条件。2003年，中国商务部设立信息化司，负责电子商务行政管理，组织和参加电子商务技术标准、交易规则和法律规范的制定，拉开了电子商务制度建设的帷幕。其基本任务和目标是，制定法律规范和运营规则，构建网络诚信环境，提高网上交易的安全性和便捷性。2005年，国务院颁布并实施了《电子认证服务管理办法》，到2007年，共批准了24家认证管理机构，颁发了700多万张电子商务从业证书。2005年4月1日，《中国电子签名法》正式实施，确立了电子签名的规范和法律效力。2006年2月，国务院转发了国家网络与安全协商小组《关于网络信任体系建设的若干意见》，提出了以"身份认证、授权管理和责任认定"为主要内容的建设方案。同年3月，中国银监会发布了《电子银行业务管理办法》和《电子银行安全评估指引》，加强了对电子银行的监督管理。2007年7月，银监会又发布了《关于做好网上银行风险管理和服务的通知》，加强了对网上支付风险的防范。2007年3月，商务部发布了《关于网上交易的指导意见》，确立了认定交易主体资格和从

---

① 图9-3中，2000~2003年数据，来源于赛迪顾问有限公司：《2005-2006年中国电子商务市场及投资机会研究年度报告》，赛迪顾问公司网站，2006年2月发布，供参考。2004-2010年数据，来源于中国电子商务协会编写和内部出版的《2004-2008年中国电子商务年鉴》；中国商务部网站发布的各年度《中国电子商务报告》；中国电子商务研究中心网站发布的《2010年度中国电子商务市场数据监测报告》。中国国家统计局虽然从2005年起统计电子商务交易额，但一直未公布，故只好引用前述文献的数据资料。

事网上交易的基本规则。① 2008 年 4 月，商务部发布了《电子商务模式规范》和《网络购物服务规范》，对实名制、支付方式和信息记录等作出具体规定，细化了交易规则。2010 年，国家工商行政管理总局发布了《网络商品交易及有关服务行为管理暂行办法》，规定个人网上开店应实名注册，办理工商登记手续。2010 年 6 月，中国人民银行发布《非金融机构支付服务管理办法》，9 月 1 日正式施行。12 月，又发布了该办法的实施细则，规定电子商务中的第三方支付企业，必须取得"支付业务许可证"，才能经营支付业务，力图通过加强对第三方支付企业的监管，提高网上交易和支付的安全性。② 以上制度建设方面的成果，不仅保障了既往电子商务安全而快速地发展，而且为后续制度建设奠定了基础。

3. 产业政策科学合理性提高，导向作用增强

中国政府注重运用产业政策，引导电子商务安全而快速地发展。国家信息化领导小组，2005 年 1 月制定并发布了《关于加快电子商务发展的若干意见》；2006 年，又制定和发布了《2006－2020 年国家信息化发展战略》，对电子商务的中长期发展作出规划。2007 年 6 月，国家发改委和国务院信息化办公室联合制定和发布了《中国电子商务"十一五"发展规划》，确定了"十一五"期间电子商务的发展目标、任务和产业政策。同年 12 月，商务部发布了《促进电子商务规范发展的意见》，从信息传播、交易、支付和配送 4 个方面提出了标准和要求。③2010 年 11 月，商务部发布了《关于开展电子商务示范工作的通知》，提出在 3～6 年内，培育50～70 家网络购物平台、行业电子商务平台和应用示范企业。以它们的示范作用，引领电子商务产业提升服务品质和运营效率④。产业政策不仅引导了既往电子商务健康而快速地发展，而且为今后更好地发挥产业政策导向作用，积累了经验。

4. 网上支付和物流配送两大支撑体系，得到充实和加强

网上支付和物流配送系统，是电子商务运营发展必不可少的基础设施和支撑体系。唯有它们与网上交易平台有机结合，才能提高电子商务的安全性和便捷性。2003 年，阿里巴巴意识到网上支付安全的重要性，率先推出"支付宝"，为交易者提供网上支付担保服务。此举赢得网商和顾客的信任，到 2008 年底，支付宝注册用户超过 1 亿。其他网站公司迅速跟进，相继推出了"财付通""易宝支付"等网上支付安全保障工具，促进

---

①③ 商务部：《2006－2007 年中国电子商务报告》，中国商务部网站发布。
②④ 陈静：《电子商务：科学发展天地宽》，《经济日报》，2011 年 1 月 6 日，第 13 版。

了网上支付业务快速发展。随后第三方支付市场兴起。据央行统计，2009年，各类电子支付企业已发展到近300家，交易量达5 850亿元；2010年突破1万亿大关，达10 500亿元，比上年增长79.5%。其中，支付宝占48.9%，财付通占23.1%，银联在线占9.0%。① 央行随之发布并实施了《非金融机构支付服务管理办法》和《实施细则》，对第三方支付企业实行"业务许可证"管理。② 此举净化了网上支付环境，有利于网上支付体系的健康成长和快速发展。

物流配送体系过去是电子商务的软肋，近年得到加强。首先，一批拥有强大物流基础设施和配送系统的著名商业连锁公司，如国美、苏宁等，加入到网站公司和网商行列中来，充实了电子商务物流配送体系的整体服务功能。其次，为网商提供终端送货服务的快递公司迅猛发展，2010年较上年增长108.5%，达到12 310家，服务收入达412.8亿元，满足了终端送货服务需要。③最后，一些著名的大型网站公司积极采取措施，加强物流基础设施建设，力图早日突破物流配送"瓶颈"制约。2011年1月，阿里巴巴集团发布《物流发展战略报告》，表示不仅将一如既往地运用信息共享模式，整合社会物流资源，提高物流配送效率，而且将投资200亿~300亿元，在全国一级经济区交通枢纽地，建立仓储配送中心，逐步形成覆盖全国的主体式仓储配送体系。④ 此举无疑会改变未来电子商务物流配送版图，提高物流配送效率。网上支付和物流配送两大体系的充实和加强，为电子商务后续发展提供了有力支撑。

9.3.2 缺陷与成因

1. 电子商务的地区间和类型间发展不平衡

首先，东中西部地区之间电子商务发展不平衡。2010年，行业网站分布为：长三角地区占35.4%，珠三角地区占28.8%，北京地区占9.6%，三者合计占73.8%，其余地区仅占26.2%。明显呈现东部发达地区比重大，中西部欠发达和落后地区比重小的不平衡特征。这种状况是由于三大地带间，经济社会发展水平、商贸企业活跃程度、居民消费理念先进程度和互联网普及程度有明显差距造成的，短期内难以改变。

其次，B2B和B2C及C2C三种电子商务类型的发展不平衡。如表

---

① ③ 中国电子商务研究中心：《2010年度中国电子商务市场数据监测报告》，该中心网站，2011年1月18日发布。

② 赵侠：《第三方支付走进"优化升级"时代》，《经济日报》，2010年7月9日，第13版。

④ 陈静：《电子商务突破物流瓶颈》，《经济日报》，2011年1月27日，第13版。

9-2所示，2004~2009年，在电子商务总交易额中，B2B最低占93.2%，最高占98.8%，发展势头强劲，而B2C和C2C合计最低占1.2%，最高占6.8%，明显过弱。2010年，团购和代购等新购物模式兴起，使当年B2C和C2C交易额达5 131亿元，占电子商务总交易额的比重，由上年的6.8%上升到11.4%，上升了4.6个百分点，使电子商务三种类型不平衡状况得到改善。但是，B2C和C2C交易额占当年社会消费品零售总额比重仍然只有3.3%，即使加上团购和代购，网上零售额也仅占当年社会商品零售总额的4.5%，明显低于一些发达国家约占10%的水平，所以仍需加快发展。

表9-2　　　　　　　　　　中国各类型电子商务交易量及比重

年度	总交易额（亿元）	年增长（%）	B2B		网上零售（B2C和C2C）		
			交易额（亿元）	占总交易额比重（%）	交易额（亿元）	占总交易额比重（%）	占社会商品零售总额比重（%）
2004	9 293	—	—	—	—	—	—
2005	12 992	39.8	12 835	98.8	157	1.2	0.2
2006	15 494	19.3	15 236	98.3	258	1.7	0.3
2007	21 700	40.1	21 139	97.4	561	2.6	0.6
2008	31 224	42.9	29 967	96.0	1 257	4.0	1.1
2009	38 000	21.7	35 414	93.2	2 586	6.8	2.06
2010	45 000	18.4	39 869	88.6	5 131	11.4	3.3

资料来源：本表2004~2009年数据，来源于中国商务部网站发布的有关年度《中国电子商务报告》。2010年数据，来源于中国电子商务研究中心网站发布的《2010年中国电子商务市场数据监测报告》。2010年网络团购和代购兴起，约占总交易额的4.2%，故B2B、B2C和C2C合计只占总交易额的95.8%。

中国B2C和C2C发展缓慢的根本原因，是一些网商偏离为顾客创造更多价值这个宗旨使然。商家追求利润最大化，顾客追求购物效用收益最大化，是零售商业亘古不变的法则。网商只有为顾客创造更多价值，充分满足其利益诉求，才能够吸引更多顾客踊跃加入网上购物群体，扩大销售规模，自身也才能增加收益。然而，目前一些网商却偏离了这个宗旨。他们的商务模式和营销策略市场指向不明确，似乎对谁都适合，但对谁都无吸引力，无法形成稳定顾客群，更谈不上吸引新顾客加入。据武汉中百集团披露，该公司的送货收费标准是：购买商品100元以上免费送货，100元以下城区内送货收费5元。该公司是从下属店铺就近组织送货，距离大多在 3 公里以内。① 可见其送货收费标准明显过高,这会把那些对送货收费敏感的顾客拒之门外。而且,"购买 100 元以上商品,才免收送货费"的规定,又会把那些喜欢多次小量购买商品的顾客拒之门外。如此设计商业模式和营销策略必然缩小目标顾客群,使销量难以扩大。

2. 中小企业电子商务应用在低水平上徘徊

据中国电子商务研究中心调查,2010 年,全国中小企业只有约 9% 用了电子商务。这些年,中国商务部一直在调查、探寻中小企业未用电子商务的原因。2006 年,被调查的中小企业中,约 70.2% 认为是电子商务模式不适合企业需要造成的,50.0% 认为是企业担心投资回报低、不敢涉足造成的,42.1% 认为是费用成本过高,企业难以承受造成的;2007 年,被调查的中小企业中,36.4% 认为是企业缺乏专业技术人才造成的,25.6%认为是企业找不到效果好的网站造成的,10.1% 认为是企业觉得作用不大而未采用,6.7% 认为是企业负责人不重视造成的。② 随后几年的调查结果与此大同小异。可见,中小企业自身缺陷和网站公司服务功能缺陷的相互影响,导致中小企业电子商务应用在低水平上徘徊。

3. 物流配送支撑系统社会资源整合度集中度低,未形成高效快捷的服务功能

服务于电子商务的物流系统虽然有一定程度发展,但由于存在以下三个明显的缺陷,至今仍是妨碍电子商务,尤其是 B2C 快速发展的瓶颈:一是仓储运输系统基础设施薄弱且不配套,物流服务供给不能满足电子商务快速发展的要求。虽然一些大型网站公司,如阿里巴巴和京东商城等开始着手物流基础设施建设,但要真正形成仓储配送能力还需要 2～3 年时间,远水难解近渴。二是快递公司虽然数量众多,但行业集中度低,服务功能弱,送货效率低,难以满足顾客快捷性要求。三是一些特大型商贸企业虽然加入了网商阵营,但其仓储运输和物流配送系统尚未完全融入进来,为整个电子商务行业提供服务。加上网站公司、网商和配送企业、快递公司之间,过分强调自身利益,致使社会物流资源难以整合为一体,形成高效快捷的物流服务功能,所以,送货慢仍是电子商务的软肋,为顾客所诟病。

4. 信用体系不完善,交易和支付安全有漏洞

网上交易和支付的虚拟特点,使顾客极为重视交易和支付的安全性。

---

① 黄鑫、郑明桥:《中百电子商务期待走出瓶颈》,《经济日报》,2006 年 9 月 27 日,第 13 版。陈静、沈则瑾:《向电子商务要便利》,《经济日报》,2006 年 9 月 28 日,第 15 版。
② 资料来源于中国商务部:《2006 - 2007 年中国电子商务报告》,商务部网站发布。

虽然，网站公司采取"信用评级""支付安全担保"等措施，一定程度上改善了网上交易和支付的安全性，但是，受社会信用缺失大环境影响，加上网站公司监管制度有漏洞，致使欺诈顾客事件仍然时有发生。据新华社记者方列 2011 年 2 月 9 日报道，2010 年底至 2011 年初，仅浙江省就发生了 40 多起"钓鱼网站"网上银行盗窃案件，涉案金额达上千万元。江苏、广东和北京等也有很多类似案件发生。① 就连阿里巴巴这样著名的网站公司，也曝出了 B2B 网商欺诈境外顾客事件。2009 年和 2010 年，该公司 B2C 外贸网商中，先后有 1 219 个和 1 107 个有欺诈行为，被终结账户。② 对网站公司声誉和顾客信任造成严重损害。据有关部门调查，电子商务网站访问者中，89.2% 担心遭遇假冒网站，86.9% 担心无法获得真实信息。③ 可见，对网站公司的信任度低，仍然是妨碍顾客上网购物的主要障碍。

5. 农村电子商务发展缓慢

近年，中国城乡二元经济结构虽有所调整，但未根本改变，仍然是现代化城市与落后乡村并存。广大农村人口本来受教育程度就低，而有文化的青年人大多数又离乡进城务工，更降低了农村留住人口的整体文化素质。近年虽有一些连锁超市、便利店和专卖店开到县城和小镇上，但是，人们接触最多的仍然是贩运商、贸易集市和夫妻零售店，很少受到现代商务理念熏陶，对电子商务陌生，通晓电子商务专业技术的人才更是凤毛麟角。加上农民家庭计算机普及率低，从而使得中国农村电子商务应用，大多停留在经纪人、贩运商发布货源信息，为购销双方牵线搭桥的初级层次上，上网销售和购物尚未在农民中普及。

9.4 加快电子商务发展的方略和基本路径

9.4.1 方略

首先，电子商务是网上虚拟场所交易，要营造出交易安全和送货快捷的运营环境，涉及建立诚信社会环境、提高网上支付安全性和物流配

---

① 资料来源于新华社报道：《网银盗窃案频发冲击网络金融安全——"钓鱼网站"盗走网民百万存款的警示》，新华网，2011 年 2 月 10 日。

② 王小乔：《"阿里巴巴"与两千大盗》，《南方周末》，2011 年 2 月 24 日，第 13 版。

③ 徐红：《图说可信网站》，《经济日报》，2011 年 1 月 13 日，第 15 版。

送快捷性等各个方面，非网站公司和网商之力可为，需要政府、银行和物流企业支持和配合。其次，电子商务能否加快发展，取决于网站公司和网商能否创新营销理念和商务模式，为各类顾客群体和用户企业，创造更多的效用收益增值，吸引他们上网购物，扩大市场规模和交易量。所以，唯有各方协同形成合力，才能够推动电子商务持续发展。

9.4.2　基本路径

1. 建立健全网络信任体系，做好安全认证和监管工作，构筑诚信商务环境①

网络信任体系和安全认证制度是电子商务的安全屏障。其中，网络信任体系是基础，而建立社会信用制度、构建诚信社会环境又是它的基础，政府应抓紧把它们建立好。本书第5章对此有专门论述，此处不赘。网络安全认证包括：身份认证、受权管理和责任认定三项内容，只有以严格的身份认证为基础，才能实现对用户的授权管理和责任认定。中国政府已经颁布实施了《电子签名法》和《电子认证服务管理办法》等法规，但离形成严密而完善的认证制度还有差距，还需要做好以下工作：（1）建设国家级面向社会公众服务的电子认证中心，实现对国家认证书和电子认证服务机构认证书的管理，为施行交叉认证、境外认证提供管理和服务。（2）建设国家级电子认证监管平台，加强对电子认证服务机构的管理，引导其发展成为具有可控性和可靠性的认证服务平台。（3）培育发展诚信可靠的第三方权威认证机构，加快"可信网站"认证制度建设，并且尽快使之成为一项基本制度，方便顾客辨识真伪，提高网络诚信指数和购物安全性。（4）尽快制定法律规范，加强对网上团购、代购等新兴网商公司的监管，适当提高注网登记"门槛"，并且实行信用保证金制度，防止发生欺诈顾客事件。

2. 改进和完善监管制度，进一步提高网上交易和支付的安全性便捷性

近年来，中国金融管理机关采取措施，加强对第三方电子支付企业监管，收到了一定成效。但是，2010年底至2011年初，浙江、江苏、广东和北京等地相继发生的"钓鱼网站"盗窃诈骗案件，说明网上支付监管仍有漏洞，必须及时修补，否则，网民会对网上支付望而却步。首先，金融

---

① 本小节摘引自信息产业部副部长苟仲文：《建立健全网络信任体系》，《经济日报》，2006年9月29日，第6版。笔者作了适当的调整和修改。

管理机关应当严格施行《非金融机构支付服务管理办法》和注册登记制度，提高准入门槛，清除资质不良者，提高第三方支付企业的整体素质，净化网上支付环境。其次，应当实行信用保证金制度，规定第三方支付企业必须按支付业务量一定比率（可参考银行准备金率设计），向注册地银行管理机关缴纳信用保证金，约束其诚信地为顾客服务。最后，应当引导和支持网站公司，进一步创新信用担保工具和监管制度；强化对网商的信用监管，扎牢篱笆，堵塞漏洞，防范失信行为发生。

3. 创新制度和运营模式，提高效率，破除物流配送"瓶颈"

前已述及，一批网站公司已着手进行物流配送基地建设，加上一批特大型商业连锁公司，强大的物流配送系统进入电子商务行业，可以预见3～5年后，电子商务的物流基础设施和配送服务功能将改善和增强。但是，如果缺乏制度创新，不能把分属于不同所有者的物流资源整合成一体，形成通畅的物流配送体系，那么，纵有发达的基础设施，也难以在整体上形成高效快捷的物流配送功能。这方面有许多问题需要解决。比如，是运输、仓储、配送和快递企业之间分工协作，以战略联盟方式构建物流配送供应链，为网站和网商提供物流配送服务效率高，还是网站公司掌握仓储配送这个枢纽环节，而把运输和快递外包给相关企业效率高；如何培育适应电子商务发展要求，能够提供优质物流配送外包服务的第三方和第四方物流企业，提高快递行业集中度和终端送货效率等，只有在实践探索中才能找到答案。所以，对网站公司和网商而言，创新物流配送制度和运营方式，是比建设仓储配送基地更关键更紧要的任务，不可本末倒置。只有当大多数网站公司和网商，以及与之相配合的物流企业，找到了适合自身特点和要求的物流配送模式，困扰中国电子商务的物流配送"瓶颈"难题，才能够基本上得到解决。

4. 树立"共赢"理念，创新商务模式，创造更多效用收益增值，把更多顾客和用户企业吸引到电子商务中来，扩大交易规模

首先，前已述及，不同类型的消费者群体和用户企业，有着不同的需求偏好和效用收益诉求，网商和网站公司只有创新商务模式，创造更多效用收益增值，才能够把他们吸引到网上市场中来，扩大交易规模。由于消费观念更新、收入水平提高，中老年人和女性消费者已经具备了成为电子商务顾客的基本条件，是数量庞大而有开发价值和潜力的顾客群体，值得网站公司和网商重视。针对中老年消费者注重商品价格的特点，网上商场不仅要提供价廉物美的商品，而且要充分展示其性价比信息，便于顾客抉择；针对女性消费者注重购物休闲和人际交流的特点，网上商场应营造具

有休闲观赏性和人际交流氛围的购物环境，以吸引她们。只要网站公司和网商推出的商务模式，符合和满足中老年人和女性消费者的要求，就一定能够把他们吸引到网上商场中来，使之成为忠诚顾客。

其次，网站公司和网商应改变市场细分和定位粗疏的缺点，实行精准营销战略，以此凝聚人气，开拓新的市场领域，扩大商品销量。2011 年初，成格风尚（北京）科技有限公司，在科学细分女性服装市场的基础上，把营销目标定位于 25～35 岁职业女性服装这个独特的市场领域；并根据该职业女性群体的生活方式和需求特点，把所营销的服装，定位于"淑女装"和"职业装"之间的过渡款式；而且在北京、上海、广州一些 CBD 区域的高级酒店和写字楼，开设"成格"女装体验店，方便出入这些地方的女性目标顾客，试装和下单订货。2011 年初，仅开业 5 个月，日订单量已超过 1 000 件，网站注册会员超过 20 万，发展前景一片光明。网站公司和网可以借鉴"成格"的营销理念，在细分顾客群体、准确定位市场目标的基础上，深耕细作网上商场服务项目，推动电子商务市场向纵深扩展。

尤其值得强调的是，在一个城市拥有多个实体店的服务业（如餐饮、娱乐、美容美发、健身保健、医疗、技能培训等）零售商，应当导入 O2O 营销模式，开设网上商店向线上顾客展示服务项目，吸引他们购买支付后，到实体店消费，以拓宽顾客群，增加销售量。一些嗅觉敏锐的商家已捷足先登，取得成功。其中应当注意的事项，前文已论述，故此不赘。

5. 推广重庆市经验，依托"万村千乡市场工程"店铺网点，构建公共信息服务平台，推动电子商务在农村普及

中国农村互联网普及程度低，妨碍电子商务发展，但广大农民有上网购物强烈需要，如何解决两者之间的矛盾，是政府的一道难题。重庆市商委经过探索，找到了解题钥匙。他们与市农业银行和移动通信公司合作，依托"万村千乡市场工程"农家店网点，构建"农商通"信息网，为农民提供搜寻和传输信息、小额取款和通讯等多项服务。截止到 2011 年初，该市已在农家店安装"农商通"信息机 3 500 多台，覆盖全市 1/3 村庄，使农民不出村就可以享受到多项网上服务，提高了商品购销效率和生产生活便捷性。[1]商务部应吸取重庆经验，联合银行和通信部门，依托"万村千乡市场工程"农家店网点，建立公共信息服务平台，推动电子商务在全国农村普及，为农民搭建起能快捷购销商品的网上桥梁，使他们享受到电子商务的便捷性。

---

[1]　亢舒、谢兴：《重庆：搭建农村消费市场信息化"金桥"》，《经济日报》，2011 年 4 月 8 日，第 1 版。

第10章 连锁公司生命力及其发育
状况和再发展路径

本书中的连锁公司，是指那些实行连锁营销制度的商业服务业公司。20世纪90年代，中国实行市场化改革后，商业服务业企业移植连锁营销制度，并使它与本土文化相结合，推动了商贸流通制度创新。其后，趁中国加入WTO开放市场之际，世界著名的跨国连锁集团公司沃尔玛、家乐福、麦德龙等，纷纷进入中国开设店铺，设立区域采购总部。其所产生的"鲶鱼效应"，促进了本土连锁公司加快发展。2001～2010年，全国100强连锁公司拥有的店铺数，由1.31万个增加到15.00万个，增长了10.45倍；年销售额由1 620亿元增加到1.66万亿元，增长了9.25倍；占社会商品零售总额的比重，由4.3%上升到10.6%；每家公司的年平均销售额，由16亿元增加到166亿元，增长了9.4倍；平均拥有的店铺数由131间增加到1 500间，增长了10.5倍，显示出旺盛生命力和快速成长性。①如今，连锁公司已经取代了传统的单店公司，成为商业、餐饮业、服务业和药品销售业的主体。基于此本章把它单列出来论述，力图从内在机制上揭示连锁公司旺盛生命力之根源，剖析其发育状况、成效和缺陷，提出推动其再发展的路径和措施。

10.1 连锁营销制度概述

10.1.1 连锁营销与连锁经营辨析

在国内已有的文献中，人们通常把商贸公司以连锁方式运营企业，称

---

① 此处数据资料，是由中国连锁经营协会出版发行的2002年和2011年《连锁经营年鉴》中的资料，整理和计算出来的。

为"连锁经营"，本书则称为"连锁营销"。因为，"经营"通常局限于指企业对内部经济事务的谋划和运作。① 而"营销"则是包括"销售前或生产前活动"（如市场调查、需求预测、与供应商谈判签约、采购等），企业内部的经营管理活动和"销售后或生产后活动"（如售后服务、回访顾客和公关联谊等）在内的全过程。② 可见，"营销"所涵盖的经济范畴和业务流程，比"经营"更全面，能更确切地描述商品经由连锁公司采购—配送—销售，实现由生产领域向消费领域转移的全部实际流程。所以，本书采用"连锁营销"范畴，而弃用"连锁经营"范畴。连锁营销方式与其载体——连锁公司网状组织结构融为一体，形成连锁营销制度。连锁公司的基本特征是：公司总部对全部业务流程实行统一管理，通过集中采购、统一配送和庞大店铺网点促销商品，获取最佳规模经济收益。

在美欧发达国家中，连锁营销制度走过了 150 多年的发展历程，趋于成熟和完善。它深深地植根于商业服务业中，占据主导地位和主体位置。连锁公司的销售额，一般都占市场总销售额的 1/3 以上，高者如美国达 60% 多。中国是正在向市场经济转轨、努力实现流通现代化的后进国家，获取"追赶效应"的主要途径之一是：学习并移植发达国家先进的连锁营销制度，使它们与本土文化相结合，革新营销制度，提高商业服务业运营效率。

10.1.2　连锁营销的类型与特点

常见的连锁营销类型，有直营连锁、特许（加盟）连锁和自愿连锁三种，它们的内涵和特点如表 10-1 所示。

表 10-1　　　　　　　　　　三种连锁营销类型比较

	直营连锁	特许（加盟）连锁	自愿连锁
企业组织结构状况	由公司总部和直营店铺组成	由公司总部和直营连锁店铺，以及特许加盟店铺组成	由公司总部和成员店铺组成
总部运营资金来源	由公司股东出资形成	由公司股东和各加盟店铺缴纳的加盟费形成	由全体成员单位出资形成

---

① 参见《辞海》，上海辞书出版社 1980 年版，第 1164 页；《现代汉语词典》，商务印书馆 1985 年版，第 599 页。

② 参见邝鸿主编：《现代市场营销大全》，经济管理出版社 1990 年版，第 1～2 页。

	直营连锁	特许（加盟）连锁	自愿连锁
店铺产权归属	直营店铺产权归公司股东所有	直营店铺产权归公司股东所有；加盟店铺产权仍归原店主所有	公司总部资产归成员单位共同所有。成员店铺产权仍归原店主所有
总部与店铺间的纽带	以产权为纽带	直营店铺以产权为纽带。加盟店铺以契约为纽带	以契约为纽带
总部对店铺的控制方式	对财务、人事和货物配送实行集中统一管理	对直营店铺实行统一管理，对加盟店铺则按契约监管	按契约监管
总部对店铺的约束强度	约束直接而且强硬	对直营店铺的约束直接而强硬；对加盟店铺以监管方式约束	对成员店铺以监管方式约束
店铺自主权	无	直营店铺无自主权，加盟店铺对有契约约定之外的自主权	成品店铺有契约约定之外的自主权
总部与店铺间的利益分配	由总部统一核算和分配	直营店铺由总部统一核算和分配；加盟店铺按契约缴纳加盟费用，享受公司提供的进货价格优惠和业务指导	成员店铺按契约向公司总部缴纳业务指导费；总部按契约返还利润给店铺，并提供进货价格优惠

1. 直营连锁（又称正规连锁）

直营连锁，是指同一个资本所有者拥有并直接经营管理多家店铺的商业组织形式。如国际连锁店协会将直营连锁定义为：以单一资本直接经营11个商店以上的零售或饮食业企业。日本通产省的定义是：处于同一流通阶段，经营同类商品和服务，并由同一个经营资本及同一个总部集中管理领导，进行共同经营活动（由2个以上单位店铺组成）的组织化的零售企业集团。欧美国家称其为"联号商店""多支店商店"等，并规定1家直营连锁公司必须拥有10个以上店铺。

直营连锁的特点是：公司总部、所属店铺及营业设施，都是同一资本所有者出资设置的，其产权（包括有形和无形资产，以及经营权和收益权）归该出资者所有。各店铺无独立资产和法人地位，在公司总部统一管理下运营。直营连锁的优点是，便于集中管理，统一调配资源，提高公司整体运营效率。缺点是，容易压抑店铺的积极性和创造性。

2. 特许连锁

特许连锁，是指主导企业（通常为拥有知名品牌和良好商誉的连锁公司或厂商）以签订契约方式，把自主开发的商品、商标、商号、服务技术或营业设施的经营权授予加盟店铺，允许它们按契约规定开展营销业务的商业组织形式。如美国商务部对特许连锁的规定是：主导企业把自己开发的商品、服务和营业系统（包括商标、经营技术、营业场地和市场区域）的经营权，以特许契约方式授予加盟店，允许加盟店按契约规定使用。加盟店则按契约向连锁公司交纳特许营销权使用费，并承担规定的义务。

特许连锁的特点是：店铺由店主出资设置，产权归其所有并有独立法人地位。它们与连锁公司总部只有契约纽带联系，而无产权纽带联系，以契约划分双方的权利和义务边界，约束规范各自行为。特许加盟契约赋予加盟店的权利是：允许其在一定区域范围内使用连锁公司或主导厂商的商号和商标，如打"××连锁公司××分店"招牌；在连锁公司配送中心进货可享受一定优惠，连锁公司或主导厂商经常性地给予加盟店服务技术和营销管理方面的指导。责任和义务是：加盟店销售的商品，必须全部在其加盟公司或主导厂商的配送中心进货，不得采购销售其他渠道的货源商品。除初次入盟时须缴纳加盟费外，运营期间要按销售额定期向连锁公司或主导企业缴纳经营权使用费，并且随时接受连锁公司或主导厂商的检查监督，违规要受处罚。特许加盟契约中，双方当事人的权利、责任和义务是对称的：加盟店的权利，即是连锁公司的责任和义务；而其责任和义务，即是连锁公司总部的权利。

特许连锁经营有两种基本类型。一是产品分销特许连锁（又称"商标商品型特许连锁"或"产品品牌特许连锁"）。即特许方把自己拥有的产品一定区域内的分销权授予加盟店，加盟店据此经营分销业务。汽车和饮料行业中，从属于某个品牌公司总部下的众多分销店，就属于此种类型。二是营销模式特许连锁。在这类特许连锁中，加盟店从店名、店面标识、商品到服务规范和经营方式，全部要按总部要求配置和运作；总部对加盟店提供业务培训，并加强监督。此种特许加盟连锁在饮食行业应用广泛。麦当劳、肯德基、全聚德烤鸭、马兰拉面、谭鱼头火锅等公司总部，都采用此种方式发展加盟店铺。

特许连锁的主要优点：一是能使连锁公司和厂商主导企业实现"无有形资本扩张"。即主导企业（连锁公司）无须投入有形资产，只需让渡商号商誉、服务规范和营销管理技术等无形资产的使用权，就能够吸纳外部店铺带资产加盟，快速扩大营销规模。二是能提高加盟店创业成功率。因为开业初期，加盟店铺使用连锁公司和主导厂商具有市场号召力的品牌和商标，以及成熟的经营管理技术，能大幅度降低创业风险，快速步入正常营业轨道。据美国商务部调查，美国独立创办公司（店铺）的成功率不及20%，而以特许加盟方式创办公司（店铺）的成功率则高达95%，是前者的4.75倍。我国也大抵如此。特许连锁这种能使特许方和加盟方都获利的机制，是推动其自身持续发展的动力。这在注重品牌号召力和服务技术的饮食业尤其明显。

特许连锁的主要缺陷是：监督协调费高于直营连锁，而且总部和加盟店之间容易发生违约纠纷，如加盟店违规从外渠道采购商品，降低服务质量，损害连锁公司和厂商主导企业商誉等。防范此种风险的措施是：连锁公司和主导厂商吸纳加盟店要量力而行，所吸纳的店铺数量应与自身监督能力相适应，不要过度扩张，造成监管虚化。只要切实加强监督管理，加盟店的违规侵权行为是可以防止的。

3. 自愿连锁

自愿连锁是一些原本分散的批发商和零售商，为了抵抗大型连锁公司对渠道的垄断，而自愿建立的商业公司。它通常由一个或几个独立批发商发起，以协议和契约为纽带，联合众多零售商店，组成"联购分销"性质的连锁商业公司。如美国商务部把自愿连锁定义为：由批发企业组织的独立零售集团，即所谓批发企业主导型任意连锁店集团。成员店铺经营的商品，全部或大部从该批发企业进货。作为对等条件，该批发企业必须对成员店铺企业实行优惠采购价，并提供约定的配送服务。日本通产省则把自愿连锁定义为：分散各地的众多零售商，既保持各自独立性，又缔结长久性的连锁关系，使商品的进货及其他事业共同化，以达到共享规模经济效益的目的。

自愿连锁的基本特点是：（1）连锁公司由1个或几个批发商发起成立。批发商和各成员店铺保留原有资产所有权和独立法人地位，公司总部和成员店铺间按契约规范和调整双方关系。（2）公司运营资本由各成员单位按约定共同出资形成。公司总部的职能是制定销售战略，实施统一采购和配送计划，为各成员店铺提供业务指导和服务，协调相互关系。（3）成员店铺的责任和义务是，除入盟时按约定出资外，运营期间还要按销售额向总部缴纳业务指导费，所经营的商品必须全部或大部分在总部配送中心采购。

自愿连锁的主要优点和功能是：以契约为纽带整合单个批发商和众多小店铺的资源，使之形成一条能与大型连锁公司抗衡的联购分销渠道，既为单个批发商和众多零售店铺争得了生存发展空间，又增强了市场竞争性，促进零售业服务质量提高。其主要缺陷是：总部与成员店铺间的联系纽带松散、约束力弱、容易发生纠纷，监督协调费用高。

以上三种连锁营销类型，是理论上的抽象和概括，现实生活中，往往是一家连锁公司内两种或三种类型连锁形态并存，既有单纯由直营连锁或自愿连锁组成的连锁公司，也有以直营连锁为主、特许连锁为辅，或者自愿连锁与特许连锁混合的连锁公司。

10.2 连锁公司旺盛生命力之根源

10.2.1 旺盛生命力根源之一：网状组织结构和统一管理

连锁公司不同于单店商业公司的第一个特点，是它有由公司总部、配送中心和众多店铺组成的网状组织结构，并且实行统一管理，因而能够节约采购费用、提高配送效率、降低新店开设成本，扩大销售量、获取规模经济效益，创造出比单店商业公司高得多的营销效率和收入。

1. 网状组织结构：节约交易费用和新店开设成本

连锁公司是以总部和配送中心为轴心，众多店铺为营销网点的网状组织结构企业。其中，公司总部和配送中心犹如人体的大脑和心脏，负责指挥、协调整个公司系统的运作。它们源源不断地从外部吸收能量（采购商品），并把它们输送到各店铺去（配送货物），维持肌体动转。店铺网点则犹如人体的消化和循环系统，接收配送中心输送来的货物，与外界（顾客）交换能量（出售商品和服务，收回资金），并把获得的养分（资金和信息）输送回公司总部和配送中心（"心脏"和"大脑"），维持公司生存和发展。

笔者之所以称连锁公司为网状组织结构，是为了与管理学中经典的网络组织相区别。管理学定义的网络组织，是为了实现某种经营目标，以一个企业或机构（包括经纪公司或经纪人）为中心，采取职能外包并订立契约的方式，与外围组织结成无直接产权纽带联系的松散组织。除自愿连锁公司外，多数连锁公司以直营连锁为主体，公司总部与店铺间以产权为纽带，实行统一管，组织结构十分紧密，称它们为网络组织并不恰当。但连锁公司确实又呈现网状结构，故称其为网状组织。其基本功能是：

（1）批零一体化，以企业替代市场、长期合同替代短期合同，节约交易费用。罗纳德·科斯（Ronald H. Coase）认为，企业和市场是可以互相替代的，关键是替代所节约的交易费用或管理费用，是否大于替代后发生的费用。若替代所节约的交易费用，明显大于市场关系内部化后所产生的管理费用，并且还可以获得协作效应和规模经济收益，那么替代就可以进行。科斯的这个理论，对直营连锁公司网状组织结构功能有很强的解释力。因为，组建一家直营连锁公司，就相当于把若干零售店铺与批发企业之间原来的市场购销关系，内部化为连锁公司总部（含采购配送中心）与直营店铺之间的统一采购、配送关系。所节约的交易费用（原来零售店铺与批发企业间，因签订和履行购销合同而发生的费用）明显大于连锁公司内部因统一采购、配送货物而产生的协调管理费用。而且还可以因实行统一采购和配送，获得规模经济和提高物流效率的收益。可见，直营连锁公司，是对批发和零售企业间市场关系的成功替代，是批零关系内部一体化的成功产物。

威廉姆森（Williamson）和张五常，从市场缺陷和契约不完善角度，丰富和深化了科斯的企业性质理论。张五常认为：企业的出现并不意味着市场失灵，不能说厂商制度取代了价格制度，其实质是一种（较完善的）契约取代了另一种（较不完善的）契约（张军，1994）。① 这种理论对特许加盟连锁尤其是自愿连锁有很强的解释力。因为，无论是特许连锁还是自愿连锁店铺都有独立产权和法人地位，并未在产权上与公司总部实行"内部一体化"，维系它们之间的纽带是契约。但是，相较于批零企业间的短期购销契约，连锁公司总部与加盟店铺和成员店铺之间的契约，不仅期限长、双方权责义规定严密明确、监督管理严格，而且有优惠采购价格为凝聚力，具有很强稳定性，所以能够节约交易费用，使连锁公司、加盟店铺、成员店铺各方共赢。可见，特许加盟连锁和自愿加盟连锁，是长期契约对短期契约的成功替代。

（2）样板店复制：节省新店开设成本。标准化是工业文明的重要思想和原则，它起源于生产作业标准化，其创始人是管理科学之父弗雷德里克·泰罗（Fredtrick Taylof）。生产作业标准化简化操作程序，提高了生产效率，而且使生产操作可以复制。其思想和原则向产品设计和工程技术领域延伸，形成工业标准化，提高了零部件、产品和设备的通用性、互换性和可复制性，节约了原材料和生产时间，降低成本，提高了效率。

受工业标准化思想的启发，连锁公司经营者探索出了一套按样板店复

---

① 张军：《现代产权经济学》，上海三联书店、人民出版社 1994 年出版。

制新店铺，以及对店铺实行统一管理的有效方法，节省了新店开设时间和费用，提高了经营管理效率。其基本做法是：开业之初，公司总部按服务作业标准，着力打造一间样板店铺。其后，新开设同一业态店铺，都按这个样板店铺复制。加上对店铺实行统一管理，使得同一公司同一业态的所有店铺，店名、店貌标识、商品价格和服务规程大体一致。其好处是：不仅省了新店开设成本和监管费用，而且视觉上对顾客产生整体冲击效果，提升了公司形象，扩大了品牌影响力。

2. 统一管理：优化资源配、提高管理效率

（1）实行统一管理的理论依据。首先，对于具有庞大网状组织结构并追求规模经济的连锁公司来说，为了避免资源分散和重复配置并提高其利用效率，实行统一管理是必要的。而且从技术类型、规模及组织结构层次、环境稳定性等因素看，连锁公司也适宜于实行集权化规范管理，即统一管理。查尔斯·佩罗（Charles Perrow）把企业的技术类型分为常规技术和非常规技术两大，认为企业的管理方式必须因技术类型而异。越是常规技术，越需要规范化的管理方式。而非常规技术，则要求管理方式有更大的灵活性。连锁公司业务连续性稳定性高，少有例外的难以解决的技术问题，属于常规技术型企业，适宜实行高度集权型规范化管理，即统一管理。其次，管理学认为，企业组织的规模和结构层次，也是影响管理方式选择的重要因素。组织规模庞大而结构层次较少的企业，适宜实行集权型规范化管理。连锁公司有成百上千个店铺规模庞大，但从总部职能部门到店铺通常只有 2 个纵向层次，需要而且可以实行集中统一管理。最后，环境也是影响企业选择管理方式的因素之一。管理学认为，从本质上说，处于稳定环境中的企业，适宜选择机械式组织结构和规范化管理方式；而处于不确定环境中企业，则适宜选择有机式组织结构和灵活性高的管理方式。连锁公司所处的环境，由供应商和生产要素供给者（如劳动力市场和银行等）、顾客、竞争者（其他零售企业）和政府管理机关等构成，通常是稳定的，因而适宜选择机械式的组织结构和集权化、规范化的管理方式，亦即实行统一管理。①

（2）统一管理的产权制度和物质技术基础。

①产权制度基础。连锁公司中除加盟店铺和成员店铺外，资产的最终所有权和收益归股东所有，但公司拥有法人财产权，经理层可据此对全公司系统实行集中统一管理。对于加盟店铺和自愿连锁成员店铺，公司经理

---

① ［美］斯蒂芬·P. 罗宾斯：《管理学》，中国人民大学出版社 2003 年版。

层可依据双方订立的契约，也可以在商品采购和配送方面（有的可延伸到价格和店面装饰方面）对店铺实行集中统一管理。

②物质技术基础。连锁公司要对下属的成百上千家店铺和规模庞大的物流基础设施实行集中统一管理，必须依靠控制理论和现代信息技术支持。20世纪40年代，维纳（N. Wiener）、香农（C. Shannon）和贝塔朗菲（L. Bertalanffy）创立的控制论、信息论和系统论，为连锁公司实行统一管理奠定了理论基础。而计算机网络技术的应用和普及，为连锁公司实行统一管理提供了信息技术支持，使建立覆盖全公司成百上千间店铺的信息管理系统成为现实。条型编码、POS销售时点信息系统、EOS自动订货系统、智能化仓库和计算机信息技术的导入，使公司总部对采购、仓储配送、店铺销售和财务核算，实行集中统一的自动化动态管理，成为简便易行的网上操作。物流理论和技术的发展，高层货架、自动分拣和存取机械的发明和应用，为实现仓库自动化管理和实行统一配送，提供了物流技术支持。

（3）统一管理的内涵。为了提高资源使用效率，连锁公司总部对直营店铺的商品采购、配送、财务核算、价格、服务规程和店面装饰等实行统一管理；而对于特许加盟店铺和自愿连锁成员店铺，则依据契约，在商品采购和配送方面实行统一管理。具体含义是：

①统一采购：全部商品采购权集中于公司总部，由总裁或副总裁领导的采购部制定计划并实施采购。店铺无采购权，只有要求补货的权利。

②统一配送：除经公司总部许可由厂商直接向店铺供货的少数商品外，绝大多数商品都由公司配送中心，根据各店铺商品销售动态及时给它们补货，使各店铺存货保持在适度充足状态。

③统一价格和服务标准：连锁公司同一区域内店铺所销售的同一种商品，执行公司销售部规定的同一价格。从商品陈列展示、顾客选购、收银台结账付款到顾客离店，为顾客提供同一种标准的服务。

④统一核算和统一财务管理：连锁公司的成本核算和财务管理工作集中于公司总部，由财务部统一实施，各店铺不独自核算。统一核算的主要职责是，核算各业务部门和重要环节的成本费用，加强对成本的控制。统一财务管理的主要职责是，加强监督管理，统一调度资金和运用资产，提高运营效率。

⑤统一店面装饰：连锁公司下属的同类型店铺，从店面装饰图案、色彩、灯光到店名标识都以同一样式和标准装饰，以便产生群体性的视觉效果，强化公司在顾客心目中的整体形象。

（4）统一管理效用：提高管理效率、创造效率收益。总括而言，统一管理能够优化全公司系统的资源配置，提高管理效率，创造效率收益：

①统一采购能节约大量交易费用，形成"三赢"价值链，为连锁公司快速成长，提供持久而有力的动力支持。显然，由公司总部把采购量集中起来一次向一家大供应商采购1 000吨货物，远比由每个店铺分散向多个中小供应商采购1 000吨货物，要少花费很多交易费用。同理，从供应商角度看，向一次集中采购1 000吨货物的连锁公司供货，远比向100家每次只能采购10吨货物的零售商供货，要少花费很多交易费用。如是，经过重复博弈，统一采购所节约的交易费用，在供应商与连锁公司间得到合理分割，既使供应商得到规模供货收益，又使连锁公司获得规模采购收益（高批量折扣价）；进而连锁公司又把一部分规模采购收益，以"天天平价"方式让利于顾客，从而形成三方共赢的"三赢价值链"机制，使三方结成稳固的渠道战略联盟，推动连锁营销渠道持续发展。

②统一配送能节约仓储运输费用，提高物流效率。首先，工程设计中有"0.6"经验规则，即任何容器的容量增加100%，只会导致建设或制造成本增加60%。所以，连锁公司集中建设大型仓库（配送中心），其单位库容量的平均投资成本，必定比分散建设多个小型仓库低。其次，把全公司货物集中储存于配送中心仓库，用现代仓储管理技术进行管理，能产生规模效益。至少能减少仓储成本中的管理人员费用。最后，运用运筹学、线型规划等数学工具和信息管理系统，对各店铺的补货要求进行统筹规划，按合理线路统一施行配送，可以减少或避免分散运输、迂回运输和相向运输等不经济事件发生，节约运输费用，提高物流效率。

③统一核算和财务管理，能够提高公司内部资金流转速度和使用效果，减少资金占用和利息支付。统一核算，为公司总部掌握了解各店铺和部门的运营状况，制定和实施合理的分配政策和激励约束措施，以及在店铺间、部门间合理调配资源，提供了科学依据。由公司财务部门统一对供应商结算，统一对外融资和投资，不仅可以减少资金滞留时间，提高周转速度，而且能够集中有限资金，办好急事和大事，提高资金使用效率，减少资金占用和利息支付。

④统一价格和服务标准，能提高顾客的忠诚度。连锁公司从供应商处获得高批量折扣价后，以略低于或平于市价的价格销售商品，把一部分收益让利于顾客。公司各店铺统一执行此种价格和标准化服务，能够对顾客产生亲和力和吸引力，提高他们对公司的忠诚度。

⑤统一店名和店面装饰，能够凸显公司整体形象，提升知名度。连锁

公司下属的全部店铺，都同一店名、图案及色彩做店面装饰，能让城市各个角落的民众受到同一视觉形象冲击，在心目中快速树立起公司形象，提升公司知名度。通常，一家成功的连锁公司开业后 1～2 年，都能使自己的"店名"为广大居民耳熟能详，其功劳应记在"统一店名和店面装饰"和"统一价格和服务标准"的名下。

10.2.2　旺盛生命力根源之二：规模经济收益

连锁公司不同于单店商业公司第二个特点，是它有众多店铺形成的巨大销售规模，能创造出单店商业公司不可能有的规模经济收益。

1. 规模经济的基本含义

规模经济，是指连锁公司的长期平均总成本，随销售额增长而下降和保持不变的性质。如同约瑟夫·斯蒂格利茨分析规模经济问题时，把大型厂商的前期投入和建立 1 家新分厂的投入，视为总成本和边际成本一样，我们把连锁公司的前期投入和开设 1 家新店铺的投入，也视为其总成本和边际成本。以此为前提条件，展开对连锁公司规模经济问题的分析。经济学理论揭示，厂商的长期平均总成本与边际成本间存在如下关系：只要新增加的边际成本低于长期平均总成本，就会导致长期平均总成本下降；而只要新增加的边际成本高于长期平均总成本，就会导致长期平均总成本上升。为了使人们容易理解边际成本与长期平均总成本的关系，格里高利·曼昆用了一个形象的类比：平均总成本像你的平均成绩，边际成本像你下一门功课的成绩。只要你下一门功课成绩低于原平均总成绩（亦即边际成本低于长期平均总成本），就会导致你的平均总成绩（亦即长期平均总成本）下降；而只要你下一门功课的成绩高于原平均总成绩（亦即边际成本高于长期平均总成本），就会导致你的平均总成绩（亦即长期平均总成本）上升。[①]

下面引入成本弹性作进一步分析。[②]

成本弹性的定义是：销量变动百分之一，会引起成本变动百分之几。

即：
$$\rho = \frac{\Delta C/C}{\Delta Q/Q} = \frac{\Delta C/\Delta Q}{C/Q} = \frac{MC}{ATC}$$

式中：ρ——成本弹性；

MC——边际成本；

---

①　约瑟夫·斯蒂格利茨：《经济学》中国人民大学出版社 1997 年版，第 274～276 页；格里高利·曼昆：《经济学原理》，三联书店，北京大学出版社 1999 年版，第 288 页。

②　于立、王珣：《当代西方产业组织学》，东北财经大学出版社 1996 年版，第 61～63 页。

ATC——长期平均总成本，简称平均成本。

连锁公司规模经济问题可作如下三阶段描述：

（1）规模经济阶段。当连锁公司经营规模，亦即销量 $Q < Q_1$ 时，$\rho < 1$，边际成本 MC 低于平均成本 ATC，平均成本随销量扩大而降低至趋近最低水平（与 Q_1 对应的 A 点处）。此为规模经济阶段。此阶段内，随经营规模亦即销量扩大，连锁公司的平均成本下降，平均收益率上升，总收益额增长（见图 10 - 1）。

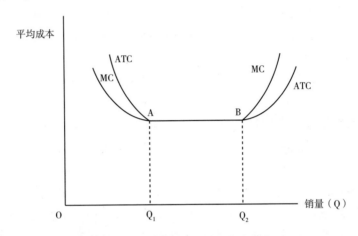

图 10 - 1　连锁公司规模经济三阶段

（2）最佳规模经济阶段。当连锁公司的营销规模，亦即销量在 Q_1 至 Q_2 之间（$Q_1 \leqslant Q \leqslant Q_2$）时，$\rho = 1$，即边际成本 MC 等于平均成本 ATC，平均成本处于最低水平而且不随销量扩大而变化，即平均成本不变阶段。此阶段内，连锁公司的平均成本处在最低水平上，平均收益率则处在最高水平上而且保持不变，总收益额则随营销规模亦即销量扩大而增长，故是最佳规模经济阶段。

（3）规模不经济阶段。当连锁公司的经营规模，亦即销售量 $Q > Q_2$ 时，$\rho > 1$，即边际成本 MC 高于平均成本 ATC，平均成本随经营规模亦即销量扩大而上升。此为规模不经济阶段。此阶段内，随营销规模亦即销量扩大，连锁公司的平均总成本上升，平均收益率下降，总收益额减少。

人们把上述三阶段中的第一和第二阶段（亦即规模经济阶段和最佳规模经济阶段）合称为"有效规模范围"。因为在此范围内，连锁公司的平均总成本随营销规模扩大而降低并在最低水平上保持不变，总收益额随营销规模扩大而增长。因而在此范围内，连锁公司的营销规模扩大是有效的。而把第三阶段称为"无效规模范围"，在此范围内，连锁公司的平均总成本随营销规模扩大而上升，总收益额随经营规模扩大而减少，其营销规模扩大是无效的。

需要强调的是，其中第二阶段，亦即规模收益不变阶段，是"最佳规模范围"。因为在此阶段中，连锁公司的平均总成本一直处于最低水平上且保持不变，而平均收益率一直处于高水平上且保持不变，总收益额随营销规模扩大而增长，公司处于收益最佳状态。其起始点销量 Q_1 为"最小最佳销售规模"，终止点销量 Q_2 为"最大最佳销售规模"。可见连锁公司只有把营销规模亦即销量锁定在 Q_1 至 Q_2 之间，即最佳规模范围内，尤其是靠近 Q_2 处才能充分获得规模经济效益。这是研究规模经济的意义所在。

2. 连锁公司有追求规模经济的内在动力

连锁公司追求规模经济的内在动力，来源于为了获取以下收益：

（1）摊薄固定成本，提高仓储运输设备利用率。首先，连锁公司的专用性设施，如配送中心仓库及储存运输设备、店铺和信息系统等具有不可分割性。投资建设和购置它们所花费的资金，形成了数额庞大的固定资产及固定成本，它需要巨大的销售量予以分摊。其次，在连锁公司配送中心的储存运输设备中，各种容器和管道的几何形状属性，使它们具有经济效益随容量和输送能力的增大而递增的性质。所以，摊薄固定成本，提高仓储运输设备利用率，是连锁公司追求规模经济最基本的内在动因。

（2）获取学习效应和专业化分工协作效果。学习效应和专业化分工协作效果，与连锁公司营销规模成正相关关系。首先，达到有效规模的连锁公司，员工长期在固定的专业岗位上工作，可以积累经验，提高业务技能和工作效率，减少差错事故。有人统计，在制造集成电路（IC）的专业化生产中，产量增长 2 倍，平均费用下降 27.6%。[①] 此种效用在连锁公司中也存在。其次，在有效规模范围内，规模大的连锁公司较之于规模小的连锁公司，更容易预测和控制业务差错，获得差错事故率下降和节约监控处理费用好处；更有能力承担采用新技术（如自动化仓储运输技术和计算机信息管理技术等）的巨额费用。所以，获取学习效应和专业化分工协作效果，也是连锁公司追求规模经济内在动因。

（3）提高采购效率。采购效率与连锁公司营销规模呈正相关关系。规模大的公司较之于规模小的公司，对供应商有更强的讨价还价能力。连锁公司的销售规模越大，采购批量越大，供应商对它的依赖程度就越高，给它批量折扣率也越高。所以，获取更高的批量折扣率，也是连锁公司追求

[①] ［日］植草益：《产业组织论》，中国人民大学出版社 1988 年版，第 64 页。

规模经济的内在动因。

（4）增强抗风险能力。规模大的连锁公司拥有更多的店铺，店铺间的商品销售量波动可以相互抵消，加之库存和配送效率可以随经营规模扩大而提高，因而大型连锁公司抗风险能力比小公司强。所以，增强抗风险能力，也是连锁公司追求规模经济的内在动因。

毋庸讳言，连锁公司扩大营销规模，在获取上述正效应和收益的同时，也会产生一些负效应和增加支出（如导致公司内部科层层级增加，降低管理信息传递效率等），但正效应和收益远大于负效应和支出，从而能使平均总成本下降或保持不变，获得规模经济收益。

10.2.3 旺盛生命力根源之三：稳固的渠道战略联盟

连锁营销渠道管理的最高目标是构建零基渠道①。其基本含义是：能以最低成本执行必要的渠道流，而且形成的服务产出能满足目标顾客需求。换言之，零基渠道是低成本高效率渠道。这样一种渠道，显然是连锁公司渠道管理追求的最高目标。而要达到这个目标连锁公司需要联合供应商和顾客做好两方面工作。一是要依据"三赢价值链"理论，在渠道成员之间合理分配渠道价值收益，建立稳固的渠道战略联盟；二是要找出渠道差距，对症下药地进行治理和改进，提高渠道的整体运营效率。

1. 连锁营销渠道"三赢价值链"机理

价值链概念，是1985年迈克尔·波特（Michael Porter）在《竞争优势》中最先提出来的，它是指企业内部为创造产品效用和价值，各部门和环节组成的互相衔接的生产营销系统。其后，价值链理论研究的视野由企业内部向外部组织扩展，把价值链看成是，为顾客创造产品效用和服务产出过程中，相关企业和组织（包括顾客）组成的互相衔接的创造价值和实现价值的生产—营销流程体系。判断一个跨组织的价值链是否成立的关键，是看链条中的企业和组织是否共同参加产品和服务效用及价值的创造与实现。由供应商、连锁公司和顾客组成的连锁营销渠道，显然符合这个判别标准。因为它们互相依赖组成一条完整的供应链，共同参与并完成了服务产出创造和价值实现。首先，供应商生产产品，并把它们输送到连锁公司配送中心，为它创造服务产出和新附加价值提供了实物载体。其次，

---

① 零基渠道：既能满足顾客对服务产出的需求，又能以最低成本执行必要的渠道流的渠道类型。即以无效耗费等于零为基准，设计的目标渠道。参见安妮·T. 科兰：《营销渠道》，电子工业出版社2003年版，第30页。

连锁公司与供应商之间实行集中而且大规模的采购和供货，以相对完备的长期合同替代不完全的短期合同，以节约大量交易费用方式创造服务产出和新附加价值。再次，连锁公司实行六统一管理，增进了管理工作的科学性和营销活动的计划性，进而以加快货物周转速度、减少资金占压和提高运营效率等方式创造新的价值。最后，顾客踊跃购买能扩大销量，加快资金回转，使服务产出最终完成并实现价值，下一轮营销流程得以继起和进行，因而也参加了营销渠道的服务产出创造和价值实现。既然供应商、连锁公司和顾客三方，都参加了连锁营销渠道价值的创造和实现，那么，他们必然都要分享渠道价值链收益，取得属于自己的那一部分。进而，在各成员方可以自由退出渠道合作关系的可置信威胁条件下，他们之间能通过重复博弈，找到合理分割渠道收益的利益均衡点，形成三方共赢的利益格局，即"三赢价值链"。

2. 以"三赢价值链"为基础，构建稳固的渠道战略联盟

渠道战略联盟，是指渠道成员间结成的全面而持久的合作关系。它能够降低渠道冲突发生频率，减弱冲突强度，节省治理费用，使渠道成员间产生"1＋1＞2"的协作效应，创造更多渠道收益，使渠道成员增加收入。渠道战略联盟的基础，是渠道收益分配大体均衡。在竞争环境中，渠道战略联盟，容易受到利益矛盾的干扰和冲击，产生裂痕。此时，需要通过重复博弈，找到新的渠道收益分配均衡点，才能够修复裂痕，巩固渠道战略联盟。"三赢价值链"体现的渠道成员之间的共生共荣关系，为解决这个问题提供了必要条件，但还需要充分条件，即相对公平的渠道环境。因为在不公平渠道环境中，重复博弈很难找到渠道收益分配均衡点。近年治理渠道冲突的经验，揭示了构建相对公平渠道环境的基本路径：政府出台禁止渠道权力强势方——连锁公司乱用渠道权力的管理条例，矫正失衡渠道权力结构；并辅以引导供应商组建行业协会，提高组织化程度，增强讨价还价能力等措施，可形成相对公平的渠道环境。如是，必要条件和充分条件齐备，渠道成员之间可通过重复博弈找到利益均衡点，修复渠道裂痕，巩固和发展渠道战略联，形成强大合力，推动连锁公司做大做强。

10.2.4 "一体两翼"：连锁公司基于生命力根源而快速成长的先进营销体系

综合前述分析，连锁公司可凭据三项生命力根源，以稳固渠道战略联盟为躯干，而以网状组织结构和统一管理为一翼，规模经济为另一翼，组成"一体两翼"的先进营销体系，产生强大合力，推动连锁公司扩大销售

规模、提高营销效率，快速成长为大型或特大型商贸公司。位居世界 100 强公司前列的沃尔玛、加乐福和麦德龙等著名跨国商业公司，位居国内 100 强连锁公司前列的联华、华联、苏宁和国美等著名商业公司，均是依靠这种先进营销体系快速成长和发展起来的。这就是连锁营销制度风靡全球，长盛不衰的奥秘所在。

10.3　中国移植连锁营销制度的必然性和重要作用

10.3.1　移植连锁营销制度是改革开放的必然结果

　　市场竞争之于连锁营销制度，犹如阳光、空气、水和土地之于生物，是它们生存发展所必需的环境和条件。改革开放前，中国实行排斥市场、压制竞争的计划经济体制，不具备连锁营销制度生存发展的环境和条件。改革开放 20 年后，中国经济体制和社会环境发生了一系列深刻变化，经济社会发展水平大幅度提升，形成了适宜连锁营销制度生存发展的经济社会环境，以及商贸企业把它移植进来使之本土化的和内在动力：

　　1. 城市居民收入大幅度提高，构造了连锁营销制度发育所需要的社会购买力基础

　　世界连锁营销发展史表明，居民人均年收入达到 250～600 美元时连锁营销制度就会开始发育；居民人均年收入达到 600～850 美元时，连锁营销制度就会出现大规模和国际化发展趋势，外国连锁公司进入本土市场，本土连锁公司向国外市场扩展。1994 年，中国城镇居民人均年收入达到 3 179 元，约折合 370 美元，具备了连锁营销制度起步发育所要求的社会购买力条件。2003 年，中国城镇居民人均可支配收入达到 8 472 元，折合 1 024 美元；农村居民人均纯收入 2 622 元，折合 317 美元，具备了连锁营销制度发育和扩展的社会购买力基础。[①]

---

　　① 周殿昆：《连锁公司快速成长奥秘》，中国人民大学出版社 2006 年版，第 19 页。中国城镇居民购买力数据，是用《中国统计年鉴》城镇居民人均可支配收入数据，和人民币兑美元的汇率算出来的。另据商业经济研究所资料室编的《国外商业研究资料》：1859 年，美国大西洋和太平洋茶叶公司建立了世界上第一家连锁店。但是，直到 1942 年美国人均年消费达到 732 美元，进而第二次世界大战后连锁店才兴起，20 世纪 60 年代后期才蓬勃发展，在零售业中占据优势。见该书，中国商业出版社 1984 年版，第 11、25、32、505 页。

2. **稳固买方市场形成，构造了连锁营销制度发育所需要的市场环境**

改革开放以来，随着生产发展，商品供给日益充裕。20世纪90年代初，中国商品供求形势，由供不应求的卖方市场，向供过于求的买方市场转变，到90年代末，形成了稳固的买方市场。据国家商业信息中心1998年8月6日，对601种主要商品供求状况的排队分析，1998年上半年供过于求及供求平衡的商品达到100%。这是中国历史上，统计范围内商品的供给短缺首次全面消失。据2000年7月31日国家内贸局商业信息中心统计分析，上半年609种主要商品中，供过于求的商品477种，占排队商品总数的78.36%；供求平衡的商品132种，占排队商品总数的21.64%；无供不应求的商品。该机构预测，2000年下半年，上述主要商品的供求状况只会发生微小变化。其后，中国一直保持稳固的买方市场状态，具备了连锁营销制度发育所需要的市场环境。

3. **市场化改革，塑造了连锁营销制度移植者——创新型企业**

1992年，中国政府加大了计划体制和价格体制的改革力度，商业体制改革不断深入。国有商业企业转制为股份公司或集体企业，成为自主经营、自负盈亏的经营实体；越来越多的私人商贸企业成长起来，越来越多的港澳台资和外资零售企业进入中国大陆市场。激烈市场竞争，迫使本土商贸企业走制度创新之路，为移植和发展连锁营销制度塑造了创新型企业基础。

4. **跨国连锁零售集团进入中国大陆市场开店，为本土商贸公司树立了考察学习的样板，加快了制度移植进程**

1992年中国政府批准沿海地区6个经济中心城市：北京、上海、天津、广州、大连和青岛，5个经济特区：深圳、厦门、珠海、汕头、海南，对外商开放零售商业，港澳台资和外资零售集团纷纷进入大陆市场开设商店。到1998年，全国外资零售企业已达约300家。1998年10月，中国政府把零售商业对外商开放的范围，扩大到内地省会城市。随后，沃尔玛、家乐福、伊藤洋华堂等世界著名的零售连锁集团，将店铺由沿海城市扩展到内地省会城市。2001年12月11日，中国加入WTO后，外资连锁集团公司进入中国的势头更猛。据中国统计年鉴资料，2002年，进入中国大陆批发零售餐饮业的港澳台资和外资企业达12 431家，投资额达262.94亿元。到2010年，中国大陆港澳台资和外资连锁公司达227家，店铺数量达18 596间，销售额达4 060.80亿元，分别占全国连锁公司总数的 9.6%、店铺总数的 10.5% 和销售额总量的 14.80%。① 外资和港澳台资开设连锁公司及店铺，为本土商贸企业提供了最距离考察学习国外先进营销制度和经营管理经验的样板，使它们在"迎接'入世'挑战"的鞭策声中，加快了移植和发展连锁经营制度的步伐。

10.3.2 移植连锁营销制度的现实意义和重要作用

1. 迎接"入世"挑战的需要

在西方国家中，连锁营销制度经过 150 多年的发展，已经成为商业和服务业主体，占市场总销售额的 1/3 以上，美国甚至达到约 2/3。而 20 世纪 90 年代前，中国零售商业长期停留在单店营销状态，与世界现代商业潮流格格不入。2001 年中国加入 WTO 后，世界著名连锁集团纷纷进入中国开设商店，使中国本土商贸业受到严峻挑战。守旧必然被淘汰。出路只有一条，那就是学习移植西方先进的连锁营销制度，改造落后的单店营销制度，使自身尽快强壮起来，迎接挑战，谋求发展。

2. 振兴本土商贸业的必由之路

改革开放浪潮冲垮了旧商贸业体制，但直至 20 世纪 90 年代初，中国商贸业也没有找到有效的振兴之路。外资商贸企业的示范作用和"鲶鱼效应"，使中国本土商贸企业警醒：只有学习和移植先进的连锁营销制度，把它与自身的优势结合起来变革创新，才能脱胎换骨重获新生。上海、广州、北京等东部大城市商贸企业率先探索。它们利用自身拥有的品牌、门市网点、仓库及供应商资源优势，移植连锁营销制度，变革图强、改制转型，不仅盘活了存量资产，摆脱了困境，而且扩大了销售规模，使企业迈上了新台阶。其成功经验被其他企业学习效仿，推动了连锁营销制度蓬勃发展，开辟了振兴中国本土商贸业的必由之路。

3. 构筑拒假屏障，净化市场环境

制假售假、失信毁约，是商贸业发展的"拦路虎"。制伏它的根本路径是，培育市场内在的拒假机制，并辅以政府监管。通过移植和发展连锁经营制度，尤其是特许连锁和自由连锁，把大多数零售商店吸纳到连锁公司系统中来，实行统一采购和统一配送，可塑造和增强零售业拒假机制。因为，连锁公司品牌和商誉价值高，配送中心仓库等专用性资产数额大，所形成的声誉和财产约束机制，会倒逼公司采购时拒绝假冒

---

① 资料来源于 2003 年、2004 年和 2011 年《中国统计年鉴》"国内贸易""对外贸易"和"批发业、零售业"的相关栏目。

伪劣商品。而供货商为了保住渠道中位置，只能积极响应连锁公司拒假要求，拒绝假冒伪劣商品，提高供货质量。若辅以政府严格监管，可形成强大拒假屏障，遏制假冒伪劣商品蔓延势头。

4. 创造大量就业岗位，吸纳安置社会劳动力

连锁公司虽然实行先进营销制度，但本质上仍是劳动密集型企业，能提供大量工作岗位，吸纳劳动者就业。更值得称道的是，其中的特许加盟连锁具有"技术成熟、门槛低、投资少、风险小、创业成功率高"等特点，是年轻人和下岗职工创业和再就业的重要途径。2002 年 6 月 20 日《经济日报》第 7 版披露，据美国商务部统计，在美国独立创办公司的成功率不及 20%，而以特许加盟方式创办公司的成功率则高达 95%。我国也是如此，以特许加盟经营方式创办商业店铺的成功率，远高于独立办店，而且所需投资少。在第四届上海国际连锁加盟创业展上，投资 5 000 元可加盟供水站，12 万元可加盟便利店，20 万元可加盟咖啡屋，等等。上海有不少下岗职工，在创业指导服务中心的帮助下，开加盟连锁店铺获得成功，不仅解决了自身再就业问题，而且还为他人提供了就业岗位。2000 ~ 2003 年，上海特许加盟店铺每年约以 1 千家数量递增。2010 年中国连锁公司总计有 17.68 万个店铺，为 225.2 万人提供了就业岗位，在缓解城市就业压力方面发挥了重要作用。

5. 中国商品走向国际市场的便捷通道

近年来，一批世界著名的跨国连锁集团公司，相继把它们的全球采购中心迁到中国大陆沿海的商贸中心城市。据《经济日报》2002 年 4 月 15 日报道，沃尔玛、家乐福和麦德龙把自己的全球采购中心迁到了上海和深圳。当年 4 月，沃尔玛等十几家跨国连锁集团的商务代表，出席了天津和南京的"国际连锁全球采购大会"，采购巨额中国产品供全球店铺销售。此后，跨国连锁集团采购中国产品数量，每年大幅度增长。据文献资料，2003 年，跨国零售集团的中国商品采购出口量：沃尔玛约 150 亿美元，家乐福约 21 亿美，麦德龙约 27 亿美元，永旺（吉之岛）约 38 亿美元。与 2001 年相比，沃尔玛的采购出口量增长了 45.6%，麦德龙增长了 3.5 倍。[①] 2004 年，沃尔玛中国商品采购出口量又增长到 180 亿元，比上年增长 20.0%。可见，中国制造的产品，只要能够进入跨国连锁集团的采购

---

① 陈小力：《跨国集团为何热买"中国制造"》，《经济日报》，2002 年 4 月 15 日；《外资将更多进入中西部开店》，《经济日报》，2004 年 3 月 17 日，第 4 版；《流通产业全面开放提速》，《经济日报》，2005 年 4 月 13 日，第 2 版。

单，就可以通过它们遍布全球的营销网络顺利地走向国际市场。这是中国产品是扩大出口的便捷通道，中国制造业厂商应当高度重视。

10.4　中国连锁公司发育状况与再发展路径

10.4.1　连锁公司快速成长成效显著

1. 连锁公司快速成长

中国商贸企业开始移植连锁营销制度的标志性事件，是1990年广东东莞市糖烟酒公司创办"美佳食品连锁店"。经过几年的试验探索，到1994年，中国大陆已有连锁公司150家，共有店铺2 500间，年总销售额约30亿元。平均每个公司拥有8间店铺，年销售额0.20亿元。顺利开局之后，中国连锁公司进入了高速成长时期。1994～2010年，中国连锁公司由150家增长到2 361家，增长了14.7倍；店铺由2 500间增长到176 792间，增长了69.7倍；年销售额由30亿元增长到27 385.4亿元，增长了971.8倍，成为零售业和餐饮业的主体（见表10-2）。

2. 连锁公司规模经济水平和市场集中度显著提高

规模经济是连锁公司的生命线，销售量越大，收益率愈高，市场竞争力愈强。表10-2显示，1994～2010年，中国平均每家连锁公司拥有的店铺数量，由8间增加到74.9间，增长了8.4倍；年销售额由0.20亿元增加到11.60亿元，增长了57.0倍。1996年，中国年销售额过1亿元的连锁公司，只有上海联华、华联超市公司等20家。其中，排在第一、二位的上海联华和华联两家公司，年销售额仅分别为9亿元和8亿元。[1] 到2010年，中国100强连锁公司的年销售额都超过了21.0亿元。其中，年销售额超过1 000亿元有3家，即苏宁、国美和百联集团，分别为1 562.23亿元、1 549.00亿元和1 036.93亿元，居百强连锁的第一、二、三位；500亿～1 000亿元之间的3家；300亿～500亿元之间的8家；200亿～300亿元之间的4家；100亿～200亿元的26家。排前5位的连锁公司R5合计销额为5 727.74亿元，占百强连锁合计销售额的34.5%，占全国连锁公司总销售额的20.9%，上述资料说明，中国连锁公司的规模经济水平和市场集中度显著提高（见图10-2）。[2]

---

① 资料来源：《中国连锁经营年鉴》（1994～2000年），"连锁百强"栏目，中国连锁经营协会出版。

② 资料来源：《2010年中国连锁百强》，中国连锁经营协会网站，2011年3月28日发布。

表10－2

中国连锁公司发育状况

年份	公司(总店)数(家)	门店数(间) 总计	门店数(间) 本土	门店数(间) 港澳台	门店数(间) 外资	平均每家公司拥有店铺	营业面积(万平方米) 总计	营业面积(万平方米) 本土	营业面积(万平方米) 港澳台	营业面积(万平方米) 外资	从业人员数(万人)	销售额(亿元) 总计	销售额(亿元) 本土	销售额(亿元) 港澳台	销售额(亿元) 外资	每家公司平均销售额(亿元)	每平方米营业面积销售额(万元) 总计	每平方米营业面积销售额(万元) 本土	每平方米营业面积销售额(万元) 港澳台	每平方米营业面积销售额(万元) 外资	配送比重(%)
1994	150	2 500	2 500	—	—	16.7	—	—	—	—	—	30	30	—	—	0.20	—	—	—	—	—
1996	700	10 000	10 000	—	—	14.3	—	—	—	—	—	300	300	—	—	0.43	—	—	—	—	—
1998	1 150	21 000	21 000	—	—	18.3	—	—	—	—	—	1 000	1 000	—	—	0.87	—	—	—	—	—
2002	1 232	30 746	30 746	—	—	25.0	—	—	—	—	63.32	2 658.3	2 233.7	—	—	2.16	—	—	—	—	74.5
2003	—	46 517	43 256	1 237	2 024	—	2 780.3	2 379.5	185.5	213.3	92.4	4 254.9	3 527.5	265.0	462.4	—	1.53	1.48	1.43	2.17	73.4
2004	—	77 631	73 790	1 272	2 569	—	7 202.6	6 643.5	189.1	370.0	128.2	8 393.6	7 341.5	256.9	795.2	—	1.17	1.11	1.36	2.15	77.8
2005	1 416	105 684	98 599	3 304	3 781	74.6	8 687.4	7 793.5	380.0	513.9	160.1	12 587.8	10 864.7	603.0	1 120.1	8.89	1.45	1.39	1.57	2.18	78.3
2006	1 696	128 924	115 832	2 803	10 289	76.0	8 979.0	8 024.5	198.4	756.1	187.1	14 952.2	12 924.7	439.1	1 588.4	8.82	1.67	1.61	2.21	2.10	78.6
2007	1 729	151 694	138 114	2 059	11 521	87.7	8 892.2	7 798.3	289.5	804.4	174.70	16 931.5	14 314.9	608.1	2 008.4	9.79	1.90	1.84	2.10	2.50	78.8
2008	2 457	168 502	153 789	2 446	12 267	68.6	10 197.8	8 800.6	343.8	1 053.4	197.08	20 466.5	17 242.6	727.2	2 496.7	8.33	2.01	1.96	2.12	2.37	80.2
2009	2 327	175 677	158 920	3 132	13 625	75.5	11 809.2	10 075.5	616.7	117.0	210.9	22 240.00	18 602.7	1 317.3	2 320.0	9.56	1.88	1.85	2.14	2.08	76.1
2010	2 361	176 792	158 196	4 379	14 217	74.9	12 756.8	10 726.4	689.7	1 340.7	225.2	27 385.4	23 324.6	1 580.2	2 480.6	11.60	2.15	2.17	2.29	1.85	72.4

资料来源：本表中1994～2002年前数据，来源于中国连锁经营协会出版发布相应各年《连锁经营年鉴》和相关文献。2002～2010年数据，来源于国家统计局各相关年度《中国统计年鉴》。个别年份前后两年间某些数据不一致，采用后一个年份的数据。

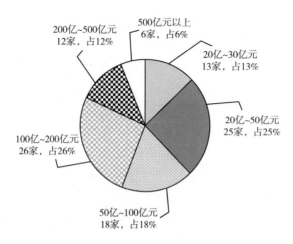

図 10 - 2　2010 年中国 100 强连锁公司年销售额结构

3. 连锁公司成为商业服务业主体

经过 20 多年的发育，到 2010 年，中国连锁公司销售额达 27 385.6 亿元，占当年全国限额以上零售企业总销售额 57 514.6 亿元的 47.6%。同年，中国汽车摩托车及燃料和零配件、餐饮、医药及医疗器械和文化体育用品及器材行业，连锁公司年销售额或营业额分别为 6 228.6 亿元、955.42 亿元、437.3 亿元和 376.8 亿元，分别占该行业年零售总额和营业总额的 22.7%、29.9%、17.4% 和 28.8%。① 连锁公司成为零售服务行业的主体。

4. 一批本土知名品牌公司成长起来

经过 20 多年发育，一批品牌响亮、顾客认同度高、竞争力强的本土连锁公司成长起来。零售业本土知名连锁公司，上海有联华、华联、农工商、家得利、可的；北京有物美、超市发、美廉美；广东有华润万家、新一佳、人人乐；江苏有苏果、文峰、时代；四川有红旗、互惠等。家用电器业本土知名连锁公司，有山东三联、北京国美、南京苏宁、上海永乐等。家居建材行业本土知名连锁公司，有家世界、好美家、东方家园等。在大中城市，到连锁店购物，已经成为人们的习惯。

10.4.2　本土连锁公司的缺陷和问题

中国本土连锁公司发育虽然取得了令人瞩目的成绩，但与著名跨国连

---

① 各行业连锁公司销售额和营业额数据资料来源：《2011 年中国统计年鉴》"批发和零售业"和"住宿、餐饮和旅游业"有关栏目。占行业总销售额或营业额百分比，是由有关数据计算出来的。

锁公司相比,仍然显得幼小稚嫩,有许多缺陷和问题待改正和解决。

1. 销售规模仍偏小,市场集中度仍偏低

虽然中国本土连锁公司有了长足发展,但是,与跨国连锁公司,仍然显得销售规模偏小,行业市场集中度偏低。2010 年,中国连锁公司平均销售额仅 11.60 亿元,超过 1 000 亿元的本土公司仅 3 家,排名第一的苏宁电器公司,年销售额 1 562.23 亿元,仅约是当年沃尔玛年销售额约 1/18、家乐福的 1/5、麦德龙的 1/4。以此种销售规模,难以抗衡跨国连锁公司。

2. 信息管理水平低,物流基础设施薄弱

中国本土连锁公司信息管理和物流配送系统,大多还停留在销售监管和补货送货层次上,而对优化采购和库存结构、合理规划货物配送路线、降低储存配送成本等深层次问题的研发和应用,力度小,成效低。不少连锁公司物流配送成本高达 10% 以上。

3. 跨区域扩张遭到行政壁垒和"低效率陷阱"困扰

一方面,地方保护主义有形无形地设置市场壁垒,增大了连锁公司跨区域扩张的进入成本;另一方面,一些连锁公司超越自身监管和配送能力,盲目开设直营店和吸收加盟店,导致服务质量和营销效率下降。近年,陆续有福州的华榕和大华超市公司,北京的红熊、朝林和城市之光超市公司,呼和浩特的咱们家仓储超市公司,西安的万家汇购物广场等,因经营管理不善而倒闭。特许加盟连锁则因缺乏必要的法律规范和严格监管,"准入门槛"过低,频繁引发纠纷,损害了信誉。

4. 综合超市业态发展空间被跨国公司占据,本土公司拓展困难

中国履行 WTO 承诺全面开放国内市场后,跨国公司进入中国开设大型综合超市势头强劲。2003 年,大城市中 8 000 平方米以上的综合超市店铺,23% 已被外资公司控制。① 近些年,跨国公司又以自主开店或兼并本土公司方式,向中等城市扩展综合超市网点,致使本土连锁公司,不仅大城市中的发展空间越来越逼仄,而且二、三线城市发展空间,也面临着被外商挤占的危险。

10.4.3 促进本土连锁公司再发展路径与措施

中国本土连锁公司再发展的路径包括三个方面:一是走多业态发展,跨区域扩张之路,进一步扩大营销规模,二是不断学习进取,加强硬软件

---

① 高铁生、郭冬乐主编:《中国流通产业发展报告》,中国社会科学出版社 2004 年版,第 75 页。

基础设施建设，提高营销效率，增强竞争力；三是扩大资本规模，把公司做大做强。可采取的具体措施是：

1. 大城市：向超市以外业种业态延伸网点，通过错位竞争、多业态互补，开拓发展空间

中国大城市商业服务业业态已趋于饱和，其信号是：北京和上海市政府在城市发展规划中，对新开设大型综合超市店铺，作了限制性规定。因此，本土连锁公司应实行错位竞争战略，向超市以外的业种业态延伸网点，避免与外资公司发生过多正面竞争。例如，向新居民社区和郊区城镇，延伸便利店、专业店网点；向家电、计算机修理维护、汽车修理、洗车、加油、住宅装修等延伸服务网点，形成错位竞争、多业态互补营销结构，开拓发展空间。

2. 区域内扩张：直营连锁和特许连锁双管齐下，主辅结合加快发展

除自愿连锁公司外，其他刚开业和处于起步阶段连锁公司，应以发展直营连锁店铺为主。因为它们的品牌知名度低、监管能力弱，不具备发展特许加盟店铺的条件。它们应根据城市道路扩展，以及居民购买习惯变化，合理规划和调整店铺布局。比如，积极向新居民社区和新校区延伸超市和便利店网点；关闭市区内交通拥挤地段的超市店铺，而在外环路道路宽畅、停车场宽阔处开设新超市店铺。通过新旧店铺置换，开拓发展空间。进入扩张期的连锁公司，则应施行开设直营店铺和吸收加盟店铺并举，"两条腿走路"的发展战略。充分利用公司品牌号召力，吸引创业者和个体商店加盟，实现营销规模"无有形资本扩张"。但店铺数量的扩张，应以公司的监管和配送能力为限，避免因扩张过度、监管不到位，导致服务质量下降，损害连锁公司商誉。

3. 实行蜜蜂式打点法和蜘蛛式结网法相结合的发展战略，向新区域和中小城市延伸店铺网点，拓展发展空间

既然大城市商业网点已趋饱和，那么，向新区域和中小城市延伸店铺网点，就成了本土连锁公司的必然选择，率先进入者将占得主动。为了使店铺网点延伸取得成功，可学习一些公司的经验，采取蜜蜂式打点和蜘蛛式结网相结合的方法，推进店铺网点建设。即在新区中首先打造好样板店，使它成为延伸店铺的据点（此谓之"蜜蜂式打点"）；然后，按照样板店复制店铺延伸网点，辅之以建立物流配送中心等措施，逐步形成覆盖新区域的店铺网络（此谓之"蜘蛛式结网"），占领新区市场。①

---

① 高铁生、郭冬乐主编：《中国流通产业发展报告》，中国社会科学出版社 2004 年版，第439 页。

4. 有形扩张与无形扩张、直接融资与间接融资并举，扩大资本规模，优化资本结构，把公司做大做强

无论是外延扩张，还是内涵发展，都需要雄厚资本支持。所以，本土连锁公司，一是要通过兼并联合，盘活存量资产，充实资本；二是要利用公司品牌号召力，发展特许加盟店，实现无有形资本扩张；三是要对公司进行股份制改革，或申请政府批准发行公司债券，直接从证券市场融资，扩大公司资本规模。通过这三条路径聚集雄厚资本，支持公司实现做大做强的战略目标。

第11章 期货市场波折成长及其
成效和再发展路径

在当今国际国内贸易中，期货交易是与现货交易相配套的避险工具和交易方式。一个国家和地区，如果仅有现货交易而没有期货交易，将缺少价格发现功能，无法形成完整的市场价格机制、引导企业合理安排生产营销活动，商品供给和价格容易发生周期性剧烈波动，扰乱经济社会运行。市场化改革以来，中国曾多次发生此类问题。现在，中国已是重要农产品和工业品原料进口大国，如果不加快国内期货市场发展，积极参加国际期货交易，在世界价格形成中取得话语权，就无法主动规避价格风险，难免上当吃亏。基于此，学习和移植西方期货交易制度，培育和发展本国期货市场，就成了新时期中国商贸流通业的一项重要任务。经过十多年市场化改革，到20世纪90年代初期，中国初步形成了供过于求、优胜劣汰的买方市场环境，产生了移植期货交易制度，规避现货市场价格风险的迫切需要。但当时经济体制还有明显缺陷，加上宏观经济起伏波动，致使中国期货市场在大起大落中波折成长。直到2003年，中国经济摆脱通货紧缩困扰后，才进入快速发展阶段。本章从介绍期货市场基本概念，评述世界期货市场发展沿革切入，分析中国移植期货交易制度的必然性，以及期货市场波折成长的原因、发展状况、成效、存在的缺陷和问题，提出推动期货市场再发展的路径和措施。

11.1 期货交易制度的基本概念与相关范畴[①]

11.1.1 期货合约及其类型

期货是在商品交易所内挂牌交易的合约及其标的物的总称。期货合约是标准化的合同，由合约名称及编号、计量单位及数量、最小变动价位、每日价格最大波动幅度限制、合约（到期）月份、交易时间、最后交易日、（实物）交割日期、交割地点、（标的物）质量标准、保证金标准等要件构成，须由商品交易所设计和制定，并报政府监管机关批准，才能挂牌交易。不同交易所之间，同一种标的合约的要件内容是不相同的，但每个交易所的每一种合约，只有一种固定的标准化的要件格式。交易者决策时，只需要确定以何种价格，买进或卖出哪个月份的合约多少张（或手）即可，而无须关注标的物质量、交割日期和交割地点等。而且，期货合约的履行由交易所完全负责，交易者无须关注自己的交易对手是谁，只需按规则交易即可。因为期货交易制度以及交易所章程规定，交易所对期货合约的买方而言是卖方，对卖方而言是买方，对合约履行负完全责任。因此，相对于签订远期合同的现货交易而言，期货交易省去了收集对手信息、谈判签约和监督合同履行等项流程，因而能够大量节约交易费用。

现代期货市场自 1848 年兴起以来，标的范围由最初的农产品和工业品原料，扩展到金融资产和工具，再扩展到期权，形成了由商品期货合约、金融期货合约和期权合约三大类型构成的合约体系：

1. 商品期货合约

包括：（1）以玉米、小麦、棉花、羊毛、可可、咖啡、活猪、活牛等为标的物的农产品期货合约近 30 种。（2）以铜、铝、铅、锌、金、银等为标的物的金属产品期货合约 10 多种。（3）以原油、燃油、汽油、柴油、纯碱、天然橡胶、塑料为标的物的石油化工产品期货合约多种。（4）以胶合板、生丝、棉纱为标的物的轻工业产品期货合约多种。

2. 金融期货合约

包括：（1）以发达国家货币，如美元、英镑、日元、德国马克、法

———————
① 本节的主要参考文献是：杨玉川等著：《现代期货市场学》，经济管理出版社 1998 年版；史象春等著：《期货市场与期货交易》，西南财经大学出版社 1994 年版；约翰·赫尔著，张陶伟译：《期权、期货和衍生证券》，华夏出版社 1997 年版。

国法郎、加拿大元、瑞士法郎等为标的的外汇期货合约 10 多种。（2）以短期、中期和长期国家债券为标的利率期货合约多种。（3）以发达国家和地区主要股票指数，如美国标准普尔指数、英国金融时报数、日本日经指数、中国香港恒生指数为标的的股票指数合约多种。

3. 期权合约

期权合约是对一种权利的约定。即期权合约当事人中的一方，付给对方权利金后，就取得了在事先约定的行权期内，以事先确定的履行价格买卖标的的权利，对方必须无条件地予以配合。期权合约标的为某些特定商品、金融工具和期货合约。因此，期权实质上是一种选择权，期权交易实质上是选择权的买卖。对于期权合约的买方来说，他付给卖方权利金，就获得了在行权期内，选择行权方式，决定行权或者不行权的权利。也就是说，当他认为价格对自己有利时，可以行权；认为价格对自己不利时，可以不行权。期权合约的卖方得到买方付给的权利金后，就承担了配合买方行使选择权的义务。即在行权期内，无论买方作出行权或不行权的决定，卖方都只能无条件地予以配合，使买方的权利顺利得到施行。期权交易中，合约卖方的固定收益为买方付给的权利金，而损失则是随价格变动而不确定的；合约买方的固定损失为付给卖方的权利金，收益则由其行权决策和价格变动等因素决定。

11.1.2　期货交易方式

期货交易方式有套期保值交易、基差交易、投机交易和套期图利交易四种基本类型（见表 11 - 1）。

表 11 - 1　　　　　　　　　四种主要期货交易方式比较

	投机交易	套期图利交易	套期保值交易	基差交易
交易目的	获取全部价格风险收益	获取部分价格风险收益	规避现货市场价格风险，使现货保值	规避套期保值产生的基差风险，使套期保值交易实现完全或理想保值效果
交易方式	先买入或卖出某一种期货合约，待价位有利时对冲平仓	先在两种或两类期货合约间建立套利关系，待价位有利时对冲平仓结束套利关系	先在同种商品的现货与期货合约间建立套期保值关系，待价位有利时对冲平仓，结束套期保值关系	在已经建立套期保值关系的基础上，与他人按商定的计价基础和基差做特殊的现货交易

	投机交易	套期图利交易	套期保值交易	基差交易
风险状况	承受期货合约的全部价格风险	承受期货合约的部分价格风险	规避了现货价格风险，但要承受套期保值产生的基差风险	只承受选择基差失误产生的风险
收益状况	可能获得全部价格风险收益，或者遭受全部价格风险损失	可能获得部分价格风险收益，或遭受部分价格风险损失	可能实现部分、完全或理想套期保值效果	可能实现完全或理想套期保值效果，或遭受选择基差失误造成的损失

1. 套期保值交易

交易目的是规避现货市场价格风险，使现货保值。交易方式是：先对同种商品的现货和期货合约，作交易部位相反（现货买进（卖出），期货则卖出（买进）），数量大体相等的交易，建立套期保值关系；随后，在合约到期前，待价位有利时对冲平仓，结束套期保值关系。由于同种商品现货价格和期货合约价格的变动方向相同，变动幅度大体相等，因此，套期保值总能形成这边亏损，那边盈利，而且盈亏额度大体相等的效果，两边盈亏相抵后，实现总体上不亏不盈，或者略有盈利或亏损的结果，使现货市场的价格风险得到规避，从而实现保值。需要指出，只有在现货价格和期货价格变动方向一致，而且变动幅度大体相等的条件下，套期保值才能实现完全保值（不盈不亏）效果。如果现货价格与期价格变动方向虽然一致，但变动幅度不相等，那么就会形成基差风险，产生两种情况：一是当价格变动幅度差距有利，导致这边的盈利（或亏损）大于（或小于）另一边亏损（或盈利）时，实现理想保值效果；二是当价格变动差距不利，导致这边亏损（或盈利）大于（或小于）另一边盈利（或亏损）时，则实现部分（不完全）保值效果。

2. 基差交易

基差是某地某时同一种商品的现货价格与期货价格之差。由于期货价格中含有持有成本或运输成本，因此同种商品的期货价格高于现货价格，所以一般情况下，基差为负值。如前所述：套期保值规避了现货市场的价格风险，但是可能产生基差风险。为了规避基差风险，人们创造出了与套期保值交易相配套的基差交易——一种特殊的现货交易。其基本方法是：在建立某种商品套期保值关系时，就此种商品，与他人按商定的计价基础和基差，做数量大体相等的现货交易。如果基差选择得当，就能够规避基差风险，使套期保值交易实现完全或理想的保值效果。

3. 投机交易

投机交易是交易者先买进或卖出某种期货合约，随后待价位有利时，做部位相反数量相等的交易把合约对冲平仓，从中获取全部价格风险收益（也可能遭受损失）的一种期货交易方式。按持有合约时间的长短，可分为短期、中期和长期投机交易。投机交易能否获利，以及获利程度高低，取决于交易者对价格走势的判断，与价格实际变动状况吻合程度。需要着重指出，投机交易具有承接套期保值交易转移的价格风险、提高合约流动性、增加交易量、发现价格、熨平交易所之间不合理价差等正向功能，是期货市场顺畅运转的必要条件。但是，投机交易与套期保值交易的比例必须适当（大约以投资交易占30%～40%，套期保值交易占60%～70%为宜）。投机交易比重过大会产生泡沫，使发现价格不真实，误导生产者和经营者，破坏经济的协调性，引发危机。20世纪90年代中期，中国期货市场刚兴起时，监管松弛，交易秩序混乱，大量国有企业用银行贷款炒作期货，使投机交易比例高达80%～90%，助推经济过热。期货市场泡沫破灭后，形成了巨额银行呆坏账，迫使国务院对交易所治理整顿，把它们由38家缩减为3家，而且禁止国有企业做期货投机交易。

4. 套期图利交易

套期图利交易的目的是通过两种期货合约之间的套期交易，获取部分价格风险收益。基本交易方式是：先在两种或者两类有关联性的期货合约之间建立交易部位相反，数量相等的套利关系，随后待价位有利时作市场部位相反、数量相等交易对冲平仓，从中获取价格风险收益。套期图利交易有三种基本类型：（1）跨期套期图利交易。即在同一个交易所内，就同品种不同交割月份的两类合约之间，进行的套期图利交易。（2）跨品种套期图利交易。即在同一个交易所内，在有关联性的两个不同品种、相同交割月份的合约之间，进行的套期图利交易。（3）跨市场套期图利交易。即在两个交易所之间，就同品种同交割月份的两类合约进行的套期图利交易。两种或两类合约之间能否进行套期图利交易，主要是看它们之间是否存在不合理的价差，有无套利的可能性。套期图利交易与投机交易相同，目的都是为了获取价格风险收益，但两者在规避价格风险和获得价格风险收益的程度上有区别。套期图利交易，由于建立套利关系规避了一部分价格风险，相应地只能获得部分价格风险收益；而投机交易则承担了全部价格风险，故能够获得全部价格风险收益。

11.1.3 期货市场的组织结构和管理体制

期货市场的交易系统由交易所、会员公司、经纪公司和非会员交易者组成。交易所是由政府批准设立的期货合约交易场所和服务及管理机构。交易所通常设有结算所，它自身不买卖期货合约，而是提供交易标的（期货合约）和场所，以及结算和维护交易秩序等方面的服务和管理。它在期货交易中起着"第三方"的作用，即对于买方来说它是"卖方"，对于卖方来说它是"买方"，对本所交易的期货合约的履行负全责。交易所是会员出资组建的，它实行会员制，即只有具备会员身份的公司，才能进入交易所大厅买卖期合约。会员公司，分为既能为自己又能代他人买卖期货合约的全权会员公司，以及只能为自己而不能代他人买卖期货合约的普通会员公司。经纪公司也有两种类型。有一部分经纪公司有全权会员身份，可以直接代委托人在交易所内买卖合约；另一部分经纪公司没有全权会员身份，不能直接在交易所内代客户买卖期货合约，他们接受客户委托后，还要转而再委托具有全权会员身份的经纪公司，由后者在交易所内代客户买卖期货合约。不具备交易所会员身份的交易者，只能通过直接或间接委托—代理方式，让具有全权会员身份的经纪公司代自己在交易所内买卖合约。会员制限制了场内交易者数量，提高了他们的素质，增进了场内交易的安全性。

期货市场的重要特点是，有一套由严密规章制度和健全监管系统组成的管理体系。期货市场的主要规章制度有：交易所设立申请批准制度、交易所章程和交易规则、会员制度、保证金制度、每日无负债结算制度、大户持仓量限制制度、合约价格每日最大波动幅度限制制度、内幕人员回避制度，以及经纪人、经纪公司和交易所自律管理和监管制度等。其管理体系构成如图 11–1 所示。

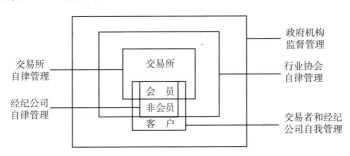

图 11–1 期货市场管理体系

期货市场监管体系的最高层，是中央政府监管机关，如美国的联邦期货交易委员会和中国的证监会，负责管理全国期货市场。其主要职能是：制定修改期货交易法律法规，报请立法机关批准后颁布执行；审查批准交易所的设立、撤销和合并，新合约上市和旧合约退市；监督各交易所和全国期货市场运营；监督经纪人、经纪公司和行业协会施行自律管理。中间层，是各交易所对本所的交易活动和结算业务施行自律管理；期货行业协会对经纪人和经纪公司施行自律管理。基础层，是包括会员经纪公司、非会员经纪公司和普通客户在内，全体期货交易参加者的自我约束和自我管理。

期货市场潜伏着诱发危机的因素，但由严密规章制度和健全监管理系统组成的风险防范管理体系，能有效遏制风险，防止危机发生。从1848年美国82位商人在芝加哥组建世界上第一家期货交易所——芝加哥谷物交易所（英文简称CBOT），至今现代期货市场在美欧国家运营了160多年，未发生过重大危机事件，就是有力的证明。[①]

11.1.4 期货市场的基本功能

期货市场具有现货市场不具备的以下基本功能：

1. 发现价格功能

期货市场交易对象，是以某些商品、金融资产及工具为标的物的合约。众多为了谋求最大风险收益的交易者，带着自己的人脑"计算机"参加交易。他们运用基本分析法和技术分析法，综合考虑气候变化趋势、经济和政治形势、价格变动等影响因素，判断价格走势，作出交易决策。若无重大突发事件冲击，他们之间博弈形成的合约价格（即所谓发现价格），能大体准确地反映商品价格的未来走势，是厂商和农场主安排生产运营计划的重要依据。如是，商品生产供给和市场价格可摆脱跟着现货市场价格走，商品供给今年多明年少、价格今年低明年高的恶性循环怪圈，平稳地运行和发展。但是，必须强调，真实性是发现价格发挥"导向"功能的必要前提条件。而发现价格的真实性，又取决于投机交易是否适度。即使美国这样期货交易制度成熟的国家，投机交易过度，也会使发现价格失真，误导生产者经营者。2007年以来，巨额对冲基金、退休基金、捐赠基金和个人资金涌入期货市场，爆炒石油和粮食合约，投机交易持仓量占交易者投资组合的比例高达60%～70%，形成巨大泡沫（如2008年，石油价

---

① 杨玉川等著：《现代期货市场学》，经济管理出版社1998年版，第4～5页。

格被推高到每桶 140 多美元），使发现价格严重失真，丧失了对生产经营活动的导向作用。① 可见，要使发现价格发挥导向作用，防止投机交易过度，是必要前提条件。

2. 套期保值功能

如果农场主和制造商做套期保值交易，并且配套地做基差交易，可以锁定产品和原料的价格，规避现货市场价格风险和基差风险，把自己从价格波动干扰中解脱出来，专心致志地加强生产制造过程的经营管理，提高营运效率。

3. 投资功能

期货合约具有价格波动性强、流动性强、交易量大等特点，合约买卖具有风险性和高收益性。加上期货交易实行保证金制度，可以"以小博大"（即交易者只要缴纳足额的初始保证金，并把它保持在"维持保证金限"以上，就可以买卖市场价值数倍于保证金的期货合约），从而使期货交易具有很强的投资功能。再加上金融期货和期权合约自 20 世纪 70 年代推出后，在总交易额中所占的比重越来越大，更强化了期货市场的投资功能。无怪乎有很多人把期货合约视为与股票债券作用相同的投资标的，建议把期货业并入金融证券业。

4. 提升产品质量功能

虽然实物交割数量不足期货合约总成交额的 5%，但它建立起了交割产品与生产制造之间的质量联系。期货合约对实物交割规定有严格的质量标准，而且对实际交割商品质量高于或低于质量标准，实行严格的升贴水结算制度。这套规则，为产业部门和企业，树立了一套与国际市场接轨的质量标准体系。企业要使自己的产品能够用于实物交割，就必须按照期货合约规定的质量标准，做好生产制造过程的质量控制，于是带动了产品质量普遍提高。

11.2　世界期货市场发育沿革和发展趋势②

11.2.1　原始期货交易制度起源于欧洲

期货交易制度和期货市场，是市场经济发展到一定高度的产物。现代

---

① 舒眉：《粮惑》，《南方周末》，2008 年 4 月 24 日，第 16 版。
② 本节史料主要来源于杨玉川等著：《现代期货市场学》，经济管理出版社 1998 年版。史象春等著：《期货市场与期货交易》，西南财经大学出版社 1994 年版。

期货交易是由远期合同买卖演化而来的。远期合同买卖，是具有期货交易雏形的交易制度，它起源欧洲。早在古希腊和古罗马时期，欧洲就出现了中央交易场所，签订远期合同进行现货交易。12世纪，比利时安特卫普和荷兰鹿特丹，成为欧洲国际贸易中心。为了减少交易纠纷，商人们制定"商法"，对远期合同条款，以及商品取样、检验、分级等作出统一规定。这为远期合同买卖，以及后来期货合约的制定奠定了基础。公元1215年，英国大宪章打开了国际贸易大门，订立远期合同成为普遍采用的交易方式。一些商人为了规避海上航运风险，往往在货物到岸前转让合同。为了防止和调解合同转让纠纷，商人们成立公会，为会员转让远期合同提供公证和担保。这为后来商品交易所的诞生奠定了基础。

11.2.2 现代期货交易制度完善成熟于美国

1848年，美国芝加哥，82个深受谷物现货价格波动困扰的商人和农场主，发起并建立了世界上第一家现代期货商品交易所——芝加哥期货交易所（又称芝加哥谷物交易所，简称CBOT），拉开了现代期货交易制度完善成熟的帷幕。随后，发生了一系列现代期货市场发育史上，具有里程碑意义的历史事件：

1. 实现合约标准化

1865年芝加哥期货交易所推出世界上第一份标准化期货合约，制定标的物（谷物）计量单位、质量标准和检测制度。并在同年开始实行保证金制度。随后合约标准化和保证金制度，被各交易所采纳并实行。

2. 建立以结算所和保证金制度为核心的风险防范管理体系

1891年，明尼阿波尼斯谷物交易所设立了世界上第一个结算所。随后美国各交易所纷纷效仿，以结算所、保证金制度和每日无负债结算制度为核心，建立起严密的风险防范管理体系，有效地防止了重大危机事件发生。

3. 把期货合约标的范围，由实物类商品扩展到金融类商品和期权

1971年，美国因黄金储备大幅度下降，终止了第二次世界大战以来一直实行的，美元以固定比率兑换黄金的固定汇率制度，实行浮动汇率制度。其后，各主要资本主义国家货币汇率波动。为了规避汇率风险，1972年5月，美国芝加哥商业交易所（CME），率先推出以美元、英镑等主要资本主义国家货币为标的物的外汇期货合约。1973年，布雷顿森林条约解体，外汇和证券市场价格风险凸显。为了规避证券市场风险，芝加哥商业交易所于20世纪70~80年代末，陆续推出了以中短期国库

券为标的的利率期货合约。1982 年 2 月，美国堪萨斯期货交易所推出第一份股票指数期货合约——价值线综合指数期货合约；同年 4 月，芝加哥商业交易所推出标准普尔 500 种股票指数期货合约；5 月，纽约期货交易所推出以纽约证券交易所股票综合指数为标的的期货合约；7 月，芝加哥期货交易所推出以主要市场指数为标的的期货合约，致使股票指数期货合约的种类不断扩充。为了适应交易者新的避险需要，芝加哥期权交易所（CBOE）于 1973 年 4 月成立，推出期权合约并将其标准化。随后，美国其他交易所相继开展期权合约交易。至此，美国期货市场完成了期货合约标的，由实物类商品向金融工具和期权扩展。上述三项制度创立，标志现代期货交易制度在美国得到完善并趋于成熟。故而，可以说，原始期货交易制度起源于欧洲，而现代期货交易制度完善成熟于美国。

11.2.3 世界期货市场发展趋势

1. 期货市场向亚太地区扩展

20 世纪 90 年代前，期货交易所主要分布在欧美发达国家。其后，随着亚太地区，尤其是中国经济快速增长，期货市场在这个地区兴起和发展。中国设立了 3 家期货交易所，并且都跻身世界交易所 20 强行列，在世界玉米、大豆、铜、铝等重要商品期货合约交易中，占有越来越多的份额；印度、马来西亚、巴基斯坦以及埃及等国相继开设期货交易所，马来西亚天然橡胶、新加坡棕榈油等期货合约交易，在世界期货市场中的地位和作用日益增强；澳大利亚金融期货和期权交易越来越活跃。这使得期货交易所布局过分偏重于欧美的状况得到了改善。

2. 金融期货和期权合约交易额比重不断上升，期货市场的投资功能愈加显著

自 20 世纪 70 年代上市交易以来，金融期货和期权合约交易额持续增长，到 20 世纪 90 年代已占全世界期货总交易额的 60% 以上，近年进一步上升至 80% 以上，取代商品期货合约成为世界期货市场主角，更加凸显期货市场的投资功能。据《经济日报》2006 年 10 月 19 日第 10 版报道，2006 年 10 月 17 日，1848 年成立的世界上第一家以商品期货交易为主的交易所——芝加哥期货交易所（CBOT），被晚它 50 年（1898 年）成立的以金融期货和期权合约交易为主的交易所——芝加哥商业交易所（CME），以 80 亿美元并购，组成芝加哥商业交易所集团，凸显出金融期货和期权

合约交易的强劲势头。

3. 交易所联网，重要期货合约实现全球 24 小时交易

20 世纪 90 年代，由路透社、芝加哥期货交易所和商业交易所共同开发的，期货期权全球电子计算机交易系统——GLOBEX 投入运营，把全球各大洲的交易所联成一体。凡是该系统挂出来的期货合约，全球各地的交易者全天 24 小时，都可以利用其网络终端在家里或者办公室买卖。随着该系统的运行和推广，期货合约的流动性和交易效率将不断提高。

11.3 中国期货市场发育历程与现状

11.3.1 中国期货市场在改革发展中波折成长

1. 改革发展构造了移植期货交易制度所需要的经济社会环境

中国是处于经济体制转轨过程中的后进国家，学习并移植发达国家成熟的市场交易制度，是商贸流通业现代化、加快发展的必由之路。后进国家利用其"后发优势（效应）"，移植先进国家成熟的交易制度，可以节省制度创新费用和时间。但是，移植能否获得成功，取决于移入国经济社会环境是否适宜，以及在多大程度上适宜移植来的制度发育成长。20 世纪 80 年代至 90 年代，改革开放持续深入，经济社会持续发展，使中国初步具备了期货市场发育的动力机制和经济社会环境。

（1）1980 年中后期，商品供给充足，但生产者经营者跟着现货市场价格走，使一些重要农产品陷入供给量"今年少明年多"的怪圈，价格今年高明年低。促使中国政府萌发了移植西方期货交易制度，利用其发现价格功能，引导生产者经营者合理安排计划，打破怪圈的构想，拉开了中国移植期货交易制度的帷幕。

（2）20 世纪 90 年代中期，稳固买方市场形成，交易规模不断扩大，为期货交易发育奠定了现货市场基础。

（3）国有企业体制改革不断深入，原来的工厂制企业，转变为有自主经营权和投资意识的现代公司，加上大批私营企业崛起，为期货市场发育孕育了套期保值和投机交易者。

（4）计划价格体制解体，绝大多数商品实行市场定价、自由交易，现货市场价格波动频繁。一些重要商品，如玉米、小麦、铜、铝等，发生供

给量由多转少、再由少转多，价格由低转高、再高转低的周期性剧烈波动。企业界要移植期货交易制度、建立交易所、规避现货市场价格风险的呼声高涨。

1992年邓小平南方谈话和1993年中共十四届三中全会协议，解除了"姓社""姓资"对人们的思想禁锢，学习借鉴西方先进市场经济制度不再受责难，移植期货交易制度的意识形态障碍消除。1990年10月12日，郑州商品交易所前身——郑州粮食批发市场成立，并于1993年5月28日正式进行小麦、绿豆等期货合约交易。随后，1992年1月18日深圳有色（金属）期货交易所成立，5月28日，上海期货交易所成立。1993年2月28日，大连商品交易所成立。1992年12月22日，中国第一家期货经纪公司——广东万通期货公司成立。不久第一家从事国际期货交易的公司——中国国际期货公司成立。1994年，全国期货交易所达50多家，上市交易的合约品种40多个，涉及农产品、有色金属、黑色金属、建筑材料、轻工化工产品等，期货经纪公司多达400多家，期货市场显现过热和混乱。

2. 制度环境缺陷使中国期货市场在大起大落中波折成长[①]

如表11-2所示，1993~1995年中国期货市场经历了发育初期的短暂繁荣，成交量由890.69万手，增长到63 612.07万手，增长了70.42倍；成交额由5 521.99亿元，增长到100 565.30亿元，增长了17.21倍。然而，当时中国只是初步具备，而非完全具备期货市场发育所需要的经济社会环境。制度环境缺陷，不仅妨碍期货市场健康发育，而且引发重大危机事件，迫使政府对交易所治理。例如，1995年，因对大客户持仓量监管不严格，爆发了上海证券交易所"3·27国债期货合约风波"、广东联合期货交易所"籼米期货合约暴仓事件"。更严重的是，国有企业用银行贷款炒期货，使银行呆坏账率上升，资产质量下降。为了防止引发更大危机，国务院不得不清理整顿期货市场：一是决定期货市场由中国证监会负责监管。二是把交易所由50多家，撤销减少为仅保留上海期货交易所、大连商品交易所和郑州商品交易所3家。三是重新审核期货经纪公司，暂时停止其境外期货经纪业务。四是制定颁布了一套法规，暂时停止了钢材、煤炭、粳米、食糖、油菜籽、干茧、生丝、原油、成品油和国债券等合约品种交易。

---

① 本节资料来源于陶琲、李经谋等著：《中国期货市场理论问题研究》，中国财政经济出版社1997年版，第1章和第8章。

表 11 – 2   1993 ~ 2010 年中国期货市场交易状况

年份	全年总成交量 （万手）	比上年增长 （%）	全年总成交额 （亿元）	比上年增长 （%）
1993	890.69	—	5 521.99	—
1994	12 110.72	1 259.70	31 601.41	471.25
1995	63 612.07	425.25	100 565.30	218.23
1996	34 256.77	– 46.15	84 119.16	– 16.35
1997	15 876.32	– 53.65	61 170.66	– 27.28
1998	10 445.57	– 34.21	36 967.24	– 39.57
1999	7 363.91	– 29.50	22 343.01	– 39.56
2000	5 461.07	– 25.84	16 082.29	– 28.02
2001	12 046.35	120.59	3 014.98	87.44
2002	13 943.37	15.75	39 490.28	31.00
2003	27 992.43	100.76	108 396.59	174.49
2004	30 569.76	9.21	146 935.32	35.55
2005	32 287.41	5.62	134 463.38	– 8.49
2006	44 947.41	39.21	210 046.32	56.21
2007	72 842.68	95.06	409 722.43	62.06
2008	136 388.71	75.52	719 141.94	87.24
2009	215 742.98	81.48	1 305 107.20	58.18
2010	313 352.93	45.24	3 091 164.66	136.85

资料来源：本表中 1993 ~ 2005 年数据来源于中国证监委编：《中国证券期货年鉴（2006）》第 292 页，上海世纪出版股份有限公司和学术出版社 2006 年版。2006 ~ 2010 年数据，来源于中国期货业协会网站发布的"市场交易情况"资料。

    治理整顿稳定了市场，但也导致了成交量和交易额下滑。加上受当时世界和亚洲金融危机冲击，以及中国 4 年通货紧缩影响，1995 ~ 2000 年，中国期货市场成交量由 63 612.07 万手，下降到 5 461.07 万手，下降了 91.42%；交易额由 100 565.30 亿元，下降到 16 082.29 亿元，下降了 84.01%。直到 2001 年中国摆脱通货紧缩，期货市场才开始恢复元气。2003 年成交额略微超过 1995 年，达到 108 396.59 亿元。随后，经过几年经济能量积蓄和交易制度建设，中国期货市场进入了快速发展时期。2006 ~ 2010 年，成交量由 44 947.41 万手，增长到 313 304.92 万手，增长了 5.97 倍；成交额由 210 046.32 亿元，增长到 3 086 652.50 亿元，增长了 13.70 倍。

11.3.2　中国期货市场发育状况及成效

1. 市场发育状况[①]

21世纪初期，世界和亚洲金融危机基本上解除，中国治理通货紧缩也收到了明显成效，经济社会进入了新一轮快速发展时期。受景气经济形势影响，从2001年起，中国期货市场摆脱了持续5年的下滑势态，进入恢复元气和快速发展时期。

（1）期货合约新品种研发速度加快，上市交易合约品种逐年增多。截至2011年底，经国家证监会陆续批准上市的期货合约品种有：上海交易所的铜、铝、锌、天然橡胶、螺纹钢、线材、黄金、铅和燃料油等9种；大连交易所的大豆1号、大豆2号、豆粕、豆油、玉米、PVC（聚氯乙烯）、聚乙烯（塑料）、焦炭和棕榈油等9种；郑州交易所的硬白麦、强筋麦、一号棉、白砂糖、PTA精对苯二甲酸、早籼稻、甲醇和菜籽油等8种，共有商品期货合约品种26种，涉及农业、冶金、化工、能源领域。各家交易所还储备了一批新期货合约品种，等待批准上市。

（2）合约类型由商品期货向金融期货扩展。近年来，随着中国经济外贸依存度升高和人民币汇率松动，外汇风险增大。2006年8月28日，美国芝加哥商业交易所率先推出人民币期权合约上市交易，促使中国国内要求推出人民币期货合约，规避外汇价格风险的呼声高涨。新一轮股票、债券和基金交易的活跃和高涨，更增加了要求推出金融期货、规避风险的压力。中国证监会于2006年9月9日批准中国金融期货交易所在上海挂牌成立。该所由上海证券交易所、深圳证券交易所、上海期货交易所、大连商品交易所和郑州商品交易所5家共同出资筹建，平均持有股份。推出的第一个股指期货合约标的是深沪300指数，经国家证监委批准，于2006年10月30日开始进行仿真交易，以积累服务管理经验，培育交易者群体，扩大成交量。2010年4月16日，沪深300股指期货合约正式上市交易，期货市场涵盖范围由商品合约扩展到金融合约。

（3）交易制度和规则逐渐完善。为了严格监管、防范控制风险，中国证监会和三个交易所加强了交易制度建设。2005年初，中国证监会规定，从2月18日闭市起，期货经纪公司会员结算准备金最低余额由50万元，

---

①　资料来源：中国证监委发布的有关年份的《中国证券期货年鉴》，载于中国证监委网站；上海、大连和郑州交易所发布的相关文件，载于各交易所网站；中国期货行业协会发布的有关资料，载于该协会网站。这里不一一注明出处。

提高到 200 万元。此项制度，旨在通过提高"抵押"资金额度，控制结算风险。2005 年底，大连商品交易所修改并出台了一套关于交割细则和仓库管理的新规定：自 2006 年 1 月 1 日起，调整本所交割商品出入库及杂项作业服务的收费标准，同时对玉米实物交割实行升贴水结算制度，以平衡和保护交割仓库、合约买方和卖方三者的利益。上海期货交易所自 2006 年 7 月 26 日起，起用电子仓单系统，实现了期货合约从交易（网上择优配对成交）到实物交割，全程业务电子化。2007 年 3 月 16 日，中国国务院发布《期货交易管理条例》，并于当年 4 月 15 日起施行。该条例把规范、约束和监管范围，由商品期货市场扩大到金融期货和期权市场。为了落实和配合条例施行，中国证监会从 4 月 22 日起施行《期货公司金融期货结算业务试行办法》《证券公司为期货公司提供中间介绍业务试行办法》，以及《期货公司风险监管指标管理试行办法》，以期使《管理条例》得到补充和完善，为全国人大制定期货市场法律奠定基础。2006 年 3 月，全国人大开始起草《期货交易法》。

（4）市场结构丰满，交易规模上新台阶。经过 2001 年后的恢复和 2005 年后的快速发展，中国期货市场结构得到充实，交易规模跃上新台阶。

表 11 - 3 显示，2010 年，中国期货交易由农产品类、金属类、化工和能源类和沪深 300 股 4 类合约构成，总成交量 313 352.93 万手，总成交额 3 091 164.66 亿元。成交量比重为：农产品类合约占 59.61%，金属类合约占 28.10%，化工和能源类合约占 9.13%，泸深 300 股指合约占 2.93%。成交金额比重为：农产品类合约占 43.16%，金属类合约占 25.83%，化工和能源类合约占 4.44%，泸深 300 股指合约占 26.57%。相比较而言，农产品类、金属类和化工及能源类期货，因一手合约的金额小，故而成交量比重均高于成交金额比重。农产品类合约尤其明显；其成交量比重竟高出成交金额比重 16.45 个百分点。相反，沪深 300 股指则一手合约的金额大，故而其成交金额比重高达 26.57%，高出成交量比重 23.64 个百分点，势头十分强劲。这个特点。今后将继续影响期货市场交易构成变动。

表 11 - 3　　　　　　　　2010 年中国期货市场成交规模结构

	合约品种（个）	成交量（万手）	比重（%）	成交金额（亿元）	比重（%）
农产品类	13	186 804.22	59.61	1 334 165.50	43.16
金属类	6	88 080.81	28.10	798 443.60	25.83

	合约品种（个）	成交量（万手）	比重（%）	成交金额（亿元）	比重（%）
化工和能源类	4	28 613.83	9.13	137 158.03	4.44
沪深 300 股指	1	9 174.66	2.93	321 397.53	26.57
合　计	24	313 352.93	100	3 091 164.66	100

资料来源：本表数据是根据中国期货业协会网发布的"2010 年成交情况"数据计算出来的。农产品类，包括以农产品及其加工产品天然橡胶、棕榈油、菜籽油、白砂糖、豆粕、豆油等为标的物的合约；金属类，包括以黑色金属、有色金属和黄金为标的物的合约；化工及能源类，包括以化工原料和燃料油为标的物的合约。

表 11-4 显示，2010 年，中国 4 家交易所的基本状况是：上海期货交易所有合约品种 8 个，会员 200 多个，成交量和成交额占全国总量和总额的比重分别为 39.69% 和 39.95%；大连商品交易所有合约品种 8 个，会员 185 个，成交量和成交额占全国总量和总额比重分别为 25.73% 和 13.44%；郑州商品交易所有合约品种 7 个，会员 209 个，成交量和成交额占全国总量和总额的比重分别为 31.65% 和 19.99%；中国金融期货交易所有合约品种 1 个，会员 151 个，成交量和成交额占全国总量和总额的比重分别为 2.93% 和 26.57%。这种比重结构，是由各交易所的合约种类，以及其一手金额高低决定的。

表 11-4　　　　　　　　　2010 年中国期货交易所结构

交易所	合约品种（个）	会员总数（个）	总成交量（万手）	比重（%）	成交金额（亿元）	比重（%）
大连商品交易所	8	185	80 633.55	25.73	417 059.05	13.49
上海期货交易所	8	200 多	124 379.64	39.69	1 234 794.78	39.95
郑州商品交易所	7	209	99 165.08	31.65	617 913.30	19.99
中国金融期货交易所	1	151	9 174.66	2.93	821 397.53	26.57
合　计	24	145	313 352.93	100	3 091 164.66	100

资料来源：本表中数据是根据中国期货业协会网站发布的"2010 年交易情况"中成交量和成交额数据计算出来，会员数来源于各交易所网站的"本所介绍"。

2. 成效

快速成长的中国期货市场，在培养专业技术人才、促进产品质量提高、推动产业平稳发展、增强在世界期货定价系统中的话语权等方面，取得了显著成效。

（1）传播了期货知识及技能，培育了一批成熟的交易者和经营管理者，为期货市场后续发展奠定了专业技术人才基础。期货市场是一所大学校，是交易者亲身感受和学习期货知识及交易技能的实践场所，使他们在实践中深化了对期货知识及交易技能的理解和认识。期货市场开设初期，一些不具备专业知识和技能的交易者贸然入市，遭受了损失，加深了他们对期货交易高风险性的认识。各交易所适时开办培训班，传授期货知识和交易技能。例如，2005 年，大连商品交易所在东北粮食主产区开办 300 多个班次培训班，先后培训种粮大户、企业及中介机构负责人 3.8 万人次，免费推广"公司＋农户""期货＋订单"的新营销模式，使期货理念深入粮农头脑。到 2008 年初，有 1 万多家从事大豆、玉米种植和营销的农场和公司在大商所开户，带动广大粮农参加期货交易，使依据期货市场的发现价格种粮卖粮，成为东北粮农常规经营模式。① 又如，2007 年上半年，上海期货交易所配合锌期货合约推广，举办了 4 期套期保值与风险管理培训班，115 家企业派人参加；举办的分析师培训班，共有 89 家期货公司的 393 名分析师参加，受训面占该所会员总数的 73.8%。② 经过约 20 年交易活动熏陶和期货知识传播，中国培育了一批掌握期货知识和交易技能，了解国内国际期货市场行情的交易者和经营管理者，为中国期货市场后续发展奠定了专业人才基础。

（2）不少农户和企业，利用套期保值和发现价格功能规避风险，提高了生产、营销效率，增加了收益。此种效应在大豆、玉米、天然橡胶和白糖等产销领域尤其显著。具体运作方式是：从事农产品营销的公司，直接或者以农民合作社为中介，参照期货价格、按照实物交割标准和优质优价原则，与农户签订收购合同，农户则按订单种植和进行产品粗加工。随后，公司把收购到的符合交割标准要求的产品，运到交割仓库入库并且注册标准仓单；并视期货和现货价格状况，或者在两个市场之间作套利交易，获取更高收益，或者对冲平仓，实现套期保值效果。最后，公司把获得的一部增值收益，按优质优价原则，以订单售后分红方式返还农户，让其分享增值收益，以吸引更多农产加入。这种双赢利益机制，推动产销战略联盟稳步发展。例如，云南农垦集团多次在高价位上集中销售天然橡

---

① 于左、于德君：《加快大豆期货市场建设步伐》，《经济日报》，2008 年 1 月 15 日，第 6 版。李天栋、周阳：《期货交易推动玉米产业健康发展》，《经济日报》，2008 年 1 月 16 日，第 6 版。
② 杨迈军：《为期货市场平稳运作提供服务保障》，《经济日报》，2008 年 1 月 9 日，第 6 版。

胶，使公司和胶农收益大幅度提高。2005 年，云南农垦区割胶工人人均收入达 1.6 万元，比 2000 年增长 129%。① 又如，一些粮食储备企业（如江苏省粮食集团）利用套期保值，规避储备粮轮换中的价格风险，减少了库存损失；一些加工和制造企业，运用先期现货套期保值交易锁定原料价格，使企业生产不受市场价格波动影响平稳发展。②

（3）实物交割制度，促进了关联产业产品质量提高。期货实物交割的严格质量标准和升贴水结算制度，使优质优价原则深入人心；而实物交割标准仓单可以转让和抵押，具有投资和融资功能，更增强了关联产业厂商按实物交割标准生产产品的动力，促进了产品质量提高。以前，棉花收购中掺杂造假的弊病屡禁不止，令收购、加工企业十分头痛。棉花期货实物交割制度施行后，这个难题迎刃而解。交割仓库质检员严格检查入库棉包的"一致性"和"三丝"含量等质量指标，促进了轧花厂改造生产设备提高棉包质量，进而带动棉农在种植、采摘、分级整理等各个环节上加强质量控制，提高了棉花行业的产品质量水平。③ 这种作用在小麦、玉米、大豆等行业也有明显的体现。2003 年 3 月，郑州商品交易所强筋小麦合约上市交易，其价格优势吸引了大批农户种植强筋小麦，扩大了优质小麦种植面积。据国家粮油信息中心数据资料显示，我国优质小麦种植面积，2001～2002 年度为 391.6 万公顷，到 2007～2008 年度上升为 1 500.0 万公顷，总产量也由 1 500 万吨，增长到 6 500 万吨，分别增长了 2.83 倍和 3.33 倍，推进了小麦种植结构优化。④

（4）期货市场机制，提升了相关行业的运营效率和发展水平。首先，生产者和经营者（农户和加工制造企业）依据期货市场发现价格，调整种植结构和生产计划，减少了盲目性。其次，实物交割的严格质量标准和优质优价机制，逆供应链环节而上，促使生产者提高产品质量，从而减少了仓储运输环节的无效工作量，节约了费用。最后，厂商采取先期现货套期保值方式销售产品和采购原料，可以避免库存积压，减少资金占用。上述各环节经营管理水平和运营效率提高，从整体上提升了相关行业发展水

---

① 贾伟、刘淏：《期现结合促进天然橡胶产业良性发展》，《经济日报》，2008 年 1 月 18 日，第 6 版。

② 张佳祥：《期货市场助力粮食生产》，《经济日报》，2007 年 6 月 27 日，第 8 版。先期现货是厂商今后某个月份将在现货市场上买进或者卖出的现货商品。先期现货套期保值交易，是厂商对其先期现货做的套期保值交易。

③ 王璐、陈剑夫：《期货品种助推产业升级报道——棉花：从质量参差不齐到标准统一》，《经济日报》，2008 年 1 月 11 日，第 6 版。

④ 王璐：《强麦期货上市 5 年运行良好》，《经济日报》，2008 年 4 月 10 日，第 6 版。

平。此种成效在铜、铝、棉花、玉米、大豆、白糖、小麦等期货合约相关行业，都有明显的体现。

（5）增强了中国在全球期货定价系统中的影响力和话语权，有效维护了中国粮农和厂商的利益。21世纪初，中国期货市场刚发育交易量小，在全球期货商品定价系统中无话语权。中国粮农和进出口公司参加期货交易，只能被动地接受别人决定的价格，常常落入国际期货炒家设计的价格陷阱，蒙受损失。2003年，中国期货市场进入恢复和快速发展时期，成交额大幅度增长。2004年，中国大连商品交易所、郑州商品交易所和上海期货交易所跻身全球交易所20强，分别列第8位、第14位和第15位，在全球期货商品定价系统中的影响力增强。① 从2004年起，路透社在其全球食用小麦出口报价系统中，列入并每日发布郑商所的小麦期货价格。② 2007年1月至11月，大商所大豆合约成交4亿吨，保持了全球大豆第二大市场位置，成为全球非转基因大豆交易、信息和价格中心。其大豆期货价格，已成为日韩大豆贸易企业和期货投资者决策的参考依据。③ 上期所的有色金属期货价格受到国际期货业界的高度关注。据有关资料披露，伦敦金属交易所每天开盘前，交易员都要先查看上期所前一天的收盘价，以它为依据确定当天开盘价。该所已被国际期货业界，认可为全球铜期货的三大定价中心之一。其期铜价格，已经被国际铜产业界认可为定价基准。④ 中国在全球期货定价系统中的影响力和话语权增强，有效维护了本国粮农和厂商的利益，保护和促进了相关行业平稳发展。

3. 缺陷及其成因

中国期货市场取得上述成效的同时，还存在以下明显缺陷：

（1）上市交易的合约品种少，使一些重要行业厂商无法利用期货市场功能，规避现货市场价格风险。目前全球上市交易的期货合约品种有150多个，而截至2011年年底，中国上市交易的商品类期货合约仅有26个，金融类期货合约仅有深沪300股票指数1个，期权类合约还是空白。这种格局显然难以满足中国经济向纵深发展的要求。一些生产和供给重要产品的行业（如肉类、禽蛋等），由于没有上市合约品种，缺乏期货市场发现价格的引导和避险机制保护，致使厂商跟着现货市场价格波动走，商品供

---

① 余珂：《中国期货站上新起点》，《经济日报》，2005年4月11日，第6版。
② 马文胜：《期货市场打造小麦"中国价格"》，《经济日报》，2004年4月6日，第5版。
③ 于左、于德君：《加快大豆期货市场建设步伐》，《经济日报》，2008年1月15日，第6版。
④ 余珂：《我国期货市场参与全球定价功能初显》，《经济日报》，2005年1月16日。刘溟、贾伟：《促进铜产业持续稳定健康发展》，《经济日报》，2008年1月9日，第6版。

给大起大落，行业发展不平稳。

（2）投机交易过度，而套期保值交易不足，避险和发现价格功能未得到充分发挥。如前所述，投机和套期保值交易必须比例适当，才能够既提高合约的流动性，又充分发挥避险和发现价格功能，保护生产者经营者利益，促进相关产业平稳发展。而现今中国，由于银行和国企体制改革不到位，资金预算结束偏软，加上私营企业主盲目追求风险收益，致使期货市场一受到利好因素刺激，投机交易就暴涨，使发现价格失真，误导厂商；而套期保险交易仍不受多数厂商重视，致使期货市场避险功能不能够充分发挥作用。

（3）对境外业务监管松弛，时而发生重大交易失败事件，给国家和企业造成惨重损失。一是集团总部监管松弛，放纵下属公司经理违规交易造成失败，使公司遭受巨大损失。例如 2004 年，中航油新加坡上市公司总经理陈某某铤而走险，公然逆冬季油价走高的大趋势而动，狂卖航空煤油看涨期权合约，使公司亏损 45 亿元。[①] 二是一些中国外贸采购公司不熟悉国际期货行情，缺乏避险意识，暴露采购时机，被国际期货炒家算计，蒙受巨额损失。例如，2004 年，中国某外贸公司在高价位时订购 450 多万吨南美大豆，损失达 45 亿元之巨，致使多家以其为原料的加工企业减产或停产。而且大量进口损害了国内豆农利益，挫伤了他们的生产积极性。[②]

（4）管理制度不严密，潜藏隐患。2004 年初，中国证监会要求期货公司对保证金实行封闭管理，旨在防止挪用，但同年 7 月 12 日，还是发生了湖南正湘行期货公司大量挪用客户保证金事件。不到一个月，又发生成都嘉陵期货公司挪用客户保证金 800 多万元事件。这反映中国期货市场管理制度，尤其是对经纪公司客户保证金、大户持仓量等监管，有缺陷和漏洞，需要修补、加固和完善。

11.4 促进中国期货市场再发展的路径和措施

借鉴美国、欧洲经验，结合自身状况，中国期货市场再发展目标是：

---

① 徐可强：《陈久霖狂卖看涨期权酿巨亏》，《成都商报》，2004 年 12 月 10 日，B1 版（转载于 21 世纪经济报道）。谢浩然：《也说中航油巨亏的教训》，《经济日报》，2005 年 6 月 7 日，第 6 版。

② 刘溟：《中国买家在国际期货市场上屡屡中伏，追涨杀跌，承受了巨额损失——为什么被狙击的都是我》，《经济日报》，2005 年 3 月 28 日，第 6 版。向清凯：《中美大豆贸易：反思危机求共赢》，《经济日报》，2005 年 2 月 28 日。

通过加强监管制度建设、控制合约上市节奏、改善市场功能、提高交易者素质，使期货市场形成制度严密完善，管理无缝隙和漏洞；套期保值和投机交易比例适当，避险和发现价格功能充分发挥作用；合约品种数量充足，且商品类与金融类合约比例适当，能促进实体经济和虚拟经济协调发展的市场品格。

实现再发展目标，须施行以下措施：

1. 完善法律法规、建立严密规章制度和无缝管理体系

严密的规章制度和无缝隙监管体系，是防范重大危机事件发生的"防火墙"，期货市场的灵魂，而法律法规是其基础和依据。因此，全国人大应加快立法进程，尽快让《中国期货交易法》出台施行。证监委则应据此，修改完善原有规章制度，使之严密完善。近期重点是：修改完善知情者保密制度和交易回避制度，严禁监管机关和交易所的知情人员泄露机密信息，里外联手操纵市场；修改完善保证金管理条例，增设信用保证金和风险处置金，充实保证金体系，增强其防范风险功能；修改完善期货经纪人和经纪公司管理条例，督促其始终把为客户谋取最大利益置于优先位置，等等。中国期货市场的管理体系，是三层子系统组成的总系统。只有每层子系统的管理都严格，而且互相协同配合，才能形成无缝隙管理体系。所以，国家证监委应反复强调期货交易的高风险性，使交易者增强自我约束力；严格施行《期货行业协会管理条例》，督促交易所和经纪人行业协会做好自律管理工作。如加强对投机交易、大户持仓、经纪公司财务尤其客户保证金使用情况的监督检查，防止违规行为发生等。证监委是中国期货市场的最高管理机关，握有批准合约上市交易大权，若监管松弛容易腐败。因而应把它置于国家司法、国务院行政和社会媒体的严密监督下，严防其渎职失职。如是，方可形成无缝隙管理体系，保障期货市场健康运转。

2. 汲取美国金融危机教训，把握好金融合约品种上市节奏，防止投机交易过度助推虚拟经济膨胀，伤害实体经济

期货合约若按基础标的划分，可分为实物商品类合约和金融（包括外汇、证券和股指）类合约两大类，前者服务于实体经济，后者服务于虚拟经济。金融类合约因风险收益高，且交易手续和交割方式简单，受投机交易者青睐，容易发生过度投机交易，制造经济泡沫。这个特点，可以从金融危机爆发前，美国期货金融类（含期权类）合约成交额节节升高，泡沫越聚越多，得到证实。中国现今只有沪深300股指一个金融合约品种，今后适当上市一些金融合约品种是必要的，但应以美国金融危机为戒，掌控

好上市数量和节奏，避免其伤害实体经济。因为，中国已经发生了房市、股市泡沫化，抽空实体经济资金，使一些制造业企业陷入困境问题，若再因金融类合约上市失当而引发期市泡沫，中国经济将不堪重负。所以，国家证监委一定要把握好金融类合约上市数量和节奏，使其与商品类合约比例保持适当；而且要加强监管，防止期货市场投机交易过度，导致虚拟经济膨胀，对实体经济造成伤害。

3. 普及期货知识，培训交易技能，塑造理智交易者，降低交易决策盲目性，使市场活而不乱

中国期货交易者的差距主要体现在三个方面：一是农场主和厂商避险意识薄弱，不重视套期保值交易。二是国有公司被内部人控制，容易为追求风险收益而盲目投机交易。三是广大农户和私营企业主欠缺期货知识和交易技能，不能够准确判断价格走势和把握交易时机，容易发生交易失误。针对这些缺陷，一是证监委、交易所应当用典型案例启发农场主和厂商，使他们增强避险意识，积极利用套期保值交易为企业规避现货市场价格风险，保护其平稳发展。二是交易所和经纪人行业协会应举办讲座和培训班，普及期货知识和交易技能，提高交易者素质，使其理智决策，减少交易失误。三是深化国有企业体制改革，健全公司法人治理结构，加强外部监督，消除内部人控制的负向作用，建立风险控制和预警系统，增强风险防范能力。有境外期货交易业务的企业集团总部，应当汲取中航油事件教训，把握好对下属期货公司的放权程度和监控力度，防止交易失败事件发生。

第 12 章　物流业制度变革成效及其
再发展障碍与化解之策

现代商品流通是由商流（商品所有权转移）、物流（商品实体的物理性空间位移）、资金流（随商流而发生的资金流动）和信息流（与商流、物流和资金流有关的信息传输）协同配合组成的。其中，物流除在最终转移商品所有权（交收商品）环节上，与商流合并进行外，其他环节上二者是分离的，各自遵循不同的运行规律和独立路线运行路线，需要分别研究。本书前几章从商流、信息流视角论述了各商贸行业的演进与发展，本章则论述与之相配合的物流业的变革成效及其再发展面临的障碍与化解之策。

12.1　物流理论概述

12.1.1　物流概念辨析

"物流"这个概念中的"物"，指可以进行物理性空间位移的物质资料，包括原材料、能源、零部件和产品。"流"是指物质资料实体的物理性空间位移。物理性空间位移，是物质资料在外部空间中的位置变动。与之相对立的概念，有物质元素在物质内部结构中的"化学结构位移"和"生物结构位移"。各国对物流的定义大同小异。美国物流管理理事会的定义是：物流是把消费品从生产线的终点有效地移动到有关消费者手中的广泛活动，也包括将原材料从供给源有效地移动到生产线始点的活动。可见，物流不仅包括商品由生产企业到消费者之间的物理性空间位移，而且还包括生产企业之间和生产企业内部车间工序之间原材料、在制品、零配件、半成品等的物理性空间位移。中国原国家贸易局在其颁布的"物流标准"中给出的定义是："物流（logistics）——物品从供应地向接收地的实体的流动过程。根据实际需要，将运输、储存、装卸、搬运、包装、流通加工、配送和信息处理等基本功能实施有机结合。"①

12.1.2　物流理论的起源

第二次世界大战时期，美国军队远征欧亚战场，其后勤部门及时、快速、准确而且高效地保障了部队给养和武器装备的供给。第二次世界大战后，经济学者和企业管理专家们，把军队后勤部门组织管理装备供应的理论和技术，移植到工商企业原料采购供应和产品销售的储存运输管理中来，收到了良好效果。1946年，美国正式成立了全美输送物流协会，对物流理论和技术进行研究。1956年，日本从美国引入物流概念和理论；1965年日本实业界和理论界正式接受物流理论和技术，将其称为"物的流通"。

20世纪60～70年代，世界物流产业进入高速发展时期。美欧和日本等加快了物流基础设施（高速公路、港口、货站、仓库等）建设，以及交通运输工具和技术改进的步伐，物流理论和技术快速发展。

其后，物流理论研究和产业发展进入了合理化阶段。其主要标志是：（1）引入并运用先进技术和理念（如管理信息系统、信息数据交换、准时生产、统一配送等），改进了物流企业组织结构，提高了运营效率。（2）为企业提供外包物流服务的专业物流公司——第三方物流企业兴起，提升了物流业专业化、社会化水平。（3）物流理论研究的重点转向"战略管理"，探索通过整合物流渠道资源、合理划分和调节各渠道成员（供应商、分销商、物流公司和用户）之间的利益关系、构建"共赢供应链"、保持物流渠道持续通畅的路径和方法。例如，日本丰田汽车公司，按照"零库存管理"理念，周密而准确地安排各零配件厂商向总装厂供货的时点和批量，最大限度地降低了库存量和物流费用。

当前，世界物流业正向着信息化、智能化和网络化方向发展，物流理论日益丰富和深化。物流公司建设智能化仓库，配备自动化装卸机械，建立信息管理系统，不断提升着自身的信息化、智能化程度；高速公路网不断延伸扩大，陆海空铁（路）公（路）水（路）管（道）的运营商与物流公司实行计算机联网，统一调度和使用资源，不断提高物流业的整体效率。此外，随着经济全球化程度提升，国家间地区间的经济技术合作，跨区域跨国的生产协作和贸易不断扩展；国内社会分工日益深化，新的商业

---

①　上海现代物流教材编写委员会：《现代物流概论》，上海三联书店2002年版，第3页。

业态（如连锁营销、代理制、电子商务等）不断衍生出来，为物流业拓展出新的发展空间。

12.1.3 物流：尚待挖掘的第三利润源泉

发达国家经济发展进程显示，由于生产技术和管理技术的不断创新和运用，工商企业中由节约原材料和能源耗费而产生的"第一利润源泉"，以及由减少劳动力耗费和提高劳动生产效率，而产生的"第二利润源泉"日渐枯竭，而物流过程中蕴藏的利润源泉却尚未完全被发现和挖掘。统计资料显示，产品的直接生产成本（原材料、能源和劳动力耗费的费用）仅占总成本的10%，而占总成本90%的费用，是由各种生产要素的储存和运输，亦即它们在物流过程中的耗费形成的。统计资料还显示，产品从生产到消费全过程的总时间份额中，生产制造过程占用的时间仅占5%，处于物流过程中的时间占95%。可见，物流过程中确实蕴藏着巨大的可以节省的费用和成本，亦即可以挖掘的潜在利润。基于此，西方实业界和经济学界人士，把物流过程称为等待人们挖掘的"第三利润源泉"（见图12-1）。①

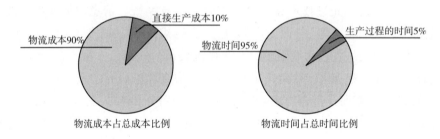

图12-1 物流时间和成本占总时间和总成本比例

除了上述共性外，中国物流比发达国家物流有更大的降低成本、获取利润的空间。据有关资料，目前发达国家的社会物流费用与GDP的比率约为10%。而据世界银行估计，中国社会物流费用与GDP的比率为16.7%。中国国家发改委公布，2010年中国社会物流费用与GDP的比率为17.8%，约比发达国家高出约8.0~10.0个百分点，有更多的潜在利润可挖掘。②

① 上海现代物流教材编写委员会：《现代物流管理教程》，上海三联书店2002年版，第3页。

② 宋则：《中国流通创新前沿报告》，中国人民大学出版社2004年版，第161页；中国国家发改委：《全国物流运行情况通报》，中国物流与采购联合会网站，2011年4月发布。

12.2 中国物流业制度变革历程和发展状况

12.2.1 中国物流业变革历程

前已述及，物流业的社会职能是完成货物由生产供应地向消费需求地的物理空间位移。从古至今，但凡货物的生产供应地和消费需求地有地理空间上的分隔，必有物流业为完成货物在两地的空间位移应运而生。春秋战国之交，社会分工和生产发展，不仅使货物生产供给地与消费需求地形成地理空间上的分隔，而且产生了"多者独衍""少者独馑"的供需矛盾和互补性。此时，黄河、长江和淮河，因"邗沟"和"鸿沟"开通而形成水运网络。于是，商品贩运业和为之服务的物流业应运而生，化解了生产供给地与消费需求地之间的时空矛盾。据文献资料记载，东晋南朝时已出现了兼具货栈和牙商作用的邸店。隋唐时期邸店随商品贩运而兴盛，长安等通都大邑市场周边的邸店，少者者百余家，多者三四百家。① 民国时期，沿海沿江港口城市和陆路交通枢纽城市，仓库货栈随工商业发展而兴起，物流业得到发展。新中国成立后，仿效苏联建立了服务于计划经济体制，从属于中央各部委和省市区政府的物流体系——条块分割的储运公司系统。直至 20 世纪 90 年代中期，计划经济体制解体，现代物流业才从旧体制窠臼中破茧而出，随市场经济繁荣而快速发展。

1. 计划经济时期：物流机构按行政条块设置，物货按计划调拨运输，流转缓慢

新中国成立后，仿效苏联建立了服务于计划经济体制的物流体系。当时纵向的物流体系，由分属于国家物资部、商业部、粮食部、供销合作总社、储备总局的储运公司系统，以及铁道部、交通部和各工业部委所辖的物资供应机构和仓库组成。横向的物流体系，则由各省、市、自治区物资厅、商业厅、粮食局和供销合作联社所辖的储运公司和仓库组成。两者组合成条块分割、纵横交错的物资储运体系。生产资料供应总额中，约70%供货批量大的物资，严格按照分配计划，实行厂（生产企业）对厂（用户企业）直达供应，物流运输主要由铁路完成。其余约30%供货零散的物资，由各省市区物资厅（局）属下的公司和仓库中转供应。货物资由铁路

---

① 《辞海》，上海辞书出版社 1980 年版，第 445 页。傅筑夫：《中国古代经济史概论》，中国社会科学出版社 1981 年版，第 180～185 页。

运达中转仓库后，再由用户企业持物资公司开出的提货凭证到仓库提货，完成物流过程。生活消费品则严格按照国家计委、商业部、供销合作社总的计划安排，经由设在主产区大城市（上海、天津、广州）的"一级供应站"采购，调拨运输至设在销区交通枢纽城市的"二级供应站"；再按销区政府的分配计划，调拨运输至设在中小城市的"三级供应站"；最后，由零售商店从"三级供应站"提取商品，供应消费者。这种严格按照行政条块分配计划，层层调拨生产资料，以及严格按照"一、二、三、零"环节，层层调拨生活消费品的供应方式，使物流过程完全服从于政府分配计划规定的商流过程，增加了不必要的中间环节，延长了商品和物资流转时间。粮食和国家储备物资，更是一丝不苟地按照国家指令性计划调拨、储存和运输，流转更慢。计划经济时期，全部物流企业都是国营性质，都患有"大锅饭""平均主义"毛病。除了货物运输实现了机械化或半机械化外，信息传输、搬运、装卸等，基本上靠手工操作和体力劳动完成，效率极其低下。

2. 改革开放新时期：形成了多元化物流体系

新时期，中国物流业随着改革开放而变革和发展，形成了由第三方物流、第一方和第二方物流、信息服务平台、仓储设施租赁、物流设备制造和管理咨询服务等组成的多元化物流体系。其中，第三方物流是对专业物流公司为客户提供的物流服务的总称，第一方物流是对供方企业自己承办和完成的物流业务的总称，第二方物流是对需方企业自己承办和完成的物流业务的总称（见表12-1）。

表 12-1　　　　　　　　　中国物流体系的基本结构

	物流业态类型	企业来源	业务特点	代表性企业
第三方物流	专业物流公司	1. 由原来物资、商业、外贸、粮食、供销社系统的储运公司改制而成 2. 本土民营资本或外资投资创办	为用户提供货物储存、保管、分类、整理、配送和运输等专业化服务	中国物资储运（集团）公司、中国外贸运输（集团）公司、中国远洋运输（集团）公司
	货物快递、快送公司	1. 国家邮政系统派生出来的业务分支机构 2. 外资外商投资创办经营的快递快送公司 3. 国内私人资本投资创办经营的快递快送公司	提供邮件、电子商务货物快送快递服务	中国邮政快递公司、中国铁路快运公司、中国民航快运公司、小红帽、EMS、DHL、UPS

	物流业态类型	企业来源	业务特点	代表性企业
第一方和第二方物流	商业连锁公司采购配送中心	连锁公司投资建设和经营管理	为公司所属直营店、加盟店统一采购和配送商品	上海联华、华联超市公司配送中心
	制造业公司的仓储配送中心	制造业公司投资建设并经营管理	为本公司销售网点配送产品，同时承担原料燃料的采购运输任务	海尔集团公司仓储配送中心、青岛啤酒集团公司仓储配送中心、中国一汽集团公司仓储配送中心
	农产品长途贩运公司	本土私人资本或外商投资创办	收购并长途贩运和销售农产品	海吉星国际农产品物流公司、成都、苏州、郑州万邦国际农产品物流公司
物流园区	提供公共信息平台，以及写字间、库房、货场和机具设备租赁等服务的产业园区	本土投资者或外商创办	提供公共信息平台服务，出租库房和货场，租赁机具设备	杭州、成都、苏州传化公路港物流园区、寿光农产品物流园区
	制造和销售物流设备，设计和销售物流管理软件、提供物流管理咨询服务的公司	内资企业改制转型而成，或外商投资创办	制造、销售物流设备，为企业设计管理软件，提供管理咨询服务	昆明船舶设备（集团）公司、富基旋风公司、快步易捷公司

资料来源：本表框架和一部分资料来源于荆林波：《物流业的创新与发展》，载于宋则主编：《中国流通创新前沿报告》，中国人民大学出版社 2004 年版，第 155 页。笔者作了补充修改。

3. 第三方物流兴起并发展

（1）随着经济体制转型，物资部、商业部和粮食部撤销，其属下的储运公司转制成为国家控股参股的专业物流公司。如中国物资储运（集团）公司、外贸运输（集团）公司、远洋运输（集团）公司和集装箱运输公司等。

（2）铁路、公路、邮政部门的仓储运输企业，依托自身仓储运输能力和网络优势，面向市场承揽物流业务，转制成为国有独资或控股参股的专业物流公司。

（3）本土私人资本投资创办专业物流公司。

（4）外资外商（含港澳台）进入中国大陆创办专业物流公司。如美集物流运输（中国）有限公司、马士基物流（中国）有限公司、宝供物流企业集团有限公司等。

（5）应电子商务之需，一批从事货物品快递业务的快递公司崛起。如中国邮政快递、中铁快运、民航快运、小红帽、EMS、DHL、UPS 等。

4. 第一方物流兴起并发展

一些跨区域、跨国营销的大型制造业企业，投资建设大型智能化仓库和物流配送中心，形成第一方物流。它们除完成本（集团）公司物流（第一方物流）业务外，也对外提供物流服务。有的物流配送中心还同时承担本（集团）公司原材料采购供应物流业务（第二方物流业务）。代表性企业，有海尔集团公司、中国第一汽车（集团）公司和青岛啤酒（集团）公司的物流配送中心。例如，1999 年 4 月，海尔（集团）公司为适应市场竞争需要再造业务流程，建立 ERP（企业资源计划）管理系统，并于同年 9 月启用刚建成的现代化物流配送中心。其主体是一个占地7 200平方米、使用面积 5 400 平方米、有 9 168 个托盘位的无轨窄通道自动化立体仓库。设计能力为日进出 1 600 个标准托盘，可以 24 小时连续运转；能够对全部库存产品实行机械化、自动化搬运，智能化和柔性化管理。与传统老式仓库相比，每年可节约物流费用1 200万元。该物流配送中心，已被国家发改委确定为中国物流配送现代化试点基地。①

5. 第二方物流兴起并发展

（1）商业连锁公司，为了统一采购和配送商品，投资建设大型智能化仓库和配送中心，成为第二方物流主体。例如，上海联华超市公司的智能型配送中心，仓储面积达 3.35 万平方米，停车场地 13 万平方米，前后两个装卸区可供 25 辆大型车辆同时进出配送货物。该中心实行计算机信息管理和自动化机械作业，24 小时服务，可同时为 30 家超市店铺配送货物，40 分钟送达，日吞吐商品 7.8 万箱，配送效率达到国际先进水平。②

（2）一些企业和投资者农产品主产区和大中城市，创办农产品物流园区和物流公司，从事农产品收购和运销售业务，成为第二方物流的重要组成部分。代表性企业，有深圳农产品有限公司投资创办和控股的，分布于沈阳、天津等大中城市的海吉星国际农产品物流公司，郑州万邦国际农产品物流公司等。

6. 物流园区兴起并发展

在众多在中小制造业企业和物流企业聚集的大城市，以及全国性农产

---

① 张进主编：《电子商务概论》，北京大学出版社 2002 年版，第 156～157 页。
② 上海现代物流教材编写委员会：《现代物流管理教程》，上海三联书店 2002 年版，第 6 页。

品主产区集散地，一些物流地产商创办物流园区，为物流企业和供需方企业提供公共信息平台、写字间、库房货场和机具设备租赁服务等，方便它们在网上交流信息、洽谈业务、达成物流服务交易。著名的有杭州、成都、苏州的传化公路港物流园区，寿光农产品物流园区等。

7. 物流设备制造销售和管理咨询业兴起并发展

由内资企业转型，以及外资的企业创办，制造销售物流设备、设计管理软件、提供咨询服务的物流关联企业，也在改革开放中得到蓬勃发展。

以上5种物流类型蓬勃发展形成的多元化物流体系，为全社会提供物流服务，维系并推动着经济社会顺畅运行，快速发展。

12.2.2 物流业变革成效

1. 物流产业持续发展，经济社会效益良好

经济社会持续发展和自身体制机制变革转化为动力，推动物流业持续发展，产生了良好经济社会效益。如表12-2所示。

表 12-2　　　　　　　　　2001~2010 年中国物流业发展状况

年份	GDP（万亿元）	社会物流总额（万亿元）	社会物流总费用（万亿元）	社会物流费用占GDP比重（%）	社会物流平均费用率（%）	社会物流增加值（亿元）	社会物流增加值占第三产业增加值比重（%）	单位GDP的物流需求系数
2001	10.97	19.50	2.03	21.1	10.4	6 634	15.0	1.78
2002	12.03	23.30	2.20	21.5	9.4	7 133	14.3	1.94
2003	13.58	29.60	2.50	21.4	8.4	7 880	14.1	2.18
2004	15.98	38.40	3.00	18.8	7.8	8 459	13.1	2.40
2005	18.32	48.10	3.39	18.6	7.0	12 551	17.1	2.63
2006	21.19	59.60	3.84	18.3	6.4	14 120	16.7	2.81
2007	25.73	75.20	4.54	18.4	6.0	16 981	17.0	2.92
2008	30.07	89.90	5.45	18.1	6.1	19 965	16.5	2.99
2009	33.59	96.65	6.08	18.1	6.3	23 873	16.1	2.88
2010	39.80	125.40	7.10	17.8	5.7	27 310	16.0	3.15

资料来源：本表中2001~2003年数据资料，来源于丁俊发：《入世三年：中国物流业且战且进》，《经济日报》，2004年12月29日，第10版。2004~2010年数据资料，来源于中国国家发改委、统计局和中国物流与采购联合会，共同发布的各年度《全国物流运行情况通报》，载于中国物流与采购联合会网站。社会物流业增加值占第三产业增加值比重、单位GDP的物流需求系数，由有关数据计算得出。

（1）2001～2010年，中国社会物流总额以高于GDP增长速度的超高速度持续增长。这个时期，中国GDP的年均增长速度是15.4%，而社会物流总额的年均增长速度则高达22.9%，高GDP 7.5个百分点。从而使社会物流总额，由2001年的19.50万亿元，增长到2010年的125.40万亿元，增长了5.4倍。

（2）其间，社会物流总费用仅由2001年2.03万亿元，增长到2010年7.10万亿元，只增长了2.50倍，年均增长速度为14.9%，低于社会物流总额年均增长速度8.0个百分点。从而使社会物流总费用占GDP的比重，由2001年21.1%，下降为2010年的17.8%，降低了3.3个百分点；社会物流总额的平均费用率，也由2001年的10.4%，下降为2008年的5.7%，降低了4.7个百分点。

（3）社会物流业增加值，由2001年的6 634亿元，增长到2010年27 310亿元，增长了3.12倍，年增长速度达17.0%。其占第三产业增加值比重，则在波动中由2001年的15.0%，上升到2008年16.0%，上升1.0个百分点。

（4）这个时期，由于原材料和能源工业向西部和中部资源型优势省区聚集，而加工工业向东部制造型优势省区市聚集，导致商品和生产要素的平均运输距离增长，运量增大，致使单位GDP的物流需求和消耗系数，由2001年的1.78，上升为2010年的3.15。创造1个单位GDP所耗费的物流服务，2010年是2001年的1.77倍。这一方面表明，经济社会发展对物流服务的依赖程度增强，加快物流业发展极为必要。另一方面也表明，延伸资源省区的产业链，改善其产品供给及货物运输结构，提高物流运输效率极为必要（详细论述参看本书"14.5"）。

2. 塑造了市场型物流体制

向社会主义市场经济转型和加入WTO，推动着中国物流业变革，使其体制和机制发生了深刻变化：

（1）打破了物流业清一色由国有企业独家经营的旧格局，形成了多种产权类型企业平等竞争格局，迫使物流企业深化体制机制改革、增强服务功能、提高服务质量和运营效率。计划经济时期，货物压港、压库、压站、运输难、周转慢的痼疾基本上消除。

（2）海陆空、铁（路）公（路）水（路）管（道）运输通道，以及与之相配套的港口、机场、码头、车站、货场等物流基础设施，得到建设和改善。优胜劣汰机制，迫使一些位置偏远、分散落后的"老小"仓库退出，而交通枢纽地现代物流配送中心兴起，优化了仓储设施布局，提高了它与货物流量流的匹配程度。

（3）一批国际知名跨国物流（集团）公司进入中国大陆，既给内资物流企业提供了近距离观察学习的"样板"，同时其"鲶鱼效应"，迫使本土物流企业深化改革，加快发展，把自身做大做强。

（4）大多数本土物流企业，转制成为股份有限公司或有限责任公司，在竞争中站稳了脚跟，技术设备改善经营管理水平提高。

12.2.3 物流业的缺陷与差距

尽管中国物流业取得上述成效，但与欧美和日本等先进国家相比，还有明显差距和不足：

1. 物流基础设施仍然落后

表12-3显示，目前每万平方公里和每万人拥有的运输网络密度，中国仅分别约是美国的1/5和1/24、德国的1/11和1/6，印度的1/4和1/2、巴西的1/1.4和1/11。不仅显著落后于发达国家美国和德国，而且明显落后于发展中国家印度和巴西。其他如港口、码头、货场、仓库等物流基础设施的状况，也大抵如此。

表12-3　　　　中国与美、德、印、巴四国运输网络密度比较　　　单位：公里

运输网络密度	中国	美国	德国	印度	巴西
每万平方公里国土面积拥有	1 344.15	6 869.3	14 680.4	5 403.9	1 885.8
每万人口拥有	10.43	253.59	65.94	21.0	118.40

资料来源：国务院发展研究中心，《调查研究报告》，总第1417期。

2. 第三方物流比例低，而且企业技术装备落后

第三方物流产值占物流总产值比例高低，反映出一国家或地区物流业社会化程度高低。据有关资料介绍，1996年，第三方物流产值占物流业总产值的比例，美国为75%、日本为80%。虽然中国官方未公布统计数据，但有关资料估计，目前中国第三方物流产值占物流总产值比例很低，约为18%。据国务院发展研究中心调查，目前中国多数企业，仍然采用"小而全"自我服务的物流方式：约53%的工业企业和70%的商贸企业自己拥有车队，约59%的工业企业和80%的商贸企业自己拥有仓库，只有约15%的企业把物流业务外包给第三方物流企业（见图12-2）。①

---

① 柳思维主编：《中国加入WTO与企业对策》，湖南教育出版社2000年版，第284页；国务院发展研究中心：《调查研究报告》，总第1679期。

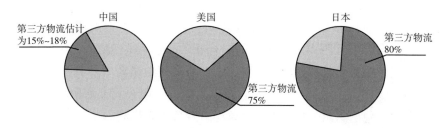

图12-2 中国、美国、日本第三方物流产值占物流总产值比例比较

而且，中国第三方物流企业规模小、技术设备落后。据调查，第三方物流企业拥有的仓库中，约70%是设备简陋落后的普通平房仓库，只有少数仓库具备冷藏、保鲜功能。搬运工具，约70%是半人力半机械器具和普通运输车辆。有资料估计，全国每年物流专门人才的缺口高达几十万人。第三方物流企业中，多数员工是"转行"的非专业人士。

3. 物流业市场集中度低

中国物流企业数量庞大，但企业规模普遍偏小，服务能力偏弱。目前中国有几十万家物流企业，但真正达到最佳经济规模范围的企业是少数。据统计，北京从事物流业务的企业有15万~20万家，但多数是兼业非正规企业。它们只能为用户提供仓储、保管、货物代理、收发货等简单服务。据有关部门对中国物资储运协会200多家会员公司调查，它们提供的全过程综合性物流业务服务，还满足不了用户需求的5%。

4. 物流业信息化程度低

目前，中国中小型物流企业的管理信息系统，多数还处于汇总数据、生成报表等处理办公文件的低水平状态。而与用户联网、科学管理用户关系、动态分析货源结构和库存结构等深层功能，尚未充分得到开发和应用。物流企业间信息资源共享程度低，信息阻隔，妨碍了资源统一调配和综合利用，降低物流行业的整体效率。

5. 标准化程度低

多年前，国家贸易局曾经制定和实行"物流标准"，但较粗且执行不到位。一是产业部运输装备标准不统一，降低了设备的通用性，妨碍联运业务扩展。如海运与铁路运输集装箱标准差异，妨碍了港口和铁路货站装卸效率提高，使海铁联运量难以扩大。二是货物包装标准与运输车辆及仓储设施标准衔接程度低，降低了车辆装载率和仓库空间利用率。三是物流器具（如托盘）与装卸搬运设备衔接程度低，既降低了物流器具的利用率，又妨碍了装卸搬运机械化、自动化程度提高。

6. 前述原因综合作用，致使中国物流业运营效率低，物流费用占 GDP 的比例居高不下

目前，中国每万元 GDP 耗费的运输量为 4 972 吨公里，而美国仅为 870 吨公里，日本仅为 700 吨公里，中国分别是美国和日本的 5.71 倍和 7.10 倍。换言之，即中国每生产 1 万元价值的 GDP，要分别比美国和日本多耗费 4 102 吨公里和 4 272 吨公里的物流运输能力。固然这一定程度上，是由于中国能源、原料主要产地与主要消费需求地之间，空间距离远、运输距离长造成的（2005~2010 年，中国的货物平均运输距离在 420~446 公里间徘徊，日本 2005 年货物平均运输距为 105 公里，中国是日本的 4 倍多，详见本书"14.5.3"）。但是，物流业综合组织能力差，统一调配和合理使用资源的程度低，也是重要原因。以货运汽车运输效率为例，美国货运汽车的单车年运输量为 66 万吨公里，而中国仅 3 万吨公里，前者为后者 22 倍。物流效率低，导致了中国商品总成本中，物流费用比例高达 20%~40%。中国每年，因保管不善造成的损失约 30 亿元；因包装不当而造成的损失约 150 亿元；因装卸、运输不当而造成的损失约 500 亿元。货车空驶率多年来一直高达 50% 左右；货物的在库周转时间平均为 3~6 个月。这些缺陷综合作用，使得中国物流费用占 GDP 的比重高达 18.0% 左右，高出发达国家 8.0%~10.0%。[①]

12.3　中国物流业再发展障碍与化解之策

12.3.1　中国物流业再发展战略

未来的 10~15 年是中国实现全面建设小康社会目标的关键时期，中国经济仍将以较高速度增长，产生强大物流服务需求，拉动物流业发展。中国物流业再发展所要解决的两个基本问题是：（1）紧跟世界发展潮流，发挥"后发优势"，学习和移植西方先进物流理论和技术，加快物流业发展，缩小与发达国家的差距。（2）深刻认识中国物流业缺陷，用先进理论和技术（尤其是信息技术）改造它，使其"软肋"变硬、"短板"变长，

---

① 资料来源：2005~2011 年《中国统计年鉴》相关栏目，国家统计局网站；2005~2011 年《中国第三产业统计年鉴》相关栏目，国家统计局出版社出版。有些数据是根据以上统计年鉴数据计算出来的。

提高经营管理水平和运营效率。据此，中国物流业再发展目标是：加强技术改造，推动物流业技术进步，提升标准化、专业化和信息化水平；推动兼并联合，提高物流业市场集中度，推动物流运营方式向集约化方向转变。基本要点是：统一制定、严格施行"物流标准"，全面提升物流标准化水平；用互联网、物联网技术改造仓库和配送中心，建设公共信息服务平台，提高物流信息化水平；大力发展第三方物流，提高物流专业化和社会化水平；推动企业兼并联合，提高物流业市场集中度；治理高速公路收费乱象，保障道路畅通，提高运输效率；运用物联网技术设备改造物流业，整体提升全行业的管理水平和运营效率。

12.3.2　实施再发展战略面临的障碍与化解之策

中国的经济社会体制尚处于转型过程之中，政府体制改革滞后，市场不完善，给物流业发展造成了困难和障碍。只有化解它们，中国物流业才能实现再发展目标。

1. 推行物流标准化面临的障碍及化解之策

（1）障碍："物流标准"不统一、无法律权威。现行"物流标准"是多年前国家贸易局颁布施行的管理条例，既陈旧又不统一，而且未上升成为国家经济法规，缺乏法律权威性。加上监管不严，执行偏差，降低了物流器具和设备的一致性和通用性，一些小企业更是标准化的"盲区"和"死角"。

（2）破解之策：制定统一而完整的物流标准系列，并把它上升为经济法规，予以严格施行。物流标准化，是指物流业因执行政府颁布的统一规定、标准和技术规格，而形成的信息一致、器具设备通用、服务操作规范统一的运营状态。全国物流企业都必须严格执行的标准系列有：关于物流技术术语、符号、代号、图示的统一规定和标识；关于包装物、装载器具和运输工具的统一技术规格；关于装卸、搬运、配送、运输、储存、保管、加工、包装、检验等作业的统一技术要求；关于物流服务质量、卫生和安全的统一标准和要求，等等。推行标准化，能够提高物流资源，尤其是器具、设备的通用性、信息的一致性，消除规格和技术标准差异产生的障碍和壁垒，增进协作和交流，提高资源利用效率。物流标准化是社会效益远高于部门和企业效益的公共产品，须由政府供给。物流标准系列不仅涉及物流业，还涉及与之关联的制造业、交通运输业和通信业等，所以必须由国务院责成国家技术质量监督局承头，吸收相关部门专家参加，才能制定出统一而完整物流标准系列。为了使物流标准系列具有法律权威性，各行各业都严格遵照执行，全国人大常委会应立法批准，把它上升成为经济法规。如是，才能避免地方政府、行业协会和企业虚与委蛇，使物流标准得到严格执行，全面提升标准化水平。

2. 构建物流信息公共服务平台面临的障碍及化解之策

（1）障碍：地方政府和行业协会不作为。据中国配货网统计，我国98%的公路货源是散货，其物流由零星分散的小车队和个体车主完成。[①]城市交通枢纽地带，许多货车司机在漫无目标地搜寻货源；而城市的各个角落，许多货主又在为找不到运输车辆发愁，由此而产生的资源浪费和效率损失巨大而惊人。据统计，目前中国公路货车的空驶率高达40%，而欧美发达国家只有10%左右[②]。这种低效率状况，只有构建物流信息公共服务平台才能够消除。所谓物流信息公共服务平台，是指专门为物流企业和用户企业查询和交换信息、达成交易，提供服务的计算机网络平台。它能够消除物流企业与用户企业之间的时空阻隔，整合零星分散的物流供求资源，提高物流服务成交率和总体运营效率。目前有园区、省内、省际、全国和国际联网几种平台类型，服务功能和效率，随平台联网范围扩大而增强和提高。由于平台的信息服务具有公共产品性质，因而除物流园区外，其他类型公共信息平台，私人资本都不愿意涉足，只能由城市政府投资建设和运营管理。但是，由于它不能够在增加GDP方面产生"吹糠见米"效果，与现行政绩考核制度的价值取向不一致，故而地方政府和行业协会大多不愿意作为。

（2）化解之策：国务院制定规划，督促物流枢纽地城市政府投资建设。2003年，中国配货网开始运营，到2008年，该网站已拥有注册用户19万户，服务网络覆盖了200多个城市，日交换信息量达70多万条，平均每条信息成交时间不超过5分钟，日成交货物运输合同70万~80万单（份），信息传输服务水平，已从配货手机提升为移动定位系统。[③]2011年，浙江省交通厅物流信息公共服务平台，由省内联网扩展到省际、全国乃至东北亚地区国际联网。它使浙江物流准确率达95%以上，效率提高了30%至50%。据交通部测算，浙江物流信息公共服务平台，每年可产生效益18亿元。[④] 这些例证表明，地方政府和交通运输行业协会，在物流信息

---

①③　庄光平：《配货网：搭建车货信息沟通的桥梁》，《经济日报》，2008年3月27日，第13版。

②　杨国民、庄光平：《信息化推进物流业发展进入快车道》，《经济日报》，2008年3月27日，第13版。

④　薛志伟：《建设信息共享平台，打造物流"高速公路"》，《经济日报》，2011年12月31日，第13版。

公共服务平台建设上是可以大有作为的，关键是中央政府和主管机关要严加督促，使其积极作为。建议国务院责成发交通运输部大力推进此项工作：一是对各省市区交通部门和运输协会官员进行专题教育，使它们把建设物流信息公共服务平台视为已任。二是把具体建设任务落实到官员人头，列为政绩考核内容，定期检查，使之落到实处。三是制定并颁布施行全国统一的物流节点信息接口标准，督促各省市区按此标准改造物流节点信息接口，与外省区共享信息资源，早日实现物流信息公共服务全国乃至国际联网，提升物流信息化水平。

3. 发展第三方物流面临的障碍及化解之策

（1）障碍：中小企业间物流服务外包规模不经济。美国田纳西大学的研究成果证明，第三方物流可使物流作业成本降低62%，服务水平提高62%，雇员减少50%。[1] 中国政府也认到这一点，近年一直致力于加快第三方物流发展，但收效并不明显。究其原因，主要是中小企业间物流服务外包，受到规模不经济阻碍，推广不开。中国制造业和物流业的市场集中度都不高，只有少数特大型制造企业和物流企业间的物流服务外包，能够达到规模经济的要求使双方共赢，容易达成交易（如宝钢与中国远洋集团签订了为期20年的铁矿石运输合同，上汽集团把物流业务外包给吉安天地汽车物流公司，科龙集团把物流业务外包给广州安泰物流有限公司，长虹集团把物流业务外包给民生物流有限公司等）。而众多中小物流企业和用户企业之间，由于供求资源零散，物流服务外包往往达不到规模经济要求，处于"少了吃不饱，多了吃不下"状态，很难双方共赢，因而达成交易的概率很低。这是导致第三方物流推而不开、发展缓慢的主要原因。

（2）化解之策：推广传化模式，破除规模不经济"瓶颈"。既然导致中小企业间物流服务外包发展缓慢的根本原因，是供求资源零散导致的规模不经济，那么，可否逆向思维，从集聚零散供求资源入手，破解规模不经济难题，促进中小企业间物流服务外包，亦即第三方物流加快发展呢？成都梁家巷汽车旅馆和杭州传化公路港物流基地的实践，给出了肯定答案。多年前，成都市梁家巷附近曾经有一家汽车旅馆，返空车辆驾驶员在此停车住宿，并把自己的运力信息书写在告示牌上，形成运力供给信息汇集。进而，引起一些顾主也把货源信息书写在告示牌上，形成运力需求信息汇集。这种"手工信息平台"虽然原始，但在降低信息收寻成本、提高

① 吴运生、张中华：《流通现代化与物流发展趋势》，载于《新时期的中国流通现代化》，中国市场出版社2004年6月出版，第244页。

物流服务交易成功率方面，却显示了巨大威力，给人以启示。2003 年，杭州传化公路港物流基地利用互联网技术，把这种"手工信息平台"，提升为计算机网络信息平台。它们以公共信息服务平台和物流基础设施提供优质服务，吸引众多中小物流公司入驻，进而吸引杭州地区上万家中小工商企业的物流需求信息，向该基地汇集聚，产生巨大"整合效应"，显著降低了信息搜寻成本、提高了物流服务外包交易成功率。2010 年，该基地入驻物流公司增加到 480 多家，汇聚了社会运输车辆资源 40 多万辆，日整合运输车辆 2 000 ~ 3 000 辆，日承运货物 3 万 ~ 5 万吨，为近 2 万家工商业企业提供物流服务，使它们的物流费用降低约 40%。基地营业额达 30 多亿元，上缴税款 1 亿多元，取得良好企业效益和社会效益。① 中国现有物流园区（基地）475 个，如果政府能够诱导位于大中城市的物流园区，学习传化模式，构建物流信息公共服务平台，汇聚整合广大中小企业间零散的物流供求信息资源，并且引导它们清除"小而全"落后意识，就能够破除横亘在它们之间的规模不经济"瓶颈"，大幅度提高物流服务外包的交易成功率，推动第三方物流快速发展。

4. 物流企业兼并联合面临的障碍及化解对策

（1）障碍：物流企业兼并联合受到"总部羁绊"和"属地羁绊"阻碍。中国企业改制，基本上是在原有行政框架内进行的，中央部委和地方厅局撤销后，其下属产业部门和企业整体转制为企业集团。这种格局与税收征管制度结合，使物流企业之间的兼并联合，受到"企业集团总部羁绊"和"税收缴纳属地羁绊"阻碍。

其一，在集团系统内部，总部可以安排子公司和分公司之间，以生产协作名义执行内部价格、转移利润、合理避税，以牺牲个别子公司效益为代价，换取集团公司整体收益最大化。在制造业企业集团中，物流子公司承担的是辅助性业务，因而往往充当"执行内部价格、转移利润"的角色。它们虽然憋屈而有分离出去的意愿，但集团总部往往会找出种种理由，设置层层障碍，阻止其分离。由此形成"总部羁绊"阻碍。

其二，按中国现行税制，税务机关和企业都实行属地原则。即按企业登记注册所在地征税和纳税。而物流企业之间跨地区兼并联合，会引起属地变更，进而导致税收缴纳关系变更。此外，GDP 也是按属地统计，物流

---

① 交通部、浙江省交通厅网站：关于传化物流基地的资料，2013 年 6 月 20 日。张苏娅、殷立春：《传化物流：创新公路港物流新模式》；贺登才：《集约化经营的物流新模式》，《经济日报》，2008 年 10 月 20 日，第 7 版。

企业跨地区兼并也会引起 GDP 统计关系变动。所以，为了防止税源和 GDP 流失，地方政府和税务机关，往往不支持、甚至阻拦本地优质税源物流企业，以被兼并者的身份参加企业兼并联合。由此形成"属地羁绊"阻碍。

"总部羁绊"和"属地羁绊"，堵塞了物流企业兼并联合做大做强的路径。

（2）化解之策：改善物流市场环境，使集团总部物流外包收益高于自办物流收益，消除"总部羁绊"；建设服务型政府，深化税收征管制度改革，消除"属地羁绊"，推动企业兼并联合。

按照成本—收益理论，当自办物流的收益高于外包物流收益时，集团总部会阻止物流子公司分离；反之，则会放弃"羁绊"，允许物流子公司分离。所以，化解"总部羁绊"的根本办法是：一方面，改善物流环境服务质量，使集团总部外包物流收益高于自办物流收益；另一方面，加强审计监督，处罚没收集团总部违规转移利润和避税获得的收益，弱化乃至消除其施行"总部羁绊"的利益动力。

至于"属地羁绊"障碍，则应通过改革政绩考核制度、税收征管制度破解。当对地方政府的考核，不单纯以 GDP 增长、而以公共服务优劣论英雄时；当税收不按企业注册所在地、而按其经营所在地征缴时，"属地羁绊"就会消除。如是，物流企业之间跨地区跨行业兼并联合可以自由进行，行业市场集中度会不断提高。

5. 提升货物运输效率面临的障碍及化解之策

（1）障碍：高速公路收费站多标准高。中国经济区之间资源禀赋差异大，供求互补性强，大量货物需经过区际贸易和跨区域长距离运输，才能实现产销供求平衡。2000 年以来，中国运输费用占物流总费用比重一直在 52.0% 以上，2010 年为 54.0%。其中，公路运输费用占总运输费用的比重一直在 63.0% 以上，2010 年为 65.4%[①]。按前述比重计算，2000 年以来，公路运输费用占物流总费用的比重在 32.8% 以上，2010 年为 35.3%。中国物流总费用与 GDP 的比率，比发达国家高 8.0%～10.0%，公路运输费用高是一个重要原因。

2007 年，世界银行一份专项报告指出，中国高速公路通行费为全球最高。全球收费高速公路 14 万公里，10 万多公里在中国，约占 71.4%。中国高速公路几乎全部收费，而美国 8.8 万公里高速公路中，只有 1 万公

---

① 资料来源：《2009 年中国第三产业统计年鉴》，中国统计出版社 2009 年版。

里收费；德国高速公路，只对载重超过 12 吨的运货卡车收费。收费站多，而且标准高，致使中国路桥收费业，超过金融业和保险业，居三大暴利行业之首。2010 年，15 家上市路桥收费公司，除 1 家业绩欠佳外，其他 14 家平均毛利率高达 64.2%，净利率高达 36.6%，是名副其实的暴利行业。这种不合理的收费制度，既降低了货物运输速度，又加重了企业运输成本负担。据北京交通大学侯汉平教授披露，中国路桥通行费约占企业货物运输成本的 1/3，若加上罚款则占 1/2，使企业不堪重负。[①]

（2）化解之策：理顺产权，降低收费标准，实行省区间联网不停车收费。追本溯源，现今中国高速路收费乱象，是 1984 年颁布实施的"贷款修路，收费还贷"政策造成的。该项政策是把"双刃剑"，虽然调动了地方政府和企业建设高速公路的积极性，但造成了道路产权分割，使地方政府和企业得以凭据其拥有的路段产权，以"收费还贷"为理由设站收费，从而酿成乱象。解铃还须系铃人，破解之策是：①中央政府回购地方政府和企业路段产权，使全国高速公路产权统一归属中央政府，为施行全国统一收费制度奠定产权基础。②制定施行全国高速公路统一收费法规，减少收费站点，降低收费标准，减轻企业运输成本负担。③推广京津冀高速公路联网不停车收费系统建设运营经验，导入 ETC（Electronic Toll Collection，电子不停车收费系统简称），实行全国地区间、省区间联网不停车收费和结算，提高通行速度。同时，延伸资源型省区矿石能源和农产品原料初加工产业链，以量轻体的小初加工产品，取代量重体大的原料产品输出，降低远距离运输货物的重量和体积，进而降低货物运输费用，提高社会物流总体运营效率（详细论述，请参看本书第"14.4.2"节）。

12.4 运用物联网技术设备整体提升物流业管理水平和运营效率[②]

12.4.1 运用物联网技术设备的必要性

前面提出的建设传化型物流信息公共服务平台的对策建议，虽然能够

---

① 资料来源：陈圣莉、杨玉华：《天价"买路钱"，物流企业无法承受之"贵"》，《经济参考报》，2011 年 5 月 5 日，第 5 版。

② 本小节参考了蒋国忠：《基于 EPC 和 RFID 技术的物联网在现代物流领域域的应用》，百度文库，2012 年 4 月 2 日；佚名：《海尔物流案例分析》，百度文库，2012 年 5 月 2 日；郑作宾：《物联网在现代物流业的应用》，博文网，2011 年 3 月 29 日，引用了其中案例。

化解中小物流公司和用户企业之间物流外包服务交易，遭遇的信息不对称和规模不经济障碍，但是却难以整体上改变物流业管理方式落后和运营效率低下状况。传统物流管理理念拘泥于"二八"定律，认为企业物流服务水平的80%是由内部因素决定的，只要把它们管好，服务水平就大体上有了保障，外部因素只影响服务水平的20%，可以置之不顾。先哲言：法乎其上，得乎其中；法乎其中，得乎其下。这种落后的管理理念和方式，使中国物流业长期在低水平、低效率上徘徊。突破之路在于，运用物联网技术设备革新物流业管理理念和方式，对生产制造、仓储、货物配送、运输到销售实施全过程监控和资源调配，从而整体提升物流业的管理水平和运营效率。

12.4.2　运用物联网技术设备的重要性

2009年10月，中国物流技术协会提出了"智慧物流"概念，旨在倡导运用物联网技术设备，全面推进物流业管理理念和运营方式变革。物联网是以EPC（电子代码）和RFID（射频识别）技术设备为核心，以移动通信（3G网和4G网）、机载和手持终端、卫星定位（GPS）等技术设备为基础和依托，并根据需要辅以温度感知、入侵感知和视频感知等技术设备组成的，对货物从生产制造、仓储配送、运输到销售实施全过程跟踪监控和资源调配的技术设备系统。把它运用于物流业可以产生以下重要作用：

（1）运用于食品、药品从生产制造到销售全过程监控，可形成严密的产品质量安全追溯体系，保障产品质量合格安全。

（2）运用于生产制造企业，与MTS（生产追溯管理系统）相结合，可形成从物料、半成品到成品的全程监控体系，对生产制造流程实施严密控制，保障产品质量优良。

（3）运用于仓储配送中心，并配以自动化机械，可实现装卸、分拣、搬运和堆码自动化，节省人力，提高出入库效率；配以温度、湿度和视频等感知技术设备，可实现对库房温湿度的严格监控，保证所储存的食品、药品不变质；配以扫描和入侵感知技术设备，可实现对货物的自动盘点和防盗，保障库房安全。

（4）运用于货物运输途中，并配以入侵和视频感知技术设备，可对货物、车辆定位并实行全程监控，防止盗窃，保证货物、车辆和人员安全；可进行在线调度，优化货物流量流向。

（5）运用于销售环节，可及时反馈各店铺网点的存货情况，适时补货，既避免脱销，又防止积压，在保证品种齐全、货源充足的前提下，降低最小安全库存量，减少资金占用。所反馈的销售状况等市场需求信息，是公司总部调整计划和业务流程的可靠依据。

不仅理论分析如此，一些运用物联网技术设备革新物流管理系统的先行企业，也确实收到了显著成效。据沃尔玛披露，该公司对 12 个采用了和未采用 RFID 的店铺作对比研究，结果是：采用了 RFID 店铺的缺货率降低了 16%；贴有电子代码标签、用 RFID 监控货物的补货速度，是使用条码技术货物的 3 倍。中国物美集团的"未来商店"，向顾客展示了 RFID 技术系统监控下的购物过程：当购物车经由装有该系统读写器的收银台时，购物清单自动生成输出，付款结算时间大幅度缩短。海尔集团用物联网技术革新物流管理系统后，收到了仓库面积减少 50%、呆滞货物降低 73.8%、库存占压资金减少 67% 的显著效果。

12.4.3 运用物联网技术的障碍及化解对策

物联网是由多种先进技术设备组成的物流监控和资源调配系统。虽然前述大型企业运用它收到了显著成效，但要使它在全物流行业推广，还需要克服诸如技术不完善、标准不统一、技术设备价格高、企业投资大负担重，以及行业和企业之间封闭分割、信息资源和技术设备系统不能共享利用等障碍和问题。故而政府应当：

（1）以设立重大课题向社会招标方式，推动技术设备研发和创新，突破技术瓶颈；引进、吸收、消化国外先进技术，尽快实现 EPC（电子代码）和 RFID（射频识别）等关键技术设备国产化，降低价格，使物流企业普遍用得起。

（2）制定、颁布并实施全国统一的物联网技术设备标准，强制要求各行业和企业采用，消除各自为政各行其是形成的障碍，促进各行业和企业技术设备系统向社会开放，实现共享利用。

（3）以低息贷款方式，激励中小型物流企业采用物联网技术设备，推动其在全行业推广。

（4）建立全国物流信息数据处理中心和公共服务平台，实现全行业信息资源共享利用，整体提升物流业信息化水平。

相关案例

传化物流基地：创新公路港物流新模式

1997 年，传化公路港物流公司组建，经过 10 多年探索，找到了一条整合中小物流企业服务供给资源，与小中制造业企业物流需求资源，促进第三方物流发展的路径。2003 年，传化公路港物流模式，在浙江杭州萧山物流园区正式运营。7 年来，以其良好经济社会效益，赢得业内人士肯定。传化物流基地，把自己定位于"物流平台整合运营商"。其宗旨是，依托自身构建的网络信息平台和物流基础设施，为众多中小物流企业和制造业企业提供"物流服务交易"和"基础设施租赁"等服务；致力于构建"基地服务于入驻的第三方物流企业群，第三方物流企业群服务于工商企业群"的服务链，形成了由管理服务中心、信息交易中心、运输中心、仓储中心、配送中心和零担快运中心，以及配套服务区组成的"6 + 1"综合服务体系，实现了物流供给资源（中小型第三方物流企业）、物流需求资源（中小型工商企业）和物流载体资源（运输车辆和基础设施）的汇聚与整合。

到 2010 年，该基地已有省内外从事运输、仓储、零担、货代等业务的480 多家物流企业入驻；整合了零星分散的社会运输车辆 40 多万辆，日运输成交量达 5 000 起以上；日整合车辆达 2 000 ~ 3 000 辆，日承运货物量达 3 万 ~ 5 万吨，年承运货物 1 300 万吨；为杭州及周边地区 2 万多家制造业和商贸业企业提供物流服务，使它们物流成本降低了 40% 左右。2007 年，基地营业总额突破 30.9 亿元，上缴税款达 1.2 亿元，随后几年持续增长。

传化公路港物流公司，计划在巩固发展杭州萧山基地基础上，在全国其他经济中心城市建 10 个以上连锁经营的物流基地，进一步发挥综合服务平台对第三方物流发展的促进作用。2009 年 5 月，成都（新都区）传化物流基地正式运营；2010 年 5 月，苏州传化物流基地、宁波传化国际物流港正式运营。"传化公路港物流模式"以优良企业绩效和社会效益，赢得社会肯定，获得 8 项国家自主知识产权证书和"国家管理创新"一等奖。2008 年，被评为"最佳物流平台模式创新企业"。2010 年，获年度中国物流管理优秀案例奖。

（本案例，根据张苏娅、殷立春：《传化物流：创新公路港物流新模式》，《经济日报》，2008 年 10 月 20 日，第 7 版；以及中国交通部和浙江省交通厅网站，2013 年发布的有关信息，改写而成。）

第四部分

优化区际贸易与提升商贸
流通业国际化水平

　　中国地域辽阔，自然资源禀赋和历史发展因素，使之形成了产业结构、经济社会发展水平和地域文化差异明显的一、二、三级经济区，以及供求互补性很强的区域市场。它们有何特性，区际贸易能否互利共赢；如何通过深化改革、扩大开放促进制度变革，消除障碍因素，提高区际贸易效率，降低负面影响。这是研究中国商贸流通业持续发展，必须直面的问题。而如何利用WTO 成员最惠国待遇，推动商贸流通业"引进来、走出去"，提升国际化水平，则是另一个必须直面问题。本部分将就这些问题展开论述，由第 13～15 章构成。

第 13 章 区域市场层次结构和特性及区际贸易互利机制

本章及下一章，论述中国商贸流通的地理空间结构和区际贸易优化问题。自然地理和社会发展历史因素的共同作用，使中国形成了经济社会发展程度有明显梯度差距的东、中、西部三大经济地带，以及一、二、三级经济区和依附它们的区域市场。区际贸易，亦即区际商贸流通，在优化资源配置、推动全国经济社会协调发展方面，起着基础性的桥梁和纽带作用。本章首先论述中国经济地带和经济区演变的历史沿革，揭示经济区及其区域市场的基本性质，即区内同质性和内聚性，区际差异性和依存性，及其空间层次结构；进而分析区际贸易不等价交换问题的演变；最后分析不等价交换条件下区际贸易动力——互利机制的作用机理，提出相应政策建议。

13.1 中国经济区及区域市场的历史沿革和空间层次结构

13.1.1 三大经济地带划分的历史沿革

自然地理和社会发展历史因素的共同作用，使中国形成了经济社会发展程度有明显梯度差异的东中西部三大经济地带。20 世纪 80 年代，中国引入西方的"技术梯度推移（规律）理论"，并把"技术梯度"演化为"经济梯度"，使其成为划分全国经济区的主要理论依据。国务院制定"七五"计划时，综合考虑了各省区市（以下简称省区）的经济社会发展程度、地理位置和区位特点，首次对东、中、西部三大经济地带的范围作出明确划分：在不包括港澳台的情况下，东部地带包括：辽宁、北京、天津、河北、山东、江苏、上海、浙江、福建、广东和广西 11 个临海省区市；中部地带包括：黑龙江、吉林、内蒙古、山西、河南、湖北、安徽、湖南和江西9个省区；西部地带包括：四川、云南、贵州、西藏、陕西、甘肃、青海、宁夏和新疆9个省区。

20世纪80年代后期和90年代后期，中国省级行政区划进行了两次调整。经中央批准，1988年海南从广东分离出来建立了海南省，1997年3月重庆从四川分离出来成立了直辖市。同时，为了促进民族自治区经济社会发展，中央根据地方政府的要求，把内蒙古和广西两个自治区划入西部地带。如是，现今东部地带包括：辽宁、北京、天津、河北、山东、江苏、上海、浙江、福建、广东和海南，共8个省区和3个直辖市。中部地带包括：黑龙江、吉林、山西、河南、湖北、安徽、江西和湖南，共8个省区。西部地带包括：重庆、四川、云南、贵州、西藏、内蒙古、广西、陕西、甘肃、宁夏、青海和新疆，共6个省、5个自治区和1个直辖市。

划分三大经济地带的本意，是推动经济地带间的经济技术交流和互助合作，实现协调发展。然而，由于当时中央投资和开放政策过度向东部倾斜，加上各地带基础条件和发展惯性的作用，三大地带尤其是东、西部之间的经济社会发展，呈现明显的"马太效应"，差距不断扩大。中央为了遏制这种势头，于2000年开始实施西部大开发战略，旨在通过加强中央财政转移支付力度，增加对西部地带的投资，加强基础设施建设，提高公共服务水平，减缓东西部地带间差距扩大强度。西部大开发战略实施10年来，西部经济社会发展能力增强，增长速度加快，生态环境恶化势头得到遏制，公共服务水平提高，民生得到改善。2010年7月，中央召开西部大开发工作会议，部署下一阶段深入实施西部大开发战略的基本任务，要求西部地带更加注重基础设施建设，着力提升发展保障能力；更加注重生态环境保护，着力建设美好家园和国家生态安全屏障；更加注重经济结构调整和自主创新，着力推进特色优势产业发展；更加注重社会事业发展，着力促进基本公共服务均等化和民生改善；更加注重优化区域布局，着力培育新的经济增长极；更加注重体制机制创新，着力扩大对内对外开放。① 与之相随，中央还制定和实施了"振兴东北老工业基地"和"中部崛起"等区域发展战略，也都得到了明显成效，东、中、西部三大地带间差距扩大的强度得到遏制和减缓。

---

① 新华社：《西部大开发工作会议在京举行》，《经济日报》，2010年7月7日，第1版。

13.1.2 经济区及其区域市场演变和空间层次结构

1. 传统经济区及其区域市场演变和空间层次结构

中国地域辽阔，漫长的历史进程中，在自然地理、经济和行政因素的交互作用下，形成了区域范围大体上与行政区划叠合的传统一、二、三级经济区，以及依托它们的区域市场。

（1）一级经济区及其区域市场。历史上，中国长期交通落后，货物跨区域交流的运输成本很高，省区间的经济交流明显呈现近密远疏状态，从而形成了以一个或几个大城市为核心、由几个毗邻省区组成、范围与之大体重合但无边界的一级经济区及其区域市场。新中国成立前，山海关外，以沈阳—长春—哈尔滨为核心，大体上形成了覆盖辽宁、吉林、黑龙江 3 省和内蒙古毗邻地区的东北一级经济区及其区域市场；关内北部，以北京—天津为核心，大体上形成了覆盖河北（含热河）、山西、山东 3 省和内蒙古毗邻地区（绥远和察哈尔）的华北一级经济区及其区域市场；东部以上海为核心，大体上形成了覆盖上海、江苏、浙江和安徽 1 市 3 省的华东一级经济区及其区域市场；中部以郑州—武汉—长沙为核心，大体上形成了覆盖河南、湖北、江西和湖南 4 省的中南一级经济区及其区域市场；南部以广州—深圳为核心，大体上形成了覆盖广东（含海南）、广西和福建 3 省的华南一级经济区及其区域市场；西南部以成都—重庆为核心，大体上形成了覆盖四川、云南、贵州 3 省的西南一级经济区及其区域市场；西北部以兰州—西安为核心，大体上形成了覆盖陕西、甘肃、青海和宁夏 4 省区的西北一级经济区及其区域市场。

新中国成立后，1951～1953 年，中央政府曾设立区域范围与上述一级经济区大体一致的六大行政区，即东北、华北、华东、中南（包括华南）、西南和西北行政区。在中央政府统一领导下，分大区对全国施行行政管理。1954 年，为了加强中央对省区市的直接领导，撤销了六大行政区。1958 年，中央政府把全国划分为东北、华北、华东、华中、华南、西南和西北七大经济协作区。其范围与历史上形成的一级经济区基本上一致。1961 年，中央政府又把华中和华南合并为中南区，形成与1953 年六大行政区范围一致的六大经济协作区。无论是设立六大还是七大经济协作区，目的都是为了加强毗邻省区市间的交流和协作，实现协调发展，它反映了我国经济地理空间上，存在传统一级经济区及其区域市场这个客观事实。①

如何划分一级经济区，更利于毗邻省区市交流协作，提高全国经济协调发展水平，一些经济地理学者专门作了研究和探索，提出了独立见解。比如，南京大学地理系宋家泰教授等，在其主编的《中国经济地理》中，提出了把全国划分为十大经济区的建议，并阐述了理由。即东北经济区（包括辽、吉、黑3省）、华北经济区（包括京、津、冀、晋、鲁、豫2市4省）、内蒙古经济区、华东经济区（包括沪、苏、浙、皖1市3省）、东南经济区（包括赣、闽、台3省）、华中区（包括鄂、湘2省）、华南区（包括广东含海南、广西和港澳）、西北区（包括陕、甘、宁、青4省区）、新疆经济区、西南经济区（包括川、滇、黔、藏，含重庆市）。②这种探索和研究，再次印证了我国经济地理空间上，存在传统一级经济区范畴。

改革开放以来，尤其近年，中国城市化率提高，各省区中心城市规模扩大，吸引力和辐射力增强，凸显和强化了二级经济区及其区域市场的功能和作用，使一级经济区及其区域市场的功能和作用弱化。

（2）二级经济区及其区域市场。二级经济区及其区域市场，是以一两个特大城市为核心地带，形成区域范围大体与省级行政区叠合而无边界的经济区及其区域市场。如福建、江西、湖北、河南、四川、云南、陕西和新疆等经济区及其区域市场。它们是历史发展进程中，由地理环境、经济交流和行政区划等因素，交互作用形成的。人类社会发展到一定历史阶段之后，在一些水陆路交汇处兴起了城市，带动周围地区经济社会发展，成为区域经济文化中心。自秦朝实行郡县制起，中央政府就在一些重要城市设置省级政权机构，管理周围区域的经济社会和军事政治。大体上，秦代为郡，汉代至唐代为州，元代至清代为省并沿用至今。③现代，尤其是新中国成立以来，只对少数几个省级行政区的范围作了调整和变动，多数省区沿袭了历史上形成的区划范围。省级政权机构的设置，强化了省会城市的区域中心地位，增强了它对省区经济社会发展的带动作用，促进了二级经济区的形成和发展。二级经济区与省级行政区划的区别在于，虽然它们的区域范围叠合，但二级经济区是开放的，无固定边界。在一些毗邻省区的边界地带，围绕一两个中等城市，形成了跨省区边界的三级经济区。如甘陕毗邻地带以甘肃天水和陕西宝鸡为核心，形成了横跨两省的"天水—

---

①②③　宋家泰主编：《中国经济地理》，中央广播电视大学出版社1986年版，第264～266、272～274、276页。

关中"三级经济区；川、陕、甘三省毗邻地区，以四川广元市为中心，形成了覆盖川北、陕南、甘南的三级经济区。这些三级经济区打破和模糊了二级经济区的边界。

随着省区内交通运输条件改善，经济中心城市吸引力和辐射力不断增强，二级经济区的地位和作用不断被强化。一方面这种趋势在一些原来经济落后的省区，如新疆、青海、宁夏、西藏、贵州等最明显，今后还会增强。另一方面，一些原本属于同一个二级经济区的区域，因行政区划变动，被分为两个省级行政区，如现在的四川省和重庆市，广东省和海南省，但它们之间历史上形成的千丝万缕的经济和文化联系，不仅没有被割断，反而在发展中增强，推动当地经济社会加快发展。中央政府意识到这一点，以设立试点区的方式（如成渝经济区），促进传统二级经济区及其区域市场加快发展。可见，传统二级经济区及其区域市场在中国经济社会发展中，具有十分重要的地位和作用。

（3）三级经济区及其区域市场。一些地域范围大的二级经济区内或边界上，以一两个中等城市为核心，形成地域范围与一两个毗邻地级市行政区大体上重叠，而无边界的三级经济区及其区域市场。如江苏，以苏州、无锡、常州三城市为核心的苏锡常经济带及其区域市场；浙江，以杭州、嘉兴、湖州三城市为核心的杭嘉湖经济区及其区域市场；甘陕交界地带，以宝鸡、天水两城市为核心的"天水—关中"经济带及其区域市场；四川东南部，以宜宾、泸州两城市为核心的川南经济区及其区域市场，西南部以攀枝花和西昌两城市为核心的攀西经济区及其区域市场，北部以广元市为中心，跨川陕甘边界的经济区及其区域市场，等等。三级经济区及其区域市场作为二级经济区的组成部分，推动着区内外商品和生产要素交流，支撑着本区域经济社会发展。

（4）传统经济区及其区域市场的空间层次结构。经济区及其区域市场没有边界。同一个地域范围上的一、二、三级经济区及其区域市场之间，没有纵向的行政隶属关系，而由横向经济交流维系着它们之间的汇聚和覆盖关系。即在一定地域范围内，长期的经济文化交流，使几个相邻的三级经济区和区域市场，汇聚成一个二级经济区及其区域市场；几个相邻的二级经济区和区域市场，汇聚成一个一级经济区及其区域市场。反过来看，在同一地域上，一个一级经济区及其区域市场，覆盖着几个相邻二级经济区及其区域市场；一个二级经济区及其区域市场，覆盖着几个相邻三级经济区及其区域市场。如此形成经济区及其区域市场的空间层次结构，而大中小城市和乡村集镇，是其中央枢纽、中间层次及外围结点。

城市有强大的聚集效应：一是其经济社会资源密集、公共服务发达，能使厂商获得降低生产要素采购成本、提高运营效率的好处，使居民享受到高品质的物质文化生活，吸引外部企业和人口源源不断流入，不断扩充自身经济能量；二是其巨大的需求量和强大的供给能力，以及快捷高效的物流运输网络和信息服务平台，能提高商品营销效率、加快货物周转、扩大市场覆盖范围，对周围广阔区域产生强大吸引力和辐射力。城市的经济能量和辐射力，与其人口规模和经济社会发达程度正相关。特大城市经济能量巨大和辐射力超强，是一、二级经济区乃至全国的经济中心和市场网络中央枢纽；大城市稍次之，是二级经济区的经济中心和市场网络中央枢纽；中等城市再次之，是三级经济区的经济中心，一、二级经济区市场网络的中间层次结点；小城市和集镇则是当地的经济中心和区域市场网络的外围结点。如是，一、二级经济区以特大和大城市中央枢纽，中等城市为中间层次结点，小城市和集镇为外围结点，形成内密外疏的市场网络体系；各经济区市场网络相互贯通，形成覆盖全国城乡的市场网络体系。

2. 新经济区及其区域市场的兴起与发展

20世纪80年代以来，在扩大对内对外开放、深化改革和加快经济社会发展进程中，在大城市周围，在沿海、沿江，以及铁路和高速公路沿线，经济基础条件比较好的区域，兴起了一批城市和集镇。它们或者填补了城市空白地带，把间隔比较远的大中城市联结起来形成城市带；或者如众星拱月，环绕一两个大城市形成城市群，成为充满生机和活力的经济增长极。它们辐射周围一大片区域，形成经济圈或经济带。著名的有：环渤海湾经济圈、长江三角洲和珠江三角洲经济圈、长株衡经济圈、武汉经济圈、成都经济圈、沪宁杭经济带、成渝经济带和天水—关中经济带等。新兴经济区是市场经济发展的产物，天生具有跨行政区划的特点，其区域市场的吸引力和辐射力极强，通常都超越其所在的传统经济区，而达全国各地。

传统经济区与新兴经济区交错并存，是现今中国处于工业化、城市化快速发展阶段，产业空间布局剧烈调整和变动的反映。新兴经济区的成长是对传统经济区格局的冲击，经过一段时间整合之后，将导致适应市场经济发展要求的经济区新空间层次结构形成。比如，随着香港和澳门回归，以穗（广州）、深（深圳）、港（香港）、澳（澳门）为核心区域，包括江西、湖北、湖南、广西、海南和广东在内的华南经济区将得到强化。如果我国台湾地区和祖国大陆的三通更加直接和范围扩大，经济文化交流更广泛，则有会以厦门、福州、基隆和高雄为轴心，形成包括福建、台湾、江西、浙江南部和广东北部在内的东南经济区。上海经济区和华南经济区将受到其牵动而发生调整。再如，随着亚欧第二大陆桥国际贸易发展，作为东方桥头堡的连云港与日照市和青岛市将成为轴心，形成环黄海湾经济圈。传统的华北经济区将受到环渤海和环黄海两个经济圈的牵动而发生调整。总之，今后一个时期，中国东、中、西部，尤其是东部，将经历产业空间布局大调整，经济区格局大改组、大变动过程。

13.2　经济区及区域市场特性

舍象具体的地理空间形态，就经济性质而言，经济区及其区域市场，无论传统的还是新兴的，都具有以下特性。

13.2.1　区内同质性和内聚性

为了便于比较，我们从东西部地带上，选择具有代表性的上海和西南一级经济区，以及其区内的二级经济区及区域市场，从经济社会发展状况和文化习俗两个方面作比较，揭示其区内同质性和区际差异性。

1. 区内同质性分析

（1）区内同质性之一：同一个一级经济区内，各省区的经济社会发展程度大体处在同一层次上。

表 13-1 显示，上海经济区中除安徽略低一档外，其他 1 市 2 省都处于同一个经济社会发展层次上。2010 年，上海经济区的第一产业比重下降到 7% 以内，上海为 0.7%，江苏为 6.1%，浙江为 4.9%。江苏和浙江的第二产业比重分别达到 52.5% 和 51.6%，是第二产业为主的产业结构。上海的第二产业比重为 42.1%，而第三产业比重达到 57.3%，是第三产业为主的产业结构。三省市的人均 GDP 和消费水平都显著高于全国平均水平。2010 年，上海分别达到 76 074 元和 32 271 元，分别是全国平均水平的 2.54 倍和 3.25 倍；江苏分别达到 52 840 元和 14 035 元，分别是全国平均水平的 1.76 倍和 1.41 倍；浙江分别达到 51 711 元和 18 097 元，分别是全国平均水平的 1.72 倍和 1.82 倍。全区的第一、二、三产业比重分别为 5.8%、50.4% 和 43.8%，表明上海经济区已经形成第二产业为主的产业结构，进入了工业化后期。全区人均 GDP 和消费水平分别为 45 733 元和 15 202 元，是全国平均水平的 1.52 倍和 1.53 倍，分别是中国的发达地区。

表 13 – 1　　　　2010 年上海和西南经济区经济社会发展状况比较

		人口 （万人）	人均 GDP （元）	产业结构（100%）			人均消费水平 （元）
				第一产业	第二产业	第三产业	
全国		134 091	29 992	10.1	46.8	43.1	9 940
上海经济区	上海	2 303	76 074	0.7	42.1	57.3	32 271
	江苏	7 869	52 840	6.1	52.5	41.4	14 035
	浙江	5 447	51 711	4.9	51.6	43.5	18 097
	安徽	5 957	20 888	14.0	52.1	33.9	8 237
	全区	21 576	45 733	5.8	50.4	43.8	15 202
西南经济区	重庆	2 885	27 596	8.6	55.0	36.4	9 723
	四川	8 045	21 182	14.4	50.5	35.1	8 182
	贵州	3 479	13 119	13.6	39.1	47.3	5 879
	云南	4 602	15 752	15.3	44.6	40.0	6 724
	西藏	301	17 319	13.5	32.3	54.2	4 513
	全区	19 312	19 389	13.3	48.7	38.1	7 655

资料来源：表内数据来源于《2010 年中国统计年鉴》2 – 15、2 – 19、2 – 23 和 2 – 25 等栏目，国家统计局网站发布。一、二级经济区人均数据，是由有关统计数据计算出来的。

表 13 – 1 还显示，西南经济区覆盖的 5 个省区的经济社会发展程度，都明显低于全国平均发展水平，处于工业化中期。2010 年，除重庆外，其余 4 省区的第一产业比重在 13.5% ~ 15.3% 之间，高于全国平均水平；第二产业比重，除重庆和四川略高于全国平均水平外，云南、贵州和西藏分别为 44.6%、39.% 和 32.3%，都明显低于全国平均水平。全区第一、二、三产业比重分别为 13.3%、48.7% 和 38.1%，处于工业化中期。同年，人均 GDP，除重庆是全国平均水平的 92.0% 外，四川、云南、贵州和西藏，分别是全国平均水平的 70.6%、52.5%、43.7% 和 57.7%，都显著低于全国平均水平。人均消费水平，除重庆是全国平均水平的 97.8% 外，四川、云南、贵州和西藏，分别是全国平均水平的 82.3%、67.6%、59.1% 和 45.4%，都明显和显著低于全国平均水平。全区人均 GDP 和消费水平分别为 19 389 元和 7 655 元，分别是全国平均水平的 64.6% 和 77.0%，是中国的不发达地区。

（2）区内同质性之二：同一个一级经济区内，各省区的社会文化形态大体相同。长期历史发展进程中，毗邻省区因交流密切形成了大体相同的社会文化形态。比如，东北经济区形成了粗犷民风，以酸菜和各色炖菜为代表的饮食文化，以及以"二人转"和"大秧歌"为代表的戏曲文化。

华北经济区形成了豪侠民风，以"鲁菜"为主体的饮食文化，以及以京剧、评剧、梆子戏和各种曲艺为代表的戏曲文化。上海经济区形成了精细民风，偏甜咸口味的饮食文化，以及以越剧、评弹和黄梅戏为代表的戏曲文化。华南经济区形成了进取民风，喜好山珍野味和茶点的饮食文化，以及以粤剧和潮州音乐为代表的岭南戏曲文化。西南经济区形成了机智民风，重麻辣口味的饮食文化，以及以川剧、清音为代表的戏曲文化。西北经济区形成了豪放民风，喜好面食和牛羊肉的饮食文化，以及以秦腔、信天游和"花儿"为代表的戏曲文化。

2. 区内内聚性分析

内聚力，是指经济区内经济体之间的市场吸引力强度，大于经济区之间经济体的市场吸引力强度。20 世纪 80 年代初，江苏学者朱晓林和钟永一提出了"城市市场引力场"假说："城市间经济作用的强度与城市的规模及其经济发达程度成正比，而与城市间距离的平方成反比。"[①] 笔者认为这个假说的原理，也适用于描述经济区内经济体之间的市场吸引力强度。因为，舍象具体形态后，就生产、供给、需求、交换、消费这些基本经济功能而言，城市与以个体、集体、集团形式存在的经济体，本质上是相同的。因而类比地提出假说：区域空间上，经济体之间的市场吸引力强度，与经济体的有效供给能力和有效需求能力成正比，而与经济体之间的距离平方成反比。这个假说的正确性，可以通过以下分析证明。

（1）社会分工使区域空间上的经济体，分化为供给方和需求方两极，彼此以对方为生存发展条件，并通过交换使自身需要得到满足。所以，经济体之间客观上存在市场吸引力。

（2）通常情况下，供给方和需求方的有效供给能力和有效需求能力强，则交易批量大、成本低、交易成功率和利润率高，因而市场吸引力大；反之，则市场吸引力小。由此可见，在其他条件既定情况下，市场吸引力与供给方和需求方的有效供给能力和有效需求能力，呈线性正相关关系。

（3）交易成功率与交易成本呈线性负相关关系。交易成本主要由商流、物流和信息流费用构成。在交易规则、流通基础设施和技术水平既定的条件下，商流、物流和信息流费用，亦即交易成本，与供给方和需求方的距离呈线性正相关关系。由于市场吸引与万有引力的作用方式相似，因此我们类比地推论，在其他条件一定的情况下，市场吸引力与供给方和需

---

① 论文集：《中心城市经济问题研究》（上卷），1983 年 10 月武汉内部出版，第 136 页。

求方之间的距离平方呈线性负相关关系。

综合以上分析，并将线性正相关关系和负相关关系，设定为正比和反比关系，便得到公式：

$$F = \frac{M_s \cdot M_D}{r^2} \qquad (1)$$

式中，F——供给方和需求方之间的市场吸引力；

$\qquad M_s$——供给方的有效供给能力；

$\qquad M_D$——需求方的有效需求能力；

$\qquad r$——供给方和需求方之间的距离。

（4）此外，供给方和需求方之间市场吸引力大小，还要受到诸如流通技术条件、供给方和需求方活力强弱、社会经济环境和市场秩序优劣等相关因素的影响。这些相关因素的变动，也会增强或减弱供给方和需求方之间的市场吸引力强度。因而，用系数 K 修正公式（1），于是得到：

$$F = K \cdot \frac{M_s \cdot M_D}{r^2} \qquad (2)$$

公式（2）的正确性，不仅可以从上述理论分析得以证明，如果能够收集到某二级经济区内中心城市，与市县中小城市之间公路路程距离数据和货物运输量数据；或者某二级经济区（以省区代替），与全国其他二级经济区之间的公路或铁路路程和货物运输量数据，并对它们之间的相关性作比较分析，公式（2）的正确可以用实际资料验证。笔者做"中国东西部市场关系研究"课题时，曾经收集到 1985～1986 年四川省与全国其他省区的铁路货物运输交流量数据，大体上验证了公式（2）的正确。[①]

在内聚性的作用下，在二级经济区内，形成了以特大或大城市为核心，中等城市为中间节点，小城市和城镇为外围节点，内密外疏的辐射状区域市场网络，推动商品和生产要素流通，支撑经济社会运行发展。

13.2.2　区际差异性和依存性

1. 区际差异性

（1）区际差异性之一：三大地带经济区之间自然资源禀赋差异明显。中国土地辽阔，三大经济地带及其经济区，在地理区位、工业矿产资源和

---

① 周殿昆：《中国东西部市场关系与协调发展》，西南财经大学出版社 1998 年版，第 18～20 页。

农业自然资源禀赋方面有明显差异。①地理区位差异。东部地带有沿海区位优势，在对外开放和发展外向型经济方面，有得天独厚的有利条件。中部地带，地理区位劣于东部但优于西部。西部地带深处内陆，地理区位劣势明显，不利于对外开放和发展外向型经济。②工业矿产资源禀赋差异。在包括森林积蓄量、能源、黑色金属、有色金属、稀土、贵金属和非金属在内的43种工业矿藏及自然资源中，东部地带仅是石油、铁、锰、锡、黄金、金刚石、菱镁、明矾和花岗石9种矿藏资源的主要储藏区。中部地带是森林积蓄量，煤、钨、锑、稀土、铌、萤石和石墨7种矿藏及自然资源的主要储藏区。西部地带则是煤、天然气、水力、铬、钒、钛、镍、铜、铅、锌、汞、锂、铍、银、铂、云母、磷、硫、钾盐、芒硝、钠硝石和石棉22种矿藏及自然资源的主要储藏区。总体格局是，西部矿藏及自然资源的种类多且储量丰富，东部和中部则种类少且储量贫乏。① ③农业自然资源禀赋差异。总体上，野生动植物资源种类和数量、农业自然资源人均资源密度两个方面，明显呈现出西部优于中部，中部优于东部格局。但是，在农业气候条件、农业自然资源地均密度及分布合理程度方面，则呈现东部优于中部、中部优于西部的反向格局。由于西部地带动植物资源优势深藏于大山区，农业自然资源的光、热、土、水配合不当甚至失调，开发利用难度大。因此，现实状况是，东部和中部的农业发展程度明显高于西部。②

（2）区际差异性之二：三大地带经济区之间产业结构错位，供求互补性显著。东部加工工业发达，工业消费品和工业品生产资料，除了满足自身需要外，对中西部有很强的供给能力；而农产品尤其是粮食、油料和肉类等有明显供给缺口，需要从中西部获得供给补充，才能满足需求。西部和中部能源、原料工业和农业发达，煤、天然气和电力，以及棉花、植物油料和肉类等供给能力强，除满足自身需要外，对东部有很强的供给能力；而加工工业产品尤其是工业消费品有明显供给缺口，需要从东部获得供给补充，才能满足需求。

（3）区际差异性之三：三大地带经济区之间地域文化形态迥异。不仅三大地带之间地域文化迥异，而且，同一地带上的南北经济区之间地域文化也差异明显。如中部地带上的华北和华南经济区，形成了风格迥异的"中原文化"和"岭南文化"，而同处西部地带的西南和西北经济区，则

---

① ②　周殿昆：《中国东西部市场关系与协调发展》，西南财经大学出版社1998年版，第62～70页，第76～84页。

形成了风格迥异的"巴蜀文化"和"陕甘文化"。其次，中国有56个民族，少数民族聚居区浓郁的民族文化特色，造就了一些二、三级经济区风格独特的地域文化。如西藏、新疆、宁夏、内蒙古和广西等自治区，分别形成了以藏传佛教文化、维吾尔族文化、伊斯兰（回族）文化、蒙古族文化和壮族文化为特色的二级经济区。而云南大理和西双版纳，四川凉山和汶川，以及新疆伊犁，则分别形成了以白族、傣族、彝族、羌族和哈萨克族文化为特色的三级经济区，等等。它们如重彩浓墨，把一、二、三级经济区之间的地域文化差异，渲染得更鲜艳。这些色彩鲜艳的文化渗透到当地的生产、消费和流通领域中去，使各经济区的社会经济生活呈现浓郁的地域文化特征，形成文化内涵迥异的区域市场。

2. 区际依存性分析

区内同质性和内聚性构成了经济区及其区域市场的相对独立性，而差异性又使它们之间形成供求互补关系，构成相互依存性。经济区及其区域市场虽然能相对独立地运转，但却不能相互隔绝地生存。因为，经济区及其区域市场是一个非平衡系统，按照耗散结构理论，它们之间必须不断地进行经济能量——商品和生产要素交换，才能产生自组织功能，使本区域经济社会运行由无序走向有序，实现全国经济社会协调发展。这个特性将在下一章中，具体揭示和证明。

13.3　区际贸易中不等价交换问题的演变

中国东中西部三大地带及其重点省区间的自然资源禀赋差异显著，市场化改革导致能源、农产品和加工业产品产能向具有比较利益优势的省区集中，使它们之间的商品供求互补性显著增强（详细论证及资料见第14章）。因此，三大地带及其经济区之间，必须广泛进行区际贸易才能实现供求平衡，优化资源配置，保持和促进经济社会顺畅运转和协调发展。然而，过去很长一段时间，在区际贸易中，中西部地区用来交易的货物，是价格和利润含量低的农产品和工业品原材料，而东部地区用来交易的货物，则是价格和利润含量高的轻工业产品和重工业加工产品，于是在人们头脑中形成了一个固有观念：进行区际贸易必然是东部地区受益中西部地区受损。这种观念导致一些地区封锁市场，妨碍区际贸易正常进行。本节通过分析区际贸易不等价交问题的演变，帮助人们清除这个旧观念，扫除思想障碍，促进区际贸易快速发展。

13.3.1 不等价交换含义和类型

1. 等价交换的本质：不同产业部门中，同质等量生产要素投入获得等量收益

现实社会中各种具体的交易活动，剥去其形形色色的商品外壳之后，实际上是各产业部门和经济组织间的生产要素投入相交换。在市场经济中，生产要素要自由流动，目的是投入到高效率产业部门中去获得高收益。然而从全社会和长时期看，生产要素的自由流动，最终必然导致利润平均化，使投入不同产业部门的同质等量的生产要素获得大体相等的收益。因此，同质等量的生产要素投入获得等量收益，是市场经济赋予等价交换的最本质的含义。一切不能满足这个本质要求的交易活动，都属于不等价交换范畴。不同产品之间要实现等价交换，必须同时满足下述两个必要前提条件：第一，生产这些产品的产业部门和经济组织的生产效率必须相等。这样，同质等量的生产要素投入才能在不同产业部门中，生产出价值量相等的不同种类产品。第二，社会分配到各个部门中的生产供给能力和消费需求能力必须均衡。这样，商品的市场价格，才能够与它所含有的价值量相一致。如是商品中含有的价值量才能在交换中全部得到实现，同质等量的生产要素投入，才能获得等量收益。然而，现实生活充满矛盾，它们一方面影响产业部门和经济组织的生产经营活动，使之形成生产效率差距；另一方面干扰社会再生产，使一些部门之间的生产供给能力和消费需求能力错位失衡。所以，现实生活中，同时满足等价交换两个必要前提条件的概率几乎为零。因此，在东部和中西部区际贸易中，等价交换是特殊个别现象，不等价交换则是一般常态现象。

2. 计划经济时期：形成两种类型不等价交换

历史发展的结果，使得中国东部和中西部间的产业分布，呈现"东工西农""东轻西重""北重南轻"的格局。这样，在区际贸易中，同质等量的生产要素投入，从中西部农产品和工业品原料中获得的收益量，必定少于从东部加工工业产品中获得的收益量。这种不等价交换，是由于东部和中西部参加带际区际贸易的产业部门之间，生产效率存在明显差距造成的，笔者把它定义为生产效率差距型不等价交换。

计划经济时期，由于价格结构被人为严重扭曲，东部和中西部带际区际贸易中还形成了另一种类型的不等价交换，笔者把它定义为价格结构缺陷型不等价交换。众所周知，20世纪50～70年代，中国仿效苏联实行"剪刀差"价格政策，人为压低农产品和工业品原料价格，使工农业产品

之间，以及工业内部原材料产品和加工产品之间，比价结构长期严重扭曲。据有关人士统计，1954~1978年，农业通过价格"剪刀差"方式向国家提供的资金达5 100亿元，相当于同期农业净产值的1/3。[①] 这种严重扭曲的价格结构，与东部和中西部间的商品交换标的物相结合，导致中西部应得收益大量向东部转移。

现实经济生活中，两种类型不等价交换是交织在一起的，但是，价格结构缺陷型不等价交换所引起的收益流失，更直观和便于统计，容易引起人们注视，从而掩盖并导致人们忽视了生产效率差距型不等价交换的存在。

13.3.2 新时期不等价交换问题的演变

1. 价格结构缺陷型不等价交换，20世纪80年代双轨制时期被弱化，90年代市场化改革中被化解

（1）政府深化计划和价格体制改革。1992年，中国政府确立了建立社会主义市场经济体制的改革目标，放开了大部分商品价格：重工业品生产资料和交通运输价格，一次性放开近600种，政府定价仅保留33种、指导价保留56种；农产品仅保留政府定价6种、指导价4种；轻工业品中，实行政府定价和指导价商品，由41种减少为9种。1997年与1978年相比，社会商品零售额中，政府定价的比重由97%减少为6%，市场价格的比重由3%上升为93%。到2001年，社会商品零售总额、农副产品收购总额和生产资料销售总额中，政府定价的比重又分别下降到2.7%、2.7%和9.5%，由市场决定的价格机制基本上形成。[②]（2）政府多次大幅度提高重要农产品和工业品原料的价格。1994年，中国政府大幅度提高了粮食、棉花等重要农产品，以及原煤、原油、天然气和成品油等工业品原料的价格，使得工农业产品，以及工业内部产品的比价结构，进一步向合理化方向改善。（3）政府加强宏观调控，保持供求平衡和价格稳定。上述措施，使中国在20世纪90年代后期形成了市场化价格体制，过去长期困扰东部和中西部区际贸易的价格结构缺陷型不等价交换问题，基本上被化解，中西部应得收益向东部转移的强度显著降低。

2. 生产效率差距型不等价交换凸显，并将长期影响区际贸易

价格结构缺陷型不等价交换化解后，原先被它掩盖着的生产效率差距

---

① 韩志荣：《工农三大剪刀差及其现状分析》，载于《经济研究》，1996年第10期。

② 李晓西：《宏观经济学》，中国人民大学出版社2005年版，第459~460页。

型不等价交换就凸显出来，成为今后长期影响三大地带间区际贸易利益关系的主要因素。前已述及，生产效率差距型不等价交换问题的成因，是中西部参加带际区域贸易的主要产业部门——农业和原材料工业部门的生产效率低。从逻辑上讲，化解此类不等价交换问题的路径有两条：一是通过规模经济和集约化经营，把中西部农业和原材料工业的生产效率，提高到与东部轻工业和加工工业大体相等的水平。二是通过调整结构和加快发展，使中西部的产业结构升级，以生产效率较高的产业部门（如轻工业和加工工业部门），替换生产效率较低的农业和原材料工业部门参加带际区际贸易，缩小贸易中与东部产业部门的生产效率差距。然而，这种纯粹由理论演绎出来的路径，在现实中未必就行得通。其一，原材料工业是粗加工产业，技术含量和附加价值低，其生产效率必定难以赶上加工度深、技术含量和附加价值高的轻工业和加工工业部门。其二，农业是对自然资源和气候条件依赖性极强的弱质产业，中西部农业的弱质性产业特点尤其突出，其生产效率的提高速度必然明显低于全国平均水平。因此，企图通过第一条路径，化解生产效率差距型不等价交换问题是行不通的。第二条路径，有可能使三大地带间生产效率差距型不等价交换问题得到缓和，但是要使其完全化解则是不可能的，因为东部也要推动产业结构升级。也就是说，当中西部以轻工业和加工工业，把农业和原材料工业从区际贸易中置换出来时，东部地带很可能以生物、信息和新材料等高新技术产业，把轻工业和加工工业从带际贸易中置换出来。总之，由于双方参加区际贸易的产业部门在技术先进性上始终有差距，因此生产效率上的差距将始终存在。所以，未来三大地带间的区际贸易中，生产效率差距型不等价交换问题将长期存在，人们只能在这个前提下，讨论三大地带间的利益关系。

13.4 不等价交换条件下区际贸易动力
——互利共赢机制分析

既然带际区际贸易中不等价交换是常态现象，那么是否如传统观念认为的那样，中西部的应得收益就必定向东部转移呢？这个问题不能一概而论，需分两种情况回答：第一，前已述及，在价格结构缺陷型不等价交换中，中西部地带的应得收益会因为计划调拨和价格结构缺陷而向东部转移。第二，当价格结构缺陷型不等价交换基本上得到消除，生产效率差距型不等价交换成为主要形态时，东部和中西部间区际贸易的结果是互利共赢的，只是生产效率高的东部经济区的盈利率，高于生产效率低的中西部经济区而已。而且，中西部经济区可以从中获得"后发效益"，加快发展，缩小与东部经济区的差距。正是这种互利共赢机制，维系和推动着区际贸易运行发展。

13.4.1　以比较利益优势产品进行带际区际贸易时的互利共赢机制

一般而言，加工工业产品和农产品及工业品原料，分别是东部和中西部具有比较优势的商品。现以其中的家电产品和肉类产品为例进行分析。

在表 13-2 中，笔者仿照李嘉图分析英国、葡萄牙两国比较利益关系时的举例，设定中国东部和中西部的比较利益和区际贸易状况为：第一，东部以 M 台家电产品、中西部以 N 吨肉类产品参加带际区际贸易，且两类产品的价值是相等的。即交换后，双方的需求都得到满足。第二，东部和中西部生产家电产品和肉类产品的劳动耗费不等，状况为 $P > E$，$F > Q$。在东部内和中西部内，生产等价值量 M 台家电产品和 N 吨肉类产品的劳动耗费状况分别为 $F > E$，$P > Q$。即东部生产家电产品劳动耗费低，具有比较利益优势；西部生产肉类产品劳动耗费低，具有比较利益优势。第三，东部和中西部间家电产品和肉类产品的交换比例为 K，在上述条件下：

表 13-2　　　　　　　　　东部和中西部比较利益状况

	东部劳动耗费	中西部劳动耗费
M 台家电产品	E 个劳动单位	P 个劳动单位
N 吨肉类产品	F 个劳动单位	Q 个劳动单位

（1）东部欲换回 N 吨肉类产品满足自身需要，则：

①需要付出家电产品 KM（台）；②需要付出劳动耗费 $K \cdot E$（劳动单位）；③可节约劳动费 $F - K \cdot E$（劳动单位）

（2）同理，中西部欲换回 M 台家电产品满足自身需要，则：

①需付出肉类产品 $\dfrac{N}{K}$（吨）；②需付出劳动耗费 $\dfrac{Q}{K}$（劳动单位）；③可节约劳动耗费 $\left(P - \dfrac{Q}{K} \right)$（劳动单位）

（3）欲要带际区际贸易互利，则东部和中西部从带际区际贸易中节约的劳动耗费必须为正数。

即 $\begin{cases} F - K \cdot E > 0 \\ P - \dfrac{Q}{K} > 0 \end{cases}$ 则可得 $\begin{cases} \dfrac{F}{E} > K \\ K > \dfrac{Q}{P} \end{cases}$

该不等式组可写成 $\dfrac{F}{E} > K > \dfrac{Q}{P}$。

即只要双方的交换比例 K 在小于 $\dfrac{F}{E}$、大于 $\dfrac{Q}{P}$ 的开区间内，东部和中西部的区际贸易收益都为正，是互利的。虽然双方的获利量不等，但是各自都从区际贸易中获得了与自己交易量和生产效率相对应的收益。正是这种不等价交换条件下的互利机制，维系和推动着带际区际贸易发展。

13.4.2　区际贸易中非比较利益优势互利机制

东部和中西部之间，并非全部以比较利益优势商品和生产要素，有时也以非比较利益优势商品和生产要素进行贸易，此时是否也是互利的？回答这个问题，需要引入"消费者剩余"和"生产者剩余"范畴。西方经济学，把消费者按照实际支付价格和愿意支付价格购买商品所形成的差额，定义为"消费者剩余"。同理，把生产者按实际市场价格和愿意接受价格出售商品形成的差额，定义为"生产者剩余"。[①]

（1）东部或中西部进行"输入贸易"，会使消费者剩余增加，生产者剩余减少，但消费者剩余的增加量，大于生产者剩余的减少量，因而东部或中西部合计仍能获得纯收益。

（2）东部或中西部进行"输出贸易"，会使生产者剩余增加，消费者剩余减少。但生产者剩余的增加量，大于消费者剩余的减少量，因而东部或中西部合计仍能获得纯收益。

（3）如果不开展贸易，或者对区际贸易进行限制，那么，东部和中西部将全部或部分丧失从贸易中获取纯收益的机会。第一，假定东部和中西部关闭区域市场，不进行带际区际贸易，那么，在供求曲线图上，由于供给曲线、需求曲线和价格曲线都不发生移动，因而代表消费者剩余和生产者剩余的图形面积既不会扩大也不会缩小，东部或中西部带际区际贸易纯收益为零。第二，如果东部或中西部中的某一方，对带际区际贸易进行限制或设置障碍，那么将引起交易量减少和交易费用增加，从而导致双方纯

---

① "消费者剩余"和"生产者剩余"定义，及"1"和"2"两个结论的证明，参见［美］曼昆：《经济学原理》，三联书店和北京大学出版社 1999 年版，第 7 章和第 9 章。

收益的减少。

13.4.3　中西部还可以从区际贸易中获得"追赶效应"收益

区际贸易能给双方带来互利的结果，但是互利并不意味双方获利均等。东部由于生产效率高，参加贸易的商品量大，因而获得的纯收益必然多于中西部。但是发展经济学认为，相对落后的一方（如中西部），除货币收益外，还能从区际贸易中获得"追赶效应"收益，加快自身发展，逐步缩小与发达地区的差距。

1. 区际贸易能提高中西部原本较低的价格水平，刺激生产发展和经济增长

证明如下：

第一步：设在未加入区际贸易的隔离状态下，某种商品或生产要素 Q 的价格在中西部为 P_1，在东部为 P_2，而且 $P_1 < P_2$；又设中西部的供给量为 S_1，需求量为 D_1，且 $S_1 > D_1$，供给剩余率为 $\dfrac{\Delta S_1}{D_1} = \dfrac{S_1 - D_1}{D_1}$；东部的供量为 S_2，需求量为 D_2，且 $S_2 > D_2$，供给剩余率为 $\dfrac{\Delta S_2}{D_2} = \dfrac{S_2 - D_2}{D_2}$。由于价格高低与供给剩余率大小呈负相关关系，且有 $P_1 < P_2$，因此，$\dfrac{\Delta S_1}{D_1} > \dfrac{\Delta S_2}{D_2}$。

第二步：设开展区际贸易后，在东中西部联成一体化共同市场中，商品或生产要素 Q 的供给剩余率为：$\dfrac{\Delta S}{D} = \dfrac{(S_1 + S_2) - (D_1 + D_2)}{D_1 + D_2} = \dfrac{\Delta S_1 + \Delta S_2}{D_1 + D_2}$，则有：

$$\frac{\Delta S_1}{D_1} - \frac{\Delta S}{D} = \frac{\Delta S_1}{D_1} - \frac{\Delta S_1 + \Delta S_2}{D_1 + D_2} = \frac{D_1 \Delta S_1 + D_2 \Delta S_1 - D_1 \Delta S_1 - D_1 \Delta S_2}{D_1(D_1 + D_2)} =$$
$$\frac{D_2 \Delta S_1 - D_1 \Delta S_2}{D_1(D_1 + D_2)} \tag{1}$$

在（1）式中，由于 $D_1(D_1 + D_2) > 0$，

同时由于 $\dfrac{\Delta S_1}{D_1} > \dfrac{\Delta S_2}{D_2}$，$D_2 \Delta S_1 > D_1 \Delta S_2$，$D_2 \Delta S_1 - D_1 \Delta S_2 > 0$，所以 $\dfrac{D_2 \Delta S_1 - D_1 \Delta S_2}{D_1(D_1 + D_2)} > 0$，进而

$$\frac{\Delta S_1}{D_1} - \frac{\Delta S}{D} > 0 \text{ 即} \frac{\Delta S_1}{D_1} > \frac{\Delta S}{D} \tag{2}$$

由于开展区际贸易后，中西部市场成为共同市场的一个组成部分，因而其供给剩余率为 $\dfrac{\Delta S}{D}$。故（2）式显示，参加区际贸易导致了中西部商品或生产要素 Q 的供给剩余率下降，因而其价格必然上升。如是，假设得到证明。

根据假设，中西部参加带际区际贸易后，其价格总水平会上升，从而将刺激生产发展，加快经济增长。

2. 区际贸易能够提高中西部资源利用程度

资源闲置程度高，是中西部落后的原因之一。通过区际贸易引入外部资金技术，提高资源开发利用程度，可以改变其落后状态。一是中西部每年输出上千万劳动力到东部务工。民工们不仅积攒了资金、更新了观念，而且学到了生产技术和经营管理本领，为回乡创业、开发利用当地资源奠定了基础。二是中西部企业以区际贸易为纽带，发展与东部企业的合资和合作，引进资金、技术和人才，让它们与本地丰裕的矿产、土地、劳动力资源结合，能够加快当地经济发展。

3. 中西部能从区际贸易中学到先进技术和制度，加快当地产业发展

无论是技术创新，还是制度创新，都要支付高昂成本。然而，除少数高新技术外，普通先进技术和制度并不神秘，中西部创业者和民工可以从东部企业学到并把它们移植过来，节约创新费用，回乡创业，加快当地产业发展。中西部的现代制衣、制鞋技术以及餐饮娱乐经营方式，就是由创业者考察学习和民工回流移植进来，生根发芽开花结果的。

以上分析证明，市场化条件下开展区际贸易，东部和中西部始终是互利的，而且相对落后的中西部还可以从中获得"后发效应"，加快自身发展。总而言之，互利性和获利动机，是维持和推动区际贸易运行发展的强大动力。

第 14 章　三大地带省区间供求互补性增强及其成效和隐患治理

前已述及，自然资源禀赋和历史因素，使中国东中西部三大经济地带，形成了"东工西农""东轻西重""北重南轻"的产业空间布局。市场化转型中，优胜劣汰机制，促使生产要素向具有比较利益优势的省区聚集，导致资源型省区能源和农产品产能，制造型省区工业品产能持久快速增长。本章分析它们之间供求互补性发生了何种变化，产生了何种成效，是否存在隐患，以及如何治理才能够趋利避害，提高国民经济总体运营效率，促进带际区际贸易持续发展。

14.1　市场机制促使产能向三大地带优势省区聚集

亚当·斯密和大卫·李嘉图的比较利益理论揭示：由于国家和地区间自然资源和社会资源，亦即生产要素禀赋存在差异，一个国家或地区以自身具有比较利益优势的生产要素生产产品，并参加国际或区际贸易能够获得比较利益。20 世纪 90 年代中后期，中国推进市场化改革，三大地带及其优势省区的比较利益凸显。市场机制促使资金、技术和人力资源等稀缺生产要素跨区域流动，与优势省区固有资源禀赋优势相结合，导致其优势产业持久快速增长，从而形成了产能向三大地带优势省区（包括中央直辖市，下同）聚集现象。

14.1.1　农业产能向中西部优势省区聚集①

中西部优势省区人均耕地拥有量高于东部，且与光热水资源配合好，

---

① 本节资料来源于：国家统计局网站发布的 1993 年、2011 年《中国统计年鉴》"农产品产量"和"水产品产量"栏目，比重是由有关统计数据计算出来的。以下恕不逐一注明。

劳动力资源充足，具有发展农业生产的比较利益优势。东部一些省区原本也具备农业生产的比较利益优势，但由于工业化城市化快速推进，导致人均耕地拥有量持续减少，农业比较效益下降，生产发展停滞甚至萎缩。上述两方面原因综合作用，导致一些重要农产品产能，向中西部优势省区聚集。

1. 粮食和油料产能向中部优势省区聚集

（1）粮食产能。1992～2010年，中部粮食产量由17 112.3万吨，增长到24 576.0万吨，增长了43.6%，高出全国同期增幅20.1个百分点，占全国总产量比重由38.7%上升为45.0%，上升了6.3个百分点。证明这个时期，粮食产能向中部优势省区聚集。其中河南和黑龙江两省，粮食产量分别由3 109.6万吨和2 366.6万吨，增长到5 437.1万吨和5 012.8万吨，分别增长了74.8%和112.8%，分别高出同期全国增幅51.3个和89.3个百分点，占全国粮食总量比重分别达到9.9%和9.2%，居全国第一、二位，是全国粮食最主要生产供应地。

（2）油料作物产能。1992～2010年，中部油料作物产量由622.8万吨，增长到1 498.5万吨，增长了140.6%，高出同期全国增幅43.8个百分点，占全国总产量比重由37.9%，上升到46.4%，上升了8.5个百分点。证明这个时期，油料作物产能向中部优势省区聚集。其中，2010年，河南和湖北油料产量分别达540.7万吨和311.8万吨，占全国总产量比重分别为16.7%和9.7%，居全国第一、二位，是全国油料作物最主要生产供应地。

2. 棉花和甘蔗产能向西部优势省区聚集

（1）西部的新疆，土地和光热水资源配合好，很适宜棉花生长，亩产高于其他省区，而且劳动力资源充足，具有发展棉花生产的比较利益优势。1992～2010年，新疆棉花产量由66.8万吨，增长到247.9万吨，增长了2.71倍，高出同期全国增幅204.7个百分点，居全国第一位，是全国棉花最主要生产供应地。

（2）西部的广西和云南，土地和光热水资源配合好，很适宜甘蔗生长，亩产高于其他省区，且劳动力资源充足，具有发展甘蔗生产的比较利益优势。1992～2010年，广西和云南的甘蔗产量，分别由2 354.9万吨和906.9万吨，增长到7 119.6万吨和1 750.9万吨，分别增长了2.02倍和0.93倍，分别高出同期全国增幅151.3个和41.3个百分点，占全国总产量比重分别达64.3%和15.8%，居全国第一、二位，证明这个时期甘蔗产能明显向这两个省区聚集。

甘蔗是制糖的主要原料。遵循工业区位理论中"加工制造企业应尽量靠近原料产地,以节省原料运输费用"的基本原则,制糖工业产能也随甘蔗产能向广西和云南聚集。2010年,两省区合计产糖885.24万吨,占全国总产比重高达79.2%,是全国糖最主要生产供应地。

3. 海水产品产能继续集中于东部沿海省区

东部沿海省区海域辽阔,且劳动力资源充足,具有发展海水产品生产的比较利益优势。1992~2010年,其海水产品产量由933.7万吨,增长到2 621.2万吨,增长了1.81倍,占全国总产量比重一直保持在93.0%以上,2010年为93.4%,是全国海水产品最主要生产供应地。

14.1.2　能源产能向中西部优势省聚集[①]

1. 原煤产能向中西部优势省区聚集[②]

中西部的山西、河南、安徽、内蒙古、陕西和贵州煤储量丰富,开采条件好,且劳动力资源丰富,具有发展原煤生产比较利益优势。1992~2009年,内蒙古、陕西、贵州和安徽原煤产量分别由0.50亿吨、0.34亿吨、0.42亿吨和0.34亿吨,增长到6.01亿吨、2.96亿吨、1.37亿吨和1.28亿吨,分别增长了11.02倍、7.71倍、2.26倍和2.76倍,分别高出同期全国增幅936.0个、605.0个、60.0个和110.0个百分点。2009年,占原煤全国总产量比重是:内蒙古20.2%、陕西10.0%、贵州4.6%和安徽4.3%,分别居全国第一、三、六、七位。证明这个时期,原煤产能向这4个新增储量丰富的省区聚集。山西和河南是原煤老主产区,其产量增幅虽低于全国,但因原来产量基数高,故2009年,其原煤产量仍分别达到5.94亿吨和2.30亿吨,占全国总产量比重仍分别达20.0%和7.7%,分别居全国第二、四位。上述6省区是全国原煤重要主产区和供应地。此外,东部的山东,2009年原煤产量达1.44亿吨,占全国总产量的4.8%,居全国第五位,也是全国原煤的主产区之一,但因其是经济、人口大省,所产煤满足自身需求尚有较大缺口,需从省外大量购入填补供给缺口,才能实现供求平衡。

---

①　本小节资料来源于国家统计局网站发布的1993年、2011年《中国统计年鉴》"各地区工业品产量"栏目,比重是由有关统计数据计算出来的。以下恕不逐一注明。

②　本节资料来源于国家统计局网站发布的1993年、2010年《中国统计年鉴》"各地区工业品产量"栏目,比重是由有关统计数据计算出来的。因2011年以后《中国统计年鉴》未公布各省区原煤产量,故只能用2009年数据与1992年数据作比较分析。

2. 天然气产能向西部优势省区聚集

西部的新疆、四川和陕西天然气储量丰富，具有发展天然气生产的比较利益优势。1992~2010年，这三省区的天然气产量，分别由6.75亿立方米、67.10立方米和0.28亿立方米，增长到247.90亿立方米、237.65亿立方米和223.50亿立方米，分别增长了35.73倍、2.54倍和797.21倍。其中，新疆和陕西的增幅，分别高出同期全国增幅2 972.0个和7 912.0个百分点。证明这个时期，天然气产能向这两个新增储量丰富的省区聚集。四川是全国天然气老主产区，原来产量基数高，其增幅虽低于同期全国增幅，但2010年产量仍达237.65亿立方米，仅次于新疆居全国第二位，加上其他省区，2010年，西部天然气产量达768.73亿立方米，占全国总产量的81.0%。其中，新疆、四川、陕西占全国总产量比重分别为26.3%、25.1%和23.6%，是全国天然气最主要生产供应地。

3. 水电产能向中西部优势省区聚集

西部，尤其是西南各省区和中部的湖北，水能资源丰富，具有发展水电的比较利益优势。1992~2010年，湖北、四川、云南和贵州4省区，水力发电量分别由227.03亿千瓦小时、168.30亿千瓦小时、91.26亿千瓦小时和52.07亿千瓦小时，增长到1 263.83亿千瓦小时、1 213.43亿千瓦小时、814.12亿千瓦小时和416.58亿千瓦小时，分别增长了4.57倍、6.21倍、7.92倍和7.00倍。其中，川、滇、黔3省的增幅，分别高出同期全国增幅68.3个、239.3个和147.3个百分点，占全国水电总产量比重分别为16.8%、11.3%和5.8%，分别居全国第二、三、四位。证明这个时期，水电产能向这3个水能储量最丰富的省区聚集。湖北原来水电产量基数很高，其增幅虽低于同期全国增幅，但2010年水电产量仍达1 263.83亿千瓦小时，占全国总产量比重为17.5%，居全国第一。上述4省区是全国水电最主要生产供应地。

4. 原油产能向三大地带优势省区聚集

三大地带上的黑龙江、天津、陕西、山东和新疆，石油储量丰富，具有生产原油的比较利益优势。1992~2010年，天津、陕西和新疆原油产量分别由491.76万吨、101.70万吨和831.66万吨，增长到3 332.70万吨、3 017.30万吨和2 558.20万吨。分别增长5.78倍、28.67倍和2.08倍，分别高出同期全国增幅435.0个、2 724.0个和65.0个百分点，占全国总产量比重分别达16.4%、14.9%和12.6%，分别居全国第二、三、五位。证明这个时期，原油产能向这3个新增储量丰富的省区市聚集。黑龙江和山东两省的老油田，因长期开采储量下降而减产，但2010年，原油产量仍分别达

4 004.90万吨和2 786.00 万吨，占全国总产量比重分别达 19.7%和13.7%，分别居全国第一、四位。上述 5 省区市，是国内原油最主要生产供应地。

14.1.3　工业品生产资料和机械设备产能向三大地带优势省区市聚集①

1. 原盐产能向三大地带优势省区聚集

中国原盐生产以海盐为主，陆盐为辅，东部沿海省区市有生产海盐的比较利益优势，中西部一些省区则有生产陆盐的比较利益优势。1992～2010年，山东、四川、湖北、江苏和河北的原盐产量，分别由 656.69 万吨、217.59 万吨、156.43 万吨、244.85 万吨和370.08 万吨，增长到 2 500.56 万吨、764.09 万吨、598.55 万吨、522.44 万吨和 418.97 万吨，分别增长了 2.81 倍、2.51 倍、2.83 倍、1.13 倍和0.13 倍。其中，山东、四川和湖北增幅，分别高出同期全国增幅 133.0 个、103.0 个和 135.0 个百分点，占全国总产量比重分别达 35.5%、10.9%和 8.5%。证明这个时期，原盐产能向这3 个优势省区聚集。江苏和河北原来原盐产量基数高，其增幅虽低于同期全国增幅，但 2010 年其原盐产量占全国总产量比重分别仍达 7.4%和 6.0%，分别居全国第四、五位。上述 5 个省区，是全国原盐最主要生产供应地。

2. 钢材、金属切削机床和平板玻璃产能向东部优势省区市聚集

（1）钢材产能。中国铁矿资源贫乏，大部分铁矿石靠从澳大利亚和巴西进口，因而拥有海上运输便宜条件的东部沿海省区，具有发展钢材生产的比较利益优势。1992～2010 年，河北、江苏、山东和天津钢材产量，分别由409.32 万吨、387.51 万吨、203.70 万吨和249.00 万吨，增长到 16 782.88 万吨、9 135.95 万吨、6 784.61 万吨和4 494.19 万吨，分别增长了 40.00 倍、22.58 倍、32.31 倍和 17.05 倍，分别高出同期全国增幅 2 901.0 个、1 159.0个、2 132.0 个和606.0 个百分点，占全国总产量比重分别达20.9%、11.4%、8.5%和5.6%，分别居全国第一、二、三、五位。证明这个时期，钢材产能在向东部这 4 个省区聚集。辽宁原来钢材产量基数高，其增幅虽然低于同期全国增幅，但 2010 年产量仍达 5 669.42 万吨，占全国总产量比重达 7.1%，居全国第四位。上述东部 5 省区市是全国钢材最主要生产供应。

（2）金属切削机床（以下简称机床）产能。东部的浙江、辽宁、山东和江苏等沿海省区，拥有招商引资、利用国外先进技术，改造本土机床工业的有利条件，具有发展机床工业的比较利益优势。1992～2010 年，4

---

①　本小节资料来源于国家统计局网站发布的1993 年、2011 年《中国统计年鉴》"各地工业品产量"栏目，比重是由有关统计数据计算出来的。以下恕不逐一注明。

省区机床产量分别由 5. 78 万台、2. 15 万台、1. 94 万台和 2. 78 万台，增长到 15. 19 万台、13. 29 万台、12. 99 万台和 7. 00 万台，分别增长了 1. 63 倍、5. 18 倍、5. 70 倍和 1. 52 倍。其中，辽宁和山东分别高出同期全国增幅 313. 0 个和 365. 0 个百分点，分别占全国总产量比重为 19. 1% 和 18. 6%，居全国第二、三位。证明这个时期，机床产能向这两个省聚集。浙江和江苏原来机床产量基数高，其增幅虽低于同期全国增幅，但 2010 年，其机床产量占全国总产量比重仍达 21. 8% 和 10. 0%，居全国第一、四位。上述 4 省区是全国机床最主要生产供应地。

（3）平板玻璃产能。东部一些省区玻璃工业基础厚实，且靠近原燃料供应地和消费市场，有引进利用国外先进技术改造本土玻璃工业的有利条件，因而具有发展玻璃工业的比较利益优势。1992 ~ 2010 年，河北、山东、广东、江苏和浙江 5 省区平板玻璃产量，分别由 1 282. 34 万箱、609. 02 万箱、548. 60 万箱、379. 18 万箱和 268. 69 万箱，增长到 12 368. 50万箱、8 033. 39 万箱、7 822. 92 万箱、5 731. 50 万箱和4 136. 72 万箱，分别增长了 8. 65 倍、12. 19 倍、13. 26 倍、14. 12 倍和 14. 40 倍，分别高出同期全国增幅 256. 0 个、610. 0 个、717. 0 个、803. 0 个和 831. 0 个百分点。证明这个时期，玻璃产能向这 5 个省区聚集。其平板玻璃产量占全国总产量比重是：河北 18. 6%、山东 12. 1%、广东 11. 8%、江苏 8. 6% 和浙江 6. 2%，依次居全国第一至五位，是全国平板玻璃最主要生产供应地。

3. 大中型拖拉机产能向东中部优势省区聚集

东中部一些省区，机械工业基础条件厚实，具有发展大中型拖拉机生产的比较利益优势。1992 ~ 2010 年，山东、河南和江苏 3 省区大中型拖拉机产量，分别由 0. 97 万台、1. 23 万台和 0. 18 万台，增长到 9. 85 万台、8. 16 万台和 7. 95 万台，分别增长了 9. 15 倍、5. 63 倍和 43. 17 倍，远高于同期全国增幅，占全国总产量比重分别是 25. 7%、21. 3% 和 20. 7%，依次居全国前三位，是全国大中型拖拉机最主要生产供应地。

14. 1. 4　轿车产能向三大地带优势省区市聚集①

三大地带一些省区，汽车工业基础厚实，且招商引资、利用国外先进技

---

①　本节中的资料是根据 1993 年、2011 年《中国统计年鉴》，"各地工业品产量"栏目中数据计算出来的。由于 1993 年《中国统计年鉴》"各地工业品产量"栏目中，只有"汽车"和包括在其中的"载重汽车"两个目录，无"轿车"目录，故只能以"汽车"指标减去"载重汽车"指标得出的"非载汽车"指标代替"轿车"指标作比较分析。

术改造本土汽车工业能力强,具有发展轿车工业的比较利益优势。1992～2010 年,上海、吉林、广东、重庆、天津、安徽、北京和湖北 8 省区的轿车产量,分别由 6.73 万辆、6.31 万辆、2.01 万辆、3.62 万辆、4.59 万辆、0.41 万辆、10.28 万辆和 6.42 万辆,增长到 159.77 万辆、112.15 万辆、111.45 万辆、85.17 万辆、63.52 万辆、62.60 万辆、62.25 万辆和 52.71 万辆,分别增长了 22.74 倍、16.77 倍、54.45 倍、22.53 倍、12.84 倍、151.68 倍、5.06 倍和 7.21 倍。其中,上海、吉林、广东、重庆、安徽 5 个省区的增幅,分别高出同期全国增幅 751.0、154.0 个、3 922.0 个、730.0 个和 13 645.0 个百分点。天津、北京、湖北 3 省市由于原来轿车产量基数高,致使其增幅低于同期全国增幅。2010 年,上述 8 省区市轿车产量占全国总产量的比重是:上海 16.7%、吉林 11.7%、广东 11.6%、重庆 8.9%、天津 6.6%、安徽 6.5%、北京 6.5% 和湖北 5.5%,依次居全国第一至八位,是全国轿车主要生产供应地。

14.1.5 工业消费品产能向东部优势省区聚集①

东部一些省区,消费品工业基础厚实,且临海,在招商引资、利用国外先进技术,改造本土消费品工业面有得天独厚有利条件,具有发展消费品工业的比较利益优势。因而经济体制转型中,优胜劣汰机制促使工业消费品产能不断向它们聚集。

1. 布产能

1992～2010 年,浙江、山东、江苏和河北布产量,分别由 13.23 亿米、22.97 亿米、29.04 亿米和 12.59 亿米,增长到 207.96 亿米、162.10 亿米、124.13 亿米和 61.69 亿米,分别增长了 14.72 倍、6.06 倍、3.27 倍和 3.90 倍。除江苏因原基数高,其增幅仅高出全国同期增幅 7.0 个百分点外,浙、鲁、冀三省区分别高出全国增幅 1 152.0 个、286.0 个和 70.0 个百分点。证明这个时期,布产能向东部这 4 个优势省区,尤其是浙江和山东聚集。2010 年,上述 4 省区布产量占全国总产量的比重是:浙江 26.0%、山东 20.2%、江苏 15.5% 和河北 7.7%,依次居全国前四位,是全国布最主要生产供应地。

2. 彩色电视机产能

1992～2010 年,东部广东、江苏、山东和福建彩色电视机产量,分

---

① 本节资料是根据 1993 年、2011 年《中国统计年鉴》"各地工业品产量"栏目中的数据计算出来的。以下恕不逐一注明。

别由 367.04 万台、169.66 万台、37.57 万台和 132.31 万台，增长到
4 494.77万台、1 660.88 万台、1 137.69 万台和903.10 万台，分别增
长了 11.25 倍、8.79 倍、29.28 倍和 5.83 倍。除福建外，其他三省的
产量增幅分别高出全国同期增幅 338.0 个、92.0 个和 2 141.0 个百分
点。证明这个时期，彩色电视机产能向东部这 3 个优势省区，尤其是广
东和山东聚集。这个时期，西部四川彩色电视机产能，由 110.26 万台
增长到1 208.94 万台，增长了 9.96 倍，高出同期全国增幅209.0 个百分
点。证明这个时期，彩色电视机产能也向该省聚集。2010 年，前述五省
彩色电视机产量占全国总产量比重是：广东38.0% 、江苏 14.0% 、山东
9.6% 、四川10.2%和福建7.6% ，依次居全国前五位，是全国彩色电视
机最主要生产供应地。

3. 家用洗衣机（简称洗衣机）产能

1992 ~2010 年，东部浙江、江苏和山东洗衣机产量，分别由 39.31 万
台、28.65 万台和60.78 万台，增长到 1 804.45 万台、1 216.60 万台和
624.46 万台，分别增长了 44.90 倍、41.46 倍和 9.27 倍，分别高出同期
全国增幅 3 707.0 个、3 363.0 个和 144.0 个百分点。证明这个时期，洗衣
机产能向东部这 3 个省区聚集。此外，这个时期，中部安徽洗衣机产能，
由 44.14 万台增长到 1 267.00 万台，增长了 27.70 倍，高出全国增幅
1 987.0个百分点。证明这个时期，洗衣机产能也向该省区聚集。2010 年，
上述 4 个省区洗衣机产量占全国总产量比重是：浙江 28.9% 、安徽
20.3% 、江苏19.4%和山东10.0% ，依次居全国前四位，是全国洗衣机
最主要生产供应地。

4. 家用电冰箱（简称冰箱）产能

1992 ~2010 年，东部广东、山东、江苏和浙江电冰箱产量，分别由
126.92 万台、21.70 万台、16.54 万台和28.07 万台，增长到1 457.76 万
台、795.34 万台、782.84 万台和779.61 万台，分别增长了 10.49 倍、
35.65 倍、46.33 倍和 26.77 倍。除广东外，其他三省区增幅分别高出全
国同期增幅 2 163.0 个、3 231.0 个和 1 275.0 个百分点。证明这个时期，
电冰箱产能向山东、江苏、浙江 3 省区聚集。此外，这个时期，中部安徽
省电冰箱产量，由 55.77 万台增长到 2 078.91 万台，增长了 36.28 倍，高
出同期全国增幅 2 226.0 个百分点。证明这个时期，电冰箱产能也向它聚
集。2010 年，上述五省区电冰箱产量占全国总产量比重是：安徽 28.5% 、
广东 20.0% 、山东 10.9% 、江苏 10.7%和浙江 10.7% ，依次居全国前五
位，是全国电冰箱最主要生产供应地。

5. 房间空气调节器（简称空调器）、移动通信手持机（简称手机）和微型电子计算机（简称微电脑）工业，是 20 世纪 90 年代后期才借助引进国外资金和技术发展起来的，大多分布在东部沿海省区市①

（1）空调器产能。2010 年，东部广东和中部安徽空调器产量分别达5 442.29 万台和 1 607.78 万台，占全国总产量比重分别为 50.0% 和 14.8%，依次居全国前二位，是全国空调器最主要生产供应地。（2）手机产能。2010年，东部广东、北京和天津手机产量分别达 48 626.59 万部、27 387.96 万部和 9 107.90 万部，占全国总产量比重分别是 48.7%、27.4% 和 9.1%，依次居全国前三位，是全国手机最主要生产供应地。（3）微电脑产能。2010年，东部上海、江苏和广东微电脑产量，分别为 9 388.44 万台、9 364.56万台和 3 581.11 万台，占全国总产量比重分别是 38.1%、38.1% 和14.6%，依次居全国前三位，是全国微电脑最主要生产供应地。

总括而言，1992～2010 年，共有 23 种产品产能明显向三大地带优势省区聚集。其中，工业品生产资料、机械设备和工业消费品产能大都向东部优势省区聚集，农产品和能源产品产能大都向中部和西部优势省区聚集，从而导致了东部与中西部省区之间供求互补性增强。

14.2 三大地带需求满足度变动状况分析

14.2.1 建立相对需求满足度范畴及其计量公式的必要性

产能向三大地带优势省区聚集，究竟导致它们之间供求互补性发生了何种变化，需要建立相对需求满足度范畴，并运用其计量公式作分析评价，才能得出较科学准确的结论。因为，一个省区某产品产量仅表征其供给能力，还需要与该产品的需求量作比较，才能够判断其究竟处于供给过剩、供求平衡、还是供给有缺口状态。有些省区，虽然某产品产量大，但因为是经济、人口大省，需求量也大，可能仅能够实现自身供求平衡，甚至还有供给缺口。而另一些省区，虽然某产品产量不大，但因其是经济、人口小省，需求量小，反而可能处于供给过剩状态。如 2009 年，山东、贵州分别产原煤 1.44 亿吨和 1.37 亿吨，产量很接近。但山东 GDP 为

---

① 2011 年以前《中国统计年鉴》"各地工业品产量"栏目中，无空调器、手机和微电脑统计数据，所以只能分析其 2010 年产能分布状况。

33 896.65亿元，占全国比重达 9.71%，是经济大省，对原煤需求量大，故而呈现供给缺口显著状态。而当年，贵州 GDP 为 3 912.68，仅占全国 1.12%，是经济小省，对原煤需求量小，故而呈现供给显著过剩状态。又如，2010 年，江苏、吉林分别产粮 3 235.1 万吨和 2 842.5 万吨，产量较接近。但江苏人口为 7 869 万人，占全国总人口比重达 5.7%，是人口大省，对粮食需求量大，故而呈现粮食供给缺口显著状态。而吉林人口为 2 747万人，占全国总人比重为 2.0%，是人口小省，对粮食需求量较小，故而呈现粮食供给显著过剩状态。可见，只有建立相对需求满足度范畴，并运用其计量公式作分析评价，才能够对一个省区产品供求平衡状况作出大体准确判断，进而对重点省区间的供求互补性变化作出大体准确的评价。

14.2.2　相对需求满足度公式及计算方法①

需求满足度是指某个时刻或期限内，一个国家或地区内某种商品的供给量与需求量之比，其公式为：

$$D_s = \frac{S}{D} \tag{1}$$

上式中，D_s 为某种商品的需求满足度，S 为该商品的供给量，D 为该商品的需求量。$D_s = 1$，表示供求平衡；$D_s > 1$，表示供过于求，数值越大，表示供过于求的程度越高；$D_s < 1$，表示供不应求，数值越小，表示供给缺口越大。

计算和评价需求满足度最准确的方法，是包括外贸进出口量在内，用投入产出法，计算各省区间供给和需求绝对量的比值。但因各省区各种商品的外贸进出口量统计数据、生产资料和生活资料商品的耗费系数，或空缺或难以获得，而无法进行计算，只好转而求其次，舍象外贸进出口量因素，用计算供给和需求相对量比值的办法，近似地描述三大地带和重点省区需求满足度状况，故称之为相对需求满足度。其计算方法是：（1）以三大地带或重点省区工农业产品产量占全国总产量比重，作为它们的商品相对供给量。（2）把产品划分为能源产品、生活消费产品和生产资料产品三类，根据其用途特点选取相应统计指标（如何选取，后面计算各类商品相对需求量时将予以具体说明），计算出相对需求量。（3）把各种产品的相对供给量和相对需求量代入公式（1），计算出三大地带及其重点省区各种

①　相对需求满足度公式及计算方法，最初建立于周殿昆：《中国东西部市场关系及协调发展》，财经大学出版社 1998 年版，第 134～135 页。本书对其含义及计算方法作了补充和修改。

产品的相对需求满足度，判断其处于何种供求状态，比较其 1992 年和 2010 年各产品的数值变化，评价其供求互补性变化程度。

14.2.3 三大地带相对需求满足度变动状况

1. 能源类产品相对需求满足度变动状况

能源类商品广泛用于产业部门生产性消费和居民生活消费，其需求量与经济发展，亦即 GDP 增长正相关。因此，以 1992 年和 2010 年三大地带能源类产品产量占全国总产量比重为相对供给量；而以三大地带 GDP 占全国 GDP 总量的比重，为其相对需求量；把它们代入公式（1），计算出 1992 年、2010 年各产品的相对需求满足度，分析其数值增减，评价其供求互补性变化（见表 14 - 1）。

表 14 - 1　　　　1992 年和 2010 年三大地带能源类商品相对
需求满足度变动状况

			东部	中部	西部
GDP 比重（%）（相对需求量）	1992 年		54.2	26.4	19.4
	2010 年		57.3	24.1	18.6
原煤	1992 年	产量比重（%）	21.1	53.4	25.6
		需求满足度	0.39	2.02	1.32
	2009 年①	产量比重（%）	11.9	40.3	47.8
		需求满足度	0.21	1.70	2.61
	需求满足度增减		- 0.18	- 0.32	+ 1.29
原油	1992 年	产量比重（%）	42.4	47.9	9.8
		需求满足度	0.78	1.81	0.51
	2010 年	产量比重（%）	45.2	26.1	28.8
		需求满足度	0.79	1.08	1.55
	需求满足度增减		- 0.01	- 0.73	+ 1.04
天然气	1992 年	产量比重（%）	27.4	24.5	48.2
		需求满足度	0.51	0.93	2.48
	2010 年	产量比重（%）	13.4	5.5	80.9
		需求满足度	0.23	0.23	4.35
	需求满足度增减		- 0.28	- 0.70	+ 1.87

---

① 计算 2009 年三大地带原煤需求满足度时，原煤产量及占全国比重的特殊情况说明，见表 14 - 1 "注" 中 "2"。

			东部	中部	西部
发电量	1992 年	产量比重（%）	46.7	30.9	22.4
		需求满足度	0.86	1.17	1.15
	2010 年	产量比重（%）	44.5	26.4	29.0
		需求满足度	0.78	1.10	1.56
	需求满足度增减		-0.08	-0.07	+0.41
水力发电量	1992 年	产量比重（%）	22.5	34.1	43.4
		需求满足度	0.42	1.29	2.24
	2010 年	产量比重（%）	15.3	29.9	54.8
		需求满足度	0.27	1.24	2.95
	需求满足度增减		-0.15	-0.05	+0.71

注：1. 表中三大地带 GDP 比重，是根据 1994 年、2011 年《中国统计年鉴》"各地区国内生产总值"栏目中的数据计算出来的，以它们为能源类产品的相对需求量。计算 GDP 比重时，全国 GDP 总值为各地区加总之和。三大地带能源类产品产量比重，是根据 1993 年、2011 年《中国统计年鉴》"各地区工业品产量"栏目中数据计算出来的，以它们为该产品的相对供给量。把相对供给量和需求量代入公式（1）计算出相对需求满足度及其变动值。2. 2010 年后《中国统计年鉴》未公布各区原煤产量，所以本表只能根据 2010 年《中国统计年鉴》，公布的 2009 年各省区 GDP 和原煤产量数据，计算出三大地带 GDP 比重和原煤产量比重（全国 GDP 总值和原煤总产量为各省区加总之和）。2009 年东中西部 GDP 比重分别为 58.0%、23.7% 和 18.3%，原煤产量比重见本表中。

2. 生活消费类产品相对需求满足度变动状况

生活消费类产品，包括直接用于居民生活消费的农产品和工业品。本书以它们产量占全国总产量比重为相对供给量，以三大地带居民消费额占全国居民总消费额的比重为相对需求量，把它们代入公式（1），计算出 1992 年和 2010 年各产品的相对需求满足度，分析其数值增减，评价三大地带供求互补性变化。

（1）生活消费类农产品（见表 14 - 2）。

表 14 - 2　　　　1992 年和 2010 年三大地带生活消费类农产品
相对需求满足度变动状况

		东部	中部	西部
居民消费额比重（%）（相对需求量）	1992 年	47.5	29.0	23.5
	2010 年	55.4	24.8	19.8

			东部	中部	西部
粮食	1992 年	产量比重（%）	35.6	38.7	25.7
		需求满足度	0.75	1.33	1.09
	2009 年	产量比重（%）	28.6	45.0	26.3
		需求满足度	0.52	1.81	1.33
	需求满足度增减		−0.23	+0.48	+0.24
油料	1992 年	产量比重（%）	33.1	37.9	28.9
		需求满足度	0.70	1.31	1.23
	2010 年	产量比重（%）	27.9	46.4	25.7
		需求满足度	0.50	1.87	1.30
	需求满足度增减		−0.20	+0.56	+0.07
茶	1992 年	产量比重（%）	43.0	30.7	26.3
		需求满足度	0.91	1.06	1.12
	2010 年	产量比重（%）	35.0	29.8	35.2
		需求满足度	0.63	1.20	1.78
	需求满足度增减		−0.28	+0.14	+0.66
水果	1992 年	产量比重（%）	62.5	11.3	26.3
		需求满足度	1.32	0.39	1.12
	2010 年	产量比重（%）	42.6	29.0	28.4
		需求满足度	0.77	1.17	1.43
	需求满足度增减		−0.55	+0.78	+0.31
肉类	1992 年	产量比重（%）	36.4	31.0	32.6
		需求满足度	0.77	1.07	1.39
	2010 年	产量比重（%）	36.3	33.9	29.5
		需求满足度	0.66	1.37	1.49
	需求满足度增减		−0.12	+0.30	+0.10
禽蛋	1992 年	产量比重（%）	54.0	32.3	13.8
		需求满足度	1.14	1.11	0.59
	2010 年	产量比重（%）	48.4	37.8	13.7
		需求满足度	0.87	1.52	0.69
	需求满足度增减		−0.27	+0.41	+0.10

			东部	中部	西部
水产品	1992 年	产量比重（%）	76.7	16.2	5.9
		需求满足度	1.61	0.56	0.25
	2010 年	产量比重（%）	71.0	20.1	8.9
		需求满足度	1.28	0.81	0.45
	需求满足度增减		－0.33	＋0.25	＋0.20
海水产品	1992 年	产量比重（%）	94.9	0	3.0
		需求满足度	2.00	0	0.13
	2010 年	产量比重（%）	94.5	0	5.5
		需求满足度	1.71	0	0.28
	需求满足度增减		－0.29	0	＋0.15

注：1. 本表中三大地带居民消费额比重，是根据1993 年、2011 年《中国统计年鉴》中"各地区最终消费支出及构成"栏目数据计算出来的，以它们为三大地带生活消费类商品的相对需求量。计算三大地带居民消费额比重时，全国居民消费支出总额为各省区加总之和。根据"各地农产品产量"和"各地水产品产量"栏目数据，计算出三大地带农产品产量占全国总产量比重，作为相对供给量；把它们代入公式（1）计算出需求满足度及其增减变动数值。2. 计算水产品和海水产品产量比重时，把中国水产总公司产量计入东部。

（2）生活消费类工业品（见表 14 -3）。

表 14 -3 　　　　1992 年和 2010 年三大地带生活消费类工业品相对需求满足度变动状况

			东部	中部	西部
居民消费额比重（%）（相对需求量）	1992 年		47.5	29.0	23.5
	2010 年		55.4	24.8	19.8
布	1992 年	产量比重（%）	60.0	26.6	13.3
		需求满足度	1.26	0.92	0.57
	2010 年	产量比重（%）	79.3	14.9	5.9
		需求满足度	1.43	0.60	0.30
	需求满足度增减		＋0.17	－0.32	－0.27
啤酒	1992 年	产量比重（%）	61.3	27.1	11.6
		需求满足度	1.29	0.93	0.49
	2010 年	产量比重（%）	51.9	29.9	18.2
		需求满足度	0.94	1.21	0.92
	需求满足度增减		－0.35	＋0.28	＋0.43

			东部	中部	西部
卷烟	1992 年	产量比重（%）	28.1	35.7	36.7
		需求满足度	0.59	1.23	1.56
	2010 年	产量比重（%）	32.5	31.5	36.0
		需求满足度	0.57	1.27	1.82
	需求满足度增减		-0.02	+0.04	+0.26
糖	1992 年	产量比重（%）	38.7	13.5	47.9
		需求满足度	0.81	0.47	2.04
	2010 年	产量比重（%）	12.5	2.5	84.8
		需求满足度	0.23	0.10	4.28
	需求满足度增减		-0.58	-0.37	+2.24
轿车	1992 年(非载重汽车)	产量比重（%）	62.5	28.2	9.2
		需求满足度	1.32	0.97	0.39
	2010 年（轿车）	产量比重（%）	58.6	26.0	15.3
		需求满足度	1.06	1.05	0.77
	需求满足度增减		-0.26	+0.08	+0.38
彩色电视机	1992 年	产量比重（%）	77.1	7.0	15.9
		需求满足度	1.62	0.24	0.68
	2010 年	产量比重（%）	82.1	4.3	13.6
		需求满足度	1.48	0.17	0.69
	需求满足度增减		-0.14	-0.07	+0.01
家用洗衣机	1992 年	产量比重（%）	70.7	16.9	12.4
		需求满足度	1.49	0.58	0.53
	2010 年	产量比重（%）	70.2	22.7	7.1
		需求满足度	1.27	0.92	0.36
	需求满足度增减		-0.22	+0.34	-0.17
家用电冰箱	1992 年	产量比重（%）	60.9	27.0	12.1
		需求满足度	1.28	0.93	0.51
	2010 年	产量比重（%）	57.4	37.4	5.3
		需求满足度	1.04	1.51	0.27
	需求满足度增减		-0.24	+0.58	-0.24
空气调节器	2010 年	产量比重（%）	70.7	23.2	6.1
		需求满足度	1.28	0.94	0.31

			东部	中部	西部
移动通信手持机	2010 年	产量比重（%）	96.3	2.1	1.6
		需求满足度	1.74	0.08	0.08
微型电子计算机	2010 年	产量比重（%）	98.4	0.8	0.8
		需求满足度	1.78	0.03	0.04

注：本表数据计算方法与前表相同。此外，1. 轿车栏目中，因 1992 年统计指标中只有非载重汽车而无轿车，所以只能以它和 2010 年轿车相比较。2. 空调器、手机和微型计算机 3 种产品，1992 年无统计数据，所以只能计算和分析 2010 年相对需求满足度状况。

3. 生产资料类商品相对需求满足度变动状况

生产资料类商品是工农业生产的原材料和机械设备。如棉花是纱的原料，纱是布的原料，甘蔗是糖的原料，烟叶是卷烟的原料，化肥和拖拉机用于农业生产，水泥用于建筑业，钢材用于第二产业（工业和建筑业），金属切削机床、硫酸、烧碱和纯碱用于各种工业生产。因此，本章以前述各生产资料类商品产量占全国总产量的比重为相对供给量，而以与其相对应的行业或产业部门的产量或产值，占全国总产量或总产值的比重，为相对需求量，代入公式（1）计算出 1992 年、2010 年各产品的相对需求满足度，根据其数值增减，评价三大地带供求互补性变化（见表 14 - 4）。

表 14 - 4　　　　　1992 年和 2010 年三大地带生产资料产品相对
需求满足度变动状况

			东部	中部	西部
纱产量比重（%）（棉花相对需求量）	1992 年		57.3	29.2	13.8
	2010 年		64.7	27.3	6.1
棉花	1992 年	产量比重（%）	36.2	43.9	19.9
		需求满足度	0.63	1.52	1.44
	2010 年	产量比重（%）	27.7	27.9	44.3
		需求满足度	0.43	0.96	7.21
	需求满足度增减		- 0.20	- 0.56	+ 5.77
布产量比重（%）（纱相对需求量）	1992 年		60.0	26.6	13.3
	2010 年		79.3	14.9	5.9

			东部	中部	西部
纱	1992 年	产量比重（%）	57.3	28.8	13.8
		需求满足度	0.96	1.08	1.04
	2010 年	产量比重（%）	64.7	29.2	6.1
		需求满足度	0.82	1.96	1.03
	需求满足度增减		-0.14	+0.88	-0.01
糖产量比重（%）（甘蔗相对需求量）	1992 年		38.7	13.5	47.9
	2010 年		12.5	2.5	84.8
甘蔗	1992 年	产量比重（%）	45.1	6.9	48.1
		需求满足度	1.17	0.51	1.00
	2010 年	产量比重（%）	16.6	2.0	81.5
		需求满足度	1.32	0.80	0.96
	需求满足度增减		+0.16	+0.29	-0.04
卷烟产量比重（%）（烟叶相对需求量）	1992 年		28.1	35.7	36.7
	2010 年		32.5	31.5	36.0
烟叶	1992 年	产量比重（%）	11.9	35.5	52.6
		需求满足度	0.42	0.99	1.43
	2010 年	产量比重（%）	9.6	29.3	61.0
		需求满足度	0.30	0.93	1.70
	需求满足度增减		-0.12	-0.06	+0.27
GDP 比重（%）（汽车相对需求量）	1992 年		54.2	26.4	19.4
	2010 年		57.3	24.1	18.6
汽车	1992 年	产量比重（%）	51.5	35.6	12.9
		需求满足度	0.95	1.35	0.66
	2010 年	产量比重（%）	48.8	29.7	21.5
		需求满足度	0.85	1.23	1.16
	需求满足度增减		-0.10	-0.12	+0.50
农业产值比重（%）（化肥、拖拉机相对需求量）	1992 年		40.6	33.5	25.9
	2010 年		40.9	33.6	25.5

			东部	中部	西部
化肥	1992 年	产量比重（%）	35.8	36.1	28.1
		需求满足度	0.88	1.08	1.08
	2010 年	产量比重（%）	24.7	37.7	37.7
		需求满足度	0.60	1.12	1.48
	需求满足度增减		− 0.28	+ 0.04	+ 0.40
大中型拖拉机	1992 年	产量比重（%）	64.4	35.4	0.5
		需求满足度	1.59	1.06	0.02
	2010 年	产量比重（%）	61.6	24.3	14.0
		需求满足度	1.51	0.72	0.55
	需求满足度增减		− 0.08	− 0.34	+ 0.53
建筑业产值比重（%）（水泥、平板玻璃相对需求量）	1992 年		46.7	34.9	18.4
	2010 年		60.0	22.6	17.4
水泥	1992 年	产量比重（%）	51.8	27.9	20.3
		需求满足度	1.11	0.80	1.10
	2010 年	产量比重（%）	42.9	28.7	28.4
		需求满足度	0.72	1.27	1.63
	需求满足度增减		− 0.39	+ 0.47	+ 0.53
平板玻璃	1992 年	产量比重（%）	56.5	29.4	14.1
		需求满足度	1.21	0.84	0.77
	2010 年	产量比重（%）	64.8	19.7	15.4
		需求满足度	1.08	0.87	0.89
	需求满足度增减		− 0.13	+ 0.03	+ 0.12
第二产业生产总值比重（%）（钢材相对需求量）	1992 年		58.5	25.3	16.2
	2010 年		56.6	24.9	18.5
钢材	1992 年	产量比重（%）	60.3	24.0	15.7
		需求满足度	1.03	0.95	0.97
	2010 年	产量比重（%）	66.4	21.2	12.4
		需求满足度	1.17	0.85	0.67
	需求满足度增减		+ 0.14	− 0.10	− 0.30

		东部	中部	西部
工业产值比重（%） （原盐、机床、硫酸、 烧碱、纯碱相对需 求量）	1992 年	60.5	23.6	15.8
	2010 年	66.5	20.5	13.0
原盐	1992 年 产量比重（%）	69.8	9.1	21.1
	1992 年 需求满足度	1.15	0.39	1.34
	2010 年 产量比重（%）	55.3	21.4	23.2
	2010 年 需求满足度	0.83	1.04	1.78
	需求满足度增减	−0.32	+0.65	+0.44
金属切削机床	1992 年 产量比重（%）	72.1	14.3	13.7
	1992 年 需求满足度	1.19	0.61	0.87
	2010 年 产量比重（%）	78.9	7.6	13.5
	2010 年 需求满足度	1.19	0.37	1.04
	需求满足度增减	0	−0.24	+0.17
硫酸	1992 年 产量比重（%）	44.1	30.5	25.4
	1992 年 需求满足度	0.73	1.29	1.61
	2010 年 产量比重（%）	22.8	30.6	46.5
	2010 年 需求满足度	0.34	1.49	3.58
	需求满足度增减	−0.39	+0.20	+1.97
烧碱	1992 年 产量比重（%）	63.6	21.4	15.0
	1992 年 需求满足度	1.05	0.91	0.95
	2010 年 产量比重（%）	58.1	18.7	23.2
	2010 年 需求满足度	0.87	0.91	1.78
	需求满足度增减	−0.18	0	+0.83
纯碱	1992 年 产量比重（%）	73.0	14.1	12.9
	1992 年 需求满足度	1.21	0.60	0.82
	2010 年 产量比重（%）	52.6	21.2	26.2
	2010 年 需求满足度	0.79	1.03	2.02
	需求满足度增减	−0.42	+0.43	+1.20

注：本表中表示相对供给量和相对需求量的产量比重数据，是根据由 1992 年、2011 年《中国统计年鉴》中"各地工业品产量"和"各地农产品产量"栏目统计数据计算出来的。而表示相对需求量的产值比重（如农业产值、第二产业生产总和工业产值比重）数据，则是由 1993 年、1994 年和 2010 年《中国统计年鉴》上的"农林牧渔业产值"和"按三次产业分地区生产总值"栏目中的统计数据计算出来的。由于统计数据方面原因，有些产品栏目中，计算出来的三大地带比重之和与 100%有微小出入。

14.3 三大地带间供求互补性显著和明显增强

14.3.1 供给过剩和缺口评价标准及供求互补量计算公式

1. 供给过剩和缺口评价标准

计算需求满足度，是为了揭示三大地带及其重点省区市之间的供求互补性变化，及其对经济运行发展的影响。由于东中西部地带间国内生产总值和第二产业总产值差距很大（如 2010 年，东中西部之间 GDP 之比为 100：42：32；第二产业总产值之比为 100：44：33），为了比较准确评价三大地带供求互补程度的层次性，本书作如下规定：

（1）供给过剩程度评价标准：把东部需求满足度≥1.20，中西部需求满足度≥1.30 的产品，认定为供给过剩显著产品；把东部 1.20 > 需求满足度≥1.10，中西部 1.30 > 需求满足度≥1.20 的产品，认定为供给过剩明显产品；把东部 1.10 > 需求满足度 > 1.00，中西部 1.20 > 需求满足度 > 1.00 的产品，认定为有一定供给过剩产品。

（2）供给缺口程度评价：把东部 0.80≥需求满足度，中西部 0.70≥需求满足度的产品，认定为供给缺口显著产品；把东部 0.90≥需求满足度 > 0.80，中西部 0.80≥需求满足度 > 0.70 的产品，认定为供给缺口明显产品；把东部 1.00 > 需求满足度 > 0.90，中西部 1.00 > 需求满足度 > 0.80 的产品，认定为有一定供给缺口产品。

2. 供求互补量计算公式

需求满足度仅表征了三大地带间供给过剩和缺口的强弱程度，并不能够直接显示供给过剩量和需求缺口量是多少。因为一个地带或省区某种产品的供给过剩量和需求缺口量，是由需求满足度和产品产量两个因素决定的。道理很简单，若两个省区某种产品的需求满足度均达到显著程度且相等，但一个省区该产品产量大，另一个省区该产品产量小，那么，结果必定是产量大的省区供给过剩量大，产量小的省区供给过剩量小。需求缺口量亦然。三大地带亦然。所以，只有把三大地带和各省区的需求满足度与产品产量，代入下述公式运算，才能够计算出它们的供给过剩量和需求缺口量：

$$S_g = Q_i \times \frac{(X_i - 1)}{X_i} \qquad (X_i \geqslant 1) \qquad (1)$$

$$S_q = Q_i \times \frac{(1 - X_i)}{X_i} \qquad (X_i < 1) \qquad (2)$$

上式中，S_g 是供给过剩量，S_q 是需求缺口量，Q_i 是产品 i 产量，X_i 是产品 Q_i 需求满足度，$\dfrac{X_i-1}{X_i}$ 是供给过剩率，$\dfrac{1-X_i}{X_i}$ 是需求缺口率。当 $X_i \geq 1$ 时用公式（1）计算供给过剩量；当 $X_i < 1$ 时，用公式（2）计算供给缺口量。

14.3.2 供给过剩量和缺口量显示：三大地带间供求互补性显著和明显增强

把前面表中的相关数据，代入公式（1）和（2）计算出以下表中 38 种产品的供给过剩量和缺口量。其结果显示：1992～2010 年，三大地带间供求互补性显著和明显增强。

1. 三大地带间有显著供求互补性的产品共 32 种[1]

（1）以东部为供给方，中西部为需求方，供求互补性显著的产品 10 种。

表 14-5 显示，以东部为供给方，中西部为需求方，供求互补性显著的 10 种产品中，除甘蔗、水产品和海水产品外，其他 7 种产品，1 种为工业品生产资料大中型拖拉机；6 种为工业品生活资料：布、彩色电视机、家用洗衣机、空气调节器、移动通信手机和微型电子计算机。这是东部机械工业和轻工业发达，水域尤其是海域宽阔，适宜捕捞、养殖等，资源禀赋特点在生产供给上的体现。而甘蔗供给显著过剩，则是因为广东和海南甘蔗产量占全国总产量比重达 16.6%，而其制糖工业向广西和云南转移，糖产量仅占全国总产量 12.5% 造成的。

表 14-5　　　　2010 年以东部为供给方供求互补性显著产品状况

产品	供给方：需求满足度，供给过剩量	需求方：需求满足度，供给缺口量	产品	供给方：需求满足度，供给过剩量	需求方：需求满足度，供给缺口量
布	东部：1.43，190.76 亿米	中部：0.60，79.47 亿米 西部：0.30，110.13 亿米	微型电子计算机	东部：1.78，10 600.60 万台	中部：0.03，6 359.18 万台 西部：0.04，4 720.32 万台
彩色电视机	东部：1.48，3 149.88 万台	中部：0.17，2 483.60 万台 西部：0.69，722.83 万台	大中型拖拉机	东部：1.51，7.98 万台	西部：0.55，4.39 万台（中部：0.72，3.62 万台）

———————————

　① 表中加括号处，表示该地带需求满足度虽未达到供给过剩或供给缺口显著程度，但达到明显或一定程度。

产品	供给方：需求满足度，供给过剩量	需求方：需求满足度，供给缺口量	产品	供给方：需求满足度，供给过剩量	需求方：需求满足度，供给缺口量
家用洗衣机	东部：1.27，932.44 万台	西部：0.36，788.60 万台（中部：0.92，123.32 万台）	甘蔗	东部：1.32，443.16 万吨	（中部：0.80，55.40 万吨）（西部：0.96，376.22 万吨）
空气调节器	东部：1.28，1 683.82 万台	西部：0.31，178.25 万台（中部：0.94，161.23 万台）	水产品	东部：1.28，834.49 万吨	西部：0.45，587.47 万吨（中部：0.81，253.33 万吨）
移动通讯手持机	东部：1.74，40 884.46 万部	中部：0.08，24 108.26 万部 西部：0.08，18 368.26 万部	海水产品	东部：1.71，1 097.65 万吨	中部：0.00，693.78 万吨 西部：0.28，395.64 万吨

注：需求满足度数据来源于表 14-2 和表 14-3。供给过剩量和缺口量，是把表 14-2 和表 14-3 中有关数据，代入"14.3"中公式（1）和（2）计算出来的。

（2）以西部或中部为供给方，东部（个别产品加上中部或西部）为需求方，供求互补性显著的产品 22 种。

表 14-6 显示，以西部或中部或中西部为供给方，以东部（个别产品加上中部或西部）为需求方，构成显著供求互补性的产品共 22 种。这是中国自然资源分布，西部和中部丰裕，而东部贫乏，在产品生产供给能力上的体现。具体是：①能源类产品 5 种。其中，天然气以西部为供给方，原煤以中西部为供给方，原油、发电量和水力发电量以西部为主要供给方，中部为次要供给方，与东部构成显著供求互补性。②工业品生产资料产品 7 种。其中，硫酸以中部为供给方，原盐和烧碱以西部为供给方，纱、水泥、化肥和纯碱以西部为主要供给方，中部次要供给方，与东部构成显著供求互补性。③农产品 7 种。其中，棉花以西部为供给方、禽蛋以中部为供给方，分别与东部和东部加上西部构成显著供求互补性；粮食、油料、肉类以中部为主要供给方，西部为次要供给方，水果和茶叶以西部为主要供给方，中部为次要供给方，与东部构成显著供求互补性。④工业品生活资料产品 3 种。其中，糖以西部为供给方，卷烟以西部为主要供给方，中部为次要供给方，家用电冰箱以中部为主要供给方，西部次要供给方，分别与东中部和东部构成显著供求互补性。

表 14-6　　　　　　2010 年以中西部为供给方供求互补性显著的产品

产品	供给方:需求满足度,供给过剩量	需求方:需求满足度,需求缺口量	产品	供给方:需求满足度,供给过剩量	需求方:需求满足度,需求缺口量
原煤	西部:2.61,8.77 亿吨(中部:1.70,4.93 亿吨)	东部:0.21,13.32 万吨	粮食	中部:1.81,11 005.02 万吨西部:1.33,3 566.07 万吨	东部:0.52,14 426.99 万吨
原油	西部:1.55,2 074.67 万吨(中部:1.08,392.49 万吨)	东部:0.74,2 439.25 万吨	棉花	西部:7.21,227.44 万吨	东部:0.43,218.88 万吨(中部:0.97,6.93 万吨)
天然气	西部:4.35,590.92 亿立方米	东部:0.23,425.51 亿立方米中部:0.23,174.66 亿立方米	纱	中部:1.96,383.27 万吨(西部:1.03,4.83 万吨)	(东部:0.82,385.88 万吨)
发电量	西部:1.56,4 379.76 亿千瓦小时(中部:1.10,1 009.7 亿千瓦小时)	东部:0.78,5 280.52 亿千瓦小时	油料	中部:1.87,697.3 万吨西部:1.30,191.6 万吨	东部:0.50,901.2 万吨
水力发电量	西部:2.95,2 615.97 亿千瓦小时(中部1.24,417.93 亿千瓦小时)	东部:0.27,2 987.38 亿千瓦小时	水果	西部:1.43,1 827.7 万吨(中部:1.17,901.8 万吨)	东部:0.77,2 723.3 万吨
原盐	西部:1.78,715.48 万吨,(中部:1.04 57.93 万吨)	东部:0.83,797.13 万吨	茶	西部:1.78,22.7 万吨(中部:1.20,7.3 万吨)	东部:0.63,30.3 万吨
水泥	西部:1.63,20 657.16 万吨(中部:1.27,11 482.63 万吨)	东部:0.72 31 396.50 万吨	肉类	西部:1.49,768.9 万吨中部:1.37,725.6 万吨	东部:0.66,1 482.2 万吨
化肥	西部:1.48,774.97 万吨(中部:1.12,256.00 万吨)	东部:0.60,1 043.63 万吨	禽蛋	中部:1.52,357.3 万吨	西部:0.69,170.1 万吨(东部:0.87,199.8 万吨)

产品	供给方：需求满足度，供给过剩量	需求方：需求满足度，需求缺口量	产品	供给方：需求满足度，供给过剩量	需求方：需求满足度，需求缺口量
硫酸	西部：3.58，2 376.10 万吨 中部：1.49，713.52 万吨	东部：0.34，3 138.16 万吨	糖	西部：4.28，726.29 万吨	东部：0.23，467.69 万吨 中部：0.10，251.46 万吨
纯碱	西部：2.02，269.20 万吨 （中部：1.03，12.56 万吨）	东部：0.79，284.52 万吨	卷烟	西部：1.82，3 852.6 亿支 （中部：1.27，1 590.7 亿支）	东部：0.59，5 364.5 亿支
烧碱	西部：1.78，226.55 万吨	（东部：0.87，193.46 万吨） （中部：0.91，41.21 万吨）	家用电冰箱	中部：1.51，920.40 万台 （东部：1.04，160.95 万台）	西部：0.27，1 043.17 万台

注：本表需求满足度数据来源于表 14 - 1、表 14 - 2 和表 14 - 3。供给过剩量和缺口量，是把表中有关指标数据代入"14.3.1"中公式（1）和（2）计算出来的。需要说明：1. 因国家统计局未发布 2010 年原煤产量，故表中计算并列出的是 2009 年三大地带原煤的供求互补状况；2. 2010 年，西部甘蔗产量占全国总产量的 81.3%，中西部烟叶产量分别占全国总产量的 61.0% 和 29.3%，有很强供给能力。但它们都作为原料，供给本地带省区制糖和卷烟工业，不与外带地区构成供求互补性，所以本表中未把它们列入。

2. 有明显供求互补性的产品 4 种①

表 14 - 7 显示，三大地带间有 4 种产品有明显供求互补性。一是金属切削机床，以东部为主要供给方，西部为次要供给方，与中部构成明显供求互补性。二是钢材，以东部为供给方，与中西部构成明显供求互补性。三是汽车，以中部为主要供给方，西部为次要供给方，与东部构成明显供求互补性。四是啤酒，以中部为供给方，与东部和西部构成明显供求互补性。

表 14 - 7　　　　　　　2010 年三大地带间供求互补性明显的产品

产品	供给方：需求满足度，供给过剩量	需求方：需求满足度，供给缺口量	产品	供给方：需求满足度，供给过剩量	需求方：需求满足度，供给求缺口量
金属切削机床	东部：1.19，8.78 万台 （西部：1.04，0.36 万台）	中部：0.37，9.02 万台	汽车	中部：1.23，101.44 万辆 （西部：1.16，54.16 万辆）	东部：0.85，157.30 万辆

① 表中加括号处，表示该地带需求满足度虽未达到供给过剩或供给缺口明显程度，但有一定的供给过剩或供给缺口。

产品	供给方：需求满足度，供给过剩量	需求方：需求满足度，供给缺口量	产品	供给方：需求满足度，供给过剩量	需求方：需求满足度，供给求缺口量
钢材	东部：1.17，7 744.97 万吨	西部：0.67，4 902.86 万吨 中部：0.85，3 003.29 万吨	啤酒	中部：1.21，233.01 万千升	东部：0.94，148.75 万千升 西部：0.92，71.06 万千升

注：需求满足度数据来源于表 14 - 4 的。供给过剩量和缺口量是把表 14 - 4 中的有关指标数据代入 "14.3.1" 中的公式 （1） 和 （2） 计算出来的。

3. 有一定供求互补性的产品 2 种

表 14 - 8 显示，三大地带间有一定供求互补性的产品有 2 种。一是平板玻璃以东部为供给方，与中西部构成一定供求互补性。二是轿车，以东中部为供给方，与西部构成一定供求互补性。

表 14 - 8   2010 年三大地带间有一定供求互补性的产品

产品	供给方：需求满足度，供给过剩量	需求方：需求满足度，供给缺口量	产品	供给方：需求满足度，供给过剩量	需求方：需求满足度，供给缺口量
平板玻璃	东部：1.08，3 183.88 万重量箱	中部：0.87，1 952.57 万重量箱 西部：0.89，1 262.52 万重量箱	轿车	东部：1.06，31.76 万辆 中部：1.05，11.86 万辆	西部：0.77，43.76 万辆

注：需求满足度数据来源于表 14 - 3 和表 14 - 4。供给过剩量和缺口量是把表中有关指标数据代入 "14.3.1" 中的公式 （1） 和 （2） 计算出来的。

14.3.3 三大地带间供求互补偏离平衡程度计量分析和准确性检验

1. 三大地带间供求互补偏离平衡程度计量分析

把表 14 - 5 至表 14 - 8 中各种产品的供给过剩量（有两个供给过剩方，为两方过剩量之和）和供给缺口量（有两供给缺口方，为两方缺口量之和）代入需求满足度公式，可算出三大地带间各种产品供求互补状况及其偏离平衡程度，按偏离程度大小排序得到表 14 - 9。

表 14 - 9　　　　　　　　　2010 年三大地带供求互补偏离平衡程度

产品	供求互补状况 X	偏离平衡程度	产品	供求互补状况 X	偏离平衡程度
1. 啤酒	1.0600	+ 0.0600	22. 轿车	0.9968	− 0.0032
2. 冰箱	1.0366	+ 0.0366	23. 大中型拖拉机	0.9963	− 0.0037
3. 原煤	1.0285	+ 0.0285	24. 水产品	0.9960	− 0.0040
4. 空调器	1.0270	+ 0.0270	25. 纯碱	0.9903	− 0.0097
5. 甘蔗	1.0267	+ 0.0267	26. 平板玻璃	0.9903	− 0.0097
6. 水泥	1.0236	+ 0.0236	27. 茶	0.9901	− 0.0099
7. 洗衣机	1.0225	+ 0.0225	28. 汽车	0.9891	− 0.0109
8. 发电量	1.0206	+ 0.0206	29. 化肥	0.9878	− 0.0122
9. 彩色电视机	1.0179	+ 0.0179	30. 油料（作物）	0.9864	− 0.0136
10. 水电量	1.0156	+ 0.0156	31. 天然气	0.9846	− 0.0154
11. 卷烟	1.0147	+ 0.0147	32. 硫酸	0.9845	− 0.0155
12. 机床	1.0133	+ 0.0133	33. 钢材	0.9796	− 0.0204
13. 原油	1.0114	+ 0.0114	34. 原盐	0.9702	− 0.0298
14. 粮食	1.0100	+ 0.0100	35. 禽蛋	0.9659	− 0.0341
15. 糖	1.0099	+ 0.0099	36. 烧碱	0.9654	− 0.0346
16. 肉类	1.0084	+ 0.0084	37. 移动手机	0.9625	− 0.0375
17. 海水产品	1.0076	+ 0.0076	38. 微型计算机	0.9568	− 0.0432
18. 棉花	1.0072	+ 0.0072			
19. 布	1.0061	+ 0.0061	合计 X	38.0683	—
20. 纱	1.0058	+ 0.0058	平均值 $\overline{X}$	1.0018	
21. 水果	1.0023	+ 0.0023			

注：供求互补状况 X = $\dfrac{供给过剩量}{供给缺口量}$。X = 1.00 为供求互补平衡；X > 1.00 表示供大于求，在正数方向上偏离平衡状态，记为"+"；X < 1.00 表示供小于求，在负数方向上偏离平衡状态，记为"−"。

　　表 14 - 9 显示，在计量的 38 种产品中，供大于求的产品 21 种，大于程度在 + 0.23% 至 + 6.00% 之间；供小于求的产品 17 种，小于程度在 − 0.32% 至 − 4.32% 之间；仅有 1 种产品（啤酒）供求平衡偏离程度大于 5.0%，其余 37 种产品供求偏离平衡程度都小于 5.0%。

　　2. 检验计量分析结果的准确性

　　（1）确认计量分析结果趋向正态分布并计算样本标准差。概率论中心极限定理揭示：假设 x 为具有平均数 u 和标准差 α 的分布，并假设抽取所有可能含 n 个变值的样本，那么样本平均数 $\overline{X}$，将是一个随 n 越大而越趋于具有平均数 u 和标准差 $\alpha\sqrt{n}$ 的正态分布。就是说不仅从正态分布的总体中抽取样本时，样本平均数这一统计量服从正态分布，即使是从非正态分布的总体进行抽样只要样本容量 n 是够大（n≥30），样本平均数也趋向正态分布。[①] 根据该定理，如果把表 14－9 中的产品供求互补状况数值，看成是从总体中抽取的含有 38 个变值的样本，由于样本容量已足够大（n＝38＞30），因此该样本数值趋于正态分布。表 14－10 列出了计算该样本标准差 s 的基础数据。

表 14－10　　　　　　　　**计算样本标准差 S 的基础数据**

样　　本	X	$X-\overline{X}$	$(X-\overline{X})^2$	样　　本	X	$X-\overline{X}$	$(X-\overline{X})^2$
1. 啤酒	1.060 0	0.058 2	0.003 4	22. 轿车	0.996 8	－ 0.005 0	0.000 0
2. 冰箱	1.036 6	0.034 8	0.001 2	23. 大中型拖拉机	0.996 3	－ 0.005 5	0.000 0
3. 原煤	1.028 5	0.267	0.000 7	24. 水产品	0.996 0	－ 0.005 8	0.000 0
4. 空调器	1.027 0	0.025 2	0.000 6	25. 纯碱	0.990 3	－ 0.011 5	0.000 1
5. 甘蔗	1.026 7	0.024 9	0.000 6	26. 平板玻璃	0.990 3	－ 0.011 5	0.000 1
6. 水泥	1.023 6	0.021 8	0.000 5	27. 茶	0.990 1	－ 0.001 7	0.000 1
7. 洗衣机	1.022 5	0.020 7	0.000 4	28. 汽车	0.989 1	－ 0.012 7	0.000 2
8. 发电量	1.020 6	0.018 8	0.000 4	29. 化肥	0.987 8	－ 0.014 0	0.000 2
9. 彩色电视机	1.017 9	0.016 1	0.000 3	30. 油料（作物）	0.986 4	－ 0.015 4	0.000 2
10. 水电量	1.015 6	0.013 8	0.000 2	31. 天然气	0.984 6	－ 0.017 2	0.000 3
11. 卷烟	1.014 7	0.012 9	0.000 2	32. 硫酸	0.984 5	－ 0.017 3	0.000 3
12. 机床	1.013 3	0.011 5	0.000 1	33. 钢材	0.979 6	－ 0.022 2	0.000 5
13. 原油	1.011 4	0.009 6	0.000 1	34. 原盐	0.970 2	－ 0.031 6	0.001 0
14. 粮食	1.010 0	0.008 2	0.000 1	35. 禽蛋	0.965 9	－ 0.035 9	0.001 3
15. 糖	1.009 9	0.008 1	0.000 1	36. 烧碱	0.965 4	－ 0.036 4	0.001 3
16. 肉类	1.008 4	0.006 6	0.000 0	37. 移动手机	0.962 5	－ 0.039 3	0.001 5
17. 海水产品	1.007 6	0.005 8	0.000 0	38. 微型计算机	0.956 8	－ 0.045 0	0.002 0
18. 棉花	1.007 2	0.005 4	0.000 0	合计 $\overline{X}$	38.068 3 1.001 8	—	0.018 0
19. 布	1.006 1	0.004 3	0.000 0				
20. 纱	1.005 8	0.004 0	0.000 0				
21. 水果	1.002 3	0.000 5	0.000 0				

把表 14－10 中有关数据代入样本标准差公式：

$$样本标准差\ S = \sqrt{\frac{\sum (X-\overline{X})^2}{n-1}} = \sqrt{\frac{0.018\ 0}{37}} = 0.022\ 1$$

---

① ［美］H. L. 阿尔德、E. B. 罗斯勒：《概率与统计导论》，北京大学出版社 1984 年版，第 153 页；徐国祥主编：《管理统计学》，上海财经大学出版社 1998 年版，第 141 页。

（2）检验计量分析结果准确性。已知总体标准差 u = 1，样本标准差 s = 0.022 1，并且规定显著性水平 α = 0.20，为双侧检验，查 t 分布表得置信区间临界值 $Z_{\frac{\alpha}{2}} = 1.282$。

因为三大地带间商品处于供求互补平衡状态时，$\dfrac{供给过剩量}{供给缺口量}$ = 1.000 0，故设原假设 $H_0 = 1.000\ 0$，备择假设 $H_1 \neq 1.000\ 0$。计算样本统计量

$$Z = \frac{\overline{X} - u}{s / \sqrt{n}} = \frac{1.001\ 8 - 1.000\ 0}{0.022\ 1 / \sqrt{38}} = 0.502\ 0$$

由于是正态分布双侧检验，故若 $Z \leqslant Z_{\frac{\alpha}{2}}$ 则接受原假设，拒绝备择假设，反之则反是。由 $Z = 0.502\ 0 < Z_{\frac{\alpha}{2}} = 1.282$，$-Z = -0.502\ 0 > Z_{\frac{\alpha}{2}} = -1.282$，故接受原假设 $H_0 = 1.000\ 0$，拒绝备择假设 $H_1 \neq 1.000\ 0$。这个检验结果说明，用本章构建的相对需求满足度、供给过剩量和缺口量公式，计算三大地带及省区间商品供求互补状况，其结果大体上是准确的。

14.4 资源型和制造型省区间的显著供求互补性

前已述及，市场机制促使产能向三大地带优势省区聚集，形成了两类供求互补性显著典型省区。一类省区大多位于中西部。它们自然资源丰裕，农业和能源及原材料工业强，对外省区有显著过剩供给能力，但制造业弱，需要从东部制造型省区获得大量供给补充，才能够填平巨大缺口，实现供求平衡。本书把此类省区定义为资源型省区。另一类省区大多位于东部。它们制造工业强，对外省区有显著过剩供给能力，但能源、原材料和农业生产能力弱，需要从中西部资源型省区获得大量供给补充，才能够填平巨大缺口，实现供求平衡。本书把此类省区定义为制造型省区。这两类省区互为供给方和需求方，通过强大的带际区际贸易及物流和货物运输，实现供求互补，维系着自身和全国经济社会顺畅运转。本节选取 3 种能源产品、3 种农产品和糖为一组，而选取 2 种工业品生产资料产品和 7 种工业品生活资料产品为另一组，每种产品分别选取 5 个供给过剩最显著省区（有个别产品仅有 4 个或 3 个最显著省区）为供给方，5 个供给缺口显著且 GDP 全国排位靠前的省区为需求方，分别列表 14 - 11 和表 14 - 12 作对比分析，揭示它们之间的供求互补状况，让三大地带间供求互补性更清晰而具体地呈现出来。

14.4.1 以资源型省区为供给方重点省区间的供求互补显著程度

表14-11 　　　　　2010年以资源型省区为供给方重点省区间
供求互补性显著状况

		供给过剩显著				供给缺口显著		
	省区	GDP比重（%）	煤产量比重（%）	需求满足度	省区	GDP比重（%）	煤产量比重（%）	需求满足度
原煤	山西	2.01	19.98	9.94	上海	4.12	0	0
	内蒙古	2.67	20.22	7.57	江苏	9.43	0.81	0.09
	陕西	2.24	9.96	4.45	浙江	6.29	0	0
	贵州	1.07	4.61	4.31	广东	10.80	0	0
	河南	5.33	7.74	1.45	山东	9.28	4.84	0.52
	合计	13.32	62.51	4.69	合计	39.92	5.65	0.14
	省区	GDP比重（%）	天然气产量比重（%）	需求满足度	省区	GDP比重（%）	天然气产量比重（%）	需求满足度
天然气	新疆	1.40	26.3	19.44	上海	4.30	0.30	0.08
	四川	6.3	25.1	4.0	江苏	10.30	0.10	0.01
	陕西	2.5	23.6	9.34	浙江	6.9	0	0
	青海	0.30	5.90	17.57	广东	11.5	8.3	0.72
	（黑龙江）	2.60	3.20	1.22	山东	9.8	0.6	0.06
	合计	13.26	84.1	6.34	合计	42.8	9.30	0.22
	省区	GDP比重（%）	发电量比重（%）	需求满足度	省区	GDP比重（%）	发电量比重（%）	需求满足度
发电量	内蒙古	2.91	5.92	2.03	北京	3.52	0.64	0.18
	山西	2.29	5.11	2.23	天津	2.30	1.40	0.61
	湖北	3.98	4.86	1.22	上海	4.28	2.08	0.49
	云南	1.80	3.24	1.80	广东	11.47	7.69	0.67
	贵州	1.15	3.29	2.86	山东	9.76	7.23	0.74
	合计	12.13	22.42	1.85	合计	31.33	19.04	0.61
	省区	纱产量比重（%）	棉花产量比重（%）	需求满足度	省区	纱产量比重（%）	棉花产量比重（%）	需求满足度
棉花	新疆	1.45	41.59	28.68	江苏	15.99	4.38	0.27
	河北	4.55	9.55	2.10	浙江	7.91	0.49	0.06
	安徽	2.08	5.30	2.55	山东	26.92	12.15	0.45
	湖南	2.89	3.81	1.32	河南	14.72	7.50	0.51
	湖北	6.24	7.91	1.27	福建	6.78	0	0
	合计	17.21	68.16	3.96	合计	72.32	24.52	0.34

		供给过剩显著				供给缺口显著		
	省区	居民消费支出比重（%）	粮食产量比重（%）	需求满足度	省区	居民消费支出比重（%）	粮食产量比重（%）	需求满足度
粮食	黑龙江	2.38	9.17	3.85	北京	3.25	0.21	0.06
	吉林	1.75	5.20	2.97	天津	1.57	0.29	0.18
	河南	5.17	9.95	1.92	上海	5.08	0.22	0.04
	安徽	3.40	5.64	1.66	浙江	6.77	1.41	0.21
	内蒙古	1.89	3.95	2.09	广东	11.68	2.41	0.21
	合计	14.59	33.91	2.32	合计	28.35	4.54	0.16
	省区	居民消费支出比重（%）	糖产量比重（%）	需求满足度	省区	居民消费支出比重（%）	糖产量比重（%）	需求满足度
糖	广西	2.55	63.12	24.75	上海	5.08	0	0
	云南	2.15	16.09	7.48	江苏	7.64	0.01	0
	新疆	1.10	4.04	3.67	浙江	6.77	0.02	0
	海南	0.46	2.75	5.98	河南	5.17	0.09	0.73
	—	—	—	—	山东	7.72	0.09	0.01
	合计	6.26	86.00	13.74	合计	32.38	0.21	0.06
	省区	卷烟产量比重（%）	烟叶产量比重（%）	需求满足度	省区	卷烟产量比重（%）	烟叶产量比重（%）	需求满足度
烟叶	云南	15.05	33.01	2.19	上海	3.72	0	0
	贵州	5.04	13.02	2.58	江苏	4.04	0.02	0.00
	河南	6.95	9.57	1.38	广东	5.49	1.83	0.33
	福建	3.55	4.18	1.18	山东	5.61	2.30	0.41
	—	—	—	—	安徽	5.16	0.99	0.19
	合计	30.59	59.78	1.95	合计	24.02	5.14	0.21

注：（1）因 2011 年及以后《中国统计年鉴》未公布全国各省区市原煤产量，所以本表中"原煤"一栏中各省区市原煤产量比重、GDP 比重和原煤相对需求满足度，只能以 2010 年《中国统计年鉴》公布的 2009 年数据计算。（2）除原煤外其他产品数据，是以 2011 年《中国统计年鉴》中，各地区 GDP 总值，居民消费支出额及构成，农产品产量和工业品产量等栏目的数据为基础，按照需求满足度公式计算出来的。计算时全国总额为个省区加总之和。（3）合计栏中的需求满足度，是供给量比重合计数，除以相对需求量比重（GDP 比重、居民消费额比重、相关行业产值比重和产品产量比重）合计数的商。（4）个别省区加括号是表示其供给过剩明显，但未达到显著程度。

表 14-11 显示了原煤、天然气、发电量、棉花、粮食、糖和烟叶等 7 种产品，以 5 个供给显著过剩资源型省区为供给方，与 5 个供给缺

口显著省区的供求互补状况。依据表中合计栏目的需求满足度数据，用"14.3.1"小节中公式，可算出两这类省区各种产品的供给过剩率和需求缺口率，具体状况是①：原煤（前为供给过剩率，后为供给缺口率，下同）0.79、0.86；天然气0.84，0.78；发电量0.46，0.39；棉花0.75，0.66；粮食0.57，0.84；糖0.93，0.94；烟叶0.49，0.79。这7种产品，5个供给过剩省区的供给过剩率在0.46（发电量）~0.93（糖）之间。说明其合计产量的0.46~0.93超过自身需求，必须通过区际贸易销往外省区，才能实现自身供求平衡，维持经济社会顺畅运转。5个供给缺口显著省区的供给缺口率在0.39（发电量）~0.86（原煤）之间。说明其合计产量只能满足自身需求的0.14（原煤）~0.61（发电量），必须通过区际贸易，从供给过剩的外省区获得大量供给补充填平缺口，才能实现自身供求平衡，维持经济社会顺畅运转。

14.4.2　以制造型省区为供给方重点省区间的供求互补显著程度

表14-12显示了大中型拖拉机、金属切削机床、汽车、彩色电视机、家用洗衣机、电冰箱、空调器、手机和微型计算机等9种产品，以5个供给过剩显著的制造型省区为供给方，与5个供给缺口显著省区的供求互补状况。依据表中合计栏目的需求满足度数据，用"14.3.1"小节中公式可算出这两类省区每种产品的供给过剩率和缺口率，具体状况是：大中型拖拉机（前为供给过剩率，后为需求缺口率，下同）0.66，0.92；金属切削机床0.57，0.84；轿车0.73，0.69；彩色电视机0.56，0.89；家用洗衣机0.67，0.64；家用电冰箱0.54，0.87；家用空气调节机0.72，0.99；移动通信手机0.81，0.99；微型计算机0.80，0.97。这9种产品，5个供给显著过剩省区的供给过剩率在0.54（家用电冰箱）~0.81（移动通信手机）之间。说明其合计产量的54.0~81.0超过自身需求，必须通过区际贸易销往外省区，才能实现自身供求平衡，维持经济社会顺畅运转。5个供给缺口显著省区的供给缺口率在0.64（家用洗衣机）~0.99（移动通信手机）之间。说明其合计产量仅能满足自身需求的0.01（移动通信手机）~0.36

---

① 供给过剩率，是省区某产品产量中超过自身需求量的那一部分除以总产量得到的比率。如"14.3.1"节中公式所示，设X_i为需求满足度，且当$X_i > 1$时，供给过剩率可由$\dfrac{X_i - 1}{X_i}$求得。供给缺口率，是省区某产品产量满足自身一部分需求后留下的缺口量，除以总需求量得到的比率。如"14.3.1"节中公式所示，设X_i为需求满足度，且当$X_i < 1$时，需求缺口率可由$\dfrac{1 - X_i}{X_i}$求得。

（家用洗衣机），必须通过区际贸易，从供给过剩的外省区获得大量供给补充填平缺口，才能实现自身供求平衡，维持经济社会顺畅运转。

表 14－12　　　　2010 年以制造型省区为供给方重点省区间
供求互补显著程度

	供给过剩显著			供给缺口显著		
	省区	第一产业产值比重（%）	拖拉机产量比重（%）	需求满足度	省区	第一产业产值比重（%）	拖拉机产量比重（%）	需求满足度
大中型拖拉机	山东	9.59	25.68	2.68	四川	5.89	1.15	0.20
	江苏	6.20	20.73	3.34	河北	6.22	0.16	0.03
	河南	8.21	21.28	2.57	湖南	5.46	0.73	0.13
	浙江	3.13	9.62	3.07	广西	3.93	0.18	0
	天津	0.46	2.92	6.35	安徽	4.26	0	0
	合计	27.65	80.23	2.90	合计	25.76	2.04	0.08
	省区	工业产值比重（%）	机床产量比重（%）	需求满足度	省区	工业产值比重（%）	机床产量比重（%）	需求满足度
金属切削机床	辽宁	4.55	19.06	4.19	河南	6.18	1.15	0.19
	山东	9.76	18.63	1.91	河北	4.94	0.23	0.05
	浙江	6.55	21.78	3.33	四川	3.84	1.05	0.27
	云南	1.35	5.21	3.86	福建	3.31	0.44	0.13
	（江苏）	9.97	10.04	1.01	湖北	3.48	0.53	0.15
	合计	32.18	74.72	2.32	合计	21.75	3.40	0.16
	省区	居民消费支出比重（%）	轿车产量比重（%）	需求满足度	省区	居民消费支出比重（%）	轿车产量比重（%）	需求满足度
轿车	天津	1.57	6.63	4.22	河南	5.17	0.20	0.04
	吉林	1.75	11.71	6.69	四川	4.64	0	0
	上海	5.08	16.68	3.28	江苏	7.64	3.28	0.43
	重庆	1.95	8.89	4.56	山东	7.72	3.15	0.41
	北京	3.25	6.50	2.00	浙江	6.77	3.28	0.48
	合计	13.60	50.41	3.71	合计	31.94	9.91	0.31

	供给过剩显著			供给缺口显著		
	省区	居民消费支出比重（%）	电视机产量比重（%）	需求满足度	省区	居民消费支出比重（%）	电视机产量比重（%）	需求满足度

彩色电视机

省区	居民消费支出比重（%）	电视机产量比重（%）	需求满足度	省区	居民消费支出比重（%）	电视机产量比重（%）	需求满足度
广东	11.68	37.99	3.25	河北	4.00	0	0
江苏	7.64	14.04	1.84	湖南	4.04	0.13	0.03
四川	4.64	10.22	2.20	河南	5.17	0.15	0.03
福建	3.29	7.63	2.32	北京	3.25	0	0
（山东）	7.72	9.62	1.25	上海	5.08	2.15	0.42
合计	34.97	79.50	2.27	合计	21.54	2.43	0.11

家用洗衣机

省区	居民消费支出比重（%）	洗衣机产量比重（%）	需求满足度	省区	居民消费支出比重（%）	洗衣机产量比重（%）	需求满足度
浙江	6.77	28.88	4.27	河南	5.17	0.12	0.02
安徽	3.40	20.28	5.96	河北	4.00	0.32	0.08
江苏	7.64	19.47	2.55	湖北	3.59	1.12	0.31
重庆	1.95	3.55	1.82	湖南	4.04	1.18	0.29
山东	7.72	9.99	1.29	广东	11.68	7.49	0.64
合计	27.48	82.17	2.99	合计	28.48	10.23	0.36

家用电冰箱

省区	居民消费支出比重（%）	电冰箱产量比重（%）	需求满足度	省区	居民消费支出比重（%）	电冰箱产量比重（%）	需求满足度
安徽	3.40	28.49	8.38	河北	4.00	0	0
浙江	6.77	10.69	1.58	福建	3.29	0	0
江苏	7.64	10.73	1.40	四川	4.64	1.11	0.24
山东	7.72	10.90	1.41	湖北	3.59	1.84	0.51
广东	11.68	19.98	1.71	湖南	4.04	0.43	0.11
合计	37.21	80.79	2.17	合计	19.56	3.38	0.17

	供给过剩显著			供给缺口显著		
	省区	居民消费支出比重（%）	空调器产量比重（%）	需求满足度	省区	居民消费支出比重（%）	空调器产量比重（%）	需求满足度

	省区	居民消费支出比重（%）	空调器产量比重（%）	需求满足度	省区	居民消费支出比重（%）	空调器产量比重（%）	需求满足度
空气调节器	广东	11.68	49.99	4.28	北京	3.25	0	0
	天津	1.57	3.72	2.37	河北	4.00	0	0
	安徽	3.40	14.77	4.34	福建	3.29	0	0
	重庆	1.95	5.00	2.56	河南	5.17	0.13	0.02
	湖北	3.59	6.70	1.87	湖南	4.04	0	0
	合计	22.19	80.18	3.61	合计	19.78	0.13	0.01
	省区	居民消费支出比重（%）	手机产量比重（%）	需求满足度	省区	居民消费支出比重（%）	手机产量比重（%）	需求满足度
移动通信手机	北京	3.25	27.44	8.44	河南	5.17	0	0
	天津	1.57	9.12	5.81	上海	5.08	0.13	0.03
	广东	11.68	48.71	4.17	河北	4.00	0	0
	—	—	—	—	湖南	4.04	0	0
	—	—	—	—	安徽	3.40	0	0
	合计	16.50	85.27	5.17	合计	21.69	0.13	0.01
	省区	居民消费支出比重（%）	微机产量比重（%）	需求满足度	省区	居民消费支出比重（%）	微机产量比重（%）	需求满足度
微型电子计算机	上海	5.08	38.19	7.52	河南	5.17	0	0
	江苏	7.64	38.09	4.99	四川	4.64	0	0
	北京	3.25	3.82	1.18	河北	4.00	0	0
	—	—	—	—	浙江	6.77	0.64	0.09
	—	—	—	—	山东	7.72	0.09	0.01
	合计	15.97	80.1	5.02	合计	28.30	0.73	0.03

　　资料来源：（1）本表中的数据，是以2010年《中国统计年鉴》相关栏目的统计数据为基础，按本书建立的需求满足度计算方法，计算出来的。个别省区加括号，表示其供给过剩或缺口明显，但尚未达到显著程度。（2）合计栏中的需求满足度，为该栏供给量比重（产量比重）合计数，除以相对需求量比重（第一产业产值比重、工业产值比重、居民消费额比重）合计数的商。

14.5 成效、隐患及治理

资源型和制造型省区间供求互补性显著增强，既产生了节省资源占用和耗费，提高生产效率，增加产量，满足生产和生活消费需求，促进区际贸易发展等显著成效，同时也导致省区间远和超远距离货物运输数量大幅度增长，社会物流费用居高不降，形成高能耗、高排放、高污染隐患，必须积极治理，才能够趋利避害，使国民经济整体运行质量和效果进一步提高。

14.5.1 成效

1. 粮食、棉花和甘蔗产能，向光热水条件好，耕地资源丰富，单位面积产量高，具有比较利益优势的中西部资源型省区集中，优化了种植业资源配置，加上科学技术作用，既提高了生产效率，节省了耕地占用，又使得总产量持续增长，有效地保证了供给

以棉花种植为例。2010 年，棉花每公顷产量，新疆为 1.70 吨，其他省区为 1.03 吨，新疆是其他省区的 1.65 倍。该年，新疆棉花产量为 247.9 万吨，占用耕地 146.06 万公顷。若由其他省区种植 247.9 万吨棉花，需要占用耕地 240.68 万公顷，而新疆仅占用耕地 146.06 万公顷，相当于在其他省区减少耕地占用 94.62 万公顷。粮食、甘蔗等的种植向具有生产效率优势的省区集中，也产生了类似效果，提高了单位面积产量，既减少了耕地占用，又增加了总产量。1992～2010 年，每公顷农作物产量，谷物由 4 342 公斤提高到 5 524 公斤，提高了 27.2%；棉花由 660 公斤提高到 1 229 公斤，提高了 86.2%；甘蔗由 58 605 公斤提高到 65 700 公斤，提高了 12.1%。这个时期，全国粮食总产量由 44 265.8 万吨，增长到 54 647.7 万吨，增长了 23.5%；棉花总产量由 450.8 万吨，增长到 596.1 万吨，增长了 32.20%；甘蔗总产量由 7 301.1 万吨，增长到 11 078.9 万吨，增长了 51.7%，有效地保障了供给①。

2. 能源产能向矿藏资源丰富，具有显著生产效率和比较利益优势的中西部资源型省区集中，优化了能源产业资源配置，加上科学技术和投资等因素的作用，提高了生产效率，推动了总产量持续增长，有效保障了供给

1992～2009 年，内蒙古、山西、陕西、贵州和河南 5 省区原煤产量合

---

① 资料来源：1993 年、2011 年《中国统计年鉴》相关栏目。

计，由 5.13 亿吨增长到 18.58 亿吨，增长了 2.62 倍，占全国总产量比重达 62.51%，带动全国原煤总产量由 11.16 亿吨，增到 29.73 亿吨，增长了 1.66 倍，满足了全国原煤消费需求。1992～2010 年，新疆、四川、陕西、青海和黑龙江 5 省区合计天然气产量，由 97.52 亿立方米，增长到 797.15 亿立方米，增长了 7.17 倍，带动全国天然气总产量由 157.88 亿立方米，增长到 948.48 亿立方米，增长了 5.01 倍，满足了全国天然气消费需求。① 产能向这些生产效率高的省区集中，提高了煤炭和天然气行业的生产效率和经济效益。1992 年，中国煤炭采选行业和石油及天然气行业独立核算企业的资金利税率，分别为 -2.07% 和 -1.18%，到 2010 年，这两个行业规模以上企业的总资产贡献率，分别提高到 20.07% 和 28.19%。②

3. 制造业产能，向具有生产效率和比较利益优势的制造型省区集中，优化了资源配置，提高了产业部门的生产效率和经济效益，推动了总产量持续增长，不仅充分满足了国内需求，而且使口出量持续增长

江苏、山东和广东 3 个制造业发达省区，1992 年独立核算工业企业的资金利税率，分别为 10.59%、8.92% 和 10.29%，到 2010 年，其规模以上工业企业的总资产贡献率，分别提高到 15.10%、19.45% 和 15.63%，分别提高了 4.51 个、10.53 个和 5.34 个百分点③。资源配置优化和生产效率提高，使全国制造业产量持续增长。1992～2010 年，糖由 829.00 万吨，增长到 1 117.59 万吨，增长了 34.8%；布由 190.70 亿米，增长到 800.00 亿米，增长了 3.20 倍；轿车由 16.17 万辆，增长到 957.59 万辆，增长了 58.22 倍；大中型拖拉机由 5.70 万台，增长到 38.35 万台，增长了 5.73 倍；金属切削机床由 22.87 万台，增长到 69.73 万台，增长了 2.05 倍；彩色电视机由 1 333.08 万台，增长到 11 830.03 万台，增长了 7.87 倍；家用洗衣机和电冰箱，分别由 707.93 万台和 485.72 万台，增长到 6 247.73 万台和 7 295.75 万台，分别增长了 7.83 倍和 14.02 倍。④ 制造业持续发展，吸纳了大批劳动者就业，促进了社会和谐稳定；其产品质

---

① 资料来源：1993 年、2010 年、2011 年《中国统计年鉴》相关栏目。因 2011 年以后《中国统计年鉴》未公布 2010 年原煤产量，故只能用 2009 年数据。

② 由于《中国统计年鉴》指标设置变动，故本文只能用 1992 年"独立核算企业资金利税率"和 2010 年"规模以上企业总资产贡献率"这两个相近指标作比较。

③ 资料来源：1993 年、2011 年《中国统计年鉴》的"工业企业经济效益栏目"。由于这两个年份年鉴的指标设置变动，故本书只能选取相近指标（1992 年为独立核算工业企业的资金利税率，2010 的为规模以上工业企业的总资产贡献率）作比较。

④ 资料来源：2011 年《中国统计年鉴》的"各地工业产品产量"栏目。

量不断提高，产量持续增长，不仅充分满足了国内消费需求，而且使中国成为世界制造业大国，出口量持续增长，增强了国家经济实力。

4. 省区之间商品供求互补性显著增强，拉动了交通运输业快速发展

1992～2010 年中国铁路营业里程由 5.81 万公里，增长到 9.12 万公里，增长 21.0%；公路总里程由 105.67 万公里，增长到 400.82 万公里，增长了 2.79 倍，其中高速公路里程由 0.07 万公里，增长到 7.41 万公里，增长了 104.86 倍；内河航道里程由 10.97 万公里，增长到 12.42 万公里，增长了 13.2%；民航航线里程由 83.66 万公里，增长到 276.51 万公里，增长了 2.31 倍；管道输油气里程由 1.59 万公里，增长到 7.85 万公里，增长了 3.94 倍。规模以上港口达 96 个，货物吞吐量达 81.0 亿吨，其中沿海港口吞吐量达 54.8 亿吨，内河港口吞吐量达 26.2 亿吨。2010 年，总计各种运输方式总里程达 714.13 万公里，货物运量达 324.18 亿吨；货物周转量达 14 837.00 亿吨公里，社会物流总额达 125.40 万亿元。[①]

14.5.2 隐患及治理对策

1. 隐患

资源型省区与制造型省区间供求互补性显著增强，在产生前述成效的同时，也大幅度增加了省区间远距离超远距离货物运输量，导致货物运输费用，能源耗费、CO_2 排放量显著增大，降低了物流效率，加剧了大气环境污染。

（1）货物平均运距增长，远距离和超远距离运输货物比例高，加上经营管理方面的缺陷，导致中国社会物流总费用水平，显著高于日本。中国社会物流总费用，由货物运输费用、保管费用和管理费用三部分组成，巨量货物远距离超远距离运输，增大了货物运输费用和保管费用，推高了社会物流总费用水平。2000～2010 年，这三种费用占社会物流总费用比重的平均值为：货物运输费用 54.2%、保管费用 32.0%、管理费用 13.8%。[②]其中，货物运输费用和保管费用合计占 86.2%，是社会物流总费用的主要成分，而且都与货物运输距离远近正相关。因为当运价既定时，货物运输

<hr>

① 资料来源：2011 年《中国统计年鉴》："运输线路长度"和"交通运输业基本情况"栏目，国家统计局网站发布；国家发改委、统计局和中国物流与采购联合会共同发布《2010 全国物流运行情况通报》中国物流与采购联合网站。

② 资料是根据以下文献中的有关数据计算出来的：《2009 年中国第三产业年鉴》，中国统计出版社 2009 年版，第 527～528 页；国家发改委、统计局和中国物流与采购联合会共同发布《2010 全国物流运行情况通报》中国物流与采购联合网站。

费用等于运量与运距的乘积、运量越大、运距越长，运输费用越高。保管费用也是如此，因为产销地之间货物运量越大，运距越长，企业为防止供给中断，必须保持较大的存货量和较长的存货时间，从而导致保管费用增加。可见，远距离和超远距离运输货物比例高数量大，无疑会增大社会物流总费用，抬高它与 GDP 的比率。这个论断的正确性，可以通过比较中国和日本货物平均运输距离对社会物流总费用的影响，加以印证。

2005～2010 年，中国货物平均运输距离在（2008 年）426 公里和（2007 年）446 公里之间徘徊，2010 年为 438 公里。日本的货物平均运输距离，20 世纪 90 年代为 80～83 公里，逐步增长至 2005 年的 105 公里。中国的货物平均运输距离约为日本的 4.10 倍。① 2000～2006 年，日本的物流总成本构成中，运输成本比重由 52.7% 波动上升至 57.4%，若以物流总成本与 GDP 的比率 8.5%（2004 年）为基础计算，则运输成本与 GDP 的比率为 4.5%～4.9%。② 若把日本的货物平均运输距离，代换成中国的货物平均运输距离（中国约为日本的 4.10 倍），那么，日本货物运输成本将扩大 4.10 倍，其与 GDP 的比率将达到 18.5% 至 20.1%，全部物流成本与 GDP 的比率，则将由 8.5%，上升到 22.1% 至 24.6%，将高出 2010 年中国社会物流总费用与 GDP 的比率（17.8%）4.3～6.8 个百分点。2010 年，中国社会物流总费用 6.08 万亿元，与 GDP 的比率为 17.8%。其中，运输费用与 GDP 的比率为 9.6%。若把中国货物平均运输距离，代换成日本的货物平均运输距离，那么，中国的货物运输费用将缩小为原来的 1/4.10，其与 GDP 的比率将由 9.6% 下降至 2.3%，社会物流总费用与 GDP 的比率，则将由 17.8% 下降至 10.5%，降低 7.3 个百分点。中国与日本社会物流用水平的差距，将由高出日本 9.3 个百分点，降为高出日本 2.0 个百分点。

上述分析证明，货物平均运输距离长，是导致中国社会物流总费用与 GDP 比率，高于日本的一个重要因素。它是由资源型和制造型省区之间空间距离远，货物运输量大而且运距长造成的。短期内，只要中国产业空间布局不发生根本性改变，其社会物流总费用与 GDP 的比率，高于日本的状况就难以改变。人们应正视这一点。不可否认，制度缺陷、基础设施和

---

① 资料来源：《2009 年中国第三产业年鉴》，中国统计出版社 2009 年版，第 176 页；北京物资学院等：《日本的货物运输》，载于《2007 年中国物流年鉴》，物资出版社，2007 年 11 月出版，第 96～105 页。

② 资料来源于姜旭：《日本的物流成本管理》，《2008 年中国物流年鉴》，物流出版社 2008 年版，第 51～54 页；《2009 年中国第三产业年鉴》，中国统计出版 2009 年版，第 527 页。

经营管理方式落后，也是造成中国社会物流总费用与 GDP 比率高于日本的一个因素，但它仅占社会物流总费用的 13.8% 左右，不是主要影响因素。

（2）巨量货物跨省区超远距离运输，导致能源耗费量和 CO_2 排放量大幅度增长，加剧了能源供求矛盾和大气环境污染。以中西部山西、内蒙古和陕西 3 个原煤产量最大，供给过剩程度最显著的省区，与东部上海、浙江、江苏和广东 4 个原煤供给缺口最显著的省市之间，原煤供求互补和运输为例。2009 年，晋蒙陕 3 省区共产原煤 14.91 亿吨，占全国煤总产量的 50.16%。按其相对需求满足度计算，自用约 2.06 亿吨，舍象外贸因素，需运销东部 4 省区 12.85 亿吨。为简化计算分析，舍象水路运输，并假设销往东部 4 省区的原煤，60% 由铁路运输，平均运距 1 000 公里；40% 由公路运输，平均运距 400 公里。可以算出，3 省区外运煤的铁路货物周转量为 7 710.00 亿吨公里，公路货物周转量为 2 056.00 亿吨公里。再根据，铁路货运每吨公里耗能 118 千卡，公路大卡车货运每吨公里耗能 696 千卡，以及原煤与标准煤及电，电与热能之间的转换系数，以及生产 1 度电的耗煤量、排放 CO_2 和碳粉尘量系数。[①] 可以计算出，2009 年，山、蒙、陕 3 省区向东部省区运输煤，共消耗原煤 1.5219 亿吨（其中铁路和公路运输分别消费原煤 0.5915 亿吨和 0.9304 亿吨），占所运煤量的 10.1%，共排放 CO_2 2.7102 亿吨、碳粉尘 0.7392 亿吨。[②] WBGU（德国全球变化咨询委员会）估计，中国 CO_2 排放为 4.6 吨/人年（2008 年估计值）。以 2009 年中国 13.35 亿人计算，全国 CO_2 总排放量为 61.41 亿吨。[③] 若以此为基数，2009 年，晋蒙陕 3 省区向省外运煤的 CO_2 排放量，约占全国总排

---

① 此处用到的指标和数转换系数有：铁路和公路大卡车货运，每吨公里能耗分别为 118 千卡和 696 千卡，来源于《仇保兴谈抑制三大领域刚性碳排放》，住房和城乡建设部网站，2009 年 12 月 7 日。1 吨原煤 =0.7143 吨标准煤；生产 1 度电消耗 0.4 千克标准煤、排放二氧化碳 0.997 千克，碳粉尘 0.272 千克；消耗 1 千克标准煤，排放二氧化碳 2.493 千克，碳粉尘 0.68 千克；消耗 1 千克原煤，排放二氧化碳 1.781 千克，碳粉尘 0.480 千克；1 度电 =3.6 × 10^6 焦耳，1 千卡 = 4.18 × 10^3 焦耳。这些转换系数来源于：《二氧化碳排放如何计算》，《中国环境报》，2009 年 12 月 8 日，第 8 版。依据这些指标，可计算出铁路运煤 1 亿吨公里，需消耗原煤 7 672 吨，排放二氧化碳 13 662 吨、碳粉尘 3 726 吨；公路运输煤 1 亿吨公里，需消耗原煤 45 254 吨，排放二氧化碳 80 586 吨、碳粉尘 21 981 吨。

② 另据《2009 年中国能源统计年鉴》，第 507 页，各种能源折标准煤参考系数：生产 1 度电消耗标准煤 0.1229 千克。按此系数计算，山蒙陕 3 省外运煤消耗原煤量、排放二氧化碳和碳粉尘量，应缩小为文中数量的 30.7%。但由于全国对应指标的总量，也同步缩小，故得出的结论与本文是一致的。

③ 潘家华、张莹：《碳预算》，社会科学文献出版社 2011 年版，第 206 ~ 207 页。

放量的4.4%，明显造成了高能耗、高排放、高污染不良后果。由此推及，资源型省区与制造型省区间，其他供求互补性显著的商品，跨省区远距离超远距运输，同样会程度不同地造成高能耗、高排放、高污染不良后果。对此政府应高度重视，制定并施行科学有效的产业政策予以解决。

2. 治理对策

形成上述隐患的根本原因，一是供求互补性显著省区之间的空间距离远和超远，二是所运输的货物，量大体重（如煤），或量大体大（如棉花）。其中，运输距离超远，是天造地设无法改变。因而，只能从加快资源型省区初加工产业发展，以能源矿产品和农产品原料的初加工产品（如电、煤气和油，纱和布），替代其原始产品（原煤和棉花）向区域外输出，从而降低区际超远距离运输货物的重量、体积和数量，提高物流运输效率等方面，寻找治理对策。

（1）中央政府运用产业和投资政策，引导和支持资源型省区延伸能源矿产品和农产品原料初加工产业链。如引导投资者在原煤主产省区，建设坑口发电厂、煤制气厂和煤制油厂，就近对原煤初加工，政府铺设电网和管道输送产品，变目前晋蒙陕等原煤主产省区主要向东部输送量重的原煤，为主要输送量轻的电、煤气和油。又如，引导东部省区纺织企业适时适度向新疆及其邻近省区转移，就地就近对棉花初加工，变目前新疆主要向东部织布和服装加工省区输出体积大的棉花，为输出体积小的纱和布。如此，可显著降低货物运输总重量和运输费用，进而显著降低货物运输中的能源耗费、CO_2排放和大气环境污染；同时还能带动资源型省区和输送管线沿途省区相关产业发展，形成新的经济增长点，符合科学发展观和转变发展方式要求。毋庸讳言，实施此项产业政策，需要增加巨额投资，而且会牵动资源型和制造型省区的产业布局调整和利益格局变动，影响交通运输和物流部门的利益及发展。因此，需要国务院严密论证，弄清利弊得失，制定科学合理的方案，化解各方面矛盾，才能够顺利实施。

（2）因势利导，运用产业政策，引导东部制造型省区的一部分制造业产能，适时适度向中西部省区转移，纠正目前制造业产能过分偏置于东部省区状况，减弱东部与中西部省区间制造业产品的供求互补强度，进而减少这类产品跨省区超远距离运输数量，降低运输能耗和CO_2排放。

（3）加强投资建设，延伸交通干线，改进管理方式，提高交通运输网通畅程度；同时引导物流运输企业优化组合运输方式，提高货物远距离运输总效率。首先，应增加投资，加强交通运输基础设施建设，延伸干线，打通省区边界断头路，形成通畅高效的运输干线网。其次，国务院应回购地方政府和企业掌控的高速公路路段产权，理顺产权关系，为统一并降低变速公路收费标准创造条件；并且导入ETC（电子不停车收费系统），实行地市间、省区间联网不停车收费，提高通行速度和运输效率。最后，目前中国除管道外，货物运输方式的吨公里能耗和CO_2排放量，由低到高的排放顺序是：水路—铁路—公路—航空。单位吨公里能耗，水路货运约是铁路货运的66.0%，公路货运11.30%；铁路货运约是公路大卡车货运的17.0%[1]。所以，政府应运用经济政策杠杆，激励运输企业优先选择单位能耗和CO_2排放量低的运输方式，形成优化组合，提高货物全程运输的总体效率，从而降低能耗和CO_2排放量，减少对大气环境的污染。

---

[1]　资料来源：《仇保兴谈抑制三大领域刚性碳排放》，住房和城乡建设部网站，2009年12月7日；郭剑彪：《在杭甬运河建设第5次工作会上的讲话》，浙江省交通厅网站，2011年7月3日。

第 15 章　借助 WTO 提升中国商贸
流通业国际化水平

　　中国于 2001 年 12 月 11 日正式加入世界贸易组织，成为 WTO 的第 143 个成员方。入世后，中国履行兑现了协议书中的承诺，分步骤向外商外资开放了相关产业和市场，在规范政府行为、减少对经济的直接干预、构建公平竞争市场环境、深化商贸流通业体制改革等方面取得了显著成效。加上改革开放和经济社会发展成效的积累，使中国具备了实现商贸流通业国际化的基础条件和动力根源。正如徐从才教授所言：一是消费者对国外商业服务业有广泛需求；二是本土商贸企业为了克服国内市场局限性，需要向国外拓展市场和发展空间。[①] 但是，中国商贸流通业欲切实提升国际化水平，必须借助 WTO 的强大推力，及其"最惠国待遇"架设的便捷之桥，在四个方向上不断开拓进取：一是认真履行对 WTO 的承诺，保持国内市场充分对外资外商开放；二是严格执行 WTO 四项基本原则，规范政府行为，建立透明、公开、公平的市场环境，与国际市场进一步接轨；三是本土商贸流通企业积极发展跨国营销业务，提高国际竞争力；四是中外商贸流通企业，在同台竞争、互相参股控股、联合经营中，不断融合。本章即按照这个路径展开论述。

15.1　WTO 要求和中国政府承诺[②]

15.1.1　WTO 基本原则及中国政府承诺

　　WTO 的宗旨和精髓，体现于最惠国待遇、国民待遇、透明度、自由

---

　　① 徐从才：《流通革命与流通现代化》，中国人民大学出版社 2000 年版，第 11 页。

　　② 本节资料摘引自石广生主编：《中国加入世界贸易组织知识读本（三）：法律文件导读》，人民出版社 2002 年版。以下恕不逐一注释。

贸易和公平竞争这四项基本原则。它们是衡量中国流通业国际化程度的标尺。成为 WTO 成员后，中国政府和企业，无论管理和从事国内国际商贸流通业务，都必须严格遵守这四项基本原则。

1. 国民待遇原则

国民待遇原则，是指加入 WTO 的成员国或地区，对进入本国或本地区的其他成员国或地区（以下均简称成员方或其他成员方）的产品、服务及其提供者，以及知识产权所有者，所提供的待遇，不得低于本国同类产品及其提供者和所有者。一句话，就是对本国和外国的产品和厂商要一视同仁、给予同等待遇。换言之，即对进入中国市场的外国产品（包括服务，下同）和所有者，中国政府和企业给予他们的待遇，只能等于或高于本国产品或所有者，而不可低于本国产品和所有者。国民待遇的主要内容有：

（1）税收待遇同等。对进入中国市场的外国产品、厂商和服务企业，在税收上要与国内产品和企业同等待遇。对中国境内的同类企业和产品，无论它是内资企业，还是外资企业，是国内产品，还是进口产品，实行的税种、税率以及税收优惠政策（免税或退税）尺度要同等。如在征税时不能对国内产品提供保护，使其享受低税率。这里的"同类产品"，包括与进口产品直接竞争或可替代进口产品的国内产品。如国内生产的人造橡胶是进口天然橡胶的替代品，那么，中国政府就应对它们实行同等税收政策。又如，如果中国政府对国产烧酒不征从价税，而对进口威士忌和白兰地等烈酒既征从量税又征从价税，而且对国产烧酒征的从量税比进口烈性酒低，这就不仅在税种而且在税率上都违反了国民待遇原则。需要指出，过去中国政府在改革试点中惯常实行的对某些国有企业减税免税的做法，是违反 WTO 国民待遇原则的，应当予以取消。

（2）政策待遇同等。对处于中国流通领域内的国内产品和进口产品及其持有者，中国政府管理和调节其销售、购买、运输及分配时所适用的法律、法规及政策必须同等，不能此一套彼一套，实行区别对待。

（3）数量限制待遇同等。在对产品的混合、加工或使用实施数量管制时，中国政府不能强制要求生产者必须使用特定数量或比例的国内产品。比如，政府不能向厂商下达国产化指标，变相强制厂商采购一定数量的国内产品作原料和零配件；不得保护和支持拥有自然垄断地位的企业对用户搞国内产品的指定或搭配销售。无论动机如何，这些做法都是违反 WTO 国民待遇原则的。

除下述两种例外情况外，国民待遇原则在货物贸易领域普遍适用：一是 WTO 有关协议允许给予国内生产者以某种补贴的产品；二是未参加《政府采购协议》的成员方政府为己用或公共目的，可优先采购国内产品。

此外，国民待遇原则不仅适用于货物贸易领域，而且适用于服务贸易和知识产权领域。但是，在服务贸易中，给予外国服务商品及其提供者的国民待遇，以中国政府在 WTO 协议中作出的承诺为准。某些未作开放承诺的服务项目（如某些法律服务和再保险服务），不适用国民待遇原则。同样，在知识产权保护方面，中国政府给予外国产品及持有者的国民待遇，也只以其承诺为准。

2. 透明度原则

透明度原则是指加入 WTO 后，中国政府应及时公布所制定和实施的管理和调整流通领域的法令及政策，未公布者不得实施。此谓贸易措施公布。同时，中国政府还应及时把贸易法令和政策的变动（如修改、增补或废除等）通知世界贸易组织及其他成员方。此谓贸易措施通知。透明度原则由贸易措施公布和通知两方面构成。贸易措施包括涉及商贸流通领域的相关法律、法规、政策，以及司法判决和行政裁决等。透明度原则要求成员国的贸易措施要公开，并为国内当事人和其他成员方当事人知晓，以此保证贸易环境的稳定性和可预见性，并便于其他成员方监督。

就中国流通领域而言，应公布的贸易措施有：税种、税率规定，禁止或限制销售的产品及服务项目的规定及调整；对产品及服务的销售、运输、仓储、检验、展览等环节的规定和要求，等等。这些措施应在生效前公布，未经公布不得实施。此外，按透明度原则中"贸易措施通知"的要求，我国政府还负有将贸易措施变动情况通知进入中国商贸流通领域的其他成员方当事人的义务。如中国政府对商贸流通企业的注册方法、会计和审计规则，以及产品及服务的质量标准作出修改，不仅应将修改的内容和条文及时向社会公布，而且应把修改内容和条文通知世界贸易组织及其成员方当事人。

3. 自由贸易原则

WTO 自由贸易原则的基本含义是，通过多边贸易谈判，实质性地削减关税和减少其他贸易壁垒，扩大成员方之间的货物和服务贸易。毋庸讳言，国与国之间，由于存在各自独立的国家主权和利益，因而需要设立海关和征收关税，以便维护国家主权的完整和经济安全。而国内地区之间无独立主权和利益之争，不存在设立关卡、另立贸易规则、加收税费的理由。因此，一切有形和无形生成市场壁垒的地方保护主义措施，都应当撤除。所以，中国政府应当建立健全全国统一的市场规则，撤除地区间有形和无形的市场壁垒，形成完全开放的全国统一市场。

4. 公平竞争原则

WTO 公平竞争原则的基本含义是：成员方通过纠正不公平竞争，以及避免采取扭曲场竞争的措施，创造和维护公开、公平和公正的市场环境。所谓公平和公正，就是无论是国有还是非国有、内资还是外资企业，在市场竞争中的起点（主要指机会）都是平等的，不会因为身份不同而受到不同待遇。任何企业借助政府力量取得垄断地位，或企业间结成垄断同谋，排斥、限制其他企业与之竞争，都是违规的，必须取消和禁止。如前些年曾经发生的若干电视机生产厂商，为阻止价格竞争而建立价格同盟；一些零售商为抗衡家电连锁公司低价营销策略，而构建销售同盟，都是违反 WTO 公平竞争原则的。政府管理机构若不及时制止、取消这些变相垄断行为，受到侵犯的外资及内资企业，都可以政府"不作为"提起行政诉讼。

15.1.2 中国政府对两个重要问题的解释与承诺

1. 对价格控制问题的解释与承诺

WTO 一些成员方要求：中国应允许每个部门交易的货物和服务的价格由市场力量决定，对它们的多重定价应予以取消；只有在非常情况下，中国政府才可以采用价格控制措施，并应在证明其采用合理的情况得到解决后尽快取消。

中国代表的解释是：中国目前有政府定价、政府指导价和市场调节价三种价格形式。实行政府定价的产品和服务，是对国计民生具有直接影响的，包括中国稀缺的产品。相对而言，政府指导价是一种更灵活的定价形式，它是由政府管理机关规定基准价格和浮动幅度（通常为 5% ~ 15%），企业可在此限度内根据市场情况，自行决定价格。市场调节价，是企业在有关法律法规许可的范围内，依据市场供求状况自主确定价格。目前中国的价格结构状况是：在社会商品零售总额中，政府定价比重为 4%，政府指导价比重为 1.2%，市场调节价比重为 94.7%；在农产品中，政府定价比重为 9.1%，政府指导价比重为 7.1%，市场调节价比重为 83.5%；在生产投入物中，政府定价比重为 9.6%，政府指导价比重为 4.4%，市场调节价比重为 86.0%。中国直接管理价格的比重已经大大减少，价格制度已经趋近于合理，为企业创造了比较公平的平等竞争的市场环境。

中国目前实行政府定价的产品有：烟草、食盐、天然气和药品 4 大类；实行政府定价的公用事业产品及服务有：民用煤气、自来水、电力、热力和灌溉用水 5 类；实行政府指导价的服务项目收费有：运输（包括客货铁路运输、航空货运、港口服务及管道运输）收费，专业服务（包括建筑和工程服务、法律服务、资产评估服务、鉴定、仲裁、公证和检验服务）收费，服务代理（包括商标代理、广告代理、税收代理和招标代理）收费，银行结算和清算及传输收费，住宅销售价格和租用费用，以及医疗服务收费。

中国代表指出：政府定价和政府指导价的调整没有固定的期限，当需要调整时，由经营者或其主管机关按照《价格法》的有关规定，向政府价格管理机关提出申请和建议。政府价格管理机关根据该产品或服务的市场供求、经营成本、对消费者福利的影响等因素，确定政府定价的具体价格或指导价的新基准价格和浮动幅度。政府价格管理机关在制定和调整关系民众切身利益的公用事业价格、重要公益性服务价格、自然垄断经营的货物和服务的价格时，事前都要举行听证会，邀请消费者、经营者及其他有关人士参加，论证该价格调整的必要性及其影响，然后作出决策。重要的服务价格的调整方案，还需报国务院批准。

2. 对竞争性政策问题的解释和承诺

WTO 一些其他成员方认为，中国政府在反对垄断、鼓励竞争方面做得不够，需进一步努力。

中国代表的解释和承诺是：中国政府鼓励公平竞争，反对各种不正当竞争行为。1993 年 9 月 2 日制定并于同年 12 月 1 日实施的《中华人民共和国反不正当竞争法》，是中国现行的维护市场竞争秩序的基本法律。此外，《价格法》《招标投标法》《刑法》及其他有关法律，也包含了反垄断和反不正当竞争的规定。中国已于 2008 年 8 月 1 日起施行《反垄断法》，查处了些企业的垄断行为。今后将在反对垄断、维护公平竞争方面继续作为。

15.1.3 中国对开放流通行业的承诺

促进国际贸易增长是 WTO 的宗旨，要求成员方对其他成员方开放国内市场，是实现该宗旨的基本途径。作为新加入的成员，中国在协议中就取消外资进入国内流通行业的"市场准入限制"和"国民待遇限制"的时间表，作出了具体的承诺，过渡期为 3～5 年。这为中国商贸流通企业争取到了一个缓冲期，使其能做好准备，迎接入世后的严峻挑战。

1. 对开放零售业的承诺

在市场准入方面：（1）加入 WTO 前，外资零售企业仅限于以合资形式在5个经济特区（深圳、珠海、汕头、厦门和海南）和6个城市（北京、上海、天津、广州、大连和青岛）开业。其中，在北京和上海允许合资零售企业的总数各不超过4家，其他4个城市各不超过2家。在北京设立的4家合资零售企业中的2家，可在同一城市（北京）设立分支机构，(2) 自加入WTO起，郑州和武汉立即向合资零售企业开放。2年内，在合资零售企业中将允许外资持有多数股权，而且其他所有的省会城市以及重庆、宁波，将向合资零售企业开放。(3) 外资零售企业的经营范围，加入WTO后1年内，允许外资零售企业从事图书、报纸和杂志的零售；3年内允许从事药品、农药，农膜和成品油的零售；3年后5年内，取消限制，允许从事化肥零售。(4) 外资零售企业经营规模。加入WTO后3年内，外贸零售企业拥有的连锁店分店不得超过30家；3年后取消限制，但超过30家分店的外资连锁公司，若经营汽车、粮食、植物油、食糖、烟草、原油、成品油、化肥和棉花，则不允许拥有公司多数股权。

国民待遇限制方面，除邮购外中国政府对外资零售企业不作承诺，没有限制。

2. 对开放批发业（包括佣金代理服务）的承诺

在市场准入方面：(1) 加入WTO后1年内，外资可设立合资企业从事除盐和烟草外的批发及佣金代理业务。加入WTO后3年内，外资的批发企业可从事图书、报纸、杂志、药品、农药和农膜的分销；5年内，可从事化肥、成品油和原油的分销。(2) 加入WTO后2年内，允许外资拥有合资批发企业的多数股权，取消地域或数量限制；3年内取消对外资股权的限制，即外资可成立独资批发企业，但经营化肥、成品油和原油除外；5年内取消限制后，外资才能成立经营这3类产品的独资批发企业。

在国民待遇方面，中国政府对外资批发企业不作承诺，没有限制。

3. 对开放仓储服务业的承诺

市场准入方面：加入WTO一年内，外资仅限于以合资企业形式进入中国仓储服务业，而且外资的股本不超过49%；1年后3年以内，允许外资在合资仓储企业中拥有多数股权；3年内取消限制，允许外资设立独资子公司。

国民待遇方面：中国对外资外商不作承诺，没有限制。

4. 对开放货物运输代理服务的承诺

市场准入方面：(1) 自加入WTO起，允许有连续3年以上经营经验的外国货运代理商在中国设立合资货运代理企业，外资股比不超过50%；加入后1年内，允许外资拥有多数股权；加入后4年内，允许外资货运代理商在中国设立独资子公司。(2)合资企业的最低资本应不少于100万美元；加入后4年内，在这方面将给予国民待遇。合资企业的经营期限不得超过20年。(3)合资企业在中国经营1年以后，且双方的注册资本均已到位后，方可设立分支机构，每设立1家分支机构，合资企业的原注册资本应再增加12万美元；加入后2年内，这一额外注册资本要求将在国民待遇基础上实施。(4)外资货运代理商，要在其中国第一家合资企业经营5年后，方可设立第二家合资企业；加入后2年内，这一要求将减至2年。

国民待遇方面：中国对外资外商不作承诺，没有限制。

15.1.4 履行承诺的方式：分步开放与有限保护相结合

中国是发展中国家，而且东中西部经济社会发展水平有较大差距，商贸流通业竞争力弱。为了使外资企业大举进入后，中国流通产业免受过大损失，中国代表团经过艰苦的谈判，使最后达成的协议条款履行方式，体现了"分步开放和有限保护相结合"原则。这为中国商贸流通企业争取到了3~5年的缓冲期限，使它们能够进一步深化改革，提高经营管理水平，以更强的竞争力迎接入世后外资企业大举进入带来的挑战。中国政府承诺的"分步开放"步骤是：

1. 地域上分步开放

最先开放内资商贸流通服务企业竞争力较强的东部经济特区和沿海发达地区城市，如深圳、珠海、厦门、汕头和海南，以及上海、北京、天津和广州。1~2年内再扩大到其他省会城市。

2. 公司股权分步开放

基本路线是：合资—控股—独资。即加入后1年内，外资以合资形式进入，且所占股本比例不得超过50%，不能绝对控股；2~3年内取消对外资所占股本比例的限制，允许外资绝对控股；3~5年内，完全取消限制，允许外资在中国成立商贸流通业独资公司。

3. 各行业间准入时间的早晚差别

准入时间最晚是旅游和货物运输两个行业。如协议规定，中国要在加入WTO后6年内，才完全取消对外资进入中国旅游服务业地域和股权方面的限制；而完全取消外资进入中国批发业限制的最晚期限是加入WTO后3年内。两者显然有差别。

4. 各行业间合资企业注册资金有差别

如加入WTO后，外资进入中国旅游行业成立合资企业的注册资本金最初为不少于400万元人民币，3年内降为不少于250万元人民币；而对外资进入中国批发零售等商贸流通行业组建合资企业，则无注册资金具体要求。

5. 对外资零售企业的经营规模有限制，目的是防止其过度挤压内资零售企业

如协议规定，加入后 3 年内，外资零售企业拥有的连锁店铺不得超过 30 家，3 年后才取消限制。而且还规定，加入 3 年后拥有超过 30 家连锁店铺的合资公司如经营汽车、粮食、植物油、食糖、烟草、原油、成品油、化肥和棉花，则外资不得占有多数股权。这是为了防止外资控制这些重要商品的经营权，操纵中国市场，危及中国家经济安全。

回顾入世后历程，可以得出如下结论："分步开放和有限保护相结合"的履行方式，有效地控制了外资进入中国商贸流通行业的节奏，以及广度和深度。这为中国本土商贸流通企业，赢得了迎接挑战的宝贵准备时间，避免措手不及遭受重大损失，并且保护了一些重要商品的经营权，使它们免受外资控制和操纵，有效地维护了中国经济安全。所以，外商大举进入虽然使本土商贸流通企业感受到巨大压力，但并未导致其销售额下滑和破产倒闭，反而在同城竞争中实现了共生共荣，快速发展。

15.2 以 WTO 原则规范政府行为使中国市场与国际接轨

21 世纪初，中国市场化改革向纵深推进，遭遇政治体制改革滞后的障碍。入世使中国获得了借助 WTO 推力，打破僵局的契机。以 WTO 原则规范政府行为，可以使中国市场变得更开放、透明、公开和公平，符合国际通行规则，与世界接轨。

15.2.1 以四项原则规范政府行为使市场更开放、透明、公开和公平

（1）中国改革开放虽已经多年，但政府权力过于集中的弊病，并未得到纠正。加之为了追求政绩和获取部门利益，政府越位行政，直接干扰企业经营决策，妨碍市场开放和公平竞争的事件时有发生。这种状况，单纯依靠国内监管力量难以纠正。入世使中国获得了借助 WTO 外部监管力量，破解这个难题的契机。入世后，中国政府必须接受世贸组织监管，严格执行 WTO 的四项基本原则。这使得中国政府的行为受到了规范和约束，减少了对企业和市场的干扰，有利于公平竞争市场环境形成。按

照 WTO"透明度原则",中国政府必须及时公布修改和调整后的贸易法令和政策,而且要及时通知世贸组织和各成员方。未公布和通知,不得实施。如是,可杜绝政府无根据行政和越界行政行为发生,使政府行为变得公开透明。

(2)按照 WTO"自由贸易原则",封锁分割市场是违规的,有形和无形的市场壁垒都必须撤除。中国政府若严格执行这一原则,则完全开放的全国统一市场有望形成。

(3)按照 WTO"国民待遇原则",中国政府对境内的外资和内资企业,国内产品和进口产品,应一视同仁,实行同等的政策待遇、税收待遇和数量限制待遇。如是,方可使所有企业和产品都不受身份限制,在平等条件下竞争。入世后,中国政府认真执行此项原则,使内外资企业、进口产品与国产产品享受到了同等待遇。有待改进之处是,应给予国有企业和私人企业、大企业和中小企业以同等待遇,而不是"重国轻私""重大轻小",厚此薄彼。

(4)按照 WTO"公平竞争原则",任何企业借助政府力量获得的垄断地位,或企业间结成垄断同谋,都是违规的,必须取消和禁止。中国政府若严格执行此原则,就必须撤销政府赋予卷烟、食盐、铁路、民航、银行、电网、成品油销售等行业国有公司的垄断地位,开放这些行业,让私人资本和外资适度进入,形成垄断竞争市场结构,增加市场竞争性。

15.2.2 履行两项重要承诺增进市场竞争性

(1)按照对 WTO 价格控制问题的承诺,中国政府应尽可能降低政府定价和指导价商品,在整个商品价格体系中的比重。而且要根据产品或服务的市场供求、经营成本、对消费福利影响等因素变化,及时调整政府定价价格,以及指导政府价格基准和浮动幅度。调整重要商品和服务价格时,事前应举行听证会,论证其必要性和影响,慎重决策。中国政府认真履行承诺,价格听证会已经成为政府出台价格调整政策前一道必要程序。但是在排除垄断性企业的"绑架"和"干扰",让民意得到更充分表达和尊重方面,还有很大改进余地。

(2)按照对 WTO 竞争性政策问题的承诺,中国政府应尽快制定实施《反垄断法》,减少乃至撤销政府赋予一些行业和企业的行政垄断地位,反对和禁止经营者达成垄断协议,强势企业滥用市场权力,以及形成或可能形成排斥和限制竞争效果的经营集中(即兼并联合)。入世后,中国政府履行承诺,2006 年商务部等 5 部委联名出台施行了,旨在禁止大型零售商滥用市场支配地位，侵犯供应商利益的《零售商与供应商公平交易管理办法》；2007 年全国人大通过并公布了《反垄断法》，并于 2008 年 8 月 1 日起正式施行。据商务部公布，截至 2013 年 6 月，该部作为审查经营者集中和反垄断执法机构，共受理案件申报 754 件，立案 690 件，审结 643 件。其中，绝大多数获得无条件批准，18 件获得附加限制条件批准，1 件（即可口可乐收购汇源果汁公司股权申请）被认定是具有排除、限制竞争效果的经营集中，予以禁止。2010 年以来，国家发改委加大了对价格反垄断案件的查处力度。2010 年 10 月，处罚了吉林玉米批发市场等企业串谋，操纵全国绿豆市场，哄抬价格行为；2011 年 11 月，查处了山东潍坊顺通医药公司和新华医药贸易公司的价格垄断行为，共罚款 702.96 万元。2013 年 2 月，查处罚了茅台、五粮液公司与分销商共谋，限定最低转让价（含超额利润的垄断价格）的纵向价格垄断行为，处以 4.49 亿元罚款；8 月查处了合生元、美赞臣、多美滋、富仕兰和恒天然 5 家乳粉厂商的价格垄断行为，共罚款 6.69 亿元；同月，查处了上海老凤祥银楼、老庙、亚一、城隍珠宝和天宝龙凤 5 家金银珠宝饰品商和行业协会的价格垄断行为，共罚款 1 059.37 万元。[①] 这些监管措施，收到了维护公平竞争，保护消费者利益的社会效果。

但是，中国反垄断才刚刚起步，任重而道远，有许多堡垒需要攻克。首先，应撤除一些行业和企业的行政垄断地位，让私人资本进入银行、电信、成品油营销、铁路、民航等行业，引入竞争机制，根除其官商痼疾。其次，应把商务部、发改委和工商行政管理局三家的反垄断执法机构，合并为一家，变目前的"三龙治水"（商务部负责查处经营者集中型垄断、发改委负责查处价格型垄断、工商行政管理负责查处其他垄断）为"一龙治水"，避免一些案件因同时涉及三类垄断问题，而相互推诿或重复查处，提高执法效率和公正性。最后，应修改《反垄断法》，设立专门条款，要求反垄断执法机构必须及时公布查处案件的详细信息、接受公众查询和监督，使案件查处公开、透明、公正、公平。同时，应在企业员工尤其是高管人员和民众中开展《反垄断法》的普及教育，使这部"经济宪法"深入人心，被普遍遵守和执行。如此，才可能使垄断行为受到严格规制，公平竞争秩序得到有效维护。

---

① 资料来源于刘薇、谢鹏：《中国式反垄断 5 年》，《南方周末》，2013 年 9 月 26 日，第 17、21 版。

15.3 外商强势进入激活了本土商贸企业竞争力

入世后，中国政府履行承诺，分步开放了国内商贸流通行业。到2010年，进入中国的外资及含港澳台资批发、零售企业，分别达到2 780家和1 486家，销售额分别达25 083.2亿元和7 530.5亿元，占全国批发、零售企业总数和销售总额的比重分别达4.7%和2.8%，11.4%和13.1%。一些世界著名的物流和快递公司，如马士基、美集、宝供、EMS、DHL和UPS也进入中国，形成了内外资企业同城竞争，共生同荣的格局。本土商贸企业通过学习外资企业的先进营销制度和经营管理经验，提升了自身品质，增强了竞争力。

15.3.1 本土企业学习移植外商先进制度和经验改变了自身落后面貌

科学技术是第一生产力，现代营销理念、制度、管理技术和经营方式，是企业家创新智慧结晶，是一种重要的科学技术和先进生产力。后进国家企业把它们移植过来加以本土化改造，能提高企业品质和运营效率，创造出新的生产力。入世后，外资企业全方位进入中国市场，使本土商贸流通企业获得了亲临现场，考察学习先进营销制度和经验的机会。十多年间，中国本土零售企业经过自主选择，成功移植了连锁营销制度，使企业一改既往单店营销、封闭式陈列商品、柜台售货旧貌，换上了连锁营销、开放式陈列商品、自选式售货、POS机收款结算新颜；大中型商贸物流企业建立了计算机网络，实现了信息化管理；一些物流公司构建了公共信息服务平台，汇聚和整合了供需双方物流信息资源，大幅度提高了物流服务外包成交率；一些大型零售企业把实地营销与网上营销结合起来，实行双渠道营销，拓展了销售空间等。总之，入世十多年来，通过学习移植外资企业的先进营销制度和经营管理经验，中国商贸流通业成功实现了由传统营销制度，向现代营销制度转型，企业品质提高，竞争力增强，行业面貌焕然一新。到超市、便利店或上网购物，已成为中国民众的生活习惯，这在入世前是难以想象的。

15.3.2 外商进入的"鲶鱼效应"激活了本土企业的竞争力

缓冲期结束后，外资企业全方位强势进入了中国商贸流通业，其品牌号召力和优质服务，给本土商贸流通企业造成了巨大竞争压力。处于同一营销层次上的内外资企业是直接竞争对手，激烈竞争迫使本土企业加快改革创新步伐，尽快提高运营效率，从而增强了竞争力。即使处于不同营销层次的内外资企业之间，顾客投票，选择外资商店购物，也使本土内资企业感受到巨大竞争压力，迫使它们加快改革创新步伐，提高运营效率，从而也增强了竞争力。这种激烈竞争，随着外资企业营销网点向二、三线城市扩张，而向中小城市扩展。当今中国已成为内外资企业同台竞争大舞台，这无疑将持续促进中国商贸流通业品质全面提升，竞争力不断增强。

但是必须强调，中国政府在履行 WTO 承诺，开放国内市场时，应当善于用经济或法律手段，控制外资企业营销网点的扩张度，防止其过度扩张，过多挤压本土企业生存发展空间。如应制定和实施商业网点布局规划，把城市商圈中大商场密度控制在适度范围内。内外资企业申请开设大商场，当地政府应召开商圈内商家听证会，充分论证可能产生的影响，驳回那些可能危及中小商铺生存发展的立项申请，使城市商圈保持大中小企业共生共荣格局。

15.4 借助"最惠国待遇"便捷之桥发展跨国营销，提升国际竞争力

人们常说的跨国经营，包括跨国制造和跨国营销两个方面。按照本书论题，对跨国制造问题存而不论，只论述中国本土商贸流通企业，如何借助 WTO "最惠国待遇"的便捷之桥，发展跨国营销问题。

15.4.1 最惠国待遇：中国商贸企业发展跨国营销业务的便捷之桥①

WTO 协议，要求成员国之间相互给予"最惠国待遇"。该原则规定：一成员方应立即和无条件地，把它在货物贸易、服务贸易和知识产权保护领域，给予第三方的优惠待遇，也给予其他成员。入世后，中国享有了 WTO 协议赋予的最惠国待遇，为本土企业发展跨国经营业务打开了方便之门，架起了便捷之桥。最先利用这一有利条件的是制造业企业。2005年，以联想集团收购 1BM 的 PC 业务为标志，中国企业掀起了并购国外企业的第一波浪潮。2008 年美国爆发金融危机，中国企业收购国外企业浪

---

① 本节数据资料来源于顾阳：《海外并购：跳过"陷阱"找"馅饼"》，《经济日报》，2012年2月13日。以下不逐一注释。

潮再起。中铝（集团）收购力拓、平安（集团）收购富通、国家开发银行收购巴古莱等，使当年海外收购交易额达205亿美元，占当年中国对外投资额1/2强。2010年3月，民营车企吉利成功收购沃尔沃。

2011年，中国企业海外并购目标，由能源、矿产等资源行业，向消费品、工业品批发零售领域扩展，更关注于新技术，品牌和营销渠道的收购，以增强自身国际竞争力。如海尔收购日本三洋白电业务，光明乳品集团收购澳大利亚玛纳森食品控股有限公司75%股权，等等。据统计，2011年，中国企业在消费品、工业品领域的并购额，占海外并购交易总额比重达35%，同比上升13个百分点。中国商务部数据显示，截至2011年年底，中国境内投资者共在178个国家（地区）设立对外直接投资企业1.8万家，累计实现非金融类对外投资3 220亿美元。

令人遗憾的是，海外并购中鲜见商贸企业身影。现今中国，已是世界制造业中心，外贸依存度高达50.0%，出口额占GDP比重达26.1%，开拓海外营销渠道已是当务之急，商贸企业责无旁贷。所以，2012年在新疆召开的全国高校贸易经济教学研究会上，夏春玉教授吁请学界同仁，加强对商贸企业发展跨国营销业务问题的研究。

15.4.2 中国商贸企业发展跨国营销业务的必要性及有利和不利因素

1. 必要性

中国商贸企业发展跨国营销业务的必要性，除了前已述及的为中国制造产品开拓海外市场外，还有为自身发展开辟新天地的需要：（1）发展跨国营销业务，并把它们做大做强，是一个国内零售企业成长为跨国零售集团的必由之路。沃尔玛、家乐福、麦德龙等世界著名跨国零售集团，都是这样成长起来的。因为一国市场再大也有饱和之时，近年中国大城市市场已呈现饱和迹象。中国商贸企业若囿于国内市场，而不未雨绸缪，积极发展跨国营销业务，将来必难以保持销售额持续增长势头。可见，发展跨国营销业务，并把它做大做强，是中国商贸企业走可持续发展之路，成长为跨国零售集团的必要战略抉择。（2）中国商贸企业到海外，尤其是欧美发达国家开设商场和店铺，能获得学习效应，提升企业品质，增强竞争力：一是企业员工生活于国外市场中，可以更深刻地感悟异国商业文化，提高职业素养。二是在与国外企业竞争中，可以发现自身更多差距，予以改革，使规则更完善，营销管理方式更先进。三是可以及时收集和反馈国外市场偏好和质量标准信息，促使国内厂商改进产品设计，提高质量，进而提升中国商品美誉度和竞争力。（3）可以建立稳固营销渠道，减少贸易摩擦，降低交易费用，扩大销量，增加收益。

2. 有利因素

中国商贸企业发展跨国营销业务，除了前述及 WTO "最惠国待遇"架起的便捷之桥外，还有另外 3 个有利因素：（1）经过多年与外资企业同台竞争锤炼，中国商贸企业树立了现代营销理念，建立了现代企业制度，能够熟练地驾驭企业应对激烈市场竞争，具备了发展跨国营销业务的企业品质。（2）经过多年的发展和积累，中国商贸企业的经济实力显著增强，具备了发展跨国营销业务的物质技术基础。2012 年，中国连锁经营 100 强中，排名前 24 位的公司年销售额超过 200 亿元，其中的本土公司具备了发展跨国营销业务的经济实力。（3）发展中国家，尤其是周边国家经济持续增长，为中国商贸企业开拓国外市场，发展跨国营销业务，提供了机会。欧美国家调整产业结构，服务业重心向高端行业移动。加之受金融危机和欧债危机的影响，商贸业不景气，一些企业陷入困境，为中国商贸企业以并购方式打造跨国营销渠道，呈现出难得机遇。

3. 不利因素

（1）中国产品，尤其是农产品和食品的质量标准与欧美国家有差距，进入欧美市场容易遭受绿色技术壁垒，促销难度大。（2）中国商贸企业缺乏跨国营销经验，而且对进入国文化、法律、政治等缺乏深入了解，加上生活习俗、意识形态与当地居民有差异，容易触犯当地居民生活习惯和宗教禁忌，引发公共危机事件，融入当地社会，实现本土化难度大。如前些年，巴黎某社区中国商铺，因夜晚和假日营业干扰社区住户休息，而受到抗议被勒令迁走。（3）金融危机和欧债危机，导致一些国家贸易保护主义抬头，排斥、刁难、骚扰中国商铺的事件时有发生，增大了中国商贸企业发展跨国营销业务的难度。如一些东南亚和非洲国家乃至俄罗斯，都曾发生过当地黑恶势力敲诈、勒索甚至抢劫中国商铺案件。

15.4.3 中国本土商贸企业发展跨国营销业务的合理路径和配套措施

1. 合理路径

根据以上分析，中国商贸企业宜采取 "先邻国后欧美" 路径，发展跨国营销业务。中国周边国家经济持续发展，居民收入增长，市场需求旺盛，中国商品物美价廉，受当地消费者喜爱；多数邻国文化习俗与中国相近，且经济往来频繁，贸易壁垒低，进入和融入当地社会的难度较小。反观欧美国家，与中国的文化差异大，贸易壁垒高，进入和融入当地社会的难度大。两相比较，起步阶段，中国商贸企业宜先发展邻国跨国营销业务，积累经验后，再向欧美拓展。先易后难，可降低风险，提高成功率。

中国商贸企业构建跨国营销渠道的方式主要有：在进入国自建商业网点、租赁商业网点和并购当地商贸企业三种。自建商业网点的优点是，自己拥有商业网点所有权，渠道稳固；缺点是投资额大，建设周期长。租赁当地商业网点的优点是，快捷且所需资金量小；缺点是自己只有使用权而无所有权，渠道稳定性易受租金上涨和租期调整干扰。并购当地商贸企业的优点是拥有被并购企业所有权或控股权，可利用其网点资源快速拓展营销业务；缺点是交易成本高、投资额大；难点是如何把被并购企业整合进来，使其与自己融为一体，提升营销渠道效率。为了避免决策失误，中国商贸企业应在对进入国情况作深入调研，全面考虑各种影响因素，做好成本收益分析基础上，比较各种方案的长处和短处后，择优抉择。通常，亚洲邻国多为发展中国家，地价便宜，商业房产造价和租金较低，可以自建和租赁商场，为选择重点。反之，欧美发达国家地价和商业房产造价高，可以租赁商场和并购当地企业，为选择重点。

2. 配套措施

（1）中国政府和制造业企业，应树立"以优质产品征服世界"贸易理念，顺应欧美市场需要，修订质量标准，严格控制产品质量，提高美誉度，以质优价廉产品打开欧美国家贸易保护主义大门。

（2）制造业企业应积极应对反倾销调查，勇于申诉，据理力争，保护自己的正当利益。中国驻外使领馆，应充分利用 WTO 赋予的权利，保护中国商贸企业的正当权益；积极开展商务外交活动，妥善处理商务纠纷，为中国商贸企业发展跨国营销业务，扫清障碍，铺平道路。

（3）中国商贸企业发展跨国营销业务，时前应对员工进行专门培训，不仅让它们掌握跨国营销业务技能，熟悉 WTO 规则，而且让它们深入了解进入国的政治、法律、居民需求偏好、文化习俗和宗教信仰，具备跨国营销业务技能和职业操守。进入后，应按照当地居民的作息习惯安排营业时间，避免扰民；而且要多聘用当地人，尽快提高本土化程度；积极参加社区公益活动，树立良好公众形象。这是突破进入国社会文化壁垒，扎根当地，拓展跨国营销业务的不二法门。就连家乐福这样著名的跨国零售公司，也因本土化程度无法提高，市场渗透率不及本土企业，销售额和利率连续下滑，于 2010 年和 2012 年关闭了泰国、新加坡和马来西亚店铺。[①]其教训值得中国商贸企业吸取。

---

① 陶杰：《家乐福为何败走狮城》，《经济日报》，2012 年 10 月 10 日。

（4）需要指出，任何一个商贸公司从事跨国营销业务，初始阶段都会因营销售额达不到规模经济尤其是最佳规模经济范围而亏损，短则二三年，长则四五年。沃尔玛、家乐福、麦德龙等著名跨国公司进入中国，都经历了最初几年亏损期，中国商贸企业发展跨国营销业务，也不例外。因此，公司总部不能急于求成，要允许属下跨国公司有一个期限长度合理的亏损期。这期间，公司总部要用经验和经济实力，指导并支持其渗入当地社区增设营销网点，扩大销售规模，早日跨过盈亏平衡点，进入最佳规模经济范围，扭亏为盈。

参 考 文 献

［1］马克思：《资本论》（第二卷），人民出版社 1975 年版。

［2］徐禾：《政治经济学概论》，人民出版社 1984 年版。

［3］［美］道格拉斯·C. 诺思：《经济史中的结构与变迁》，上海三联书店 1991 年版。

［4］R. 科斯等：《财产权利与制度变迁》，上海三联书店 1995 年版。

［5］杰拉德·罗兰：《理解制度变迁：速变制度与滞变制度》，载于《经济学文献译丛》，2007 年第 3 ~ 4 期。

［6］盛洪主编：《现代制度经济学》，北京大学出版社 2003 年版。

［7］卢现祥、朱巧玲主编：《新制度经济学》，北京大学出版社 2008 年版。

［8］董志强：《制度及其演化的一般理论》，载于《管理世界》，2008 年第 5 期。

［9］［日］石原武政、加藤司、吴小丁等著：《商品流通》，中国人民大学出版社 2004 年版。

［10］［日］田村正纪著，吴小丁、王丽译：《流通原理》，机械工业出版社 2007 年版。

［11］纪宝成等著：《商品流通论——体制与运行》，中国人民大学出版社 2001 年版。

［12］蔡文浩：《商业制度创新论》，中国审计出版社 2001 年版。

［13］宋则主编：《中国流通创新前沿报告》，中国人民大学出版社 2004 年版。

［14］徐从才等著：《流通革命与流通现代化》，中国民人大学出版社 2009 年版。

［15］中共中央党史研究室：《中国共产党历史》（第二卷），中共党史出版社 2011 年版。

［16］《中华人民共和国大事记》，《经济日报》，2009 年 10 月 3 日。

［17］中共中央文献研究室编：《三中全会以来重要文献选编》，人民

出版社 1982 年版。

[18] 薄一波：《若干重大决策与事件的回顾》，中共中央党校出版社
1991 年版。

[19] 刘树成主编：《现代经济辞典》，《附录：中国改革开放以来经
济大事记》，凤凰出版社和江苏人民出版社 2005 年版。

[20] 《1981 年以来商贸流通部门改革与发展文献资料》，历年《中国
经济年鉴》，经济管理出版社版。

[21] 柳随年、吴敢群主编：《中国社会主义经济简史》，黑龙江人民
出版社 1985 年版。

[22] 商业部商业经济研究所编著：《新中国商业史稿》，中国财经出
版社 1984 年版。

[23] 万典武、杨德颖、许进禄主编：《当代中国商业简史》，中国商
业出版社 1998 年版。

[24] 林凌主编：《四川经济体制改革》，四川省社会科学院出版社
1984 年版。

[25] 国务院农研中心发展研究所：《走向现代化的抉择》，经济科学
出版社 1987 年版。

[26] 林凌主编：《中心城市综合改革论》，经济科学出版社 1992
年版。

[27] ［英］安格斯·麦迪森，伍晓鹰、许宪春等译：《世界经济千年
史》，北京大学出版社 2010 年版。

[28] 许涤新主编：《生态经济学》，浙江人民出版社 1987 年版。

[29] 赫尔曼·E·戴利、乔舒亚·法利，金志农等译：《生态经济
学：原理和应用》，中国人民大学出版社 2014 年版。

[30] 潘家华、张莹：《碳预算——公平·可持续的国际气候制度构
架》，社会科学文献出版社 2011 年版。

[31] 加籐尚武，曹逸冰译：《资源危机——留给我们解决的时间不
多了》，石油工业出版社 2010 年版。

[32] 杜受祜：《全球变暖时代中国城市的绿色变革与转型》，社会科
学文献出版社 2015 年版。

[33] ［法］让·波德里亚：《消费社会》，南京大学出版社 2001 年版。

[34] 尹世杰：《消费经济学原理》，经济科学出版社 2000 年版。

[35] 文启湘、高觉民：《消费经济学导论》，陕西人民出版社 2000
年版。

［36］李凌：《中国居民消费需求研究：波动与增长的视角》，上海社会科学院出版社 2016 年版。

［37］马凯：《贯彻落实节约资源基本国策、加快建设节约型社会》，《经济日报》，2005 年 12 月 19 日。

［38］谢浩然：《从资源约束看可持续发展》，《经济日报》，2004 年 8 月 9 日。

［39］张一龙：《节能降耗：我们还有多长时间》，中国电力新闻网，2006 年 8 月 10 日。

［40］［美］R. 科斯，A. 阿尔钦，D. 诺思等，刘守英等译：《财产权利与制度变迁》，上海人民出版社 1995 年版。

［41］［美］罗纳德·科斯著，盛洪、陈郁译：《企业、市场和国家》，三联书店 1990 年版。

［42］［美］奥利弗·E. 威廉姆森著，姚海鑫等译：《企业的性质：起源演变和发展》，商务印书馆 2010 年版。

［43］［美］克林·盖尔西克等著，贺敏译：《家族企业的繁衍》，经济日报出版社 1998 年版。

［44］张军：《现代产权经济学》，三联书店 1994 年版。

［45］张春霖：《企业组织与市场体制》，三联书店 1991 年版。

［46］周其仁：《产权制度变迁：中国改革的经验研究》，北京大学出版社 2004 年版。

［47］黄少安：《产权理论比较与中国产权制度变革》，经济科学出版社 2012 年版。

［48］徐茂魁：《现代公司制度论》，中国人民大学出版社 2006 年版。

［49］史正富、刘昶：《看不见的所有者：现代企业产权革命》，上海人民出版社 2012 年版。

［50］［美］弗兰西斯·福山著，李宛蓉译：《信任——社会道德与繁荣的创造》，远方出版社 1998 年版。

［51］国务院：《社会信用体系建设规划纲要》（2014～2020 年），人民出版社 2014 年版。

［52］焦国成：《中国社会信用体系建设的理论与实践》，中国人民大学出版社 2009 年版。

［53］陈建中：《社会信体系建设构想》，中国经济出版社 2009 年版。

［54］毛道维：《中国社会信用制度体系建设及其次序研究》，中国金融出版社 2015 年版。

［55］任兴洲：《各国社会信用体系模式比较》，《经济日报》，2003年9月27日。

［56］蔡则祥：《加快建立我国社会信用体系问题研究》，载于《经济问题》，2004年第8期。

［57］张维迎：《无恒产者无恒心，无恒心者爱骗人》，载于《经济研究参考资料》，2001年第3期。

［58］欧阳海燕：《2011中国信用大调查：诚信危机刺痛中国》，载于《小康》，2011年第8期。

［59］黄文平：《信用经济与政府责任》，载于《学术月刊》，2002年第4期。

［60］［美］罗伯特·希勒，文忠萧等译：《市场波动》，中国人民大学出版社2007年版。

［61］贾俊雪：《中国经济周期波动特征及原因研究》，中国金融出版社2008年版。

［62］刘树成：《中国经济增长与波动60年——繁荣与稳定》，社会科学文献出版社2009年版。

［63］李长璐：《中国经济周期波动原因分析及调控管理》，中国财政经济出版社2011年版。

［64］高士成：《中国经济波动的结构分析》，中国金融出版社2012年版。

［65］陈杰：《转型时期我国经济周期波动特征及影响因素研究》，中国经济出版社2013年版。

［66］刘树成：《运行与调控：中国宏观经济研究》，中国社会科学出版社2013年版。

［67］方燕等：《中国农产品价格波动与调控机制研究》，经济科学出版社2013年版。

［68］李晓西：《宏观经济学》，中国人民大学出版社2005年版。

［69］白津夫：《遏制粗放式增长》，《经济参考报》，2004年4月23日。

［70］曹玉书：《把握好宏观调控的力度和重点》，《经济日报》，2005年1月24日。

［71］冯昭奎、小山周二：《中日流通业比较》，中国社会科学出版社1997年版。

［72］［美］埃莉诺·奥斯特罗姆著，余逊达译：《公共事物的治理之

道——集体行动制度的演进》，三联书店 2000 年版。

[73] 安妮·科兰等著，蒋青云等译：《营销渠道》，电子工业出版社 2003 年版。

[74] 夏春玉：《中国农村流通体制改革研究》，经济科学出版社 2009 年版。

[75] 何振红：《"十一五"我国如何构筑农村市场体系》，《经济日报》，2006 年 11 月 15 日。

[76] 赵显人：《让千家万户农民与千变万化的市场牵手》，《经济日报》，2009 年 12 月 16 日。

[77] 姜增伟：《进一步搞活流通扩大消费》，《经济日报》，2010 年 1 月 18 日。

[78] 陈丽芬：《美日农产品流通体系发展变迁及其规律分析》，载于《中国市场营销》2010 年第 1 期。

[79] 杨团：《借鉴东亚农协经验，进行三农顶层设计》，《南方周末》，2012 年 9 月 20 日。

[80] 罗斌：《我国农产品质量安全追溯体系建设现状与展望》，载于《农产品质量与安全》，2014 年第 4 期。

[81] 曹庆臻：《中国农产品质量安全可追溯体系建设现状及问题研究》，载于《中国发展观察》，新华网"时政"栏，2015 年 7 月 9 日。

[82] [美] 巴里·伯曼，乔尔·R·埃文斯著，吕一林等译：《零售管理》，中国人民大学出版社 2002 年版。

[83] 陈阿兴：《我国零售业组织结构优化与政策》，中国对外贸易出版社 2004 年版。

[84] 张建春：《零售业发展、创新与政府规制》，载于《商业经济研究》，1997 年第 11 期。

[85] 李朝鲜：《试论零售商业的基础产业性质及其功能作用》，载于《北京工商大学学报》，2004 年第 5 期。

[86] 段文斌、董林辉：《中国零售业的组织演化：现状与发展趋势》，载于《南开经济研究》，2005 年第 5 期。

[87] 宋则：《新时期批发市场建设的战略要点是培育现代批发商》，载于《南京经济学院学报》，1999 年第 6 期。

[88] 吴宪和：《中国批发业的变革与创新》，载于《江西财经大学学报》，1999 年第 3 期。

［89］曹正、包更发：《改造传统批发业，建设现代物流配送中心》，载于《商业经济文荟》，2001 年第 3 期。

［90］李严锋：《复合型商业业态：理论、应用、个案》，经济科学出版社 2006 年版。

［91］陆立军：《义乌商圈》，浙江人民出版社 2006 年版。

［92］吴小丁：《郊外型购物中心的理论解释》，载于《中国流通经济》，2006 年第 7 期。

［93］彭继增、戴志敏：《商业集群论》，社会科学文献出版社 2014 年版。

［94］尹明：《O2O 电子商务模式的应用与发展》，载于《商业经济》，2015 年第 1 期。

［95］［美］迈克尔·R. 所罗门：《消费者行为》，经济科学出版社 2003 年版。

［96］［美］特伯恩等编著：《电子商务：管理视角》，高等教育出版社 2009 年版。

［97］向欣：《电子商务与流通革命》，中国经济出版社 2000 年版。

［98］曾强：《电子商务的理论与实战》，中国经济出版社 2000 年版。

［99］张锋：《电子商务与物流》，清华大学出版社 2000 年版。

［100］张进主编：《电子商务概论》，北京大学出版社 2002 年版。

［101］李琪：《电子商务概论》，人民邮电出版社 2002 年版。

［102］国家发改委和国务院信息化办公室：《中国电子商务"十一五"发展规划》，国家发改委网站，2012 年 10 月。

［103］中国商务部：《2006－2007、2008－2009 年中国电子商务报告》，商务部网站，2012 年 10 月。

［104］中国电子商务研究中心：《2010 年度中国电子商务市场数据监测报告》，中国电子商务中心网站，2011 年 1 月 18 日。

［105］陈静：《电子商务：科学发展天地宽》，《经济日报》，2011 年 1 月 6 日。

［106］苟仲文：《建立健全网络信任体系》，《经济日报》，2006 年 9 月 26 日。

［107］亢舒、谢兴：《重庆：搭建农村消费市场信息化"金桥"》，《经济日报》，2011 年 4 月 8 日。

［108］［英］多纳德·海、德理克·莫瑞斯：《产业经济学与组织》，经济科学出版社 2001 年版。

[109] ［美］H. 克雷格·彼得森、W. 克里斯·刘易斯：《管理经济学》，中国人民大学出版社 1998 年版。

[110] ［美］詹姆斯·R. 麦圭根、R. 查尔斯·莫耶、费雷德里克·H. B. 哈里斯：《管理经济学》，机械工业出版社 2003 年版。

[111] ［日］植草益：《产业组织论》，中国人民大学出版社 1988 年版。

[112] 于立、王珣：《当代西方产业组织学》，东北财经大学出版社 1996 年版。

[113] 刘志彪等：《现代产业经济分析》，南京大学出版社 2001 年版。

[114] 高铁生、郭冬乐：《中国流通产业发展报告》，中国社会科学出版社 2004 年版。

[115] 杨春旺、冯伟：《连锁经营理论、案例与实训》，中国人民大学出版 2010 年版。

[116] 赵凡禹：《沃尔玛零售业真经》，北京工业大学 2012 年版。

[117] 汤伟伟：《现代连锁经营与管理》，清华大学出版社 2014 年版。

[118] 中国连锁经营协会：《1995－2015 年中国连锁经营年鉴》，中国商业出版社。

[119] 《2000－2014 年〈连锁〉期刊》，中国连锁经营协会出版发行。

[120] ［美］约翰·赫尔（张陶伟译）：《期权、期货和衍生证券》，华夏出版社 1997 年版。

[121] ［美］杰克·伯恩斯坦：《期货市场运作》，清华大学出版社 1997 年版。

[122] ［美］约瑟夫·A. 沃克：《期权市场运作》，清华大学出版社 1998 年版。

[123] 史象春、王广中：《期货市场与期货交易》，西南财经大学出版社 1994 年版。

[124] 杨玉川等：《现代期货市场学》，经济管理出版社 1998 年版。

[125] 陶琲、李经谋等：《中国期货市场理论问题研究》，中国财政经济出版社 1997 年版。

[126] 李经谋、童宛生等：《中国期货市场运行机制》，中国财政经济出版社 1997 年版。

[127] 中国证监会编：《中国证券期货年鉴（2006）》，世纪出版股份有限公司和学术出版社 2006 年版。

[128]《2000 年以来有关期货市场的报道和研究报告》，《经济日报》。

[129] 上海现代物流教材编写委员会：《现代物流概论》，上海三联书店 2002 年版。

[130] ［美］唐纳德·J. 鲍尔索克斯、戴维·J. 克劳斯：《物流管理》，机械工业出版社 2001 年版。

[131] 小保罗·R. 墨菲、唐纳德·F. 伍德：《当代物流学》，中国人民大学出版社 2009 年版。

[132] 王之泰：《现代物流学》，中国物资出版社 1995 年版。

[133] 宋华、胡左浩：《现代物流与供应链管理》，经济管理出版社 2000 年版。

[134] 陈雅萍等：《第三方物流》，清华大学出版社 2008 年版。

[135] 国家发改委等：《历年全国物流行业情况通报》，中国物流与采购联合会网站。

[136] 丁俊发：《入世 3 年：中国物流业且战且进》，《经济日报》，2004 年 12 月 29 日。

[137] 董立：《新时代的物流企业发展战略》，载于《中国流通经济》，2000 年第 3 期。

[138] 郭其：《浅析我国物流仓储业现状与前景》，载于《中国物资流通》，2001 年第 8 期。

[139] 蒋国忠：《基于 EPC 和 RFID 技术的物联网在现代物流领域的应用》，百度文库，2012 年 4 月 20 日。

[140] 佚名：《海尔物流案例分析》，百度文库，2012 年 5 月 2 日。

[141] 李振泉、杨万钟、陆心贤：《中国经济地理》，华东师范大学出版社 1997 年版。

[142] 胡欣：《中国经济地理：经济体成因与地缘架构》，立信会计出版社 2010 年版。

[143] 冀朝鼎：《中国历史上的基本经济区》，商务印书馆 2014 年版。

[144] 叶飞文：《中国经济区比较》，社会科学文献出版社 2010 年版。

[145] 陈金祥：《中国经济区空间演化机理及持续发展路径研究》，科学出版社 2010 年版。

[146] ［瑞典］伯尔蒂尔·奥林：《地区贸易与国际贸易》，商务印书馆 1986 年版。

[147] 陈琦伟：《国际竞争论》，学林出版社 1986 年版。

[148] 海闻：《国际贸易：理论·政策·实践》，上海人民出版社

1993 年版。

[149] 国务院发展研究中心课题组：《中国区域协调发展战略》，中国经济出版社 1994 年版。

[150] 韩志荣：《工农三大剪刀差及其现状分析》，载于《经济研究》，1996 年第 10 期。

[151] 中国价格学会课题组：《"九五"期间农产品价格政策研究》，载于《经济研究》，1996 年第 8 期。

[152] 国家物价局课题组：《理顺价格的目标及其实施步骤》，中国经济出版社 1994 年版。

[153] 王梦奎、李善同：《中国地区社会经济发展不平衡问题研究》，商务印书馆 2000 年版。

[154] 安虎森等：《新区域经济学》，东北财经大学出版社 2010 年版。

[155] 陆铭、陈钊、朱希伟、徐现祥主编：《中国区域经济发展：回顾与展望》，格致出版社、上海人民出版社 2011 年版。

[156] 陈龙桂：《区域发展平价方法研究》，中国市场出版社 2011 年版。

[157] 陆铭、陈钊：《中国区域经济发展中的市场整合与工业集聚》，上海人民出版社 2006 年版。

[158] 钟昌标：《区域协调发展中政府与市场的作用研究》，北京大学出版社 2016 年版。

[159] 中国社科院财贸所课题组：《中国国内市场发展研究：省际投资与省际贸易格局》，载于《财贸经济》，1993 年第 7 期。

[160] 叶裕民：《中国区际冲突的形成机制与对策思路》，载于《经济地理》，2000 年第 11 期。

[161] 白重恩等：《地方保护主义及产业地区集中度的决定因素和变动趋势》，载于《经济研究》，2004 年第 4 期。

[162] 钟昌标：《国内区际分工和贸易与国际竞争力》，载于《中国社会科学》，2002 年第 1 期。

[163] 石广生：《中国加入世界贸易组织知识读本》，人民出版社 2002 年版。

[164] 余永定、郑秉文：《中国"入世"研究报告：加入 WTO 的中国产业》，社会科学文献出版社 2000 年版。

[165] 王梦奎主编：《中国：加入 WTO 与经济改革》，外文出版社 2002 年版。

［166］刘崇仪、丁任重:《WTO 与中国经济》,西南财经大学出版社
　　　　2003 年版。

［167］王洛林主编:《加入 WTO 十年后的中国》,中国发展出版社
　　　　2012 年版。

［168］龚洁、纪红霞:《浙江商贸流通企业如何走向"国际化"》,
　　　　《每日商报》,2006 年 10 月 23 日。

［169］周南:《商贸流通业国际化中国还要走多远》,载于《中国市
　　　　场》,2010 年第 47 期。

［170］刘静恬:《企业国际化经营中不可控因素分析》,载于《中国
　　　　商贸》,2011 年第 35 期。

［171］刘建颖:《商贸流通业发展国际观察》,载于《商业经济研
　　　　究》,2013 年第 30 期。

［172］黄河等:《中国企业跨国经营的国外政治风险及对策研究》,
　　　　上海人民出版社 2016 年版。

后　记

　　本书是我长期学术研究成果的结晶。本书的形成，受到万典武、宋则和荆林波研究员，文启湘、柳思维、徐从才和夏春玉教授等学术同行著述的诸多启迪。书中参考并引用了包括他们在内，国内外专家学者的诸多研究成果，尽可能以脚注注明和在参考文献中列出。课题组成员承担并完成了许多具体工作，使本书得以顺利成稿：程林林为书稿翻译了英文资料并对写作和修改提供了宝贵建议，张连刚做了第 7 章"农民参加合作社意愿"专题问卷调查，刘渝阳收集整理了一些章节的统计数据，谢庆红、黄雅虹、付小蓉、江才和胡民，对书稿修改贡献了宝贵的意见和建议，张煜、李荣庆、李学敏、周易和杜娟承担并完成了专题调查研究、资料收集整理、书稿修改、打印和校对等方面工作。著名经济学家、四川省社科院原副院长和学术顾问林凌研究员、中国社科院财经战略研究院宋则研究员，为本书写了中肯的推荐信，使申报国家社科基金后期资助项目顺利得到批准立项。本书出版得到经济科学出版社大力支持。在此，对以上诸位致以深深感谢！

周殿昆

2017 年岁末　于成都百花潭旁博约斋

图书在版编目（CIP）数据

中国商贸流通业制度变革与持续发展／周殿昆著.
—北京：经济科学出版社，2018.3
ISBN 978 - 7 - 5141 - 9071 - 7

Ⅰ.①中…　Ⅱ.①周…　Ⅲ.①商品流通企业 - 流通
体制改革 - 研究 - 中国 ②商品流通企业 - 经济持续
发展 - 研究 - 中国　Ⅳ.①F72

中国版本图书馆 CIP 数据核字（2018）第 038482 号

责任编辑：杨　洋
责任校对：靳玉环
责任印制：王世伟

中国商贸流通业制度变革与持续发展
周殿昆　著
经济科学出版社出版、发行　新华书店经销
社址：北京市海淀区阜成路甲 28 号　邮编：100142
教材分社电话：010 - 88191355　发行部电话：010 - 88191522
网址：www. esp. com. cn
电子邮箱：bailiujie518@ 126. com
天猫网店：经济科学出版社旗舰店
网址：http：//jjkxcbs. tmall. com
北京季蜂印刷有限公司印装
710×1000　16 开　25.5 印张　440000 字
2018 年 5 月第 1 版　2018 年 5 月第 1 次印刷
ISBN 978 - 7 - 5141 - 9071 - 7　定价：76.00 元
（图书出现印装问题，本社负责调换。电话：010 - 88191510）
（版权所有　侵权必究　举报电话：010 - 88191586
电子邮箱：dbts@ esp. com. cn）